U0022265

個體經濟學

理論與應用

黃金樹 著

三民書局

國家圖書館出版品預行編目資料

個體經濟學:理論與應用/黃金樹著.——初版一刷.
——臺北市:三民,2005
面; 公分
參考書目:面
ISBN 957-14-4179-1 (平裝)
1. 個體經濟學

551 93021962

網路書店位址 http://www.sanmin.com.tw

© 個體經濟學
——理論與應用

著作人 黃金樹
發行人 劉振強
著作財產權人 三民書局股份有限公司
臺北市復興北路386號
發行所 三民書局股份有限公司
地址/臺北市復興北路386號
電話/(02)25006600
郵撥/0009998-5
印刷所 三民書局股份有限公司
門市部 復北店/臺北市復興北路386號
重南店/臺北市重慶南路一段61號
初版一刷 2005年2月
編 號 S 552150
基本定價 拾壹元
行政院新聞局登記證局版臺業字第〇二〇〇號

ISBN 957-14-4179-1 (平裝)

自 序

本書適用對象：

在經濟學導論或經濟學原理等科目中，了解到經濟學可以按照其研究對象與內容，分為個體經濟學 (Microeconomics) 與總體經濟學 (Macroeconomics)；同時，在上述科目中，讀者也對於個體經濟學與總體經濟學有一初步的認識。本書的撰寫宗旨，是針對經濟學具有初步了解之後，對於個體經濟學的理論及其在應用方面，有意更進一步探討的讀者 (尤其是那些經濟科系以外的學生)，提供一本具有內容相當、說理清晰，及少用艱深數學、可讀性高的教材。

本書章節安排：

本書除第一章「緒論」，介紹個體經濟學與回顧市場價格決定模型以外，大致分為三個部分。第一部分是探討消費者選擇的理論，共計四章；其中，第二章是「消費者的偏好與效用函數」，第三章是「消費者的預算限制與最適決定」，第四章是「消費者的個別需求與市場需求」，第五章是「消費者在不確定情況下的選擇」。

第二部分是討論與廠商行為相關的理論，共計六章；其中，第六章是「生產技術與成本函數」，第七章是「完全競爭廠商的個別供給與市場供給」，第八章是「完全競爭市場的均衡分析與應用」，第九章是「獨占廠商的供給與定價行為」，第十章是「獨占性競爭廠商與寡占廠商的價量決定」，第十一章是「賽局理論與競爭策略」。

第三部分是探討其他課題，共計五章；其中，第十二章是「生產要素的需求與勞動市場」，第十三章是「消費者的跨期選擇與資金市場」，第十四章是「全面均衡與經濟效率」，第十五章是「外部性與公共財」，第十六章是「不對稱訊息」。

另外，在第一章的附錄中，是介紹在本書中經常用到的數學；其餘各章的附錄，是安排一些需要用比較多數學的教材，或是提供一些作為補助教材之用的例子。

本書特色：

1. 在讀者對象上：針對大專經濟科系以外的學生，在修習過 3～6 學分的經濟學導論或原理以後，對於中級個體經濟學有興趣更進一步了解者。

2. 在內容規劃上：滿足 3～6 學分「中級個體經濟學」課程之需要；其中，在 3 學分的課程內容上，僅需集中在本書的正文教材即可。至於在 6 學分的課程內容上，則有必要把附錄的教材，也一起納入。

3. 在理論闡述上：盡量多利用例子、圖形與式子，少使用數學證明的方式，來解說相關的觀念、原理及其理論。

4. 在數學能力要求上：在正文中，基本上是用到高中程度的數學（在本書第一章的後面，備有相關的數學附錄）；在附錄中，少部分會用到微積分的概念。

感謝的話：

本書的完成，首先感謝三民書局的鼎力支持，其編輯同仁所投入的心力更令人佩服；其次感謝的是，師長的教誨、家人的鼓勵以及課堂上學生的討論。最後，本書難免有疏漏之處，尚請教師、學界先進及讀者惠予指正是幸。

黃金樹 謹誌

個體經濟學
——理論與應用

目次

第一篇　消費者選擇理論

第二篇 廠商行為

第一篇

消費者選擇理論

第一章　緒　論

第二章　消費者的偏好與效用函數

第三章　消費者的預算限制與最適決定

第四章　消費者的個別需求與市場需求

第五章　消費者在不確定情況下的選擇

第一章　緒　論

在經濟學的研究領域中，一般是按其探討對象與主題的不同，大致劃分為個體經濟學與總體經濟學兩大學門。誠如序言所述，本書是個體經濟學的中級教材，是一本針對個體經濟學有興趣進一步了解的讀者，所編撰的書籍。在本書第一章「緒論」中，將包括三部分的內容：首先是比較全面性的介紹「個體經濟學」以及本書的章節架構；其次是「市場價格決定模型的回顧」，作為描繪經濟理論如何精進的一個例子，以增強讀者研讀本書的興趣；第三是介紹本書所需用到的數學，為方便讀者參考，此一部分教材是放在本章的附錄中。

第一節　個體經濟學的介紹

在本節中，將首先說明個體經濟學的意義，即分別從其研究的對象、主題、方法、模型建構原則、目的與學習此一科目的用處等層面，來介紹此一學門；其次，將扼要說明本書的章節安排。

一、個體經濟學的意義

眾所皆知，經濟學是一門探討人類如何有效利用稀少性資源的學問。人類所以對於此一課題感興趣，其核心思維在於每一個人、群體、社會、國家、國際組織或機構，均會面對此一課題；因此，基於個人、群體、社會、國家、國際組織或機構，對於本身在生存與永續發展等方面的考量，並根據以往的歷史經驗，人類逐漸認清了下述事實：惟有認真看待並妥善處理好此一課題者，才不會在潮流中被淘汰掉。

所謂個體經濟學，是一門從行為個體或主體的角度切入，來探討該主體如何有效利用其稀少性資源，以及此一主體與其所處社會中的其他主體（如個人、團體、社會、國家或世界）在稀少性資源利用上如何相互影響的學問。在此，根據上述定義，可以進一步從其研究的對象、主題、方法、模型建構原則、目的與學習此一科目的用處等層面，來認識所謂的個體經濟學。

首先，說明個體經濟學的研究對象。就一個社會或國家而言，其所採行的經濟制度不同，則一方面表示其會塑造出不一樣的主體類型，另一方面是對於每一類型主體的權利義務關係有不同的規範方式。舉例而言，在大家熟知的市場經濟制度下，採行私有產權制度，每一個消費者、廠商或組織大多有充分且完全自主的決策權，也對於這些決策權行使所導致的結果，負有法律規定的責任；相對而言，在採行公有產權制度的計畫經濟制度下，如前蘇聯、北韓、古巴以及 1956～1992 年間的中國大陸，其決策權基本上是落在其黨政高層要員手中，個人或企業單位能夠自主決定的空間極小。

本書將主要闡述市場經濟制度下的個體經濟學，而其所關心的對象或行為主體，包括個人以及家庭、班級、學校、醫院、社會團體、企業、產業公會、聯誼會、工會、地方政府、中央政府或行政部門等組織。不過，本書將主要以市場中的買方或消費者、賣方或廠商作為研究的對象，偶爾也考量政府或公部門在資源配置上的作用或角色。

其次，關於個體經濟學的研究主題，基本上是集中在如何有效配置整個社會有限資源的問題上。進而言之，是了解如何利用市場來有效配置資源，清楚認識此一市場機能在資源配置上的優勢與劣勢所在，並思考如何補強或矯正市場的資源配置功能。

在下一節中，將討論市場價格決定的一些看法，讀者就能更清楚了解市場中的買賣雙方，是如何利用價格所揭露出來的訊息，來適當地調整其消費行為或生產行為，以使得整個社會資源的使用效率更為改善。由於市場價格在資源配置上所扮演的不可或缺角色，故個體經濟學的研究主題，也可以說是集中在如何決定市場價格的問題上，因而個體經濟學又稱為價格理論 **(Price Theory)**。

第三，就個體經濟學的研究方法而言。與其他學問的研究動機一樣，個體經濟學也是企圖去解釋所觀察到的經濟現象，並試圖預測此一現象的後續發展。因而，與其他學科的研究方法一樣，個體經濟學對於某一經濟現象的解釋與預測，基本上是根據該現象來建構一個理論或模型 **(Model)**。

就好像畫一張地圖，首先考量其目的所在，其次是捨去一些不必要的或次要的部分，而集中於把關鍵的部分或地點、地標、交通動線描繪出來一樣。一個經濟模型的建構，首先也必須清楚了解其目的所在，即在於釐清一經濟現象出現的前因後果；其次是，把所有可能的影響因素加以歸類，並將那些非關鍵性的因素先行凍結起來；第三是，集中於關鍵性因素與此一經濟現象之間關係的建立。至此，基本上是完成一個經濟模型的建構工作；接著，是檢驗此一模型的預測能力。如果預測能力並不理想，則進行模型的改良工作，或許要納入一些先前被排除在外的影響因素，或放棄一些原先認為是關鍵性的因素；另外，也有可能要重新檢討原先因果關係的設定，或者引入原先未考量的新變數。

誠如上述，一個經濟模型的建構，總是在一些簡化的狀況下來進行，即在一些前提或假設環境下進行。同時，將模型中用於解釋此一結果（即經濟現象）的影響因素，稱為解釋變數或外生變數 **(Exogenous Variables)**，表示這些變數是由此一模型以外的因素所決定；而將被解釋的結果，稱為被解釋變數或內生變數 **(Endogenous Variables)**，表示這些變數是由此一模型所決定的。

以 2002 年 11 及 12 月的番鴨價格下跌現象為例，由於喝假米酒致死事件的出現，導致薑母鴨生意的一落千丈，使得市場對於番鴨需求的大量減少。故得知，番鴨價格的下跌，其直接原因是番鴨需求的減少；而番鴨需求的減少，是由於其下游產品薑母鴨需求減少；而薑母鴨需求的減少，是由於消費者怕吃到用於烹煮薑母鴨的假米酒，生命不保。就此例的上述推理而言，基本上是建構番鴨、薑母鴨、米酒等市場價格決定的供需模型（詳下一節），作為解釋番鴨價格下跌的依據；其中，純就番鴨市場來看，番鴨價格是內生變數，而番鴨需求的減少是外生變數。但就番鴨需求、薑母鴨需求與米酒需求三者的關係而言，是假米酒這個外生變數的出現，才一連串導致薑母鴨需求及番鴨需求的減少；至於米酒需求的減少，一方面是由於假米酒的出現，另一方面是由於薑母鴨需求減少所致。因此，若綜合就番鴨、薑母鴨、米酒等三市場來看，番鴨價格下跌、番鴨需求減少、薑母鴨需求減少及米酒需求減少等項都是內生變數，而假米酒的出現才是惟一的外生變數。同時，根據此一供需模型，當假米酒事件落幕後，在沒有出現新變化的情況下，可以預測番鴨價格將會回升。

第四，就個體經濟學的模型建構原則來看。在每一個行為主體均僅握有有限資源以及彼此間自願進行交易等兩個前提下，模型的建構主要依循最適化以及均衡等兩個原則。首先，所謂最適化原則 **(Optimization Principle)**，是指任一行為主體，將會最適地使用其資源，以使得其目標值最大。通常稱呼那些行為合乎最適化原則的主體，為一具有**理性的 (Rational)** 主體，或為一經濟主體。至於那些行為不合乎最適化原則的主體，則未納入個體經濟學的分析對象之中。

其次，所謂均衡原則 **(Equilibrium Principle)**，是指市場價格或成交量的水準值，是在買方與賣方這兩股影響力量剛好勢均力敵，取得平衡，或彼此均不願意再進一步調整其價格與成交量的情況下所獲致的結果。此一原則，說明在不同主體之間彼此均能自由自願交易的前提下，交易的條件與數量是由所有參與主體共同一起決定的；同時，也表示在均衡時，各主體的行為是彼此**相容共存的 (Compatible)**。另外，此一均衡原則，亦可以比照適用於少數廠商之間，如何在互動下來決定其可以共存的競爭策略。

根據上述說明，了解到在建構單一行為主體的模型時，須把握最適化原則；而在建構行為主體間的互動模型時，就須依據均衡原則。

第五，就個體經濟學的研究目的來看。研究個體經濟學的目的，除了前述的由行為個體層面切入，以便了解資源使用效率，並釐清經濟現象的前因後果以外，也著重於探討整體資源配置的**效率 (Efficiency)** 問題以及**公平 (Equity)** 問題。換言之，個體經濟學除了關心那些**實是性 (Positive)** 問題以外，也討論有關**規範性 (Normative)** 問題。實是性問題是指純然就一經濟現象或事實進行分析、解釋或預測，但未涉及個人主觀價值判斷的問題，例如上述番鴨價格下降的問題；而規範性問題，則是涉及個人主觀價值判斷的問題，例如在資源配置上是重效率，還是重公平呢? 在國家現階段的發展上是重經濟，還是重環保呢? 這些議題都涉及到價值判斷，故都是屬於規範性的問題。在本書中，將主要集中於處理個體經濟學中的實是性問題，並少部分涉及效率規範性問題。

第六，就學習個體經濟學的用處而言。誠如上述，學習個體經濟學，除了學習建構理論模型的能力以外，也學習如何落實最適化原則的技巧，以及從均衡原則來了解各行為主體之間的互動關係與相處之道；這些知識與能力的獲得，猶如提供給讀者一套開啟幸福之門的工具箱一樣。

二、本書的章節安排

本書除第一章「緒論」，介紹個體經濟學與回顧市場價格決定模型以外，大致分為三個部分。第一部分是探討消費者選擇的理論，共計四章；其中，第二章是「消費者的偏好與效用函數」，第三章是「消費者的預算限制與最適決定」，第四章是「消費者的個別需求與市場需求」，第五章是「消費者在不確定情況下的選擇」。從上述各章的標題，了解到第一部分的內容，是依循最適化原則，來嚴謹探討市場中的個別消費者，如何將其所掌控的有限資源，做最有效地利用，以使得其滿足水準達到極大化的目標，並進而利用「個別需求」與「市場需求」這兩個概念，來綜合概括呈現市場中的買方行為模式；同時，也討論在不確定情況下的消費選擇問題。

第二部分是討論與廠商行為相關的理論，共計六章；其中，第六章是「生產技術與成本函數」，第七章是「完全競爭廠商的個別供給與市場供給」，第八章是「完全競爭市場的均衡分析與應用」，第九章是「獨占廠商的供給與定價行為」，第十章是「獨占性競爭廠商與寡占廠商的價量決定」，第十一章是「賽局理論與競爭策略」。就個別廠商而言，不論其所在的市場競爭環境如何，總是要面對來自三個方面的限制，一是消費者對於其產品的需求，二是生產技術與成本的限制，三是同行的現有與潛在廠商的競爭。因此，在討論廠商行為時，必然要針對處於不同競爭市場的廠商加以區別進行；尤其在不完全競爭市場中，對於個別廠商行為的分析，除了把握最適化原則以外，也會納入均衡原則，以便於能夠切入對於廠商之間競爭策略問題的探討。

第三部分是探討個體經濟學中的其他課題，共計五章；其中，第十二章是「生產要素的需求與勞動市場」，第十三章是「消費者的跨期選擇與資金市場」，第十四章是「全面均衡與經濟效率」，第十五章是「外部性與公共財」，第十六章是「不對稱訊息」。在第一及第二部分的討論中，主要是以單一的產品市場為主，且該產品的生產或消費，並不存在「外部性」問題，更不具有「公共財」性質；同時，亦不考慮訊息在買賣雙方之間並不對稱的問題。因此，在第三部分的篇幅中，除了討論上述問題，對於資源配置的影響以外，也直接就生產要素或資本市場進行分析，以及探討所有市場均一起達到均衡的「全面均衡」概念與「經濟效率」概念。

第二節　市場價格決定模型的回顧

從市場價格決定模型的回顧中，一方面可以學習經濟模型的建構技巧，二方面可以了解模型的精進過程。本節分為二部分，首先是回顧單一市場價格決定的供需模型，其次是介紹在多市場情況下的價格決定模型。

一、單一市場價格決定的供需模型

一般在經濟學的入門教科書中，都會介紹**市場需求曲線 (Market Demand Curve)** 與**市場供給曲線 (Market Supply Curve)**。需求曲線是表現市場中的買方，在一定的條件下，購買一項財貨的價格與數量關係；而供給曲線則是表現賣方在相當條件下，供應此一財貨的價格與數量關係。如圖 1–1 所示，市場需求曲線 D 具有負斜率性質，說明隨著財貨購買量的增加，由於其最後或邊際單位帶給消費者的**效用 (Utility)** 或滿足程度是遞減的，故消費者所願意支付的最高價格（即需求價格）也就跟著降低；相反地，市場供給曲線 S 具有正斜率性質，說明隨著財貨供應量的增加，由於其最後或邊際單位生產成本是遞增的，故廠商供應該單位財貨所能接受的最低價格（即供給價格）也就跟著上升。

另一方面，在入門教材中也介紹**市場均衡 (Market Equilibrium)** 與**均衡變動 (Change in Market Equilibrium)** 的概念。所謂市場均衡，是指市場中的買賣雙方，其在一定的條件下，彼此都同時達到令自己滿意，也令對方滿意的狀態，即彼此都不願意改變現況的境界；具體地說，所謂市場均衡，是在一定的條件下，找到了一個使得需求量與供給量剛好一致的價格（即均衡價格），或找到了一個使得需求價格與供給價格剛好一致的數量（即均衡數量）。如圖 1–1 所示，可以分別利用供給曲線 S 與需求曲線 D 的交點 E（即均衡點），以及其所對應的價格 P^* 與數量 Q^*，來描繪市場均衡的概念。

前述所謂的在一定的條件下，是指那些除了該財貨的價格與數量以外的影響因素，均維持不變或固定的意思，例如消費者的偏好、所得、其他相關財貨的價格、對於未來的預期、消費者的人數、考慮期間的長短，以及廠商所面對的市場為完全競爭市場或基本上是價格接受者，同時其擁有的生產技術、所面對的生產因素價格與其他相關財貨價格、廠商的家數、對於未來的預期、考慮期間的長短（且屬於生產上的短期）等項影響因素。換言之，在一定條件下，表示市場需求曲線與供給曲線的落點位置及其走勢，均不會隨著財貨價格或數量的變動而改變。

因此，如圖 1–1 所示，當價格在 P^* 時，需求量與供給量剛好一致，同為 P^*E，為一令買賣雙方均達到滿意的數量；當數量在 Q^* 時，需求價格與供給價格也剛好相等，均為 EQ^*，亦為一令買賣雙方均願意接受的價格。所以說，在

圖 1–1

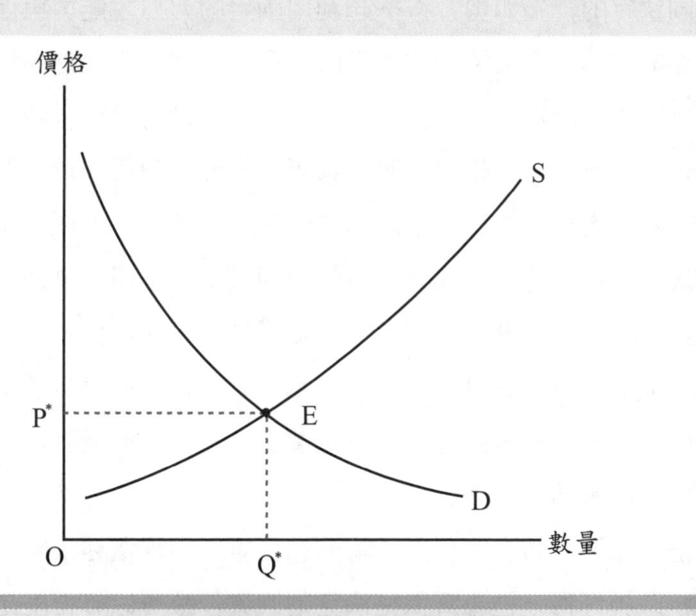

〖單一市場價格決定的供需模型〗

1. 市場需求曲線 D 具有負斜率的性質，表現出消費者對於財貨的購買量變化，與其價格變化之間存在有相反的變動關係。
2. 市場供給曲線 S 具有正斜率的性質，表現出廠商對於財貨的供應量變化，與其價格變化之間存在相同的變動關係。
3. E 為均衡點，P^* 為均衡價格，Q^* 為均衡數量。

E 點時，為一達到買賣雙方均不願意改變現況的市場均衡。相反的，在價格不在 P^*，或數量不在 Q^* 時，在市場上不是出現供過於求的現象，就是出現供不應求的現象，或者不是出現供給價格大於需求價格的情形，就是需求價格大於供給價格的情形；這些訊號的出現，無非傳達存在有令雙方中的一方或雙方，尚處於不滿意的局面，同時有改善其現況的誘因與空間，一者往 P^* 的方向調整其價格，二者往 Q^* 的方向改變其數量，故此時的價格絕不是均衡價格，數量也不是均衡數量，而市場當然不是處於均衡狀態。

上述的利用市場需求曲線與供給曲線相交所決定的市場均衡概念，正是大家熟知的市場價格決定的供需模型 **(Supply-Demand Model)**；此一模型是**馬歇爾 (Marshall Alfred, 1842～1924)** 在其 1890 年出版的大著《經濟學原理》(*Principles of Economics*) 所提出的。他比喻說，市場價格的決定，是由市場中的買賣雙方共同決定的，猶如剪刀得一起利用兩片的刀刃才能剪東西一樣，市場價格也需要靠需求曲線與供給曲線這兩股力量的共同運作才能加以決定。

至於均衡變動的概念，是指當前述的一些影響需求或供給的因素有所變動時，則市場均衡將會出現相應變動的意思。因此，利用市場均衡變動的概念，就可以將這些決定或可能影響市場價格的因素，一起納入此一供需模型中；換言之，市場價格決定的供需模型，雖然利用圖形所呈現出來的是兩條供需曲線及其交點，但其背後實際上是將所有影響價格的因素，分為需求面與供給面因素二類，均涵蓋在需求與供給曲線上。誠如上述，當該財貨的價格與數量以外的因素有所變動時，供需曲線的落點位置及其走勢也會變動，因此其交點也不一樣，即出現所謂的均衡變動。

經由上述說明，讀者應可以了解到這個單一市場價格決定的供需模型，由於並沒有排除掉任何一種影響價格決定的因素，故可以算得上是一個相當完備的模型，其在後續的發展中，祇是陸續發現並不斷補充納入一些前所未提及的影響因素，而使其更加完備而已。

在介紹完市場價格決定的供需模型之後，為讓讀者對於經濟模型的建立與完備過程有所認識與了解，接下來將扼要地回顧一下，在 1890 年馬歇爾提出此一供需模型之前的二個市場價格決定理論或模型；其中，一個是**亞當斯密**

(Smith Adam, 1723～1790) 提出來的，另一個是**李嘉圖 (Ricardo David, 1772～1823)** 提出來的。

亞當斯密是大家公認的第一位經濟學家，在其 1776 年出版的名著《國富論》(*The Wealth of Nations*) 中，曾探討當時的一些重要經濟議題，並嘗試利用較有系統的理論來了解這些議題。他的最重要發現是，市場所決定的整個價格體系（即各物品之間的相對價格），其走勢或變動是有跡可尋的，而不是一般人所認為的混亂無序的；同時，他明確指出價格在指導資源用在它最有價值的用途上面，就好像是一隻強有力，但卻是看不見的手 **(The Invisible Hand)** 一樣。換言之，價格不但在提供消費者與廠商有關資源價值高低的訊息上，扮演重要的角色，它同時也促使這些經濟行為主體去有效利用資源。亞當斯密甚至認為，有效利用資源能力的高低，才是解釋一國財富多寡的最終理由。

鑑於價格在誘導整個國家資源的使用上所具有的關鍵角色，亞當斯密乃試圖去思考有關市場價格決定的理論。他認為財貨的價格是由其生產成本來決定的。就其當時的生產技術而言，資本尚未是一個重要的生產因素，故這裡的成本，主要是指勞動投入量的多寡；換言之，亞當斯密採用了**價格的勞動理論 (Labor-based Theory of Prices)**。以他在《國富論》一書中所舉的例子來看，若一個獵捕者捕捉一隻鹿所需的時間，是捕捉一隻海狸所需時間的兩倍，則一隻鹿當然在市場上就可以交換到兩隻海狸；換言之，由於捕捉鹿需花上比捕捉海狸更多的勞動成本，故鹿的相對價格較高。

亞當斯密對於財貨價格決定的上述說明，可以利用圖形來表示。如圖 1–2 所示，橫軸是鹿的數量，縱軸是鹿的價格，在價格 P^* 的水平線 S，說明鹿捕捉數量的多寡，並不影響其所需投入的相對勞動成本，而此一成本就決定其價格 (P^*)，此一價格可以海狸的隻數來作單位（如上述的兩隻海狸），也可以貨幣來衡量（如海狸一隻是 100 元，鹿一隻是 200 元），或可以社會上使用的任何物品作單位。當捕捉或生產鹿的技術有所改進時，表示其所需投入的相對勞動成本降低，則圖 1–2 上的水平線 S 將平行往下移；當然，若生產技術維持不變時，則鹿的相對價格將保持不變，以反映其生產相對成本的不變。

在 19 世紀的早期，李嘉圖就當時的農地使用情形與農產品產量之間關係的

圖 1-2

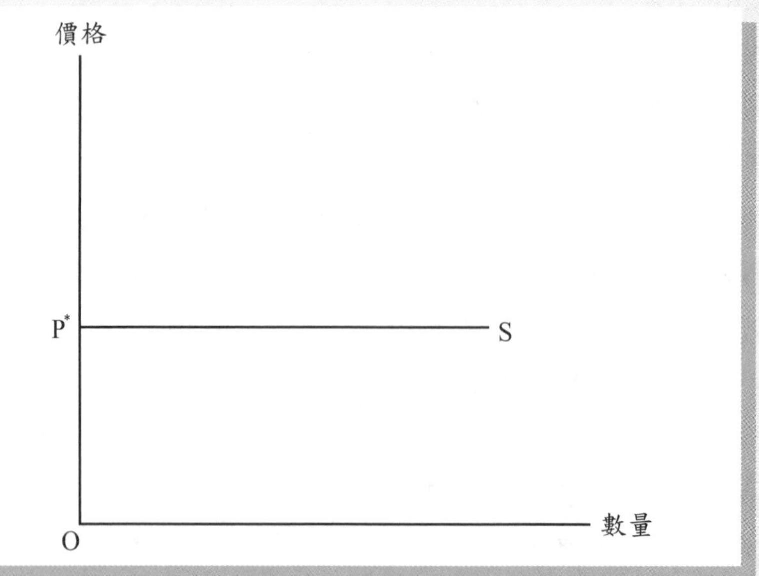

〖亞當斯密的市場價格決定模型（以鹿為例）〗

1. 鹿的價格 (P^*) 決定於其生產鹿所需投入的相對勞動成本。
2. 水平的 S 線，表示鹿生產量的多寡，並不影響其所需投入的相對勞動成本，故其相對價格維持不變。
3. 當生產鹿的技術有改進時，表示其生產所需投入的相對勞動成本降低，故其價格 (P^*) 也跟著下跌，將表現為 S 線的平行向下移動。

觀察，發現到穀物產量的增加，由於使用到那些新開墾出來的肥沃程度較差的土地，故必須投入較多的勞動，使得其新增產量的生產成本是遞增的；因此，穀物的相對價格將上升。同樣地，當一塊地區的鹿群存量大幅減少時，捕捉一隻鹿就必須花更多的時間，故鹿的相對價格將會上升。李嘉圖認為生產成本的遞增，是一個非常普遍的現象，在現代的經濟學教科書中，通常將李嘉圖的此一發現，稱為報酬遞減法則 (Law of Diminishing Returns)。在此，可以將李嘉圖對於一財貨的市場價格決定，表現成一條具有正斜率性質的曲線（相當於後來的供給曲線），如圖 1–3 的 S 線，呈現出隨著產量的增多，其相對價格是上升的。進而言之，當現有人口維生所需的穀物數量為 Q_1 時，穀物的相對價格就是 P_1；而當人口成長以後，其維生所需的穀物數量提高到 Q_2 時，則穀物的相對價格也

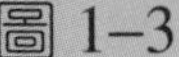
圖 1-3

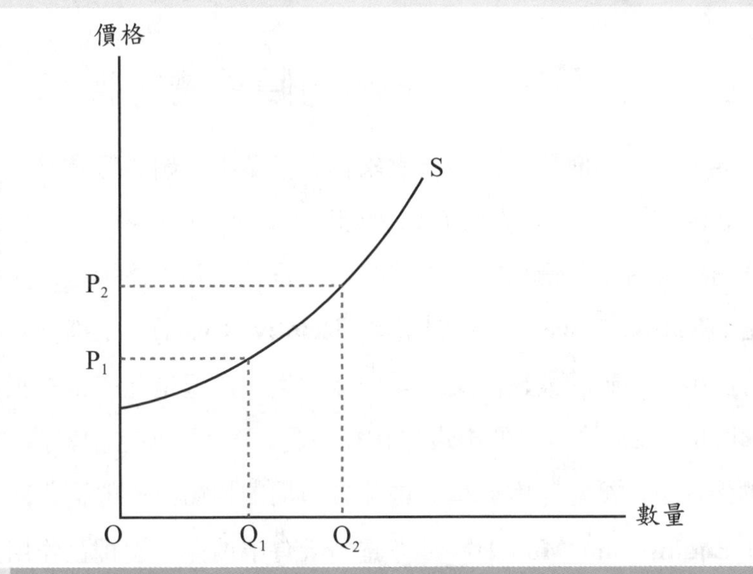

【李嘉圖的市場價格決定模型（以穀物為例）】

*1.*正斜率的 S 線，表現出隨著生產量的增多，其生產所需投入的成本是上升的，故其相對價格也會提高。

*2.*當維生所需的穀物數量為 Q_1 時，穀物的相對價格為 P_1；而當維生所需的穀物數量增為 Q_2 時，其相對價格升為 P_2。

會上升到 P_2。

李嘉圖根據此一模型，推論得出下述結果，即隨著人口的增長，穀物或其他必需品的相對價格將會大漲；不過，在 19 世紀中，這些財貨的相對價格，不但沒有大漲，反而由於生產技術的改進，而使得有些財貨的價格下跌，且民眾的物質享受水準也大幅改善。換言之，利用維生需求水準的概念，似無法解釋對於一項財貨的需求數量，使得經濟學家認為有必要發展一個更一般化的需求理論。在 19 世紀的後半世紀，他們把李嘉圖的報酬遞減法則概念引進需求理論中，如同報酬遞減是指多生產一單位產品的成本增遞一樣，消費者對於最後一單位的（或邊際單位的）購買，所願意支付的金錢也會遞減（因為其效用變小了）。也就是說，除非財貨的價格降低了，消費者才願意多購買，此一價格與數量之間的關係，是大家熟悉的具有負斜率性質的需求曲線。誠如上述，在結合需求與供給曲線之後,就由馬歇爾在 1890 年發展出所謂的市場價格決定的供需模型。

二、在多市場情況下的價格決定模型

在介紹完單一市場價格決定的馬歇爾供需模型中，始終假定其他相關財貨的價格是不變的,也因此可以直接在供需圖形上,從價格在縱軸上的增減變化,清楚地體現出該財貨相對價格的提高或降低。雖然此一供需模型能夠強調財貨的**相對價格 (Relative Prices)** 或**相對成本 (Relative Costs)**，是消費者或廠商在進行其消費或生產活動的最適決策的重要依據之一，但是此一供需模型卻無法利用單一的圖形,來描繪由多個市場運作在一起,並共同決定相對價格的情況。在圖 1–1 的架構下，祇能考慮到單一或部分市場的均衡，一般稱為部分均衡模型 **(Partial Equilibrium Model)**；若考慮到所有市場在一起相互作用之後的均衡，稱為全面均衡模型 **(General Equilibrium Model)**。因而討論在多市場情況下的價格決定，必然是架構在全面均衡模型上。

在入門的經濟學教材中，曾利用生產可能邊界 **(Production Possibilities Frontier)**，來描繪一個經濟社會在現有的生產技術及其擁有資源等限制下，其生產各種財貨組合的極限軌跡。以兩個財貨的生產為例，如食物與衣服，則可以畫出如圖 1–4 的生產可能邊界（或曲線）ABCD；其中，A 點表示全部資源用於生產衣服時，其最大的衣服產量是 OA 單位（以件為例），D 點表示全部資源用於生產食物的最大產量為 OD 單位（以斤為例），而 B 及 C 點表示全部資源用於生產兩種財貨的最大產量組合分別為 (f_1, g_1) 及 (f_2, g_2)。

生產可能曲線通常具有下述二個性質：(1)負斜率，(2)凹向原點。首先，負斜率表示一財貨產量的增加，必然用掉較多的社會資源，因而減少另一財貨生產所能使用的資源，故其產量會減少；以圖中的 B 點及 C 點為例，當食物產量由 f_1 增加到 f_2 時，衣服產量就會由 g_1 減少到 g_2。換言之，負斜率表示每一財貨的增產，都可以利用另一財貨的減產來衡量其生產的機會成本 **(Opportunity Cost)**；以 B 點調整到 C 點為例，食物增產 f_1f_2 單位的機會成本是衣服減產了 g_1g_2 單位，其平均每增加一單位食物的產量的機會成本（即邊際成本），為 $\frac{g_1g_2}{f_1f_2}$

單位的衣服。

其次，生產可能曲線凹向原點，是表示斜率的絕對值或食物的邊際成本隨著食物產量的提高而遞增。如圖所示，以 A 點到 B 點，B 點到 C 點，及 C 點到 D 點為例，其對應的邊際成本呈現逐漸增高的走勢，即 $\frac{Ag_1}{Of_1} < \frac{g_1g_2}{f_1f_2} < \frac{g_2O}{f_2D}$（三者均以衣服為衡量單位）。

根據生產可能曲線的這二個性質，當可以了解到生產可能曲線剛好是同時把兩財貨的供給曲線畫在一起的曲線，而其相對價格剛好表現為該曲線的斜率絕對值，也就是以另一財貨為單位來衡量的邊際成本；如同上述，當食物的產量由原點往 D 點逐漸增加時，其相對價格或邊際成本也跟著上升，如同在圖 1–1 的供給曲線 S 的正斜率所表示的數量與價格的同向變化關係。同理，當從縱軸來看時，若衣服的產量由原點往 A 點逐漸增加時，其相對價格或邊際成本（均

圖 1–4

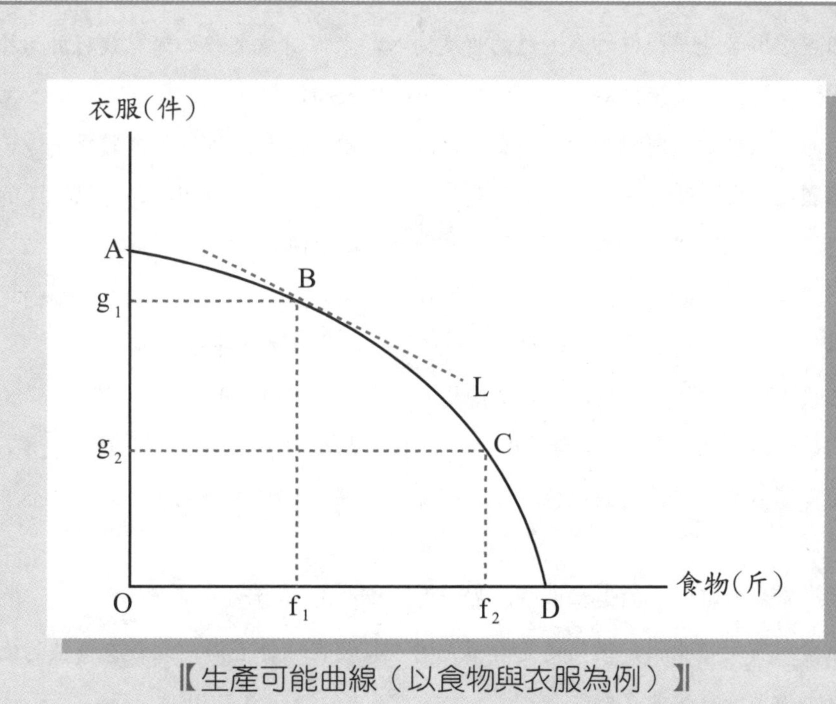

〖生產可能曲線（以食物與衣服為例）〗

1. 生產可能曲線具有負斜率及凹向原點的兩個性質。

2. 生產可能曲線可以視為同時把兩財貨的供給曲線結合在一起的一條曲線。

以食物為衡量單位，其值為前述生產可能曲線斜率絕對值的倒數）亦跟著上升，亦等同於食物供給曲線的另一種呈現方式。

進而言之，在考慮多財貨市場的情形下，仍然可以比照利用生產可能邊界的概念，來綜合描繪出所有財貨的供給量組合及與其對應的相對價格體系。

至於在多財貨市場情況下的需求面，由於消費者均是市場價格的接受者，其對於財貨組合的選擇，總是會以財貨的相對價格作為決定依據，在其一定的偏好下，選擇最適的購買組合；因此，在均衡時，整個社會加總得到的財貨購買組合，必然會落在生產可能邊界上（在不考慮國際貿易的條件下），且可以由該組合點在生產可能邊界上的切平面或切線，得到均衡的相對價格組合。以圖1–4為例，若消費組合點在B點，則均衡的相對價格等於過B點切線L的斜率絕對值。

本章摘要

1. 個體經濟學是一門從行為主體的角度切入，來探討該主體如何有效利用其稀少性資源，以及諸行為主體之間在資源利用上如何相互影響的學問。
2. 個體經濟學的研究對象，是消費者、廠商、政府與市場等行為主體與組織。
3. 個體經濟學的研究主題，基本上是集中在如何有效配置整個社會有限資源的問題上，也可以說是集中在如何決定市場價格的問題上。
4. 個體經濟學的研究方法，是針對特定經濟現象，進行其經濟理論或模型的建構、檢驗與精進的工作，以釐清此一經濟現象出現的因果關係。
5. 個體經濟學的模型建構，主要依循最適化原則與均衡原則。
6. 個體經濟學的研究目的，除了由行為個體層面切入，以便了解資源使用效率，並釐清經濟現象的因果關係以外，也著重於探討整體資源配置的效率與公平問題。
7. 單一市場價格決定的供需模型，是由馬歇爾在1890年提出來的。
8. 亞當斯密明確指出，價格是隻看不見的手，其在誘導資源用到最有價值的地方上扮演極重要的角色。
9. 亞當斯密認為一財貨的市場價格，是由其生產所需投入的勞動量來決定；同時，該價格水準與財貨產量的多寡無關。
10. 李嘉圖認為一財貨的市場價格，也是決定於其生產所需投入的成本；不過，由於報酬遞減法則的作用，生產成本是遞增的。因此，市場價格將隨財貨產量的增加而提高；也就是說，當人口因維生所需的財貨數量增加時，其市場價格將會上升。

11. 在19世紀的後半世紀中，當時的經濟學者把李嘉圖的報酬遞減法則概念引進需求理論中，因而得出一條具負斜率性質的需求曲線。

12. 在多財貨市場的情況下，可以將各財貨的供給量與其邊際生產成本（或相對價格）的關係，總結成利用生產可能邊界來加以表現；在均衡時，整個社會加總起來的消費組合點，必然落在生產可能邊界上，而均衡的相對價格組合則可以由在該消費點上的切平面或切線來求得。

習 題

1. 試說明個體經濟學的意義。
2. 個體經濟學的研究對象是什麼?
3. 個體經濟學的研究主題是什麼?
4. 個體經濟學的研究方法是什麼?
5. 個體經濟學的模型建構，其要旨是什麼?
6. 個體經濟學的研究目的是什麼?
7. 亞當斯密何以將價格視為一隻看不見的手?
8. 亞當斯密認為市場價格是如何決定的?
9. 李嘉圖認為市場價格是如何決定的?
10. 試以報酬遞減法則來說明需求曲線的負斜率性質。
11. 馬歇爾何以把市場的供需曲線比喻作兩片剪刀的刀刃呢?
12. 何謂市場均衡? 其與均衡變動的概念相互矛盾嗎?
13. 何謂生產可能邊界? 其具有什麼性質?
14. 如何利用生產可能曲線來說明在二個財貨市場之下的價格決定問題?

附錄：本書常用的數學

自從 19 世紀末以來，數學已廣泛用於經濟學的教材中；在此，僅扼要提供一些本書常用的代數與微積分概念，以方便讀者的查考。

一、函數及其圖形

所謂**函數 (Function)** 是一種描述**變數 (Variables)** 之間的關係；例如，以 Y 表示小明的身高（以公分為單位），以 X 表示小明的年齡，則 Y 與 X 之間的關係，若以 f 來表示時，可以寫成 Y = f(X)。又如，小明的身高，除了與其年齡有關以外，也與每天平均攝取的食物量 Z 有關；則 Y 與 X、Z 之間的關係，若以 g 來表示時，可以寫成 Y = g(X, Z)。在上述 f 及 g 函數中，f 為單一變數的函數，g 為兩變數的函數；當然若考慮更多的影響身高的變數時，則身高與這些變數之間的關係，若以 h 來表示時，可以寫成 Y = h(X, Z, ⋯)，此時的 h 為一多變數的函數。在本書中較常使用到的函數，為單一變數及兩變數的函數。

在數學的意義上，函數祇是一項關係或一個規則的描繪而已，未必一定是指因果關係。不過，在經濟學的意義上，通常是利用函數來說明變數之間的互動關係；換言之，就 Y = f(X) 而言，一般稱 X 為**獨立變數 (Independent Variable)**，Y 為**依變數 (Dependent Variable)**，其意義是指 X 變數的值是可以獨立決定的，而 Y 變數的值是受到 X 變數的影響，即依存於 X 變數的。同時，在數學的習慣上，若以圖形來描繪單一變數函數時，通常將獨立變數表現在橫軸上，而將依變數放在縱軸上；不過，在經濟學的習慣上，是將價格變數表現在縱軸上，而將數量變數表現在橫軸上，如圖 1–1 的供需曲線圖所示。此一表達方式，雖然可以簡單地解釋為沿襲傳統的馬歇爾供需圖形的畫法，而此一畫法或許較能突顯價格變數的相對重要性；但也可以由均衡原則及最適原則來理解此一畫法，亦即在均衡及最適原則下，價格變數與數量變數二者，有些時候是難以清楚認定何者為獨立變數，或何者為依變數，甚至在有些時候，兩者可能均為依變數。換言之，在經濟學的圖形表現上，未必一定將依變數放在縱軸上。

其次，經濟學關心的一些變數，大多以正數的形式出現，故在作圖上，主要是表現在第一象限上，如圖 1–1 所示。

接著，以單一變數函數為例，介紹幾種常用的直線型函數與非直線型函數。首先，所謂**直線型函數 (Linear Function)**，其函數形式如下式所示：

$$Y = a + bX$$

上式中，a 及 b 為常數。此一類型函數，其表現在圖形上均為一條直線。以 a = 2，$b = \frac{1}{2}$ 為例，且在 X 及 Y 均不為負數的限制下，將其圖形表現在第一象限上，如圖 1–5 所示的 AF 直線。在圖中，也對應畫出在 X = 0、2、4、6、8 及 10 的點 A、B、C、D、E 及 F，分別表示 Y = 2、3、4、5、6 及 7。AF 直線與兩軸交點，與原點之間的距離，稱為**截距 (Intercepts)**；就此例而言，其在縱軸的截距為 OA = 2 (= a)。另一方面，隨著 X 的變動（以 ΔX 表示），Y 也跟著變動（以

圖 1–5

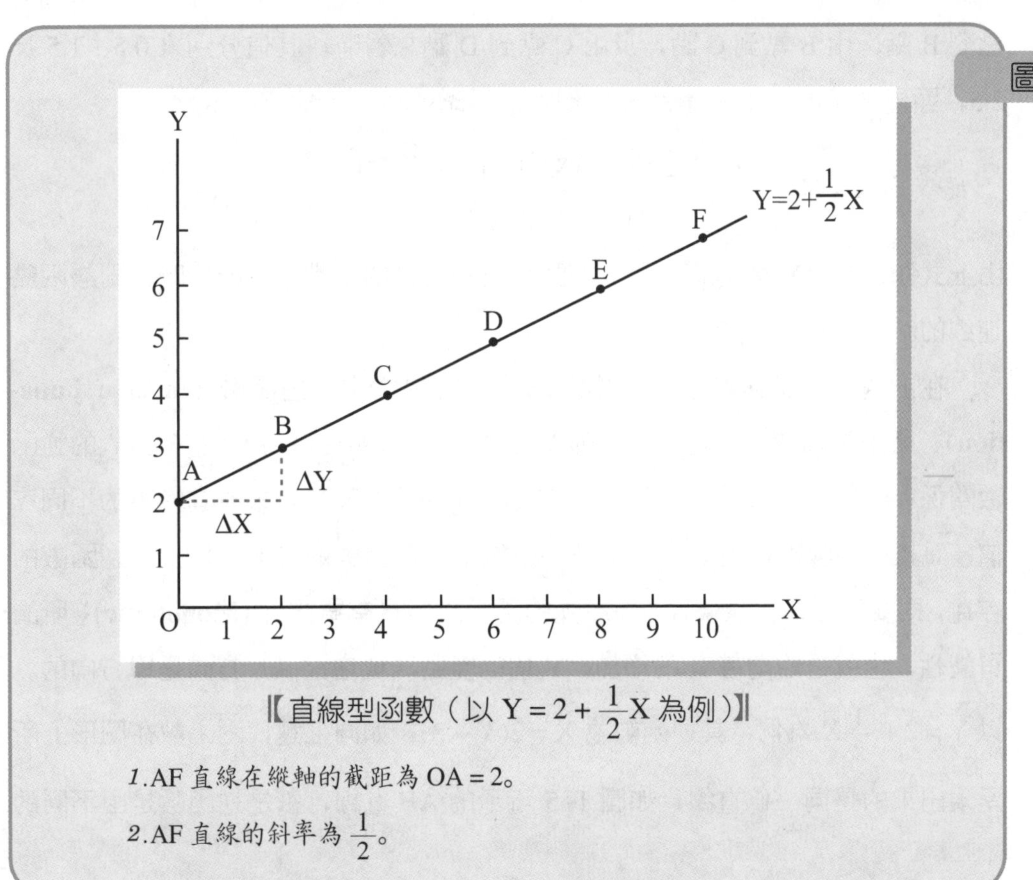

【直線型函數（以 $Y = 2 + \frac{1}{2}X$ 為例）】

1.AF 直線在縱軸的截距為 OA = 2。

2.AF 直線的斜率為 $\frac{1}{2}$。

ΔY 表示)，一般將 ΔY 與 ΔX 的比例（即 $\frac{\Delta Y}{\Delta X}$）稱為此一直線的**斜率 (Slope)**；就此例而言，以 A 點及 B 點之間的變化為例，$\Delta X = 2, \Delta Y = 1$，故斜率 $= \frac{1}{2}(= b)$。故就直線型的函數 $Y = a + bX$ 而言，a 為其在縱軸的截距，而 b 為其斜率，而影響 Y 大小的變數，除了依變數 X 以外，就是 a 及 b 等**參數 (Parameters)** 或特定常數。

其次，所謂**非直線型函數 (Nonlinear Function)**，其函數形式如下所示：

$$Y = a + b_1X + b_2X^2 + \cdots + b_nX^n\text{；其中，}b_2, \cdots, b_n\text{ 不全為零}$$

以及一些其他的特殊函數，如對數函數 $Y = \log X$，三角函數等。非直線型的函數，其表現在圖形上就不是一條直線。以 $Y = 2 + \frac{1}{2}X^2$ 為例，且 X 及 Y 均不為負值，則可以在第一象限上畫出其圖形，如圖 1–6 的 AD 曲線。當 $X = 0$ 時，$Y = 2$，如 A 點所示，其在縱軸的截距為 $OA = 2$；至於該曲線的斜率，若分別由 A 點到 B 點，由 B 點到 C 點，及由 C 點到 D 點來看時，其值分別為 0.5、1.5 及 2.5，顯然斜率的大小是隨著 X 的增加而遞增，可以下式來表示：

$$\frac{\Delta Y}{\Delta X} = \frac{[2 + \frac{1}{2}(X + \Delta X)^2] - [2 + \frac{1}{2}X^2]}{(X + \Delta X) - X} = X + \frac{1}{2}\Delta X$$

由上式知，當 ΔX 極小時，即當變動前與變動後的兩點極為接近時，則該兩點連線的斜率值就接近於 X。

在上述的二個函數的例子中，均可以容易求出其**逆函數 (Inverse Function)**。所謂逆函數，就是將原先的 Y 是 X 的函數關係，轉變成 X 是 Y 的逆函數關係；若以圖形來看時，原先的函數是由不同的 X 值，來看其對應的不同 Y 值；而其逆函數則是由不同的 Y 值，來倒推出其對應的 X 值。因此，逆函數的存在，則要滿足一先決條件，即原先的函數必須具有**單調性 (Monotonic)**；所謂單調性，也就是說隨著 X 的增加，Y 值的變動（或增或減）方向是單方向的。以 $Y = 2 + \frac{1}{2}X$ 為例，其逆函數為 $X = 2(Y - 2)$；如同上述，兩函數在圖形上所呈現出來的是同一條直線，如圖 1–5 所示的 AF 直線，祇是逆函數是由不同的

圖 1–6

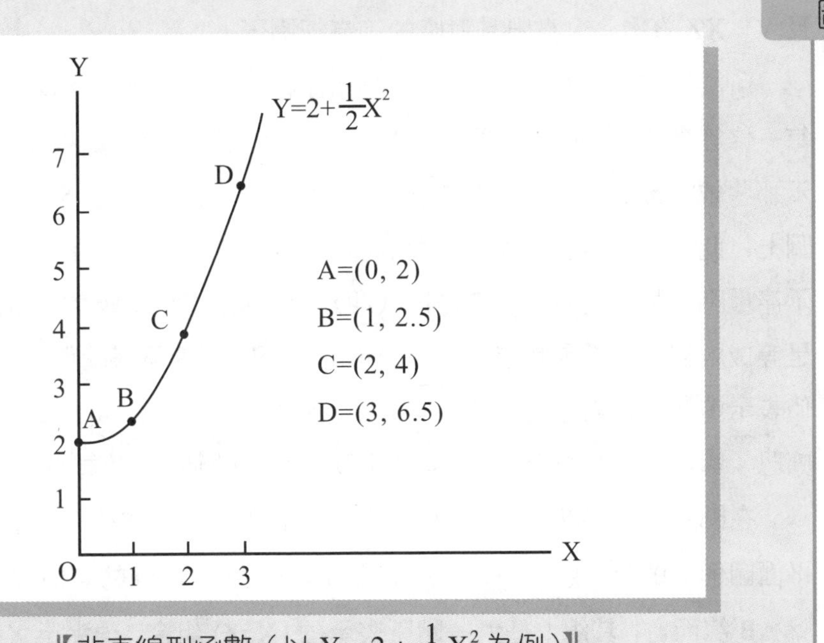

【非直線型函數（以 $Y=2+\frac{1}{2}X^2$ 為例）】

1.AD 曲線在縱軸上的截距為 OA = 2。

2.AD 曲線的斜率，隨著 X 的增加而遞增，其值為 $X+\frac{1}{2}\Delta X$。

Y 值來看對應 X 值的走勢。同理，以 $Y=2+\frac{1}{2}X^2$ 為例的逆函數為 $X=[2(Y-2)]^{\frac{1}{2}}$，如圖 1–6 所示的 AD 曲線。

同時，由於逆函數與其原來函數的圖形均沒有改變，故其截距也沒變；不過，由於其看圖的切入角度已從原來的 X 軸改成為 Y 軸，故逆函數的斜率值等於原函數斜率值的倒數，如下式所示：

$$逆函數的斜率=\frac{\Delta X}{\Delta Y}=\frac{1}{\frac{\Delta X}{\Delta Y}}=\frac{1}{原來函數的斜率}$$

就單一變數的函數，容易在平面上畫出其對應的圖形；那麼，要如何畫出兩變數函數的圖形呢？當然，可以利用三度空間的作圖技巧來畫兩變數函數的圖形；不過，此一技巧並沒有那麼容易學會，即會畫又會看的人不多；因此，在經濟學的教科書中，乃沿用一般在地圖上將高度利用**等高線 (Contour Lines)**

來表現的作圖方法，將兩變數函數的圖形畫在平面上。在此，分別以 $Y = X + 2Z$ 及 $Y = XZ$ 為例，來畫出其對應的等高線圖形。

所謂等高線是在平面圖上，將處於同一高度的地點串連起來的一條線；而每一條等高線，都表示不同的高度。在數學上，將等高線稱為等值線，用以表示那些依變數的組合點的連接線或軌跡，均可以得到一定大小的函數值。在地圖上，此一函數值表示高度，故等值線就是等高線。在經濟學中，當函數值表示產量時，則等值線就是等產量（曲）線；當函數值表示成本時，則等值線就是等成本線；而當函數值表示消費者的所得時，等值線就稱為預算線；當函數值表示消費者的滿足程度時，等值線就稱為無異（曲）線。從上述說明，讀者應已了解等值線的概念，在經濟學中受到廣泛的使用，故有必要清楚的認識它。

在圖 1–7 中，以 $Y = X + 2Z$ 為例，在橫軸表示 X 變數，縱軸表示 Z 變數的平面圖形上的第一象限中，分別畫出 $Y = 10$ 及 $Y = 20$ 的等值線 AB 及 EF 線。就 AB 線而言，其線上任何一點所表示的 (X, Z) 組合，均滿足 $X + 2Z = 10$ 的關

圖 1–7

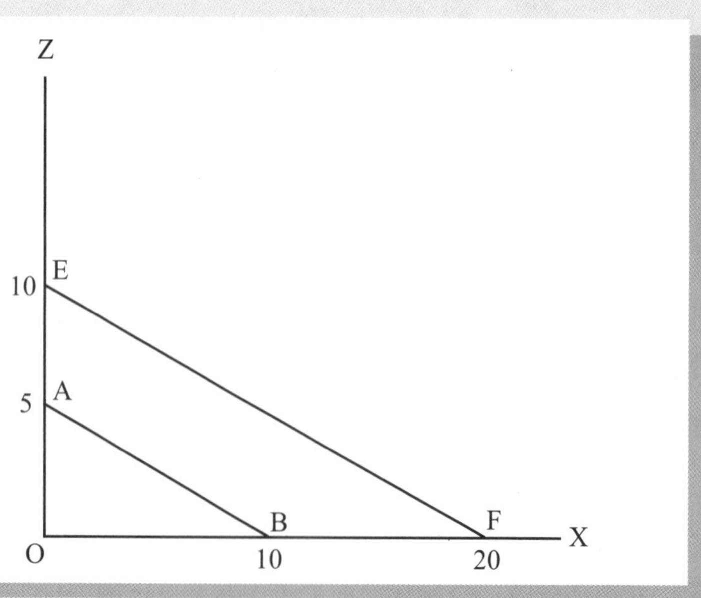

【等值線（以 $Y = X + 2Z$，且 $Y = 10$ 及 $Y = 20$ 為例）】

1.AB 及 EF 線為不同函數值的等值線。

2.AB 及 EF 線相互平行。

係；AB 線在橫軸及縱軸的截距，分別為 OB = 10 及 OA = 5，而其斜率 $\frac{\Delta Z}{\Delta X}=\frac{-5}{10}=-\frac{1}{2}$。至於 EF 線，其上各點均滿足 X + 2Z = 20 的關係，且其截距分別為 OF = 20 及 OE = 10，斜率仍為 $-\frac{1}{2}$，故 EF 線與 AB 線相互平行。總之，可以對應不同的函數值 Y，畫出不同的等值線；而由這些等值線所呈現出來的圖形，就能夠清楚的了解 Y = X + 2Z 這一兩變數函數的一些特性。

在圖 1–8 中，是以 Y = XZ 為例所畫出來的等值（曲）線圖；其中，AB 線是以 Y = 25，而 EF 線是以 Y = 100 的等值曲線。以 XZ = 100 為例，其圖形就如同對 $Z=\frac{100}{X}$ 的單一函數所畫出的圖形，為一直角雙曲線中的一條；故 AB 曲線並沒有截距，且其斜率為負值，而斜率的絕對值將隨著 X 的增加而遞減。EF 線是在 Y = 100 (> 25) 所畫出來的，其位置落在 AB 線的右上方，且兩條線不會相交。

圖 1–8

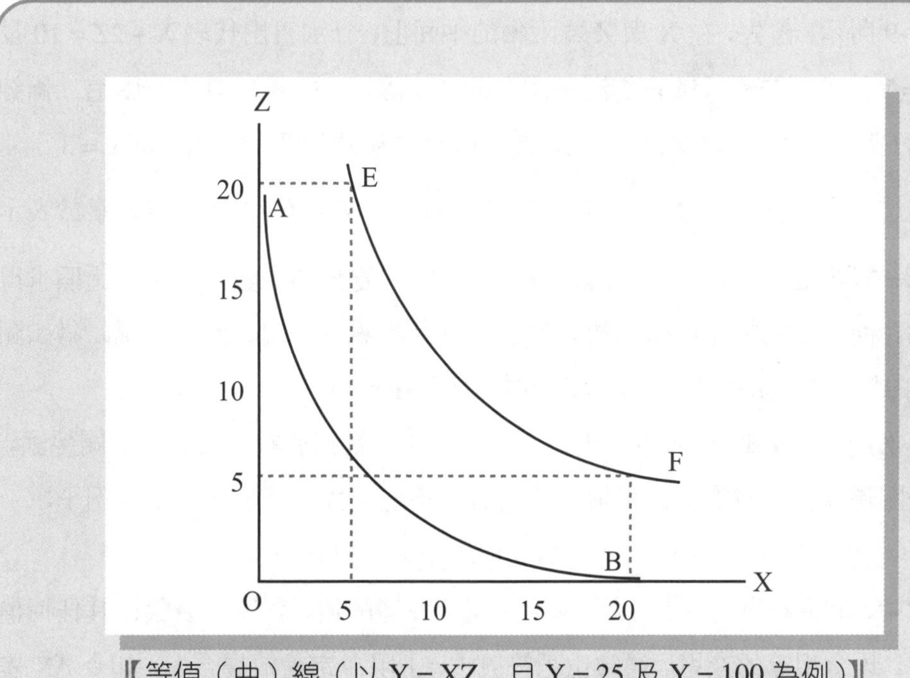

【等值（曲）線（以 Y = XZ，且 Y = 25 及 Y = 100 為例）】

*1.*AB 及 EF 曲線分別為在不同函數值下所畫出來的等值線。

*2.*AB 及 EF 線雖非平行線，但也不會相交。

二、方程式與恆等式

當函數值為一特定數時，則此一數學式子稱為**方程式 (Equation)**；而稱滿足此一方程式的依變數值，為此一方程式的**解 (Solution)**。以單一變數的函數為例，如 $f(X) = 2 + \frac{1}{2}X = 5$，則 $X = 6$ 為此一方程式的解；又如，$f(X) = 2 + \frac{1}{2}X^2 = 10$，則 $X = 4$ 為此一方程式的解 (另一解為 -4)。其次，以兩變數的函數為例，如 $f(X) = X + 2Z = 10$，則其解有無限多，正如圖 1–7 中的 AB 線上的任一點所示，都是此一方程式的解；同理，當 $f(X, Z) = XZ = 25$ 時，其解也無限多，如同圖 1–8 中的 AB 線上的任一點所示，都是此一方程式的解。

但當 X、Z 兩變數之間，除了存在 $f(X, Z) = X + 2Z = 10$ 的方程式以外，亦存在另一個函數關係如方程式 $g(X, Z) = X - Z = 1$ 所示；那麼，就可以利用這二個方程式來聯立求解，以同時滿足這二個方程式。經由運算，可以得出單一的解，其解為：$X = 4$ 及 $Z = 3$。此一聯立方程式的解，也可以利用圖形來表現。如圖 1–9 所示，首先，在 X 與 Z 為兩軸的平面上，分別畫出代表 $X + 2Z = 10$ 及 $X - Z = 1$ 這二個方程式的直線關係圖，即 AB 線及 EG 線；其次，由這二條線的交點 F 所表示的座標 (4, 3)，就是此一聯立方程式的解，即 $X = 4, Y = 3$。

當這二個方程式，分別改寫為 $Z = 5 - \frac{1}{2}X$ 及 $Z = X - 1$ 時，就相當於表示二個單一變數的函數；也就是說，針對兩個單一變數的函數，也可以比照求得其交點，而由該點的座標得出同時滿足二個函數關係的解。此一情況，猶如圖 1–1 的由供需曲線決定市場均衡價格與均衡數量一樣。

其次，就**恆等式 (Identity)** 而言。所謂恆等式是指變數之間的一個關係式，而此一關係式對所有變數以任何值代入時，均能成立。例如下面二個例子：

$$(X + Y)^2 \equiv X^2 + 2XY + Y^2,\ 3(X + 1) \equiv 3X + 3$$

上兩式中，利用符號「≡」，以表示其左邊與右邊的值，對所有變數以其任何值代入時，均會相等的意思。通常也把符號「≡」用在定義的場合上，如令 ΔX 表示 X 的變動量，即 $\Delta X \equiv X_1 - X_0$，其中 X_1 及 X_0 分別表示變動後及變動前的 X。

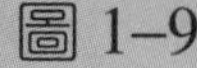
圖 1–9

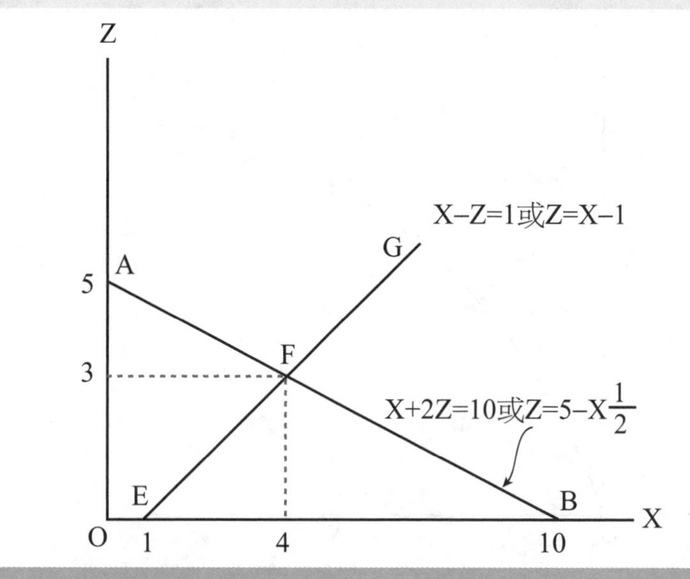

〖聯立方程式的求解（以 X + 2Z = 10 及 X – Z = 1 為例）〗

1. AB 及 EG 線分別是根據 X + 2Z = 10 及 X – Z = 1 二個方程式所畫出來的關係圖。

2. 兩條線的交點 F，其對應的座標為 (4, 3)，就是這二個方程式的解。

三、導數與偏導數

首先，介紹導數的概念。函數 Y = f(X) 的**導數 (Derivative)**（以 $\frac{df(X)}{dX}$ 或 f′(X) 來表示）定義如下：

$$\frac{df(X)}{dX} \equiv \lim_{\Delta X \to 0} \frac{\Delta Y}{\Delta X} = \lim_{\Delta X \to 0} \frac{f(X + \Delta X) - f(X)}{\Delta X}$$

由上式知，所謂導數是指當 X 的變動量 (ΔX) 趨近於零時，Y 的變動量 (ΔY) 相對於（或除以）ΔX 的比例。由上文知 $\frac{\Delta Y}{\Delta X}$ 為一斜率的概念，因此，導數就等同於過該點的切線的斜率。如圖 1–10 所示，變動前為 A 點，變動後為 E 點，而 AE 線的斜率為 $\frac{\Delta Y}{\Delta X}$；當 ΔX → 0 時符號「→」表示「趨近於」的意思，表示 E

圖 1–10

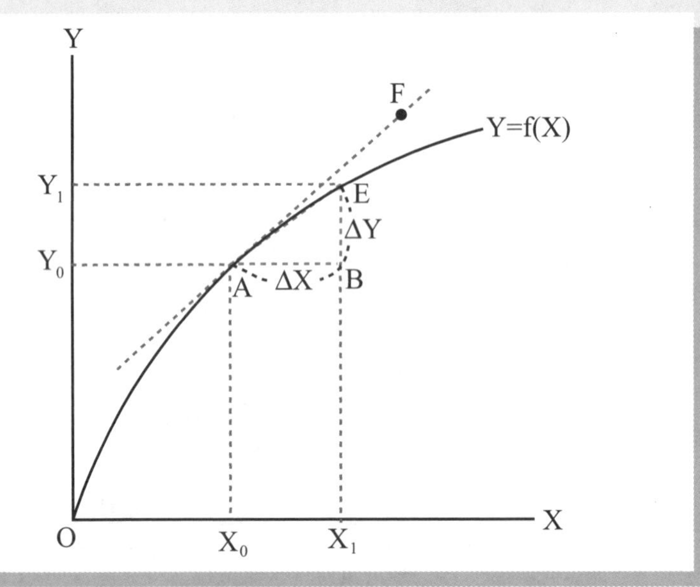

【導數的示意圖】

1.A 點及 E 點分別表示變動前及後的對應點，而 $\frac{\Delta Y}{\Delta X}$ 是表示 AE 線的斜率。

2.當 $\Delta X \to 0$ 時，E 點 → A 點，故導數就等同於切線 AF 的斜率。

點往 A 點趨近，則 AE 線的斜率逐漸變成為切線 AF 的斜率。以 $f(X) = 2 + \frac{1}{2}X$ 為例，其導數 $f'(X) = \frac{1}{2}$，如圖 1–5 所示；以 $f(X) = 2 + \frac{1}{2}X^2$ 為例，其導數 $f'(X)$ 如下式所示為 X：

$$f'(X) = \lim_{\Delta X \to 0} \frac{\Delta Y}{\Delta X} = \lim_{\Delta X \to 0} (X + \frac{1}{2}\Delta X) = X$$

另外，舉二個較常遇見的函數，並求其導數。當 $Y = \ln X$ 時，ln 為**自然對數函數 (Natural Logarithm)**，其導數為 $\frac{d\ln X}{dX} = \frac{1}{X}$；而當 $Y = X^{\alpha}$ 時，則 $\frac{dX^{\alpha}}{dX} = \alpha \cdot X^{\alpha-1}$。

其次，介紹求導數的兩個規則。首先是**相乘規則 (Product Rule)**，即當 f(X) 是另二個函數 g(X) 及 h(X) 的乘積時，則 f(X) 的導數可以由下式求得：

$$\frac{df(X)}{dX}=g(X)\frac{dh(X)}{dX}+h(X)\frac{dg(X)}{dX}$$

其次是**連鎖規則 (Chain Rule)**，即對於**合成函數 (Composite Function)** 的導數，可以利用此規則來求得。已知兩函數分別為 $Y=g(X)$, $Z=h(Y)$，則 $f(X)\equiv h(g(X))$ 稱為 g 及 h 的合成函數，而所謂連鎖規則如下式所示：

$$\frac{df(X)}{dX}=\frac{dh(Y)}{dY}\frac{dg(X)}{dX}$$

舉例如下：若 $g(X)=2+\frac{1}{2}X^2$, $h(Y)=2+\frac{1}{2}Y$，則合成函數 f(X) 為：

$$f(X)\equiv h(g(X))=h(2+\frac{1}{2}X^2)=2+\frac{1}{2}(2+\frac{1}{2}X^2)=3+\frac{1}{4}X^2$$

故 $f'(X)=\frac{1}{2}X$。另一方面，也可以按照連鎖規則來求 $f'(X)$：

$$\frac{dh(Y)}{dY}\cdot\frac{dg(X)}{dX}=\frac{1}{2}\cdot X=\frac{1}{2}X$$

導數也是一種函數關係，故也可以定義出**二階導數 (Second Derivative)**。所謂二階導數，是指對一函數的導數，再求其（第二次）導數的意思；f(X) 的二階導數，一般表示為 $f''(X)$ 或 $\frac{d^2f(X)}{dX^2}$。

其次，介紹偏導數的概念。以兩變數函數 $Y=f(X,Z)$ 為例，可分別對 X 及 Z 來定義其**偏導數 (Partial Derivatives)**，分別以 $\frac{\partial f}{\partial X}$ 及 $\frac{\partial f}{\partial Z}$ 表示，如下二式所示：

$$\frac{\partial f(X,Z)}{\partial X}=\lim_{\Delta X\to 0}\frac{f(X+\Delta X,Z)-f(X,Z)}{\Delta X}$$

$$\frac{\partial f(X,Z)}{\partial Z}=\lim_{\Delta Z\to 0}\frac{f(X,Z+\Delta Z)-f(X,Z)}{\Delta Z}$$

由上二式知，所謂對於 X（或 Z）求偏導數，是在 Z（或 X）不變的情況下，祇就 X（或 Z）求其導數的意思。

舉例如下：若 $g(t)=f(X(t),Z(t))$，則其對於 t 的導數為：

$$\frac{dg(t)}{dt}=\frac{\partial f(X,Z)}{\partial X}\frac{dX(t)}{dt}+\frac{\partial f(X,Z)}{\partial Z}\frac{dZ(t)}{dt}$$

在上式中，除了用到連鎖規則之外，也用到偏導數的概念。

四、最適化問題的求解

在經濟學中，通常會碰到求一函數的**極大值 (Maximum)** 或**極小值 (Minimum)** 的問題，如求滿足程度最大下的消費組合，求利潤最大下的產量水準，或求成本最小下的要素投入組合等。在數學上，求解一函數極大值或極小值的問題，是利用所謂的**一階條件 (First-order Condition)** 及**二階條件 (Second-order Condition)**。茲以單一變數的函數 $Y = f(X)$ 為例，分別說明如下：

1. 求極大值或極小值的問題，是指找到一 X^*，使得 $f(X^*)$ 最大或最小。

2. 當 X^* 是使得 $f(X^*)$ 最大或最小的一階條件（為必要條件）為

$$\frac{df(X^*)}{dX} = 0$$

此一條件表示，在 X^* 的切線斜率為零。同時，知滿足一階條件的 X^*，無法確知其為極大或極小。

3. 保證滿足一階條件的 X^*，為一令 $f(X^*)$ 極大的二階條件（為充分條件）如下

$$\frac{d^2f(X^*)}{dX^2} \leq 0$$

此一條件表示，隨著 X 的增加，其在到達 X^* 之前，Y 的走勢是持續上升的，而在 X^* 時達到最高點，過了 X^* 之後，Y 的走勢是持續下降的；換言之，f(X) 的斜率是遞減的，且 f(X) 在 X^* 附近是具**凹性的 (Concave)**。

4. 保證滿足一階條件的 X^*，為一令 $f(X^*)$ 極小的二階條件（為充分條件）如下

$$\frac{d^2f(X^*)}{dX} \geq 0$$

此一條件表示，隨著 X 的增加，其在到達 X^* 之前，Y 的勢是持續下降的，而在 X^* 時達到最低點，過了 X^* 之後，Y 的走勢是持續上升的；換言之，f(X) 的斜率是遞增的，且 f(X) 在 X^* 附近是具**凸性的 (Convex)**。

至於在兩變數的函數下，其極值的求得，亦有一階條件及二階條件；在此，僅提供一階條件如下：以 $Y = f(X, Z)$ 為例，若 (X^*, Z^*) 為一極值，必然滿足下述二個一階條件：

$$\frac{\partial f(X^*, Z^*)}{\partial X} = 0, \quad \frac{\partial f(X^*, Z^*)}{\partial Z} = 0$$

第二章　消費者的偏好與效用函數

在市場中的買方，是由許許多多的消費者組合而成；其中，每一個消費者是如何進行其消費活動的呢？誠如最適原則所說的，每一個消費者將會在追求其滿足程度最大化的前提下，來安排其消費活動；換言之，消費者會將其握有的資源，如自己的時間、金錢、財產、資訊等項以及親朋好友等其他人願意提供的資源，加以利用，以選擇一個能夠令其滿足程度達到最高水準的最適消費組合。

此一消費者選擇將依循的最適原則，基本上是大家都認同的；其次的問題是，如何加以落實？在方法上，通常把此一消費者選擇問題分為三個不同層面來看，首先是在沒有任何資源限制的前提下，認識此一消費者的嗜好或偏好；其次是在不考慮其偏好因素的前提下，認清此一消費者的資源所能夠消費或有能力購買得到的財貨組合；最後才是結合上述兩項知識，並得出消費者在有資源限制條件下的最適選擇，所應把握的一些決策準則。如此，消費者將可以把握並應用這些決策準則，以便能夠按最適原則進行其消費活動。

本章將首先就消費者的偏好課題進行了解，至於另二個課題則留在下一章討論。本章分為二節，第一節「消費者的偏好」，嘗試將具有一定特性的偏好及其結構，利用無異曲線及無異圖來加以描繪；第二節「效用函數」，即進一步將消費者的偏好及其結構，利用效用函數的概念來加以體現，以方便數學操作，進而能夠對於消費者行為相關議題，進行更為嚴謹的探討。值得一提的是，直接從無異曲線入手討論消費者的偏好，與一般在入門經濟學中的從效用函數入手說明偏好特性，兩者所依循的理念是不一樣的，前者祇強調偏好的高低順位（並不以偏好可以衡量為前提），而不像後者是建立在偏好是可以實際數字來衡量其水準大小的前提上。同時，在本章的附錄中，也嘗試將無異曲線的走勢或性質，利用效用函數的概念來加以說明。

第一節　消費者的偏好

誠如上述，在討論消費者的偏好課題時，是在完全不考慮其消費能力或在沒有資源限制的前提下進行的。此一前提是與實情不盡相符，通常一個人的視野或其能想像得到的財貨類別（含物質與精神上的），是在其成長過程所接觸及學習而來的；而個人的成長經歷，是與其握有的資源息息相關。因此，從較為長期來看，消費者的偏好討論，是無法與其消費能力完全分開的。不過，為了簡化討論起見，或許在一定的期間內，是可以暫時拋開消費能力的因素，專注於現有的**消費者偏好 (Consumer Preferences)**，進行了解，並加以掌握。

同時，為簡化討論起見，在此亦將針對在兩種財貨的情況下，來了解消費者的偏好及其結構性質。通常在一個**消費組合 (Consumption Bundle)** 中，包含有許許多多種類的財貨；其中，不但每一種類的財貨，又可分為不同的品目，而且每一品目也可依其時間、地點或境況，再細分為不同的財貨。以冰品為例，不但有加料不同的冰，有甜有鹹的冰，而且也可以將夏天的冰棒與冬天的冰棒，大伙一起時吃的冰與自己一人時吃的冰，都視為不同的財貨；又如，晴天的傘與雨天的傘是不同的財貨。不過，雖然在此僅就兩種財貨的情況下進行討論，但可以將第二種財貨想像為第一種財貨以外的所有財貨，即將第二財貨視為由第一種財貨以外的所有財貨組合而成的**合成財貨 (Composite Good)**；如此，在理論上，將可以利用兩財貨的組合 (X_1, X_2)，來完整的描述一消費者的所有消費組合，其中 X_1 表示第一種財貨的數量，X_2 為此一合成財貨的數量。

誠如上述，本節的宗旨在於利用無異曲線及無異圖的概念，來描繪消費者的偏好及其結構所具有的特性。一般而言，當消費者偏好符合下述的三個**公理 (Axioms)** 或基本性質時，則該偏好及其結構才不會出現相互矛盾，即才具有**一致性 (Consistency)**，也才可以利用無異曲線及無異圖來加以體現，而此三個公理分別為完整性、反身性及遞移性。在說明這三個公理之前，有必要先回過頭來了解消費者偏好的意義。

一、消費者偏好的意義與有關公理

所謂消費者偏好，是一種以消費者行為為導向的概念。首先，假設消費者有能力針對已知的二個消費組合 A 與 B 加以比較；換言之，消費者能夠確定哪一個組合較好、較差或兩者**無差異 (Indifferent)**。也就是說，在不考慮購買或消費能力的前提下，消費者總會選取其認為較好的組合。

其次，消費者的偏好情形，可以利用「偏好關係」來加以表現；偏好關係有三種，即嚴格好於 **(Strictly Prefer to)**、可能好於或弱好於 **(Weakly Prefer to)** 及無異於 **(Indifference)**，且可以分別以 $\succ$、$\succsim$ 及～等符號來表示。當組合 A 嚴格好於 B 時，可寫成「$A \succ B$」，表示消費者確定 A 比 B 好；當組合 A 弱好於 B 時，寫成「$A \succsim B$」，表示消費者認為 A 至少與 B 一樣好，即 A 有可能比 B 好，也有可能與 B 一樣好（即無差異）；而當組合 A 無異於 B 時，寫成「A～B」，表示消費者認為 A 與 B 一樣好。

接著，可以利用弱好於 ($\succsim$) 的偏好關係，來說明上述提及的三個能夠保證消費者具有一致性偏好的公理。首先，就偏好的完整性 **(Completeness)** 而言，是進一步假設消費者對於任何二個不同消費組合 A 與 B，均有能力加以比較；換言之，A 與 B 之間的偏好關係必然是下述三者中的一種：(1) $A \succsim B$，(2) $B \succsim A$，(3) $A \succsim B$ 且 $B \succsim B$；其中，第(3)種等同於 A～B。就實際情形來看，每一個消費者的偏好，未必均具有完整性，例如可能存在一些他料想不到的消費組合，或可能在他的成長過程中尚未經歷過的，也未能想像得到的一些消費組合，故對於這些組合，他就無從加以比較；甚至於在有限理性的前提下，對於某些已知的組合，他也未能加以進行比較。舉例而言，一個生長在城市的人與一個生長在鄉村的人，一個富家子弟與一個家境清寒的孩子，一個美國人與一個未曾去過美國的臺灣人，其彼此之間不但消費組合中所含的財貨種類大不相同，且其各自的偏好架構中也有不等的留白部分。不過，就消費者的日常生活當中，針對其可能想像得到的所有消費組合而言，偏好的完整性，應該是可以接受的一項性質，也是建構消費者選擇理論的一項基礎。

其次，就偏好的反身性 **(Reflexivity)** 而言。所謂反身性是指對於任一消費組合 A，均至少與其本身一樣好；亦即 $A \succsim A$。此一反身性的提出，一方面是為了推理的嚴謹性，即消費者不但可以對於任何二個不同的組合加以比較，也可以對於二個完全相同的組合加以比較；另一方面，由於在一定的偏好下，二個完全相同的組合，對於有一致性偏好的人而言，兩者在偏好上應是無差異的，即 $A \sim A$，故 $A \succsim A$，即表示此一偏好存在所謂的反身性。當兩個小孩子各給他一件完全相同的玩具時，有時會出現小孩子不要你第一次給他的那一件玩具，反而會想要你給另一個小孩子的另一件完全相同的玩具，此時表示前面那一位小孩子的偏好，就不具有反身性。不過，如同上述，就正常的情況下，消費者的偏好將會存在反身性的。

第三，就偏好的遞移性 (**Transitivity**) 而言。所謂遞移性是指當 $A \succsim B$，且 $B \succsim C$ 時，則 $A \succsim C$；換言之，當消費者認為組合 A 至少與 B 一樣好，且 B 至少與 C 一樣好，則 A 必然也會與 C 一樣好時，那麼就稱此一消費者的偏好具有遞移性。在上述說明中，是對於任何三組合均成立時，才能稱該偏好具有遞移性；反之，若在消費者的選擇行為中，出現 $A \succsim B$ 且 $B \succsim C$，以及 $C \succ A$（即 $A \succsim C$ 不成立）的情況時，則此一消費者的偏好就不具有遞移性。在一般的日常生活當中，個人總是有如下的經驗，即有些決策在確定以後，馬上或不久以後就會有懊悔的情形出現，例如逛街所購買的衣物、是否參加班上同學的聚會活動、在選定男朋友或女朋友等方面，細究其原因，是個人的偏好並不完全具有遞移性所致。換言之，消費者的偏好未必具有完全的遞移性，而此時的消費者也就不具備，由三個以上（含三個）或眾多組合選項中找出最好組合的能力。因此，若現在關心的問題是「消費者如何選擇最好的組合?」，則必然是要在消費者偏好具有遞移性的情況下，才存在有討論的基礎。

二、無異曲線的意義與無異圖

當消費者的偏好 (以弱好於的偏好關係來看時) 具有上述三個公理性質時，則稱其偏好 (關係及其結構) 具有一致性。本節將進一步利用無異曲線的圖形，來說明偏好的結構內涵。

在圖 2–1 中，橫軸及縱軸分別表示第一種財貨及第二種財貨的數量，以在第一象限中的任何一財貨組合點 A 為例，其座標為 (X_1, X_2)；其中，X_1、X_2 均不為負數。利用弱好於 ($\succsim$) 的關係，可以得到一**弱好於（A 的）集合 (Weakly Preferred Set)** S_A，如圖 2–1 中的斜線面積（含邊界線在內）所示；換言之，$S_A \equiv \{(Y_1,Y_2) | (Y_1, Y_2) \succsim A\}$，表示在 S_A 內的任一組合點 B，在消費者心目中均至少與 A 一樣好。同理，利用弱好於的關係，也可以得到一**無差異集合 (Indifference Set)** I_A，如圖 2–1 中的邊界線所示；亦即 $I_A \equiv \{(Z_1, Z_2) | (Z_1, Z_2) \succsim A$，且 $A \succsim (Z_1, Z_2)\}$，表示在 I_A 中的任一組合點 C，在消費者心目中均與 A 一樣好。當無差異集合剛好為一條線時，稱為**無異曲線 (Indifference Curve)**；不過，若沒有對於兩財貨在偏好中的地位進一步加以限定時，I_A 有可能僅有包括它本身而已，也有可能 I_A 並不是一條線，而存在面積不為零的，即涵蓋一定區域的集合。

圖 2–1

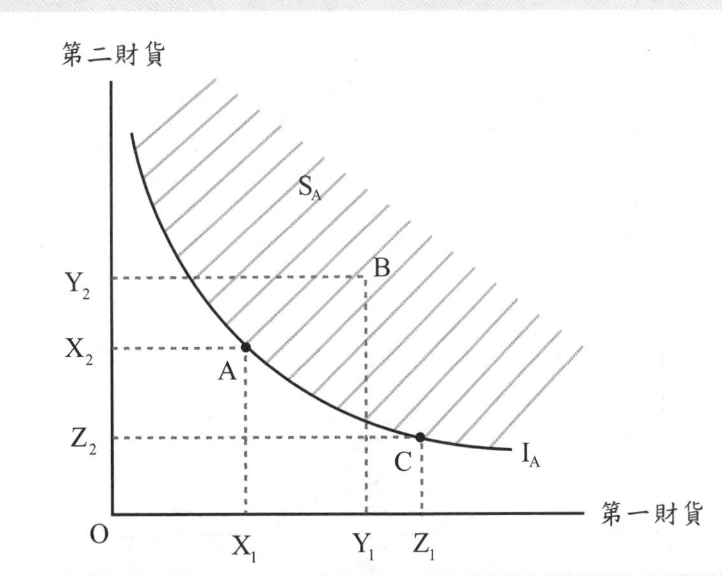

【弱好於（A 的）集合 S_A 與無差異集合 I_A】

1. 弱好於 A 的集合 S_A，其定義為 $S_A \equiv \{(Y_1, Y_2) | (Y_1, Y_2) \succsim A\}$。

2. 無差異集合 I_A 的定義為 $I_A \equiv \{(Z_1, Z_2) | (Z_1, Z_2) \succsim A$，且 $A \succsim (Z_1, Z_2)\}$。

3. I_A 未必為一條線，也未必凸向原點。

同時，無異曲線也未必如圖 2–1 所示的為一條凸向原點的線（詳下文中的例子）。

不過，根據無差異集合的定義，就一定的偏好關係及其結構而言，對於兩個表示不同滿足程度的無差異集合之間，是沒有交集的。換言之，當 $A \succ B$，則 I_A 與 I_B 的交集為空集合。如圖 2–2 所示，利用反證法來說明上述命題。以 I_A 及 I_B 均為無異曲線為例，當 I_A 與 I_B 存在一交點 C 時，一方面由於 C 落在 I_A 上，故 A～C；另一方面，由於 C 亦落在 I_B 上，故 C～B。因此，根據遞移性，得出 A～B，而此一結果與 $A \succ B$ 相互矛盾，故 I_A 與 I_B 不存在交點的命題獲得證明。

在下一小節中，將以 I_A 是一條線為例，來討論具一定特性的偏好結構，其無異曲線的長相。在正式舉例之前，僅先就如何畫出一條無異曲線稍作說明。一般而言，可以從任何一個消費組合點 (X_1, X_2) 開始，畫出一條經過該點的無

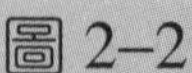
圖 2–2

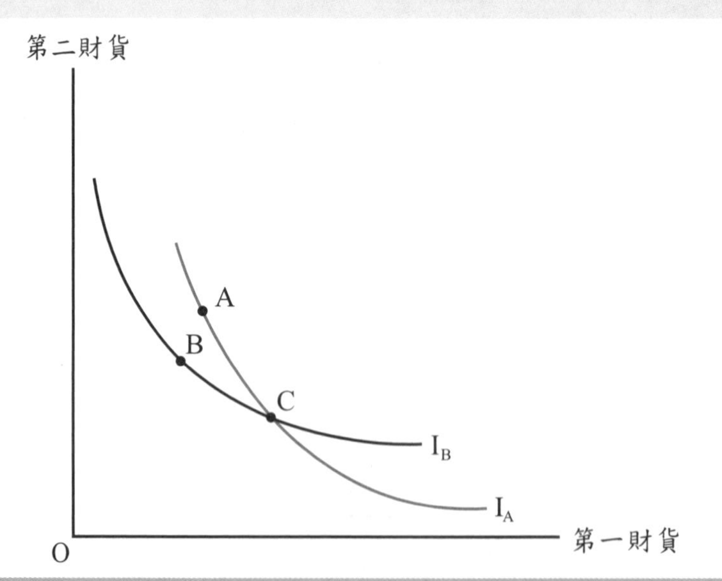

【代表兩個不同滿足程度的無差異集合 I_A 及 I_B 是沒有交集的（以 $A \succ B$ 為例）】

1. 當 I_A 與 I_B 有一交點 C 時，則 A～C 且 C～B。
2. 根據遞移性，進一步獲知 A～B。此一結果與 $A \succ B$ 相互矛盾，故 I_A 與 I_B 之間不可能存在有交點。

異曲線。首先，當第一財貨稍微增加 ΔX_1 時，即消費組合點往右移至 $(X_1+\Delta X_1, X_2)$ 時；那麼，第二財貨必須變動多少（以 ΔX_2 表示，且 ΔX_2 未必一定大於零），即第二財貨成為 $X_2+\Delta X_2$，才能使得新消費點 $(X_1+\Delta X_1, X_2+\Delta X_2)$ 所帶給該消費者的滿足程度，回復到與原消費點 (X_1, X_2) 完全一樣的水準上。同理，亦可以此一新的消費點 $(X_1+\Delta X_1, X_2+\Delta X_2)$ 為起點，持續往右找到另一個新的消費點，且其滿足程度亦與最初消費點 (X_1,X_2) 完全一樣。其次，在原消費點 (X_1,X_2) 的左邊，即當 $\Delta X_1 < 0$，亦可以比照找到與其滿足程度一樣或偏好無差異的新消費點 $(X_1+\Delta X_1,X_2+\Delta X_2)$。最後，將這些與原消費點 (X_1, X_2) 偏好無差異的所有新消費點及原消費點均串連起來，就得出一條經過原消費點 (X_1, X_2) 的無異曲線。

當畫出一條無異曲線之後，就可以畫出互不相交的第二條、第三條等等的無異曲線，而所謂無異圖 **(Indifference Map)** 是指由這些無異曲線所構成的圖形；進而言之，可以利用無異圖的概念，來具體呈現消費者的偏好關係及其結構。同時，於下文中，將主要利用無異曲線的斜率概念（即在其線上兩點間兩財貨變動量 ΔX_2 與 ΔX_1 的比例 $\Delta X_2/\Delta X_1$），由其大小以及變化情形，來說明偏好結構的特點。

三、無異曲線的例子

在此，將分別就兩財貨在消費者偏好上，具完全替代或完全互補的情形，以及其中有一財貨是消費者不喜歡的或具中性的情形，或消費者對於兩財貨存在飽和的情形，或其中有一財貨在消費上是無法分割的情形，來了解其無異曲線的長相。

㈠完全替代品的無異曲線

當兩財貨是完全替代品 **(Perfect Substitutes)** 時，表示兩財貨在消費者的偏好上是可以完全相互替代的；例如，就某些人而言，並「不計較」於吃米食或吃麵食，喝米漿或喝豆漿，穿有領或無領的上衣，用黑色或藍色的原子筆，聽輕音樂或聽歌唱的節目，就表示其中一種財貨可以另一種財貨完全替換掉。除此之外，兩財貨之間的替換比例也要維持不變時，才能算是完全替代品；否則，就不能稱為「不計較」了，而兩財貨之間也就不是所謂的完全替代品。

以黑色原子筆與藍色原子筆為完全替代品，且其間的替換比例維持為一支換一支為例，如圖 2–3 所示，A 點之座標為 (5, 5)，表示有五支黑色原子筆，也有五支藍色原子筆；而 B 點為 (6, 4)，表示比 A 點多了一支黑色原子筆，但少了一支藍色原子筆。因此，B 點與 A 點之間有偏好無差異的關係，即 B～A。同理，知道 (7, 3)、(8, 2)、(9, 1)、(10, 0) 及 (4, 6)、(3, 7)、(2, 8)、(1, 9)、(0, 10) 等點，均與 A 點無差異；而這些點的連接起來，就是代表一條無異曲線，在此剛好為一條直線 EF，其數學式子為 $X_1 + X_2 = 10$，並知其斜率為 $\frac{\Delta X_2}{\Delta X_1} = \frac{4-5}{6-5} = -1$（以 A 點與 B 點為例所計算而得），此一斜率值剛好表示多一支黑色

圖 2–3

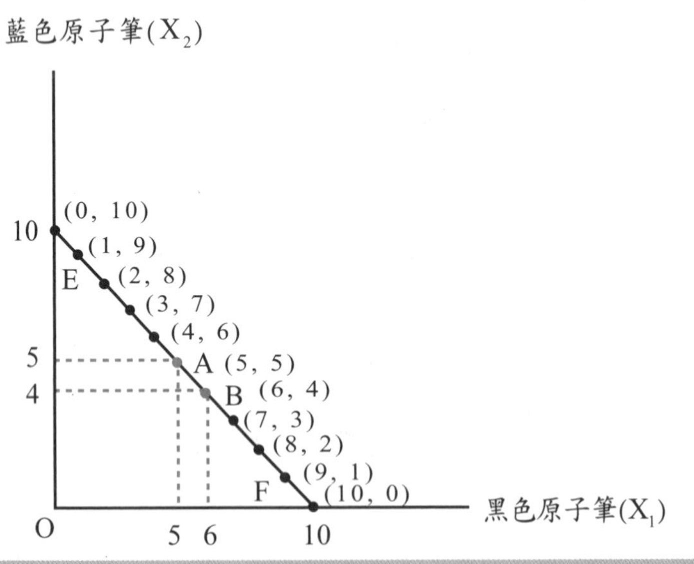

【兩財貨為完全替代品的無異曲線（以 $X_1 + X_2 = 10$ 為例）】

1. 根據兩財貨固定的替換比例為 1 比 1，過 A 點 (5, 5) 所畫出來的一條無異曲線 EF，剛好為一條直線。
2. 該條無異直線 EF 的斜率為 −1，其絕對值剛好表示 1 單位第一財貨所能夠替換第二財貨的單位數為 1。

原子筆時，可以替換掉（或少）一支藍色原子筆，而使得此一消費者的滿足程度維持不變。

從這個例子，也了解到無異曲線斜率的絕對值，剛好表示兩個完全替代品之間的替換比例；因此，當無異曲線變得更陡峭時，就表示 1 單位的第一財貨，可以替換掉更多單位的第二財貨。反之，當無異曲線變得更平坦時，就表示 1 單位的第一財貨，祇能替換較少單位的第二財貨。

同理，在圖 2–3 中，也可以比照畫出相互平行（由於斜率相同）的其他無異曲線。同時，亦知那些離原點愈遠的無異曲線，其上的消費組合點所帶給消費者的滿足程度愈高；而離原點愈近的無異曲線，表示滿足程度愈低。

㈡完全互補品的無異曲線

首先，當兩財貨是完全互補品 **(Perfect Complements)** 時，表示兩財貨在消費者的偏好上，是完全沒有任何替代性可言；亦即是消費者對於兩財貨的消費，同時具有下述兩項特性：⑴兩財貨總是搭配在一起消費，⑵兩財貨有一固定的搭配比例。完全互補品的例子，有一隻左鞋配一隻右鞋、一雙筷子配一個碗、一杯咖啡加二小匙的糖。若上述兩項特性中有一項不存在時，則兩財貨就不能稱為完全互補品；例如，當兩財貨存在不搭配在一起的消費情形，或兩財貨搭配的比例並非固定不變時，都表示兩財貨在偏好上存在有替代性，而非完全沒有替代性。

以左鞋與右鞋為完全互補品，且其間的搭配比例維持為一隻左鞋配一隻右鞋為例，如圖 2–4 所示，A 點之座標為 (5, 5)，表示有五隻左鞋，也有五隻右鞋；而 B 點為 (6, 5)，表示比 A 點多了一隻左鞋，但右鞋數量不變。同理，C 點為 (5, 6)，表示比 A 點多了一隻右鞋，但左鞋數量不變。在左鞋與右鞋是完全互補品之情況下，表示 B 點雖然多了一隻左鞋，但沒有另一隻右鞋相配，故那隻左鞋對於消費者的滿足程度，完全沒有幫助，因而 B 點在偏好上，與 A 點無差異；同理，C 點雖然多了一隻右鞋，但由於沒有另一隻左鞋相配，對於消費者的滿足程度也沒有任何加分效果，故 C 點亦與 A 點在偏好上無差異。

根據上述，可以推知財貨組合 $(X_1, 5)$ 及 $(5, X_2)$，其中的 X_1 或 $X_2 \geq 5$，均

與 A 點無差異。因此，得知完全互補品的無異曲線 EAF，呈現 L 型，其數學式子為 $\text{Min}\{X_1, X_2\} = 5$；至於其斜率為零或無限大（可分別由 A 點與 B 點或 A 點與 C 點為例計算而得），均表示兩財貨之間，在偏好上完全不具有任何的替代性或完全互補。

同理，在圖 2–4 中，也可以比照畫出不會相交的其他無異曲線，亦呈現 L 型，且其轉角點均落在 OA 直線上（其數學式子為 $X_2 = X_1$）。當兩財貨的搭配比例不同時，則 OA 直線的斜率也會跟著不一樣。

圖 2–4

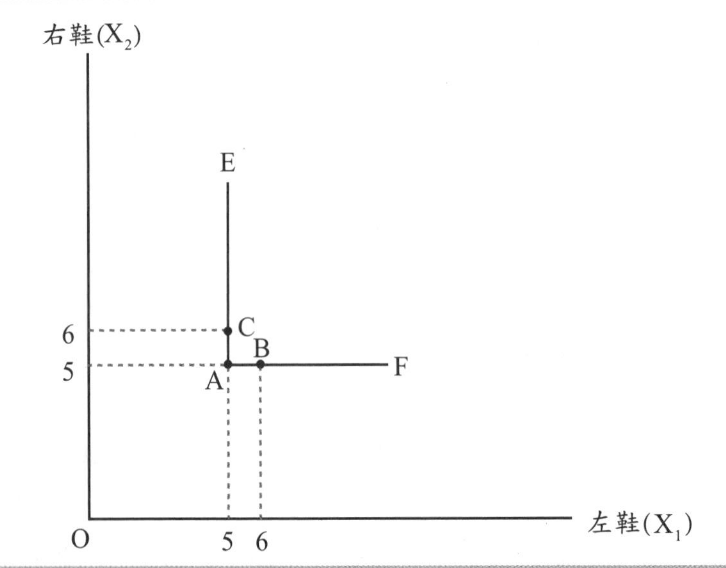

【兩財貨為完全替代品的無異曲線（以 $X_1 + X_2 = 10$ 為例）】

1. 根據兩財貨固定的搭配比例為 1 比 1，過 A 點 (5, 5) 所畫出來的一條無異曲線 EAF，呈現 L 型。
2. 該條無異曲線 EAF 的斜率為零或無限大，均表示兩財貨之間，在偏好上完全不具有任何的替代性或完全互補。

㈢在第一項財貨是消費者所不喜歡的情形下的無異曲線

在上述完全替代品的討論中，隱含有兩財貨都是消費者想要的，或對於其滿足程度有正面貢獻的假設，故為了維持滿足程度的不變，則一財貨數量的增加就必須替換掉另一財貨的部分數量，而其無異曲線為具負斜率性質；另外，在完全互補品的討論中，得知祇有增加一項財貨的數量（以第一項財貨為例），對於消費者的滿足程度並無加分效果，故不會改變其滿足程度，而其無異曲線呈現水平的走勢，表示無須調整第二項財貨的數量，就能維持滿足程度的不變。

現在，討論在第一項財貨是消費者所不喜歡的情形下，其無異曲線的長相問題。或許大家在小時候都有過如下的經驗，當父母為了鼓勵小孩子吃一些有益健康，但卻是小孩子不喜歡的食物（如蔬菜、魚、肉等）時，總是以另一個他們喜歡的物品作為補償，如糖果、獎金、玩具等。

以蔬菜是此一消費者不喜歡的食物，而糖果是喜歡的食物，且其間的補償比例維持一口蔬菜補一個糖果為例，如圖 2–5 所示，A 點之座標為 (5, 5)，表示

圖 2–5

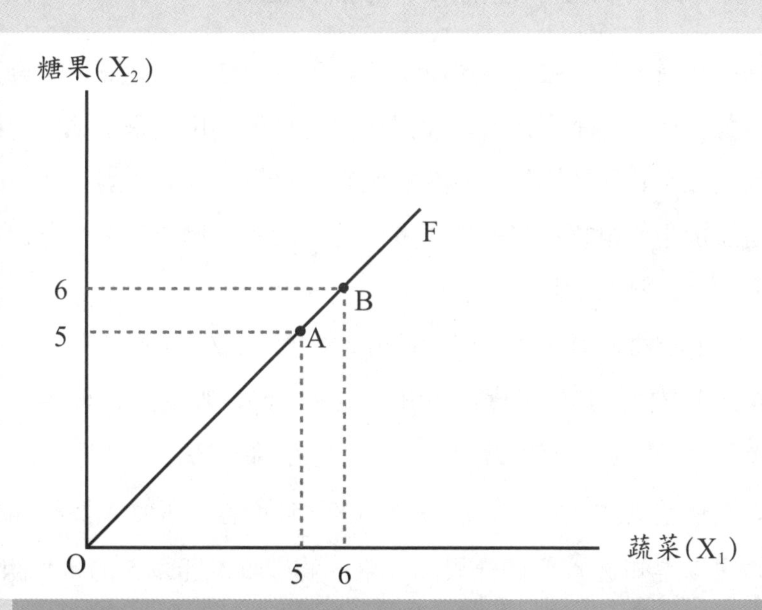

【第一項財貨是消費者不喜歡情況下的無異曲線（以 $X_2 - X_1 = 0$ 為例）】

1. 根據兩財貨固定的補償比例為 1 比 1，過 A 點 (5, 5) 所畫出來的一條無異曲線 OABF，剛好為一條直線。
2. 該條無異直線 OABF 的斜率為 1，表示 1 單位的第一項財貨必須獲得 1 單位第二項財貨的補償。

有五口蔬菜及五個糖果；而 B 點為 (6, 6)，表示比 A 點多了一口蔬菜及一個糖果，如此剛好使得 B 點與 A 點在該消費者的偏好上無差異。依此類推，得出過 A 點的無異曲線為 OABF 直線，其數學式子為 $X_2 - X_1 = 0$，並知其斜率為 1，而此一斜率值剛好表示多吃一口他不喜歡的蔬菜時，就得再補償給他一個糖果，才能維持他的滿足程度不會改變。

從這個例子，了解到其中有一項財貨是消費者所不喜歡的情況下，其無異曲線將具正斜率的性質；而當此一項財貨（以第一項財貨為例）對於消費者不喜歡的程度愈強時，則無異曲線的斜率會更大，即其走勢更為陡峭。反之，則無異曲線將較為平坦。同理，在圖 2–5 中，也可以比照畫出相互平行（由於斜率相同）的其他無異曲線。同時，亦知那些落在左上方的無異曲線，表示消費者有較高的滿足程度；而落在右下方的無異曲線，表示消費者的滿足程度較低。

㈣在第一項財貨具偏好中性情形下的無異曲線

當一項財貨具偏好中性 (**Neutral**) 時，表示消費者對此一項財貨完全不在乎，可有可無，反正都不會影響其滿足程度的高低，也就是一項對此消費者的滿足程度完全沒有作用的財貨，有等於沒有的意思。例如，對一些不吃魚的人而言，魚是屬於中性財貨；對一些不喝酒的人而言，酒是其中性財貨；對一些不下水的人而言，泳衣褲是其中性財貨。

在此，以不吃魚的消費者為例，如圖 2–6 所示，A 點之座標為 (5, 5)，表示 5 單位的魚及 5 單位的其他財貨；而 B 點為 (6, 5)，表示比 A 點多了 1 單位的魚，由於魚是中性財貨，並不會對於該消費者的滿足程度有所影響，故 B 點與 A 點在偏好上無差異。同理，對任何一點 $(X_1, 5)$ 而言，亦與 A 點在偏好上無差異。因此，可以得知過 A 點的無異曲線為一條縱軸截距為 5 的水平線 EABF，其數學式子為 $X_2 = 5$，並知其斜率為零；而此一斜率值剛好表示中性財貨 (X_1) 的變動，並不影響其滿足程度，故無須調整另一財貨 (X_2) 的數量以作為因應，就能夠保持滿足程度不變。

同理，在圖 2–6 中，亦可以畫出其他水平的無異曲線。同時，亦知截距愈大的無異曲線，表示其帶給消費者的滿足程度愈高；反之，截距愈小者，其滿

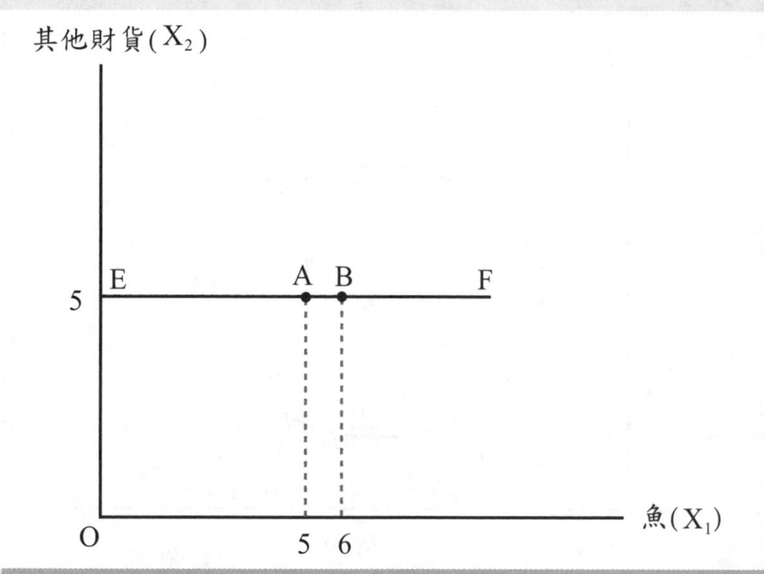

【第一財貨具偏好中性情況下的無異曲線（以 $X_2 = 5$ 為例）】

1.根據第一項財貨為中性財貨，過 A 點 (5, 5) 所畫出來的一條無異曲線 EABF，剛好為一條水平直線，其在縱軸的截距為 5。

2.該無異直線 EABF 的斜率為零，表示變動第一項財貨的量，無須調整第二項財貨的數量，就能夠使得滿足程度維持不變。

足程度則愈低。

㈤存在飽和情形的無異曲線

當消費者對於兩財貨的偏好結構，存在飽和 **(Satiation)** 情形時，是指存在有一個令其達到最高滿足程度的消費組合 (X_1^*, X_2^*)，該組合稱為偏好的飽和點或極樂點 **(Bliss Point)**。換言之，當消費組合點愈接近飽和點 (X_1^*, X_2^*) 時，其帶給消費者的滿足程度也愈高；反之，離飽和點愈遠的消費組合，表示其滿足程度愈低。

以飽和點 (X_1^*, X_2^*) 為例，且假設 $X_1^* > 5, X_2^* > 5$，則過 A 點 (5, 5) 的無異曲線，將如圖 2–7 所示的橢圓形 ϕ_A。在 ϕ_A 上面，可以分別找到斜率為零的二點

圖 2–7

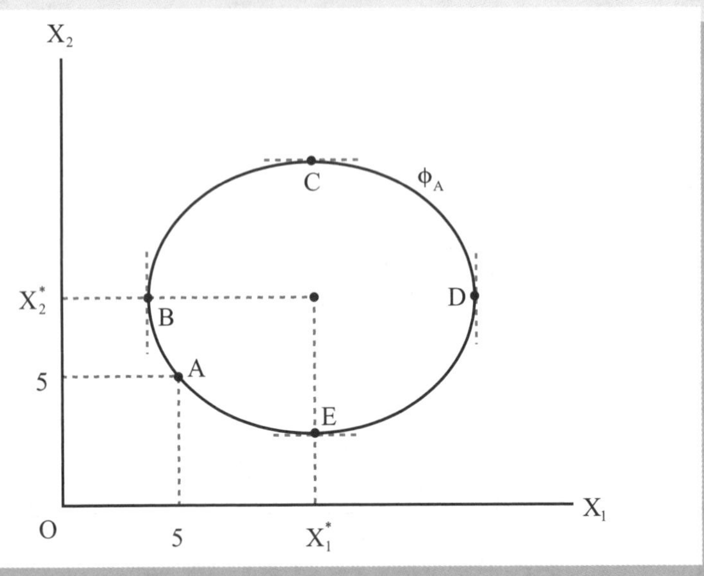

〖存在飽和情形下的無異曲線〗

1. 以飽和點 (X_1^*, X_2^*)，且 A 點 (5, 5)，及 $X_1^* > 5, X_2^* > 5$ 為例，過 A 點所畫出來的無異曲線 ϕ_A，呈現橢圓形。
2. 在 ϕ_A 上可以分別找到斜率為零及無限大的組合點，共計 4 點，並將 ϕ_A 分為四個段落。其中，在 CB（或 DE）段，表示第二項財貨（或第一項財貨）的量過多，而成為消費者不喜歡的財貨；在 CD 段，表示兩財貨均成為消費者不喜歡財貨的情形。

C 與 E，及斜率為無限大的兩點 B 與 D，並根據這四點可以把無異曲線 ϕ_A 分成四個段落來了解，即 BE、CB、CD、DE。首先，就 BE 段來看，其斜率為負值，表示在 A 點附近，消費者若增加（或減少）X_1 的數量時，是可以減少（或增加）X_2 的數量，而仍能維持與 A 點相同的滿足程度；此一情形，說明在 BE 段時，兩財貨都是消費者想要的或喜歡的財貨，故必須一增一減，才能夠維持在相同的滿足程度上。

其次，就 DE 段來看，其斜率是正值，相當於圖 2–5 的情形，此時表示第一項財貨的數量過多了，第一項財貨已成為消費者不喜歡的財貨，故隨著 X_1 的增加（由 E 往 D 移動），就有必要補償更多的 X_2，才能維持其滿足程度不變。

同理，就 CB 段來看，其情形類似於 DE 段；不過，此時表示第二項財貨由於過量了，而成為消費者不喜歡的財貨，故隨著 X_2 的增加（由 B 往 C 移動），就得補償更多的 X_1，才能維持其滿足程度不變。

最後，就 CD 段來看，其斜率為負值，且 CD 段基本上落在飽和點的右上方，表示兩項財貨都已過量，而均成為消費者不喜歡的財貨，故隨著 X_1 的增加（由 C 往 D 移動），就可以替換掉部分的第二項財貨，而能使得滿足程度維持不變，這也是說明此一段的斜率為負值的理由。同樣地，亦可以由 D 往 C 的移動方向來看，即隨著 X_1 的減少，就必須增加第二項財貨的數量，才能維持滿足程度的不變。

同理，在圖 2–7 中，亦可以畫出其他的圍繞飽和點 (X_1^*, X_2^*) 的無異曲線。同時，亦知愈接近飽和點的無異曲線，其表示的滿足程度愈高；反之，離飽和點愈遠的無異曲線，其滿足程度愈低。

就一般的消費活動而言，由於財貨的購買都是要付錢的；因此，即使對於那些存在飽和偏好結構的消費者而言，比較有討論意義的無異曲線範圍，將是那些落在飽和點左下方的具負斜率性質的段落，如圖 2–7 的 BE 段。

㈥在第一項財貨是無法分割消費情形下的無異曲線

所謂無法分割消費，是指財貨必須按整數單位才能具有消費功能（即能夠影響消費者的滿足程度），例如車子、冷氣機、衣服、筆、電腦等日常用品，都是要以整數個數來購買及使用的。一般稱無法分割消費的財貨，為不連續財貨 **(Discrete Good)**。

第一項財貨以按件消費的衣服 (X_1)，第二項財貨以其他財貨 (X_2) 為例，則如圖 2–8 所示，A 點的座標為 (0, 5)，表示 0 件衣服及 5 單位的其他財貨；而 B 點到 G 點分別為每增加一件衣服時，為維持 A 點相同的滿足程度，所進行對於第二項財貨調整後的數量，也就是說第二項財貨的變動量 (ΔX_2) 依序分別為負的 1.5、1.0、0.8、0.7、0.6 及 0.4 單位。從這個例子，了解到過 A 點的無異曲線概念，在第一項財貨是不連續財貨的情形下，就退化變成為有限個數的點（如

圖 2-8

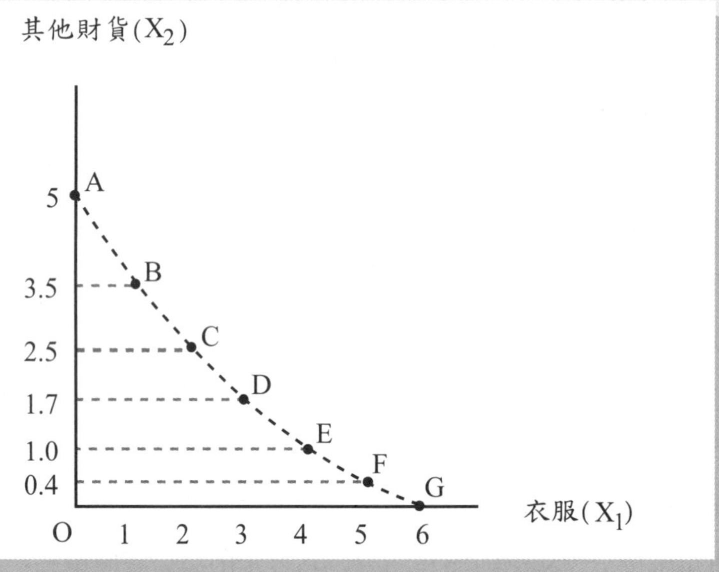

【第一項財貨為不連續財貨下的無異點】

1. 在不連續財貨下，以 A 點 (0, 5) 為準及第二項財貨變動量 (ΔX_2) 依序為負的 1.5、1.0、0.8、0.7、0.6 及 0.4 為例所畫出來的無異點。
2. 在不連續財貨的情況下，無異曲線的概念將退化為無異點。

A～G 等 7 個點）而已，這些點稱為**無異點 (Indifference Points)**。在圖 2-8 中，利用虛線把這些無異點串連起來，以明白表示為以 A 點滿足程度為準的無異點。

同理，亦可以在縱軸上的不同點為準，畫出其對應的無異點。同時，亦知以縱軸截距愈大的點為準，所得到的無異點，其表示的滿足程度也愈高；反之，離原點愈近的無異點，是表示愈低的滿足程度。

四、乖巧的無異曲線

由上一小節的無異曲線例子中，了解到無異曲線的長相是多樣的。在後續對於消費者行為的討論中，本書將主要以具一定特性的所謂**乖巧的無異曲線 (Well-behaved Indifference Curve)** 作為分析的工具（詳下文）。為了畫出一條乖巧的無異曲線，在消費者的偏好關係上，除了要滿足前述提及的三個公理以外，尚須加上下述三個必要的條件或假設才能辦得到。

首先，假設偏好關係具有**單調性 (Monotonicity)**。偏好的單調性，是指對於兩個財貨組合 (X_1, X_2) 與 (Y_1, Y_2)，若 $Y_1 \geq X_1$、$Y_2 \geq X_2$，且其中至少有一項財貨的數量較多，則組合 (Y_1, Y_2) 嚴格好於 $(\succ)$ 組合 (X_1, X_2)。換言之，偏好的單調性，是指消費者對於兩財貨都是他喜歡的，故對於每一財貨而言，是愈多愈好。在偏好單調性的假設下，一方面是指兩財貨的數量均未達飽和點，另一方面是指每一項財貨的增加，均對於消費者的滿足程度有正面的貢獻。因此，當偏好關係具有單調性時，首先，表示無異曲線將呈現負斜率性質，即為了維持消費者的滿足程度不變，則第一項財貨數量的增加（或減少，以 ΔX_1 表示），必然得減少（或增加）第二項財貨的數量（以 ΔX_2 表示），故知其斜率 $(\Delta X_2/\Delta X_1)$ 為負數（因為 ΔX_1 與 ΔX_2 的符號相反），表示兩財貨在消費者偏好上，存在相互替換關係，不會是完全互補品。其次，亦表示離原點愈遠（或愈近）的無異曲線，其上的消費點帶給消費者的滿足程度愈高（或愈低）。

第二，假設偏好關係具有中庸性或非極端性。偏好的非極端性，是指在同一條無異曲線上的兩個財貨組合點 (X_1, X_2) 與 (Y_1, Y_2)，及該兩點連線上的任何一組合點 (Z_1, Z_2)，則在偏好上具有下述性質：

$$(Z_1, Z_2) \succsim (X_1, X_2)，\text{或}\ (Z_1, Z_2) \succsim (Y_1, Y_2)$$

在上式中，$Z_i = tX_i + (1-t)Y_i$，且 $0 \leq t \leq 1$。以 $t = \frac{1}{2}$ 為例，(Z_1, Z_2) 相當於 (X_1, X_2)、(Y_1, Y_2) 兩點連線的中點；其中，$Z_1 = \frac{1}{2}X_1 + \frac{1}{2}Y_1, Z_2 = \frac{1}{2}X_2 + \frac{1}{2}Y_2$；因此，了解到 (X_1, X_2)、(Y_1, Y_2) 兩點連線上的任何點，都表示這兩個財貨組合點的相權平均數。

如圖 2–9 所示，當偏好關係具有中庸性時，則過 $A(X_1,X_2)$ 與 $B(Y_1,Y_2)$ 兩點的弱好於集合 S_{AB}，如圖中斜線面積所示，必然為一**凸集合 (Convex Set)**。所謂凸集合，是指具有如下性質的集合；在集合中任何兩點的連接線段，亦會完全落在該集合中。讀者可以在圖 2–9 中，任選 S_{AB} 中的兩點，檢查一下其連接線段，是否完全落在 S_{AB} 中。

同時，在圖 2–9 中，特別畫出無異曲線 GAEBFH；其中，GE 及 FH 線段為曲線，而 EF 線段為直線。也就是說，具中庸性的偏好，其無異曲線並沒有排除存在直線線段的可能；如圖所示，B 點係落在 EF 連線上，且 EF 為直線段，B 及 E、F 均在無異曲線上。至於 C 點為在 A、B 兩點的連線上，但並不在過 A 或 B 點的無異曲線上，表示 $C \succ A$ 或 $C \succ B$。進而言之，若欲得到一條不具直線段性質的無異曲線，則有必要增加一個條件進來。

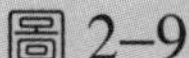
圖 2–9

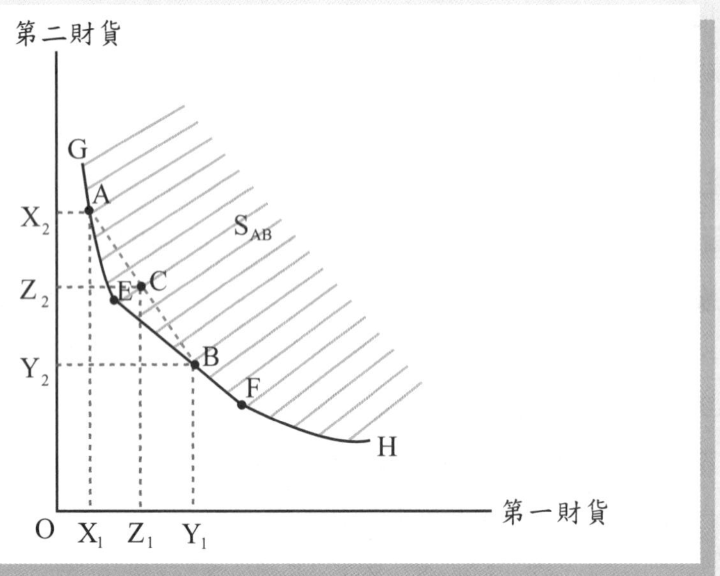

〖同時具單調性及中庸性的無異曲線〗

1.S_{AB} 為弱好於集合，其邊界線為無異曲線 GAEBFH。

2.GE 及 FH 為曲線段，EF 為直線段。

第三，假設偏好關係具有**嚴格凸性 (Strict Convexity)**。偏好的嚴格凸性，是指嚴格中庸性，即兩個無差異組合點的加權平均點（不含該兩個無差異點在內），將嚴格好於這兩個無差異點。因此，當偏好關係具有嚴格凸性時，其無異曲線就不存在直線或直線段的情形，而呈現為一嚴格凸向原點的圓滑曲線，也就是表示兩財貨不存在完全替代的可能性。

截至目前，當偏好關係滿足一定的條件下，就可以利用一條乖巧的無異曲線，來描繪該偏好關係，如圖 2–10 所示。而所謂一條乖巧的無異曲線，是指一

圖 2-10

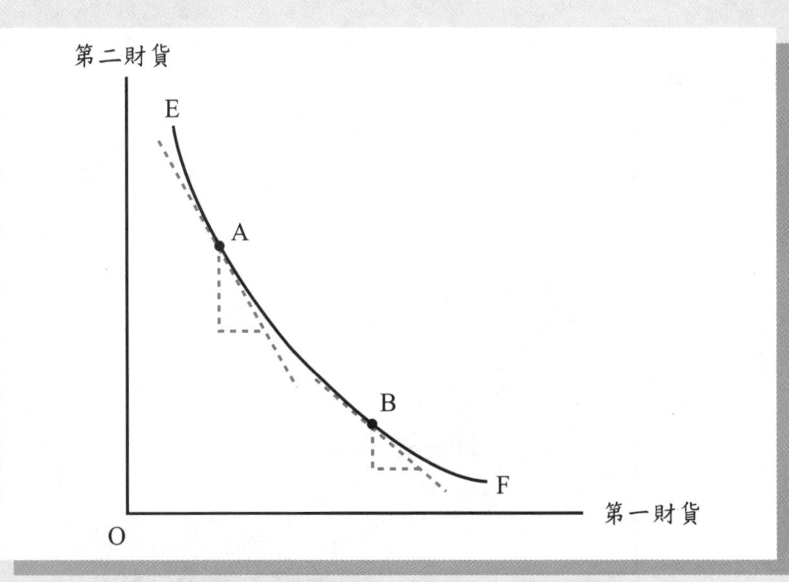

【乖巧的無異曲線與 MRS 遞減現象】

1.EF 為一條嚴格凸向原點的乖巧無異曲線。

2.EF 曲線在 A 及 B 點的斜率，等於其切線的斜率；其中，B 點斜率的絕對值較 A 點的小，表示 MRS（絕對值）的遞減現象。

條具負斜率性質，且其斜率並非保持固定不變，而是隨第一項財貨遞增，而其絕對值遞減的曲線；簡單地說，也就是一條嚴格凸向原點的曲線。至於消費者個人對於兩財貨的整個偏好結構與關係，就可以由無數條這些乖巧無異曲線所構成的無異圖，來具體的表現。

當過同一消費點的二條無異曲線的長相不同時，包括其平坦或陡峭，及其走勢變化等方面的不一樣，就表示其背後所描述的偏好關係是不同的。如圖 2-11 所示，過 A 點畫出三條代表不同偏好結構的無異曲線 E_1F_1、E_2F_2 及 E_3F_3；另外，也畫出另一條 $E_2' F_2'$ 的無異曲線，是落在 E_2F_2 的左下方，且分別與 E_1F_1 交於 B 及 C 點，與 E_3F_3 交於 D 點。根據同一偏好結構下的無異曲線不會相交的性質，$E_2' F_2'$ 與 E_2F_2 可以視為表示同一偏好結構下的兩條不同無異曲線。

由圖 2-11 中，知兩條代表不同偏好結構的無異曲線必然會相交，且可能出現二種相交的情形，一種是相交一點，如 E_1F_1 與 E_3F_3 交於 A 點，或 E_2F_2 與 E_3

圖 2-11

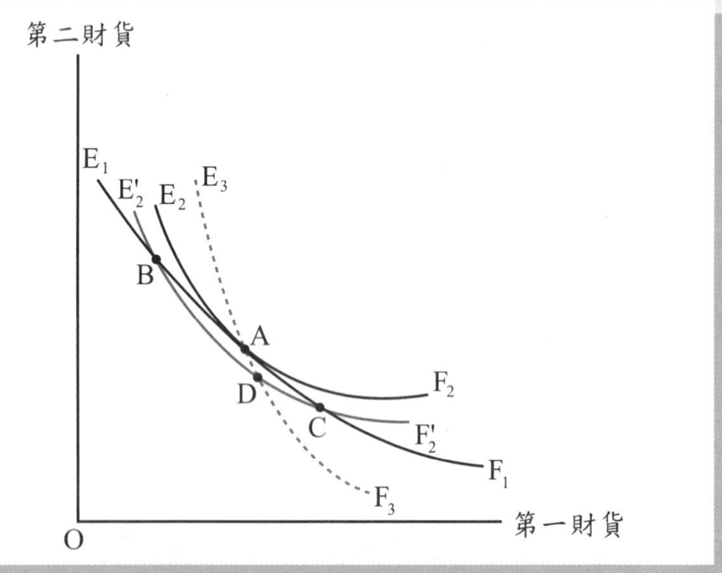

【代表不同偏好結構的無異曲線】

1. 代表不同偏好結構的二條無異曲線必然會相交，且可能出現二種相交情形：一種是相交一點（如 D 點），另一種是相切點（如 A 點）或相交二點（如 B、C 點）。
2. 在相交二點的情形下，表示二種不同偏好結構對於第一財貨的相對喜歡程度，會出現逆轉的現象。

F_3 交於 A 點，或 $E_2' F_2'$ 與 E_3F_3 交於 D 點；另一種是相交二點或相切，如 E_1F_1 與 $E_2' F_2'$ 相交於 B 與 C 點，或 E_1F_1 與 E_2F_2 相切於 A 點。就相交於一點的情形來看，能夠清楚了解到兩條無異曲線在交點上的斜率是不同，其斜率絕對值有大小之分；其中，較陡峭的無異曲線，表示為了多得到一單位的第一財貨，他願意放棄比較多的第二財貨，也就是其在相對上是更喜歡第一財貨的，如 E_3F_3 的偏好結構均較 E_1F_1 與 E_2F_2 的偏好結構更喜歡第一財貨。不過，就相交於二點或相切的情形來看，則表示兩種偏好結構對於第一財貨的相對喜歡程度，會出現逆轉的現象；例如，在 B 點時，表示 $E_2' F_2'$ 的偏好結構較 E_1F_1 的偏好結構更喜歡第一財貨，可是在 C 點時，則反而是 E_1F_1 的偏好結構更喜歡第一財貨。所以會出現偏好逆轉現象，則是由於兩條無異曲線的走勢或其斜率大小，隨第一財貨遞增所出現的變化速度不同所致。

從上述說明，了解到有關無異曲線的長相，可以是由其斜率的大小與變化速度這兩個面向來加以把握。鑑於無異曲線的斜率是一個極為有用的觀念，在經濟學上乃將其稱為邊際替代率（**Marginal Rate of Substitution**，以 **MRS** 表示)。如斜率的定義為 $\Delta X_2/\Delta X_1$ 所示，當 ΔX_1 為正（或負）時，MRS 是表示平均每增加（或減少）一單位的第一財貨，在保持消費者滿足程度不變的前提下，消費者所願意接受的減少（或增加）第二財貨的最高（或最低）單位數。換言之，MRS 的絕對值，就是最後一單位的第一財貨，在消費者心目中所能接受的對於第二財貨的交換比例，此一比例一方面等同於多取得一單位的第一財貨，消費者所願意接受的邊際支付額度 **(Marginal Willingness to Pay)**；在此，此一支付額度是以第二財貨的單位數來衡量的，也就是說，若第二財貨的價格為 1 元時，則此一邊際支付額度也可以表示為邊際支付金額或邊際支付價格。另一方面，MRS 的絕對值，也等同於讓出一單位的第一財貨，消費者所願意接受的邊際補償額度 **(Marginal Willingness to Compensate)**；同理，此一補償額度也是以第二財貨的單位數來計算的。

如上所述，無異曲線的嚴格凸向原點，是指其斜率（或 MRS）絕對值的大小，將會隨著第一財貨的遞增而出現遞減的變化走勢；此一走勢，亦稱為邊際替代率遞減 **(Diminishing MRS)** 現象，如圖 2–10 所示。也就是說，沿著同一條無異曲線，隨著第一財貨的逐漸增加，第二財貨將逐漸減少，因而消費者相對上對於第一財貨的喜歡程度將會下降，但對於第二財貨的喜歡程度會上升，這將綜合表現為兩項財貨在其心目中邊際交換比例的降低，也就是 MRS 或斜率絕對值的遞減。如果 MRS（絕對值）的上述遞減現象，是一個大家能夠認同的偏好性質時，則對於為了畫出乖巧無異曲線的三個假設，也就更容易得到讀者的接納與理解，而不會像初次提及時所覺得的那麼突然了。

第二節　效用函數

在上一節中，將消費者的偏好關係及其結構，在一定的條件下，利用乖巧的無異曲線及無異圖來加以綜合呈現出現，並知每一條無異曲線上的消費點，都能帶給消費者相同的滿足程度，而離原點愈遠的無異曲線，其所表示的滿足程度愈高。誠如上述，為了便於進一步利用數學工具，對於消費者行為相關議題進行更為嚴謹的探討，本節將利用效用函數概念，來更具體地表示無異曲線及無異圖背後所隱含的偏好關係與結構。

一、效用函數的意義

所謂效用函數 **(Utility Function)**，是指任何一種可以將消費者較喜歡的財貨組合，以一個比較大的數字對應起來的關係。亦即，對於任何二個財貨組合 (X_1, X_2) 與 (Y_1, Y_2)，以及一個函數關係 $U(Z_1, Z_2)$，若且唯若 $(X_1, X_2) \succ (Y_1, Y_2)$，則 $U(X_1, X_2) > U(Y_1, Y_2)$；那麼，此一函數關係就稱為一效用函數。

從上述效用函數的定義中，了解到一個偏好關係與結構，可以找到許許多多的效用函數，來抽象地加以表示；以表 2–1 為例，若有三個財貨組合甲、乙、丙，且知甲 $\succ$ 乙，乙 $\succ$ 丙，在表中提供了三個不同的函數 U_1、U_2、U_3，由於 U_i（甲）$>U_i$（乙），U_i（乙）$>U_i$（丙），$(i = 1, 2, 3)$，故均可以用來作為描述此一偏好關係的效用函數；不過，由於 U_4（乙）$<U_4$（丙），U_5（甲）$<U_5$（乙），故 U_4 及 U_5 不能作為此一偏好關係的效用函數。

表 2–1

【效用函數的非惟一性】

消費組合	U_1	U_2	U_3	U_4	U_5
甲	10	5	−2	3	5
乙	5	4	−4	1	6
丙	0	3	−6	2	4

說明：U_1、U_2 及 U_3 均可以作為描述甲 $\succ$ 乙 $\succ$ 丙這一偏好關係的效用函數，但 U_4 及 U_5 則不能作為此一偏好關係的效用函數。

由表 2–1 的例子中，知效用函數值的大小並不重要，重要的是其順位關係的保持，一般將具此一性質的效用概念，稱為序數效用 **(Ordinal Utility)**。同時，在後文中，將把「效用」與「滿足程度」這兩個用語，視為同義詞。效用函數的非惟一性，可以由其任何單調轉換也是效用函數，而增進了解。所謂單調轉換 **(Monotonic Transformation)**，是指一種保留順位的轉換方式；亦即，對於任何二數 a 與 b，以及一個轉換函數 f，若 $a > b$，則 $f(a) > f(b)$，那麼 f 即為一種單調轉換。例如，$f_1(C) = C + 3$、$f_2(C) = C^2$ 及 $f_3(C) = \log C$ 都是單調轉換的例子。以表 2–1 中的 U_1 為例，則 $f_1(u_1) = u_1 + 3$ 亦為另一個描述該偏好關係的效用函數，即 $f_1(U_1(\text{甲})) = 10 + 3 = 13$, $f_1(U_1(\text{乙})) = 5 + 3 = 8$, $f_1(U_1(\text{丙})) = 0 + 3 = 3$，並知 $f_1(U_1(\text{甲})) > f_1(U_1(\text{乙})) > f_1(U_1(\text{丙}))$。換言之，就一特定偏好關係與結構的效用函數而言，等於在對其各條不同滿足程度水準的無異曲線貼個數字標籤，且對於落在愈右上方的無異曲線，其數字也愈大，表示效用愈高；至於一個單調轉換，就等於重新貼一次標籤一樣，且維持原來的數字順位關係而已。

對於能夠以乖巧無異曲線來描述的偏好關係而言，都存在其效用函數，而無異曲線也就是此一效用函數的一條等高線。在此，先舉一些效用函數的例子，以了解其對應無異曲線的長相。

二、效用函數的例子

當兩財貨是完全替代品時，如圖 2–3 所示，其無異曲線為一直線。由下文的討論中，將了解在兩財貨為完全替代品的情況下，其效用函數 $U(X_1, X_2)$ 的一般式為：

$$U(X_1, X_2) = aX_1 + bX_2；其中，a、b 均大於零$$

根據上式，當在一定效用水準 k 之下，就可以得出下述無異曲線的數學式子：

$$X_2 = \frac{k}{b} - \frac{a}{b}X_1$$

在上式中，表示無異曲線的縱軸截距為 $\frac{k}{b}$，而其斜率或 MRS 是 $-\frac{a}{b}$，為一不隨 X_1 或 X_2 的變化，也不隨無異曲線離原點距離的變化而改變的常數，且表示一單位 X_1 的增加（或減少），完全可以 $\frac{a}{b}$ 單位的 X_2 來替換，而仍能使此一消費者維持滿足程度的不變。

在圖 2–3 的例子中，其 $a = b = 1, k = 10$，故無異曲線的式子為 $X_1 + X_2 = 10$，表示一單位的第一財貨，可以完全替換一單位的第二財貨。那麼，$U(X_1, X_2) = aX_1 + bX_2$ 的效用函數，則是表示 b 單位的第一財貨，可以完全替換 a 單位的第二財貨；例如，3 個第一財貨可以完全替換 5 個第二財貨時，則其效用函數的數學式子為 $U(X_1, X_2) = 5X_1 + 3X_2$。

進而言之，當 b 單位的第一財貨可以完全替換 a 單位的第二財貨時，也表示在消費者的心目中，一單位第一財貨的價值永遠等於 $\frac{a}{b}$ 單位的第二財貨，故該消費者願意以 b 單位的第一財貨，來完全替換 a 單位的第二財貨（因為 $a = \frac{a}{b} \times b$）。

其次，當兩財貨是完全互補品時，如圖 2–4 所示，其無異曲線呈現 L 型。在下文的討論中，可以了解在兩財貨為完全互補品的情況下，其效用函數 $U(X_1, X_2)$ 的一般式為：$U(X_1, X_2) = \text{Min}\{cX_1, dX_2\}$；其中，c、d 均大於零。

上式中，Min 是表示就 { } 中的數目，取最小的數目的意思；例如，$\text{Min}\{2, 3\} = 2$, $\text{Min}\{5, 5\} = 5$。根據上式，當在一定效用水準 k 之下，就可以得出下述無異曲線的數學式子：$cX_1 = k$（當 $dX_2 \geq k$ 時）或 $dX_2 = k$（當 $cX_1 \geq k$ 時）

或改為下式：

$$X_2 \geq \frac{k}{d} \text{（當 } X_1 = \frac{k}{c} \text{ 時）或 } X_2 = \frac{k}{d} \text{（當 } X_1 \geq \frac{k}{c} \text{ 時）}$$

同時，根據上式，也了解到無異曲線的轉角點的座標為 $(\frac{k}{c}, \frac{k}{d})$；因此，得知此一效用函數是表示，消費者若要消費 $\frac{k}{c}$ 單位的第一財貨，將會至少搭配 $\frac{k}{d}$ 單位的第二財貨，也就是說，平均每一單位的第一財貨，將至少搭配 $\frac{c}{d}$ $(= \frac{k}{d} \div \frac{k}{c})$ 單位的第二財貨，也等同於 d 單位的第一財貨將至少搭配 c 單位的第二財貨。值得注意的是，此一搭配比例 $\frac{c}{d}$，也同樣不受 X_1 或 X_2 的變動，以及不受效用水準 k 的變動的影響，而為一常數；同時，當出現比此一比例更多的 X_1 或 X_2 時，由於沒有對應的 X_2 或 X_1 相搭配，對於消費者的滿足程度就一點也沒有正面貢獻。

在圖 2–4 中，其 c = d = 1, k = 5，故無異曲線的式子為 $\text{Min}\{X_1, X_2\} = 5$，表示一單位的第一財貨至少要搭配一單位的第二財貨，對於消費者的滿足程度才有正面貢獻，而具有消費功能。例如，有一消費者喝一杯咖啡（第一財貨），總是至少搭配二匙的糖(第二財貨)，則其效用函數可以表示為：$U(X_1, X_2) = \text{Min}\{2X_1, X_2\}$，或利用單調轉換寫成 $U(X_1, X_2) = \text{Min}\{X_1, \frac{1}{2}X_2\}$。又如，3 單位的第一財貨至少要搭配 5 單位的第二財貨，則其效用函數為 $\text{Min}\{5X_1, 3X_2\}$ 或 $\text{Min}\{X_1, \frac{3}{5}X_2\}$，兩者亦均等同於表示 1 單位的第一財貨至少要搭配 $\frac{5}{3}$ 單位的第二財貨。

接下來，介紹二種常會碰到的乖巧效用函數，一種為**準直線型 (Quasilinear)** 效用函數，另一種為**柯布—道格拉斯 (Cobb-Douglas)** 效用函數（簡稱 **C–D 效用函數**）。這二種效用函數所對應畫出來的無異曲線，均具有負斜率與 MRS 遞減的乖巧性質。

準直線型效用函數 $U(X_1, X_2)$ 的一般式為：

$$U(X_1, X_2) = aV(X_1) + bX_2 \text{ 或 } U(X_1, X_2) = aX_1 + bV(X_2)$$

上式中，a、b 均為正值，且函數 $V(X)$ 的一階導數 $V'(X)$ 大於零，二階導數 $V''(X)$ 小於零（其意義詳下文例子）。

以 $U(X_1,X_2)=V(X_1)+X_2$ 為例，來說明準直線型效用函數所對應的無異曲線及其無異圖。首先，分別以效用水準為 k_1 及 k_2（並令 $k_2>k_1$），得出其對應的無異曲線的式子為：

$$X_2=k_1-V(X_1)$$

$$\text{及 } X_2=k_2-V(X_1)$$

由上兩式知，對應在任一 X_1 時，兩條無異曲線的垂直距離均維持為 k_2-k_1，如圖 2–12 所示。在圖中，亦把 $V(X_1)$ 所對應的曲線畫出，並由其一階與二階導數知，$V(X_1)$ 的斜率大於零，且呈遞減走勢。因此，根據無異曲線的式子，亦可以得知兩條無異曲線的長相完全一致，即其在同一 X_1 時所對應的斜率大小與斜率絕對值遞減的速度均相同，分別為 $-V'(X_1)$ 與 $V''(X_1)$。

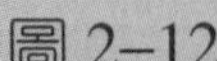
圖 2–12

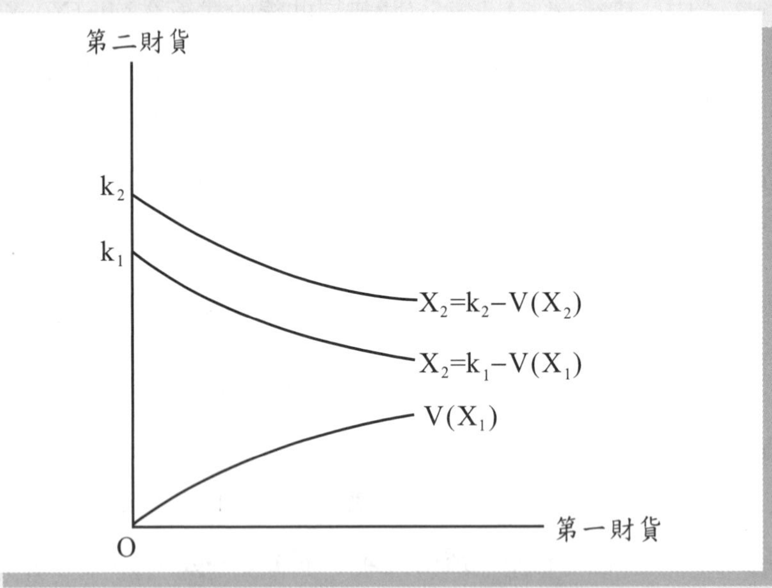

【準直線型效用函數的無異曲線】

1. 兩條不同效用水準 k_1 及 k_2 的無異曲線，隨著 X_1 的變化，始終保持固定的距離 (k_2-k_1)。

2. 同時，隨著 X_1 的遞增，兩條無異曲線的長相完全一致，即其在同一 X_1 時所對應的斜率大小與斜率絕對值遞減的速度均相同，分別均為 $-V'(X_1)$ 與 $V''(X_1)$。

讀者可以進一步對照在兩財貨為完全替代品情況下，所得到的直線型效用函數，來了解其與準直線型效用函數在式子表示上，以及在無異曲線長相上的一些相同與相異點，以加深對於準直線型效用函數的認識。

至於 C–D 效用函數的一般式為：

$$U(X_1, X_2) = X_1^c X_2^d\text{；其中，c、d 為正數}$$

利用單調轉換，可以將 C–D 效用函數轉換成另一種形式。首先，若利用**自然對數（Natural Log，以 ln 表示）**關係，將 $U(X_1, X_2)$ 變成為

$$V(X_1, X_2) = \ln(X_1^c X_2^d) = c\ln X_1 + d\ln X_2$$

如同上述，根據 $V(X_1, X_2)$ 所畫出來的無異曲線與無異圖，由於均表示同一偏好關係與結構，故均與 $U(X_1, X_2)$ 所畫出的一致。

其次，亦可以取 $\frac{1}{c+d}$ 次方，而將 $U(X_1, X_2)$ 變成為：

$$W(X_1, X_2) = (X_1^c X_2^d)^{\frac{1}{c+d}} = X_1^{\frac{c}{c+d}} X_2^{\frac{d}{c+d}} = X_1^a X_2^{1-a}\text{；其中，} a = \frac{c}{c+d}$$

同理，$W(X_1, X_2)$ 亦與 $U(X_1, X_2)$ 及 $V(X_1, X_2)$ 一樣，表示相同的偏好關係與結構。

在本章附錄中，得出 C–D 效用函數的 MRS 為：

$$MRS = -\frac{c}{d}\frac{X_2}{X_1}$$

由上式知，當 c 愈大或 d 愈小時，所畫出來的無異曲線，將更為陡峭；同時，亦知在同一條無異曲線上，隨著 X_1 的增加及 X_2 的減少，則 MRS 的絕對值是遞減的。另一方面，當 $\frac{X_2}{X_1}$ 保持不變時，其對應點的 MRS 是相同的。以 $c = d = 1$ 為例，C–D 效用函數為 $U(X_1, X_2) = X_1X_2$，故其效用水準為 4 及 9 的無異曲線，如圖 2–13 所示，均為一條雙曲線，即其式子分別為 $X_2 = \frac{4}{X_1}$ 及 $X_2 = \frac{9}{X_1}$。在圖中，A 及 B 點均在 45° 線上，表示此時之 $\frac{X_2}{X_1} = 1$，而在 A 點及 B 點的斜率均同為 -1；同時，每一條無異曲線均以兩軸為其漸近線，並對稱於 45° 線上。

圖 2–13

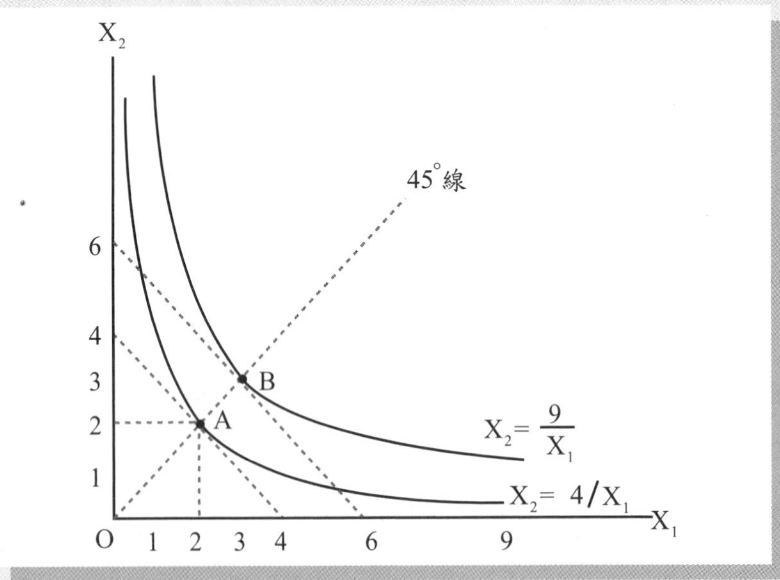

〖C–D 效用函數的無異曲線（以 $U(X_1,X_2) = X_1X_2$ 為例）〗

1. 無異曲線的斜率為負值，且其絕對值隨 X_1 之增加而遞減。

2. 當 $\frac{X_2}{X_1}$ 一定時，其在不同無異曲線上的斜率相同；如 A 及 B 點的斜率均為 −1。

三、邊際效用與邊際替代率 (MRS)

當消費者的偏好關係與結構，或其無異曲線與無異圖，可以用效用函數的概念來陳述時，則用來掌握無異曲線長相的 MRS 概念，就可以利用**邊際效用 (Marginal Utility)** 的概念，來做進一步的闡述。

針對一效用函數 $U(X_1, X_2)$ 而言，所謂第一財貨的邊際效用（以 MU_1 表示)，是指在第二財貨的數量不變下，平均每變動一單位的第一財貨，其所引起效用水準的變動量 (ΔU)；直言之，MU_1 可以定義如下：

$$MU_1 \equiv \frac{\Delta U}{\Delta X_1} = \frac{U(X_1 + \Delta X_1, X_2) - U(X_1, X_2)}{\Delta X_1}$$

上式中，ΔX_1 表示第一財貨的變動量。在一定的效用函數下，MU_1 的大小，除

了可能與 ΔX_1 有關以外，也可能與財貨組合 (X_1, X_2) 中的 X_1 與 X_2 的值有關。同理，第二財貨的邊際效用 (MU_2) 可以定義為：

$$MU_2 \equiv \frac{\Delta U}{\Delta X_2} = \frac{U(X_1, X_2 + \Delta X_2) - U(X_1, X_2)}{\Delta X_2}$$

上式中，ΔX_2 表示第二財貨的變動量；並知在計算 MU_2 時，第一財貨的數量是保持固定不變的。

就一條無異曲線上的兩點 A 與 B 而言，其座標分別為 (X_1, X_2) 與 $(X_1+\Delta X_1, X_2 + \Delta X_2)$，則 A 與 B 點連線的斜率為 $\frac{\Delta X_2}{\Delta X_1}$，並知 A、B 點的效用水準相等，即 $U(X_1, X_2) = U(X_1 + \Delta X_1, X_2 + \Delta X_2)$。在此，可以經由下述運算與整理後，進一步得出下述結果：

$$\begin{aligned}
&U(X_1 + \Delta X_1, X_2 + \Delta X_2) - U(X_1, X_2) \\
&=[U(X_1 + \Delta X_1,\ X_2 + \Delta X_2) - U(X_1 + \Delta X_1,\ X_2)] + [U(X_1 + \Delta X_1,\ X_2) - U(X_1,\ X_2)] \\
&= MU_2 \times \Delta X_2 + MU_1 \times \Delta X_1 \\
&= 0
\end{aligned}$$

根據上式關係，可以得出無異曲線的斜率或 MRS 的值為：

$$MRS = \frac{\Delta X_2}{\Delta X_1} = -\frac{MU_1}{MU_2}$$

在上式中，是利用第一財貨的邊際效用除以第二財貨的邊際效用得到的商數，來表示 MRS 的絕對值。換言之，在一定的效用函數 $U(X_1, X_2)$ 之下，MRS 的絕對值相當於 MU_1 與 MU_2 的比值；而 MU_1 與 MU_2 的比值，也就是變動一單位第一財貨所引起的效用水準變動量 MU_1，可以折抵成 MU_1/MU_2 單位的第二財貨，為什麼呢？因為 MU_1/MU_2 單位的第二財貨，也剛好可以使效用水準變動 MU_1 $(=\frac{MU_1}{MU_2} \times MU_2)$；因此，$MU_1$ 與 MU_2 的比值 $(\frac{MU_1}{MU_2})$ 在意義上就等同於 MRS 的絕對值。例如，當 $MU_1 = 10$，而 $MU_2 = 5$ 時，則 $MRS = -2$，表示增加一單位的第一財貨，可以替換掉二單位的第二財貨，而仍能使消費者的效用水準維持不變。

最後，值得一提的是，當利用經單調轉換過的效用函數來計算 MRS 時，仍等於與利用原轉換前的效用函數來計算的 MRS 一樣，不會受到單調轉換的影響。如以 $V(X_1, X_2) = 5U(X_1, X_2)$ 為例，則利用 $V(X_1, X_2)$ 所計算的 MRS 並沒有改變，如下式所示：

$$MRS = -\frac{5MU_1}{5MU_2} = -\frac{MU_1}{MU_2}$$

本章摘要

1. 偏好的完整性，是指消費者對於任何二個不同的消費組合，均有能力加以比較。
2. 偏好的反身性，是指消費者對於任一消費組合，均認為至少與其本身一樣好。
3. 偏好的遞移性，是指就任何三個消費組合 A、B、C 而言，當確知 $A \succsim B$，且 $B \succsim C$ 時，則 $A \succsim C$。
4. 偏好的一致性，是指消費者的偏好關係及其結構，同時具有偏好的完整性、反身性與遞移性等三個公理性質。
5. 就任何一消費組合點 A，利用弱好於的關係，可以定義出一弱好於 A 的集合 S_A，即 $S_A \equiv \{(Y_1, Y_2) | (Y_1, Y_2) \succsim A\}$；同理，也可以定義出無差異集合 I_A，即 $I_A \equiv \{(Z_1, Z_2) | (Z_1, Z_2) \succsim A，且 A \succsim (Z_1, Z_2)\}$。當無差異集合為一條線時，稱為無異曲線。
6. 就同一偏好關係及其結構而言，在兩個表示不同滿足程度的無差異集合之間，是沒有交集的。
7. 無異圖是無異曲線所構成的圖形；可以利用無異圖，來具體呈現消費者的偏好關係及其結構。
8. 完全替代品的兩財貨，其無異曲線為一條直線；而完全互補品的兩財貨，其無異曲線呈現 L 型。
9. 一項財貨是消費者所不喜歡時，其無異曲線將具正斜率性質；而第一項財貨具偏好中性時，其無異曲線為一水平線。
10. 存在飽和情形下的無異曲線，為一圍繞飽和點的橢圓形。
11. 一項財貨為不連續財貨時，其無異曲線退化為無異點。
12. 偏好關係的單調性，相當於表示兩財貨均是消費者所喜歡的，故此時的無異曲線將具負斜率性質。

13.偏好關係的中庸性或非極端性，是指弱好於集合為一凸集合；但此時的無異曲線中，仍可能具有直線段部分。

14.偏好關係的嚴格凸性或嚴格中庸性，是指無異曲線為一條嚴格凸向原點的圓滑曲線，不存在有直線段部分。

15.乖巧的無異曲線，是指一條具負斜率性質，且其斜率絕對值隨第一財貨之增加而遞減的曲線；亦即為一條嚴格凸向原點的曲線。

16.二個不同的偏好關係及其結構，其所對應的無異曲線必然會相交，其交點可能有一個或二個；當存在二個交點時，表示二個偏好關係對於財貨的相對喜歡程度，會出現逆轉的現象。

17.無異曲線的斜率，又稱為邊際替代率 (MRS)。MRS 的絕對值，表示消費者多取得一單位第一財貨，其所願意接受的邊際支付額度（以第二財貨的單位數來衡量）；也表示放棄一單位的第一財貨，其所願意接受的邊際補償額度（亦以第二財貨的單位數來計算）。

18.無異曲線的嚴格凸向原點，相當於表示 MRS 的絕對值大小，隨第一財貨的增加而呈現遞減的走勢。

19.效用函數，是指任何一種可以將消費者較喜歡的財貨組合，以一個比較大的數字對應起來的關係。

20.一效用函數經單調轉換後，仍可以作為描述相同偏好關係的效用函數。

21.柯布—道格拉斯效用函數的一般式為：

$$U(X_1, X_2) = X_1^c X_2^d \text{（其中，c、d 為正數）}$$

其對應的 MRS 為：

$$MRS = -\frac{c}{d}\frac{X_2}{X_1}$$

22. MRS 可以利用第一財貨與第二財貨的邊際效用（MU_1 與 MU_2）來表示，為：

$$MRS = -\frac{MU_1}{MU_2}$$

由上式知，MRS 的絕對值大小，等於利用 MU_2 來折抵 MU_1（即 $\frac{MU_1}{MU_2}$），此一比值是指利用 $\frac{MU_1}{MU_2}$ 單位的第二財貨，就能替換掉一單位的第一財貨，而能使得滿足程度或效用水準維持不變（因為 $\frac{MU_1}{MU_2} \times MU_2 = MU_1$）。

習　題

1. 何謂偏好的一致性？
2. 何謂乖巧的無異曲線？在滿足何種條件下的偏好關係，才能以乖巧無異曲線來加以呈現？
3. 何謂邊際替代率？
4. 在何種情況下，邊際替代率會大於零？請配合利用圖形來說明。
5. 在何種情況下，邊際替代率會遞增？請配合利用圖形來說明。
6. 就蘋果與香蕉而言，甲相對上比乙更喜歡蘋果，請利用 MRS 的概念，以及無異曲線來呈現上述兩人在偏好上的差異性。
7. 何謂偏好逆轉現象？請配合利用圖形來說明。
8. 何謂效用函數？
9. 試舉例說明一效用函數的單調轉換，並不會影響 MRS 的大小。
10. 試利用邊際效用的概念，來說明 MRS 的涵意。
11. 試利用 $MRS = -\frac{MU_1}{MU_2}$ 的關係式子，來檢驗下述一對效用函數 $U(X_1, X_2)$ 及 $V(X_1, X_2)$，是否表示相同的偏好型態？

(1) $U(X_1, X_2) = X_1 + X_2$

$V(X_1, X_2) = 5X_1 + 5X_2$

(2) $U(X_1, X_2) = X_1 + X_2$

$V(X_1, X_2) = X_1 + 5X_2$

(3) $U(X_1,X_2) = X_1X_2$

$V(X_1,X_2) = X_1^2X_2$

(4) $U(X_1,X_2) = X_1X_2$

$V(X_1,X_2) = X_1^2X_2^2$

(5) $U(X_1, X_2) = X_1X_2$

$V(X_1, X_2) = \ln X_1 + \ln X_2$

附錄：邊際效用與邊際替代率

首先，利用偏導數的概念，來重新定義第一財貨的邊際效用 (MU_1)，如下式所示：

$$MU_1 = \lim_{\Delta X_1 \to 0} \frac{U(X_1 + \Delta X_1, X_2) - U(X_1, X_2)}{\Delta X_1} \equiv \frac{\partial U(X_1, X_2)}{\partial X_1}；同理，MU_2 = \frac{\partial U(X_1, X_2)}{\partial X_2}$$

就在一定效用水準 k 之下的無異曲線，其數學式子為：

$$U(X_1, X_2) = k$$

對上式等號兩邊取全微分後，得到下式：

$$\frac{\partial U(X_1, X_2)}{\partial X_1} dX_1 + \frac{\partial U(X_1, X_2)}{\partial X_2} dX_2 = dk = 0$$

上式等號右邊的第一項，表示第一財貨變動 dX_1，所引起的效用水準的變動量；而第二項是第二財貨變動 dX_2，所導致的效用水準的變動量。因此，為了維持效用水準的固定不變，則兩項財貨就得同時朝相反的方向變動，且兩者所引起效用水準的變動量也要剛好相互抵消才行。亦即根據上式，經移項整理後，得出二財貨變動量的比例，或無異曲線的斜率為：

$$\frac{dX_2}{dX_1} = -\frac{MU_1}{MU_2}，或 MRS = -\frac{MU_1}{MU_2}$$

在上式中，當 MU_1 及 MU_2 均大於零時，一方面得知 $\frac{dX_2}{dX_1} < 0$，表示兩項財貨的變動方向是相反的；另一方面，表示平均每一單位的第一財貨所能替換的第二財貨單位數，相當於以第二財貨的邊際效用 (MU_2)，來折抵第一財貨的邊際效用 (MU_1)，其所能折抵第二財貨的單位數。換言之，MRS 的絕對值大小，將決定於 MU_1 與 MU_2 的相對大小。MU_1 愈大，MRS 的絕對值也愈大；但 MU_2 愈大，MRS 的絕對值反而愈小。

其次，令 $V(X_1, X_2) = f(U(X_1, X_2))$；其中，f 為一單調轉換。因此，當 U 為效用函數時，V 也是表示同一偏好關係的效用函數。根據上述說明，得知由 $V(X_1, X_2)$ 來求 MRS 為

$$MRS=-\frac{\partial V/\partial X_1}{\partial V/\partial X_2}=-\frac{\partial f/\partial U \partial U/\partial X_1}{\partial f/\partial U \partial U/\partial X_2}=-\frac{\partial U/\partial X_1}{\partial U/\partial X_2}=-\frac{MU_1}{MU_2}$$

由上式得知，利用 $V(X_1, X_2)$ 及 $U(X_1, X_2)$ 兩種效用函數，均得到相同的 MRS。此一結果說明，MRS 並不因效用函數的單調轉換，而受到影響。換言之，若存在兩個不同的效用函數，則可以分別算出其對應的 MRS；如果 MRS 一樣，則說明這兩個不同的效用函數，都是表示相同的無異曲線。除此之外，若效用水準提高的方向也一樣時，則就能確定這兩個不同的效用函數，都是表現相同的一個偏好關係。

最後，以 C–D 效用函數為例，求其 MRS。設 C–D 效用函數為 $U(X_1, X_2)= X_1^c X_2^d$；其中，c、d 為正數，故其 MRS 為：

$$MRS=-\frac{\partial U/\partial X_1}{\partial U/\partial X_2}=-\frac{cX_1^{c-1}X_2^d}{dX_1^c X_2^{d-1}}=-\frac{c}{d}\frac{X_2}{X_1}$$

另外，也可以將 $U(X_1, X_2)$ 利用自然對數函數轉換為 $V(X_1, X_2)$，即 $V(X_1, X_2) = c\ln X_1 + d\ln X_2$；故根據 $V(X_1, X_2)$ 來求 MRS 為：

$$MRS=-\frac{\partial V/\partial X_1}{\partial V/\partial X_2}=-\frac{c/X_1}{d/X_2}=-\frac{c}{d}\frac{X_2}{X_1}$$

由上述結果，印證利用 $U(X_1, X_2)$ 及 $V(X_1, X_2)$，均能得到相同的 MRS。同時，了解到 MRS 的絕對值，將隨著 X_1 的增加及 X_2 的減少，而出現遞減的走勢；但當 $\frac{X_1}{X_2}$ 為一常數時，則 MRS 的值亦為一常數。

第三章　消費者的預算限制與最適決定

本章將繼續討論消費者的最適選擇問題。首先，是在不考慮偏好的前提下，來了解此一消費者所面對的限制條件；其次，是消費者的最適決定，即說明在求得消費者最適組合上所需的條件與意義；第三，是介紹幾個消費者最適決定的應用例子。同時，在本章附錄中，將以消費者選擇問題為例，介紹在限制條件下，求取極大值或極小值的方法。

第一節　消費者的預算限制與預算線

本節是在完全不考慮消費者偏好結構的情形下，來釐清消費者所面對的限制條件。一般而言，消費者在進行其消費選擇或決策時，除了受限於其本身所具有的可供自由使用資源的種類與數量以外，尚會感受到來自其他消費者的競爭壓力，供應廠商的種種作為，以及政府的財政、貨幣、貿易政策與管制措施等方面的影響；另外，關於消費品的價格、品牌、種類、品質與安全性等項訊息所掌握情形，也都是消費者進行其最適選擇時會感受到的限制因素。

本節將在最簡化的情形下，來說明消費者所面對的限制條件。首先，介紹消費者的預算限制；其次，說明預算線的意義；第三，討論預算線的變動；最後，討論一些日常生活見到的預算線例子。

一、預算限制的意義

為便於討論起見，將以兩財貨為例，來說明**預算限制 (Budget Constraint)** 的概念。首先，以 X 或 (X_1, X_2) 來表示消費者的**消費組合 (Consumption Bundle)**，該組合是指消費者對於第一財貨及第二財貨的消費或購買數量，分別為 X_1 單位及 X_2 單位；其次，假設這兩財貨的市場價格為 P_1 及 P_2，並知兩價格均為一常數，不受購買數量 X_1 及 X_2 的影響，也與消費者的所得大小無關；第三，消費者可供用於購買兩財貨的支出預算或所得為 m，除此之外，沒有別的其他資源可供使用。在此，亦假設不存在來自訊息掌握、政府政策、廠商作為等方面的限制。

在上述的情境之下，可以將消費者的預算限制，利用下式來表現：

$$P_1X_1 + P_2X_2 \leq m$$

在上式中，P_1X_1 表示購買第一財貨的花費，而 P_2X_2 是購買第二財貨的花費；故上式無非在於說明，購買兩財貨的總花費，是不能超過所得預算 m 的，也就是消費活動始終是受到所得或預算的限制。換言之，此一預算限制式，也可以用來描述在一定的 P_1、P_2 及 m 之下，所有消費者有能力購買得到的消費組合 (X_1, X_2) 的集合，此一集合稱為消費者的預算集合 **(Budget Set)**。

總之，消費者的預算限制，其意義除了可以直接由其所購買財貨的總花費，不得高於其所得預算來了解以外，也可以由其預算集合的觀點來認識，表示在一定的價格與所得之下，消費者由於受到 m 大小的限制，其能夠購買得到的財貨組合也將受到限制，即其祇能就在預算集合中的財貨組合，來進行選購，而無法購買該預算集合以外的消費組合。下一小節中，將進一步利用圖形，來補充說明預算限制及預算集合的意義。

二、預算線的意義

所謂預算線 **(Budget Line)** 是指其購買總花費等於所得的消費組合的集合；換言之，在一定的 P_1、P_2 及 m 之下，所有滿足下式關係的消費組合 (X_1, X_2) 的集合，就稱為預算線：

$$P_1X_1 + P_2X_2 = m$$

由上式關係，也了解到那些在預算線上的消費組合，剛好要花全部的所得預算 m 來購買。同時，與預算集合對照，亦可以了解到預算線是預算集合的部分集合。

接著，將利用以 X_1 及 X_2 為兩軸的平面圖形，在其第一象限中，剛好可以將預算線的概念，以一直線段來呈現；這也就是將符合上述關係的消費組合的集合，稱為預算線的原因所在。

為便於與圖形相對照，可以將上式改寫成為：

$$X_2 = \frac{m}{P_2} - \frac{P_1}{P_2}X_1; X_1 \geq 0, X_2 \geq 0$$

根據上式關係，可以清楚了解到 X_2 與 X_1 之間為一直線型關係，該直線段在縱軸（X_2 軸）上的截距（當 $X_1 = 0$ 時）為 $\frac{m}{P_2}$，在橫軸（X_1 軸）上的截距（當 $X_2 = 0$ 時）為 $\frac{m}{P_1}$，而其斜率為 $-\frac{P_1}{P_2}$。

如圖 3–1 所示，在一定的 P_1、P_2 及 m 之下，可以先求出 $\frac{m}{P_2}$ 及 $\frac{m}{P_1}$ 的大小；其次，分別在縱軸上找到一點 A，使得 $OA = \frac{m}{P_2}$，以及在橫軸上找到一點 B，使得 $OB = \frac{m}{P_1}$；最後，連接 A、B 兩點，就得到直線段 AB，此一線段也就是所謂

圖 3–1

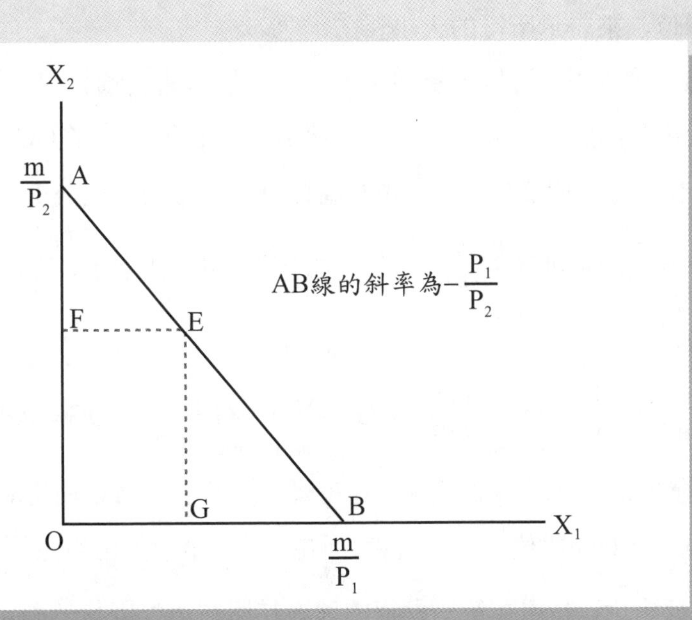

【在一定的 P_1、P_2 及 m 之下，消費者的預算線 AB】

1. 預算線在縱軸與橫軸的截距分別為 $\frac{m}{P_2}$ 與 $\frac{m}{P_1}$，斜率為 $-\frac{P_1}{P_2}$。
2. 截距的大小，也表示所得 m 的大小。
3. 斜率的絕對值，說明在市場上一單位第一財貨可以交換的第二財貨單位數。

的預算線。同時，亦知預算線 AB 的斜率為 $-\frac{P_1}{P_2}(=-\frac{OA}{OB})$。

首先，說明預算線在縱軸截距大小的意義。截距 $OA=\frac{m}{P_2}$，具有兩項意義：第一，表示消費者將其所得全數用於購買第二財貨時，所能夠購買得到的數量為 $\frac{m}{P_2}$ 單位；第二，在一定的 P_2 之下，OA 的長短，就表示所得 m 的大小，祇不過 OA 是以第二財貨為單位來表示所得的大小，兩者間存在 $OA=\frac{m}{P_2}$ 或 $m=P_2\times OA$ 的關係。當 $P_2=1$ 時，就更清楚地了解縱軸截距與所得之間的關係，即 $OA=m$。

同理，亦可以比照來說明預算線在橫軸上，其截距大小的意義。即一方面，表示全數所得所能夠購買到的第一財貨的數量為 $\frac{m}{P_1}$ 單位；另一方面，是以第一財貨為單位，來表示所得的大小。

根據上述說明，可以容易利用圖形，來描述購買預算線上任一財貨組合點的花費大小的問題。以圖 3–1 中的 E 點為例，表示購買了 OG 單位的第一財貨及 OF 單位的第二財貨；其中，花在購買第一財貨的支出為 $P_1\times OG$，若改以第二財貨來衡量時，則為 $\frac{P_1\times OG}{P_2}$ 單位的所得，如下式所示，其大小就等於 AF 單位的所得：

$$\frac{P_1}{P_2}\times OG=\frac{OA}{OB}\times OG=\frac{AF}{FE}\times OG=\frac{AF}{OG}\times OG=AF$$

換言之，購買 E 點的財貨組合時，其花費若以第二財貨來衡量時，是花了 AF 單位的所得來買 OG 單位的第一財貨，而花了 OF 單位的所得來買 OF 單位的第二財貨。進而言之，花用在第一財貨的錢與花用在第二財貨的錢，其比例為 $\frac{AF}{OF}$，也等於 $\frac{AE}{EB}$ 或 $\frac{OG}{GB}$。

另一方面，當在一定的 m 之下時，截距的大小，可以反映價格倒數的大小。就縱軸截距 OA 而言，$\frac{OA}{m}=\frac{1}{P_2}$，表示將 OA 分為 m 等分時，其每一等分的長度，就等於第二財貨價格的倒數，也就等於一塊錢所能夠購買得到的第二財貨單位數；故可以推知，在 m 不變下，P_2 提高時，其倒數以及預算線截距 (OA) 均會變小。同理，橫軸截距的大小，可以反映第一財貨價格倒數的大小。

其次，說明預算線斜率的意義。在上述說明中，得知預算線斜率為 $-\frac{P_1}{P_2}$。預算線的斜率為負值，表示在維持一定的購買支出 m 之下，多（或少）購買一部分的第一財貨，就能夠調整為少（或多）購買一些第二財貨，即兩財貨購買量的變化方向是相反的。至於預算線斜率的絕對值為 $\frac{P_1}{P_2}$，該值在一定的 P_1 及 P_2 之下為一常數，其大小剛好表示，在市場上一單位第一財貨所得交換到的第二財貨單位數。為什麼呢？以少購買一單位第一財貨為例，就可以省下來 P_1 的錢，也就可以用 P_1 的錢去購買 $\frac{P_1}{P_2}$ 單位的第二財貨；反之，若多購買一單位第一財貨，就得多花 P_1 的錢，故在總花費維持在 m 不變下，也就祇能從少購買 $\frac{P_1}{P_2}$ 單位的第二財貨，即由此節省下 $P_1 (= P_2 \times \frac{P_1}{P_2})$ 的錢才辦得到。

換言之，預算線斜率的絕對值 $\frac{P_1}{P_2}$，除了可以從兩財貨的交換比例來了解以外，也可以視為是購買一單位第一財貨的代價或機會成本，是放棄購買 $\frac{P_1}{P_2}$ 單位的第二財貨。

沿用預算線的圖形，可以很容易來得知任一消費組合的購買金額的大小。如圖 3–2 所示，AB 線為在一定的 P_1、P_2 及 m 之下的預算線；那麼，購買組合點 H 的花費是多少呢？首先，過 H 點畫出一條平行於 AB 線的 MN 線，則可以得知購買 H 點的財貨組合，其花費與購買 OM 單位的第二財貨，或 ON 單位的第一財貨是一樣的；由於購買 OA 單位第二財貨的是 m，故得知購買 OM 單位第二財貨的花費為 $m \times \frac{OM}{OA}$，這也就是購買 H 點的花費，該花費比 m 來得小。由圖 3–2 亦知，購買 H 點的花費，是比 m（以 OA 單位的第二財貨來看）少了 EH 或 AM 單位的第二財貨。同理，亦可以推知，若購買的財貨組合點是落在 AB

線的右上方時，其花費均比 m 多；換言之，在預算線右上方的財貨組合，其購買花費將超過 m，是消費者沒有能力去購買的。

同時，亦知可以利用圖 3–2 中的 △OAB 圍起來的範圍，來表現所謂的預算集合所涵蓋的財貨組合。

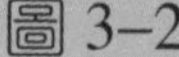
圖 3–2

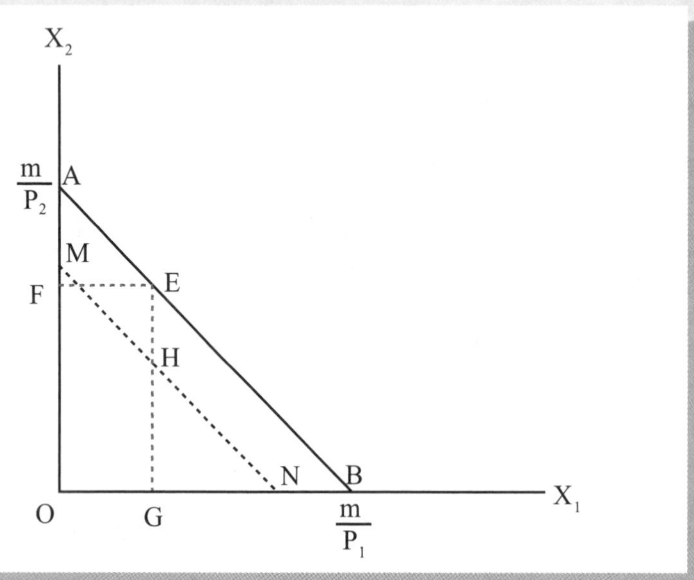

【購買財貨組合 H 的花費與預算集合】

1. 過 H 點畫一條平行於預算線 AB 的平行線 MN。

2. 購買 H 點的財貨組合，計花費 $m \times \frac{OM}{OA}$ 的錢。

3. 預算集合是指 △OAB 所涵蓋的範圍。

三、預算線的變動

根據預算線的意義，了解到財貨價格或消費者所得改變時，都將導致預算線的斜率、截距或與原點之間距離的變化，亦即將出現預算線整條（或除了其中的一點以外）的移動現象，就稱為預算線的變動。

首先，以第一財貨價格 P_1 的降低為例，來看預算線的變動情形。如圖 3–3 所示，當 P_1 降為 P_1' 時，預算線由 AB 線變成為 AB′ 線。AB′ 線除了 A 點（表示把全數的所得均花用在購買第二財貨的情形）以外，其餘各點均位於 AB 線的右邊，以 E′ 點位於 E 點的右邊來說，表示以 AF 單位的所得，在第一財貨降價前 (P_1)，衹能購買到 EF 單位的第一財貨，而在降價後 (P_1')，就可以購買得到 E′F 單位，比降價前多買了 EE′ 單位的第一財貨。因此，依此類推，使得預算線由降價前的 AB 線，降價後右移至 AB′ 線。同時，與 AB 線相比，AB′ 線的截距較長，即 OB′> OB；且其斜率的絕對值較小，即 $\frac{P_1'}{P_2} < \frac{P_1}{P_2}$，表示多買一單位的第一財貨，其機會成本或所須放棄掉的第二財貨變小了。

同理，亦可以比照利用圖 3–3，來了解第一財貨價格的提高，如由 P_1' 增為 P_1 時，預算線將會由 AB′ 線往左移至 AB 線。

圖 3–3

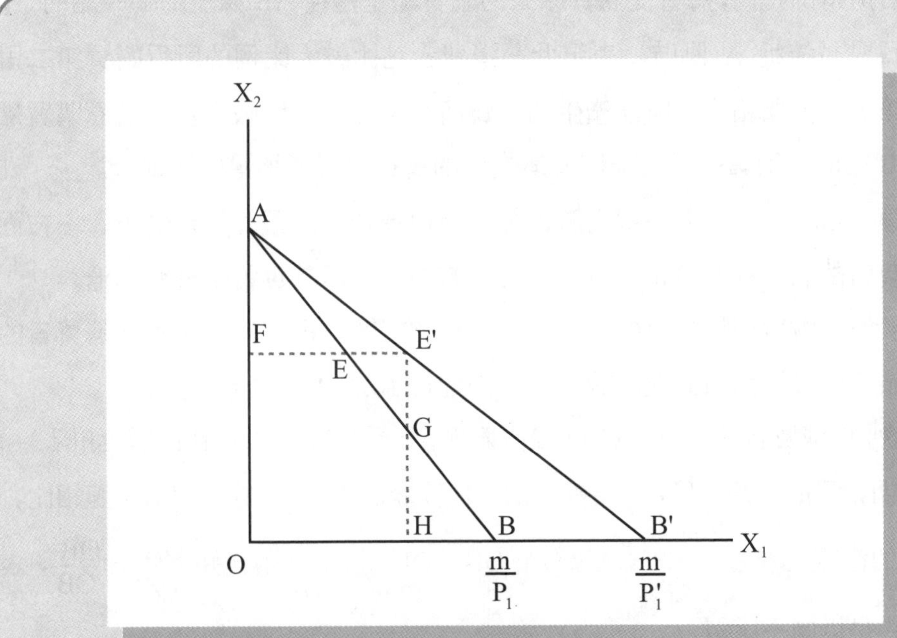

【第一財貨價格降低對於預算線的影響】

1. 預算線由 AB 線右移至 AB′ 線，其在橫軸的截距變長了，而其斜率的絕對值變小了。
2. 預算集合比降價前多了 △BAB′ 面積所涵蓋的組合點(不含 AB 線在內)。

在圖 3–3 中，得知當 P_1 降為 P_1' 時，預算線會由 AB 線往右移至 AB′ 線，此一預算線的變動情形，也表示消費者的預算集合變大了，即將由 △OAB 變為 △OAB′ 所涵蓋的財貨組合，也就是說比降價前增多了 △BAB′（不含 AB 線在內）所包括的財貨組合；此一變化，說明在 P_1 降價之後，消費者可以利用原所得水準 m，所能購買得到的財貨組合擴大了，一方面表示消費者的滿足程度一定有所提高（除非他仍堅持買 A 點所示的組合），另一方面表示消費者的實質所得也提高了，為什麼呢？如圖 3–3 所示以購買 G 點財貨組合為例，在降價前祇能夠買到 OH 單位的第一財貨及 GH 單位的第二財貨；但在降價後呢？消費者卻能買到 E′ 點的消費組合，即在維持 OH 單位的第一財貨不變下，能比過去多買 E′G 單位的第二財貨，故以價格維持不變的第二財貨來表示實質所得時，顯然其實質所得是增加了 E′G 單位那麼多。當然，如上所述，消費者因降價而導致其實質所得的提高，將會受到其原來的購買點是落在 AB 線上的哪一點而定。當原購買點越接近 A 點時，表示此一消費者花比較大比例的所得購買第二財貨，故第一財貨價格降低所能產生的實質所得增加量就比較小；而當原購買點越接近 B 點時，則第一財貨降價所能產生的實質所得增加量就比較大。

同理，當第一財貨價格提高時，將會使得消費者的預算集合變小，一方面表示消費者的滿足程度將跟著減少，另一方面也表示其實質所得將降低。

至於第二財貨價格的改變，對於預算線的影響，以及其背後對於消費者的涵意，讀者將可以比照上述討論方式，去進行了解。

其次，以消費者的所得預算 m 減少為例，來看預算線的變動情形。如圖 3–4 所示，當所得 m 降為 m′ 時，預算線由 AB 線變成為 A′B′ 線。與 AB 線相比，A′B′ 線的截距均變短了，即 $OA' < OA, OB' < OB$，且由下兩式知 $\frac{OA'}{OA} = \frac{OB'}{OB}$，表示兩截距是以同一比例

$$OA' \div OA = \frac{m'}{P_1} \div \frac{m}{P_1} = \frac{m'}{m}, OB' \div OB = \frac{m'}{P_2} \div \frac{m}{P_2} = \frac{m'}{m}$$

（即 $\frac{m'}{m} < 1$）變短的；並知 A′B′ 線的斜率與 AB 線一樣，即兩線為平行線。換言之，m 的減少，將使得消費者預算線向原點的方向水平移動。

同理，亦可以比照利用圖 3–4，來了解消費者所得預算的提高，如由 m′ 增為 m 時，預算線將會由 A′B′ 線，往右上方水平移至 AB 線。

同時，在圖 3–4 中，得知當 m 降為 m′ 時，預算線由 AB 線往左下方水平移至 A′B′ 線，此一預算線的變動，也呈現出消費者的預算集合變小了，即由 △OAB 變為 △OA′B′ 所涵蓋的財貨組合，也就是說比所得降低之前減少了 ▱A′ABB′ 面積所包含的組合點（不含 A′B′ 線在內）；此一變化，說明在所得降低之後，消費者在財貨價格不變下，所能購買得到的財貨組合縮小了，一方面表示消費者的滿足程度一定會降低，另一方面表示消費者的實質所得也變少了。如圖 3–4 所示，消費者的實質所得減少額度，可以 AA′ 單位的第二財貨，或以 BB′ 單位的第一財貨來表示，即

$$AA' = OA - OA' = \frac{m - m'}{P_2} \text{ 或 } BB' = OB - OB' = \frac{m - m'}{P_1}$$

圖 3–4

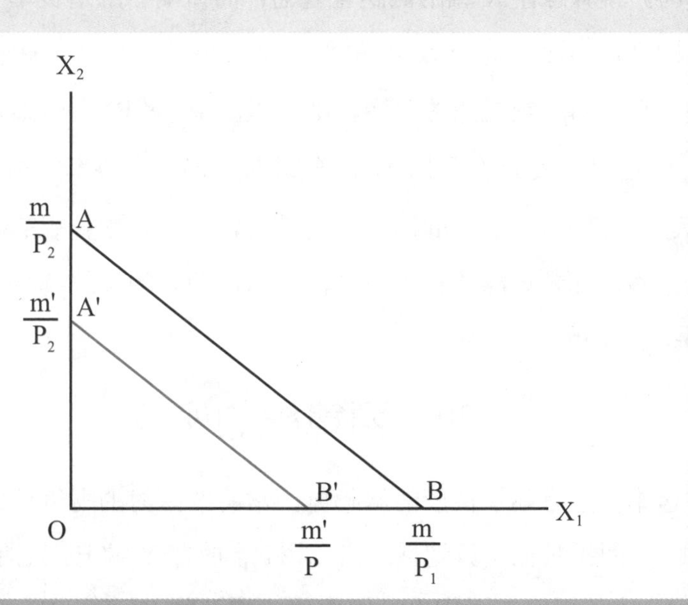

〖所得減少對於預算線的影響〗

1. 預算線由 AB 線往原點的方向水平移至 A′B′ 線，其在兩軸的截距均按同一比例變短了，而其斜率維持不變。
2. 預算集合比所得減少以前少了 ▱A′ABB′ 面積所涵蓋的組合點（不含 A′B′ 線在內）。

同理，當所得提高時，消費者的預算集合會變大，表示消費者的滿足程度會提高，也表示其實質所得會上升。

最後，討論財貨價格與消費者所得同時變化，對於消費者預算線的影響。當 P_1、P_2 及 m 變成 P_1'、P_2' 及 m' 時，預算線將變成為：

$$X_2 = \frac{m'}{P_2'} - \frac{P_1'}{P_2'} X_1$$

根據上式，得知預算線的截距將分別由 $\frac{m}{P_1}$ 及 $\frac{m}{P_2}$，變成為 $\frac{m'}{P_1'}$ 及 $\frac{m'}{P_2'}$，且其斜率絕對值由 $\frac{P_1}{P_2}$ 變成為 $\frac{P_1'}{P_2'}$。首先，就 X 軸（第一財貨）的截距而言，當 $\frac{m'}{P_1'} > \frac{m}{P_1}$ 或 $\frac{m'}{m} > \frac{P_1'}{P_1}$ 或 $\frac{m'-m}{m} > \frac{P_1' - P_1}{P_1}$，表示當所得的增長率大於第一財貨價格的增長率時，預算線在 X 軸的截距會變長；反之，當所得的增長率小於第一財貨價格的增長率時，預算線在 X 軸的截距會變短；而當兩者的增長率一致時，截距保持不變。同理，亦可以就 m 及 P_2 的增長率大小，來討論 Y 軸上的截距是否改變的問題。至於斜率絕對值的改變，則可以由 P_1 與 P_2 兩者增長率的大小來判斷，當 P_1 的增長率大於（或小於）P_2 的增長率時，則斜率的絕對值將變大（或變小）。其中，當 P_1、P_2 及 m 同比例變動時，消費者預算線的截距與斜率均將不會有所改變，即預算線將維持不變，表示消費者的預算集合、滿足程度及實質所得都不會改變。

四、預算線的例子

在本書中，通常為了便於討論起見，常將要探討的財貨稱為第一財貨，並放在 X 軸上；而把其他財貨總稱為第二財貨，放在 Y 軸上，且將其價格設為 1，即令 $P_2 = 1$，表示以第二財貨為計價單位或**標準物 (Numeraire)**；換言之，可以直接由第二財貨數量的大小，來表示所得的水準值。

在本小節中，將在令 $P_2 = 1$ 的情況下，舉一些日常見到的例子，來說明消費者預算線的變化。

1. 當政府對於第一財貨的購買量有最高限制 ($\overline{X_1}$) 時，則預算線將由 AB 線段縮短為 AE 線段，如圖 3–5 所示，表示在政府的限制下，EB 線段或 △EFB 所示的組合點（不含 EF 線段在內），已不再是消費者能夠買得到的財貨組合。現在，若政府把購買限量不能超過 $\overline{X_1}$ 的作法，改變為超過 $\overline{X_1}$ 的購買量，收取較高的價格或每單位課徵 t 元的稅，則 EB 線段將往左移至 EG 線段；因此，在此種情況下的消費者預算線，將由 AE 及 EG 兩線段組成。此時，表示預算集合減少了 △EGB 面積所示的組合（不含 EG 線段在內），因而此一限制措施對於有些原購買組合落在 EB 線段上的消費者而言，將有不利的影響；不過，其不利的程度，將較前述的限量下來得小。

上述例子，常見於政府在戰時對於民生用品與戰備物資，或在平時對於供應有匱乏而鼓勵節約使用的物品的管制上。

2. 當廠商為了促銷其產品（第一財貨），對於購買量超過 $\overline{X_1}$ 以後，其價格

圖 3–5

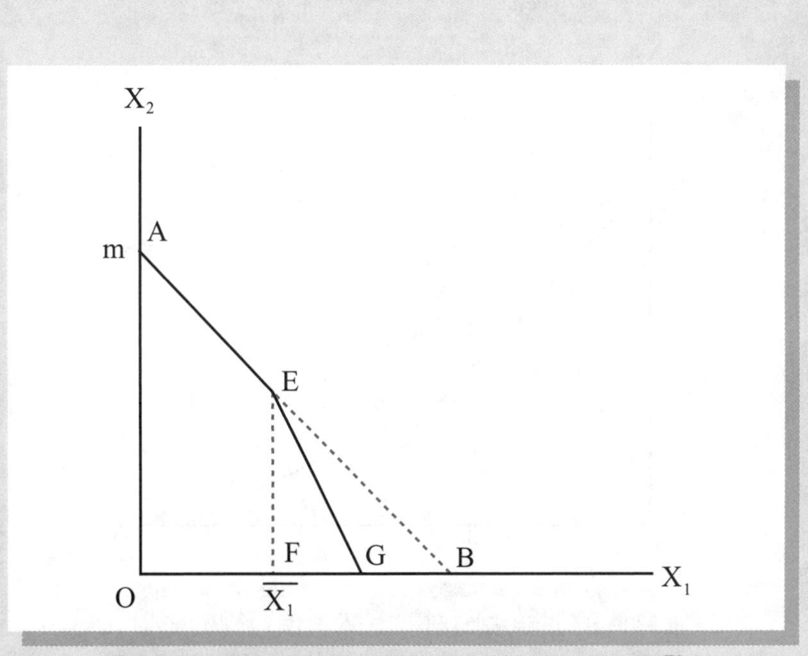

【政府限量與課稅對於消費者預算線的影響】

1. 在限量 $\overline{X_1}$ 之下，預算線由 AB 線段縮小為 AE 線段。

2. 在超過 $\overline{X_1}$ 的購買量，每單位課 t 元的稅，將使預算線由 AB 線段變成為 AEG 的拗折線。

由 P_1 降為 P_1'，如圖 3–6 所示，此時的 EB 線段將往右移至 EH 線段，表示預算集合增加了 △BEH 面積所涵蓋的組合（不含 EB 線段在內），而預算線變成為拗折線 AEH。現在，當廠商把促銷方式，變成為買一單位的第一財貨附贈 0.5 單位的第二財貨時，在此一併令 $P_1 = 1$，則預算線將由原來的 AB 線段，往上移至 AB′ 線段，而 $BB' = \frac{m}{2}$。說明如下：首先，就 B 點而言，表示購買 m 單位的第一財貨及 0 單位的第二財貨，但可得到 $\frac{m}{2}$ 單位第二財貨的贈品，故知消費組合點為 B′，表示消費者的消費組合中有 m 單位的第一財貨及 $\frac{m}{2}$ 單位的第二財貨。在圖中，亦知 $BB' = MB' = LM = AL = \frac{m}{2} = \frac{OB}{2}$。其次，就 AB 線上的任一點 E 而言，表示購買 OF 或 NE 單位的第一財貨及 EF 或 ON 單位的第二財貨，在

圖 3–6

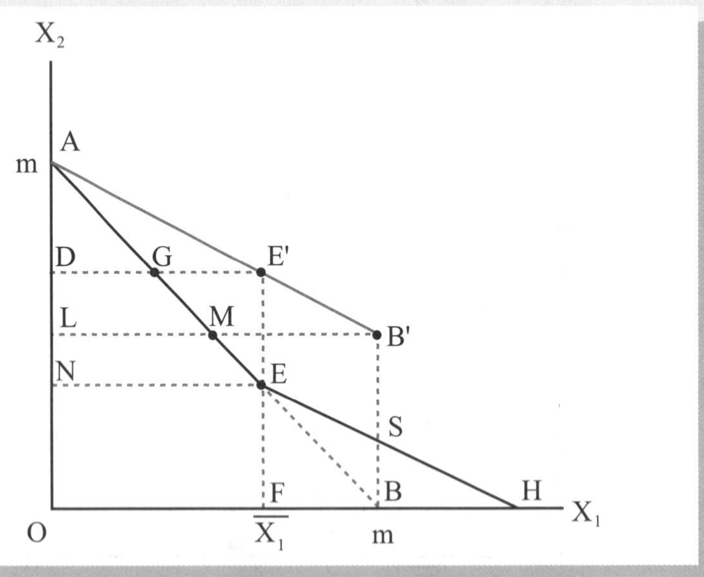

【廠商的促銷活動對於消費者預算線的影響】

1. 在購買量超過 $\overline{X_1}$ 以後，價格降低的情況下，預算線變成為拗折線 AEH。
2. 在買一單位第一財貨，附贈 0.5 單位第二財貨的情況下，預算線將上移至 AB′ 線段。

獲得 $\frac{1}{2}$NE 單位的第二財貨的贈品之後，消費者的消費組合將由 E 點上移至 E′ 點，在此之 $EE' = GE = DG = AD = \frac{1}{2}AN = \frac{1}{2}NE$。就附送贈品的情況而言，預算線 AB′ 的斜率絕對值變成為 $\frac{1}{2}$，表示此時消費者購買一單位第一財貨所實際支付的價格 (P_1^*) 不是 1，而是 $\frac{1}{2}$，即 $P_1^* = P_1 - 0.5P_2 = \frac{1}{2}$；同時，亦知消費者的預算集合增大了，多包含了 △ABB′ 面積所示的組合點在內（不含 AB 線段在內），表示消費者的實質所得及其滿足程度都會提高。

如圖 3–6 所示，相對於前述的降價促銷活動而言，消費者未必一定比較喜歡附送贈品的活動，因為後者並不能購買到 △SBH 面積所示的財貨組合。

3. 當廠商採取誘導性的搭售方式促銷產品，即消費者除了可以按市價單獨購買任何一種財貨以外，也可以依一定的搭配比例，以比較便宜的價格來同時購買兩種財貨。在此，以兩財貨的市價均為 1 元（即 $P_1 = P_2 = 1$），及兩財貨合起來各買 1 單位的售價為 1.5 元（即打七五折）為例，如圖 3–7 所示，此時的預算線將由 AB 線變成為 AEB 線。首先，說明 AE 線的意義，為表示在消費者不會單獨購買第一財貨，但會單獨購買第二財貨時，則其預算線會由 AB 線變成為 AE 線。為什麼呢? 因為此時消費者在同時購買兩種財貨的情形下，最多祇能購買到 $\frac{2}{3}$m 的第一財貨與第二財貨，如 E 點所示；而 AB 線上的 F 點，表示按市價單獨購買兩財貨時，第一財貨為 $\frac{2}{3}$m，第二財貨為 $\frac{1}{3}$m，故由圖知 $EF = FB' = \frac{1}{3}m$，且知 $EB' = OB' = \frac{2}{3}m$。至於 AE 線上的任一點，以 N 點為例，是表示以同時購買的方式，買到 OM 的第一財貨及第二財貨，以及以單獨購買第二財貨的方式，買到 HM 的第二財貨，證明如下：由圖知 $\frac{B'B}{OB'} = \frac{MK}{OM} = \frac{1}{2}$，以及 $HG = MK = DH = ND$，故推知 $NH = 2HG = 2MK = OM$。

同理，亦可以推知 EB 線的意義，為表示消費者不會單獨購買第二財貨，但會單獨購買第一財貨時，其預算線將由 AB 線變成為 EB 線。

因此，當消費者均可自由選擇單獨購買任何一種財貨，以及同時購買兩種財貨的方式時，則消費者的預算線將變成為 AEB 的拗折線，表示其預算集合擴大了，如 △ABE 面積所涵蓋的組合點所示（除了 AB 線以外），此一改變表示消費者的滿足程度將有所提升。

圖 3–7

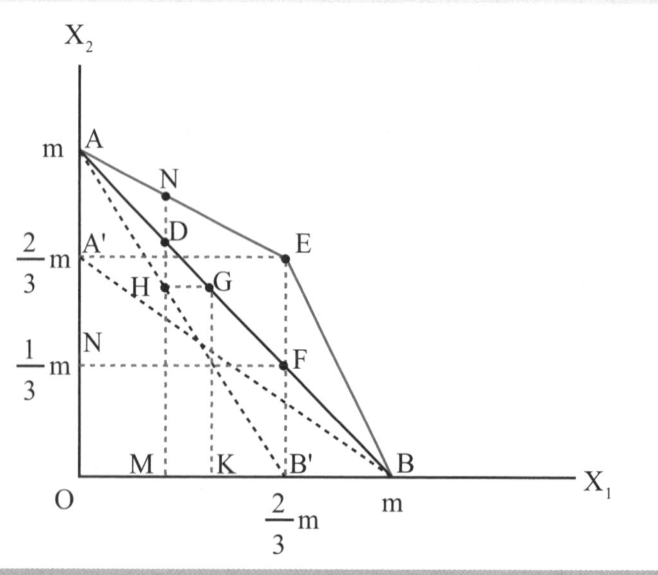

【誘導性搭售方式對於消費者預算線的影響】

1. AE 線表示消費者不會單獨購買第一財貨，但會單獨購買第二財貨時的預算線；而 EB 線表示消費者不會單獨購買第二財貨，但會單獨購買第一財貨時的預算線。
2. 當消費者均可以單獨購買任何一種財貨時，其預算線變成為 AEB 拗折線。

第二節　消費者的最適決定

本節將探討消費者的最適決定或選擇的問題；也就是說，如何從消費者的預算集合中，找出一個令消費者滿足程度最大化的財貨組合的問題。首先，就那些偏好結構可以利用乖巧的無異曲線圖來呈現的消費者而言，如圖 3–8 所示，在其預算集合中，消費者滿足程度最大的財貨組合如 E 點所示，為 (X_1^*, X_2^*)，並表示此一消費者的最大滿足將達到如無異曲線 IC_2 所示的程度。其理由如下：一方面，消費者無法購買到那些位於 IC_2 右上方的財貨組合；另一方面，消費者在 E 點所能得到的滿足程度，均比在預算集合中的其他點高。這一個令消費者滿足程度最大的財貨組合 (X_1^*, X_2^*)，稱為消費者的最適組合 **(Optimal Bundule)** 或需求組合 **(Demanded Bundle)**。

由圖 3–8 亦知，消費者的最適組合點 E，不但是位在預算線 AB 線上，而且也是無異曲線與預算線兩者的相切點。換言之，在圖 3–8 中的 E 點，其購買的花費是全部的所得預算 (m)；同時，在 E 點上，無異曲線與預算線兩者的斜率是相等的。如圖 3–8 中的 F 或 G 點所示，兩者均非無異曲線與預算線的相切點，而是相交點，表示消費者還可以在 FG 線段中，找到比 F 或 G 點滿足程度更高的財貨組合，故 F 或 G 點就不會是最適組合點。

圖 3–8

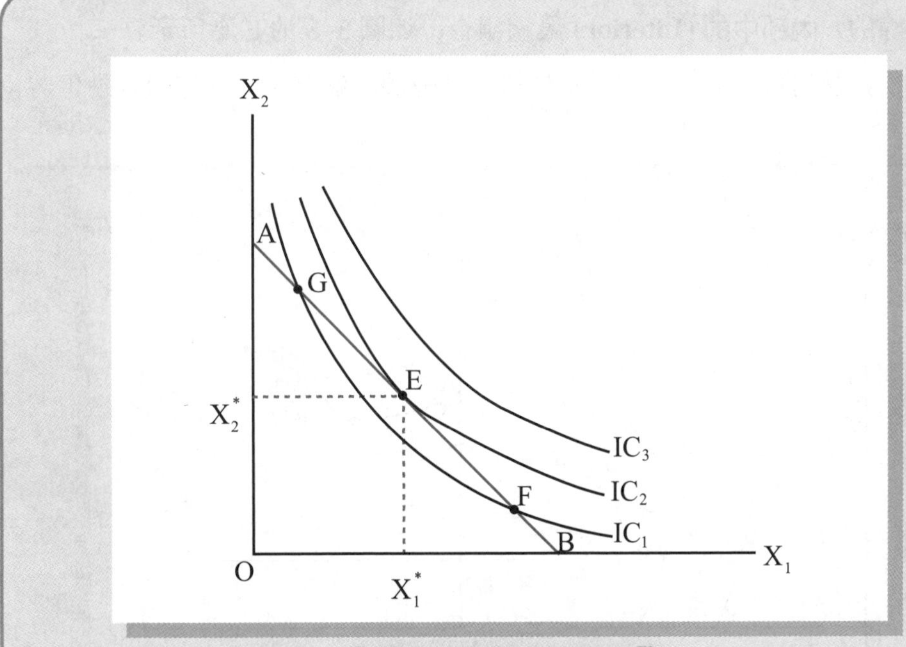

【消費者的最適組合點】

1. 最適組合點 E，不但位於預算線 AB 的上面，而且也是無異曲線與預算線兩者的相切點。
2. 無異曲線與預算線的交點 (如 F 或 G)，不是消費者的最適組合點。

不過，在一些特殊的情況下，最適組合點雖然仍然會落在預算線，但未必一定是無異曲線與預算線兩者的相切點。首先，如圖 3–9 (A)所示，當消費者的偏好結構，在相對上極為喜歡第一財貨時，其最適組合點中的 X_2^* 為零，表示會將其全部所得用於購買第一財貨，如 B 點所示；在最適組合 B 點時，無異曲線 IC_2 的斜率絕對值，較預算線來得大，故知 B 點並不是無異曲線與預算線兩者的相切點。同理，如圖 3–9 (B)所示，當消費者對於第二財貨有極為喜歡的偏好結構時，$X_1^* = 0$，如 A 點所示，表示會將全部所得花在第二財貨的購買上；此時亦知 A 點並非無異曲線與預算線兩者的相切點，且預算線的斜率絕對值較 IC_2 來得大。

當消費者的最適組合中，有一項（或以上）財貨的最適值為零時，就稱為位於（預算線的）**邊界上的 (Boundary)** 最適組合，如圖 3–9 (A)的 B 點或圖 3–9 (B)的 A 點所示；而當最適組合中，所有的財貨最適值均大於零時，就稱為位於（預算線的）**內部中的 (Interior)** 最適組合，如圖 3–8 的 E 點所示。

其次，當消費者的偏好結構不具有乖巧無異曲線時，其最適組合點仍將位

圖 3–9

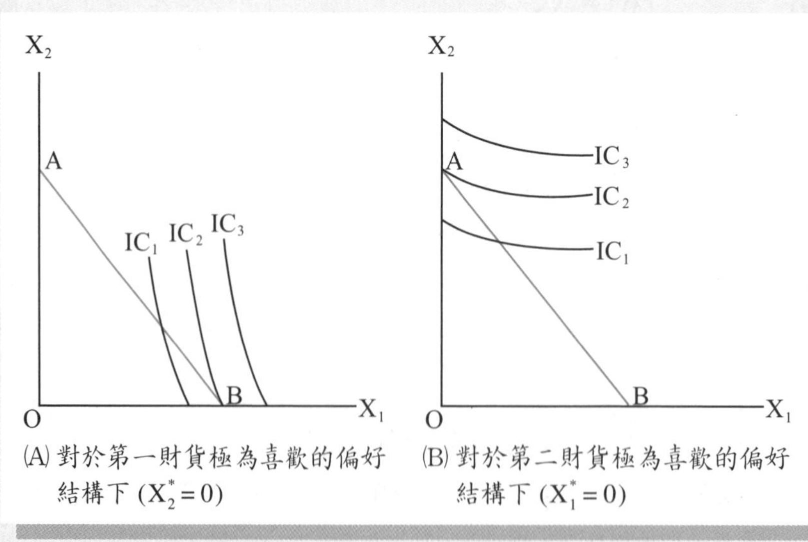

(A) 對於第一財貨極為喜歡的偏好結構下 ($X_2^* = 0$)

(B) 對於第二財貨極為喜歡的偏好結構下 ($X_1^* = 0$)

【位於預算線的邊界上的最適組合點】

在預算線上，不過已不再是無異曲線的切點了。如圖 3–10 的 E 點所示，此一偏好結構的無異曲線具有一拗折點，在該點上無法找到切線，故該點並非切點。

除此之外，在偏好結構不具有乖巧無異曲線下，縱使找到無異曲線與預算線兩者的切點，且該切點亦落在預算上，也並不保證就是消費者的最適組合點。如圖 3–11 的 G 點所示，該點具有無異曲線 IC_1 所示的滿足程度，均比 MN 線段上的其他（亦不含 M 及 N 點在內）財貨組合點來得低；在圖 3–11 中，消費者的最適組合有 E 及 F 兩點。由圖 3–11 的例子，了解到當無異曲線不具有嚴格凸向原點的性質時，就有可能找到不祇一個的消費者最適組合。

從上述的說明中，了解到無異曲線與預算線兩者相切，未必是消費者的最適組合點的必要條件，也未必是其充分條件；同時，也進一步得知，當消費者具有乖巧無異曲線的偏好結構時，無異曲線與預算線兩者相切，不但是消費者最適組合點的必要條件，也是其充分條件，而且此時亦祇存在一個最適組合點。本書在後續對於消費者行為的討論中，將主要以具乖巧無異曲線的偏好結構為主。

圖 3–10

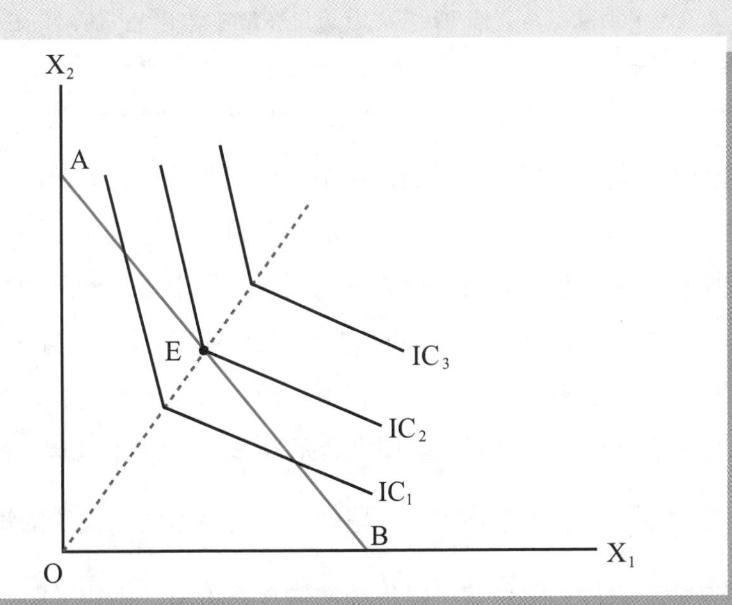

【具拗折點無異曲線的偏好結構下的最適組合點】

1. 最適組合點 E 位在預算線上。

2. 最適組合點 E 並非是 IC_2 的切點。

圖 3–11

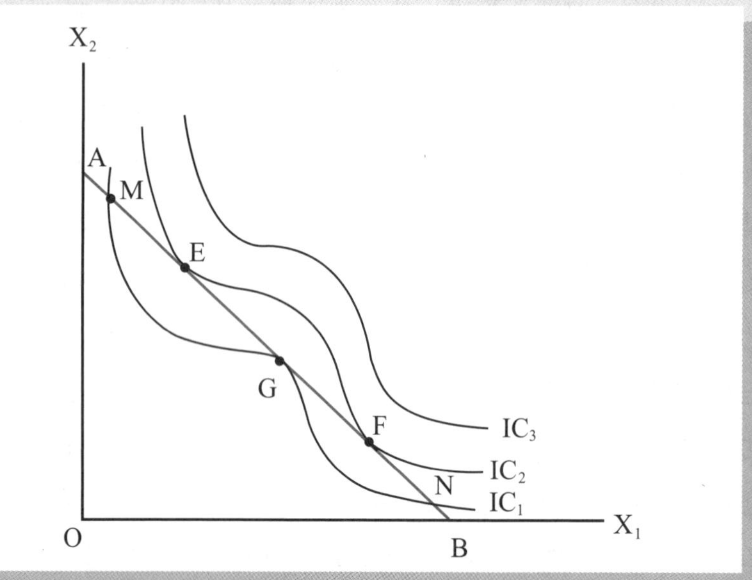

【無異曲線不具嚴格凸性下的最適組合點】

1.G 點雖然是無異曲線與預算線的相切點，但並非消費者的最適組合點。

2.在無異曲線不具嚴格凸性下，最適組合點可能不祇一個，如 E 及 F 點所示。

在認識了消費者的最適組合點，將是其無異曲線與預算線兩者的相切點之後，接著，進一步來說明其經濟意涵。誠如上述，在最適組合點時，無異曲線與預算線兩者的斜率是一致的，首先討論兩者的斜率不一致下的情況。

回顧在第二章中，了解到無異曲線的斜率或 MRS，是表示在消費者心目中，一單位第一財貨所願意交換的第二財貨單位數，或其主觀上，對於增減一單位第一財貨的評價（以第二財貨的數量來表示）；同時，在本章第一節中，得知預算線的斜率為 $-\frac{P_1}{P_2}$，表示在市場上一單位第一財貨所能夠交換的第二財貨單位數，或在客觀上對於一單位第一財貨的評價（亦以第二財貨的數量表示）。

因此，當無異曲線的斜率絕對值較預算線大時（如圖 3–8 中的 G 點所示），即 $-MRS > \frac{P_1}{P_2}$，表示一單位第一財貨在消費者心目中的評價，高於市場上的評價，此時消費者將會多買第一財貨，而少買第二財貨；如此，消費者將會在預算線上，從圖 3–8 中的 G 點往 E 點的方向，來調整其購買組合，而使得其滿足程度逐步達到最高。反之，當無異曲線較預算線平坦時（如圖 3–8 中的 F 點所示），即 $-MRS < \frac{P_1}{P_2}$，表示一單位第一財貨在消費者心目中的評價，低於市場上的評價，此時消費者將會少買第一財貨，而多買第二財貨；如此，消費者將會在預算線上，從圖 3–8 中的 F 點往 E 點的方向，來調整其購買組合，以使得其滿足程度逐步達到最高。

最後，消費者將會選擇購買 E 點的財貨組合，此一組合是其滿足程度最高之下的最適組合，而此時 E 點也是無異曲線與預算線兩者的相切點，即兩者的斜率相等，也就是 $-MRS = \frac{P_1}{P_2}$，表示消費者對於一單位第一財貨的主觀評價與市場上的客觀評價是一致的。

第三節　消費者最適決定的應用例子

本節以三個例子，來說明消費者最適決定的應用。首先，當廠商以購買量超過 $\overline{X_1}$ 以後，價格由 P_1 降為 P_1' 的方式促銷時，其效果如何呢？如圖 3–12 所示，令 $P_2 = 1$，AB 線為消費者在面對第一財貨價格是 P_1 時的預算線，此時該消費者的最適組合如 E 點所示，即消費者將花用 AC 的錢，來購買 CE 單位的第一財貨。當廠商推出超過 $\overline{X_1}$ 的購買，價格由 P_1 降為 P_1' 的促銷方案時，消費者的預算線將變成為 AGH 拗折線；如圖所示，此一消費者的最適組合將變成為 F 點，表示他將會花 AD 的錢，來購買 DF 單位的第一財貨，如此將使得其滿足程度，如無異曲線由 IC_1 提高為 IC_2 所示。

此種促銷方案，常見於加油站、書店、航空公司等廠商，利用以累積消費額超過一定金額數之後，得享降價、獲得回饋金或免費搭乘等方式在推動。

其次，當廠商將價格由 P_1 降為 P_1' 時，是否一定具有促銷的效果呢？如圖 3–13 所示，在此亦令 $P_2 = 1$，在 P_1 時之預算線為 AB 線，此時之最適組合如 E 點所示，即消費者會花 AC 的錢，來買 CE 或 X_1^* 單位的第一財貨。當 P_1 降為 P_1'

圖 3–12

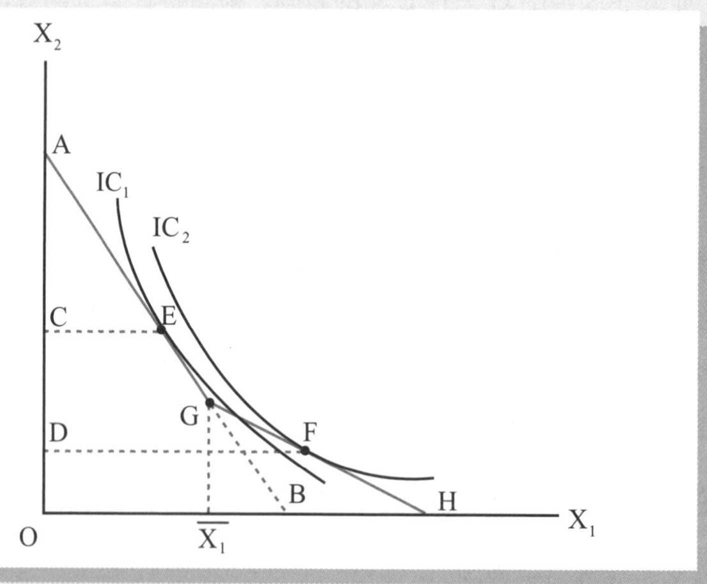

【第一財貨購買超過 $\overline{X_1}$ 之後，P_1 降為 P_1' 的促銷效果】

1.在 P_1 下，消費者會花 AC 的錢，來購買 CE 單位的第一財貨。

2.在購買超量以上，降為 P_1' 下，消費者會花 AD 的錢，來購買 DF 單位的第一財貨。

之後，預算線變成為 AB′ 線，其與過 E 點的無異曲線 IC_1 交於 D 及 H 點，故知新的最適組合將會落在 DH 線段上（不含 D 及 H 點在內）。若新的最適組合點 E′（在圖中未標示出來）落在 GH 線段上，表示此一廠商的促銷方案，具有提高其銷售數量與金額的效果；若 E′ 落在 FG 線段上，表示此一促銷方案，僅具有提高銷售量，但反而有減少銷售額的效果；若 E′ 落在 DF 線段上，則此一促銷方案，不但使得銷售量減少，也使得銷售額大幅降低。因此，與上述購買超量降價的促銷方案不同，在本方案中，廠商未必一定獲得促銷的正面效果。

第三，若政府想取得一定金額的稅收時，以採取對消費者的所得課**定額稅** **(Lump Sum Tax)** 或對第一財貨的每一購買單位課 t 元的**數量稅** **(Quantity Tax)** 中的哪一種方式較好呢？首先，考慮課數量稅對於消費者的影響。在對第一財貨每一單位課稅 t 元之下，消費者購買第一財貨所實際支付的價格是 P_1+t；

圖 3–13

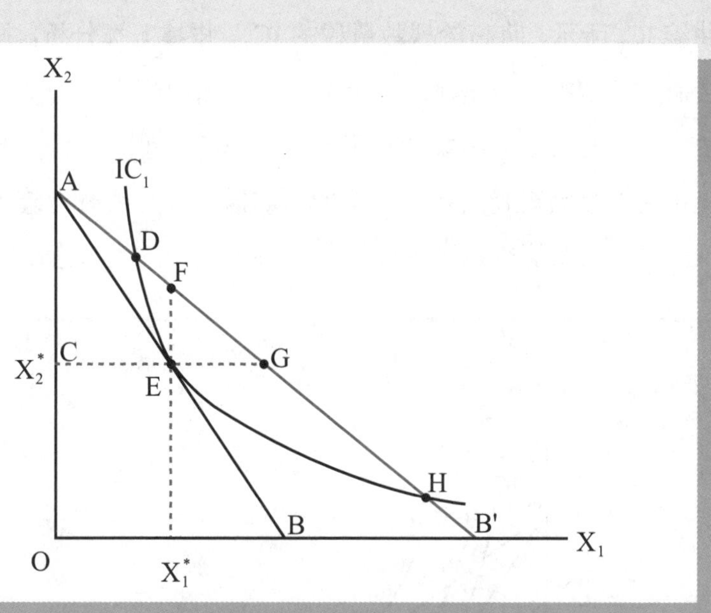

【P_1 降為 P_1' 的促銷效果】

*1.*在 P_1 下，消費者花 AC 的錢，購買 CE 或 X_1^* 單位的第一財貨。

*2.*在 P_1' 下，消費者的最適組合 E′ 若落在 GH 線段上，則此一促銷方案，才具有提高銷售額的正面效果；否則，將不利於廠商。

若此時消費者的最適組合為 $(\hat{X}_1, \hat{X}_2)$，並知該組合位在預算線上，即滿足下式關係：

$$(P_1 + t)\hat{X}_1 + P_2\hat{X}_2 = m$$

由上式知，政府的稅收收入是 $T^* = t\hat{X}_1$。

如圖 3–14 所示，令 $P_2 = 1$，在課稅前，消費者的預算線為 AB 線，最適組合如 E 點所示；在課 t 元的數量稅之後，預算線變成為 AB′ 線，最適組合 $(\hat{X}_1, \hat{X}_2)$，如 F 點所示。現在，過 F 點，畫出一條與 AB 線相平行的 CD 線，表示為以 $m - t\hat{X}_1$ 為所得下一條預算線，其數學式子為：

$$P_1X_1 + P_2X_2 = m - t\hat{X}_1 = m - T^*\ (= P_1\hat{X}_1 + P_2\hat{X}_2)$$

換言之，上式表示為對消費者所得課定額稅 T^* $(= t\hat{X}_1)$ 之後的預算線。同時，由圖知在課等額的定額所得稅之下，消費者的最適組合是 G 點所示，其滿足程度如無異曲線 IC_2 所示，將高於課數量稅的 IC_1。根據上述分析，初步得到下述結論，即政府若要取得一定金額的稅收時，以對所得課定額稅的方式較佳；主要原因在於，此一方式對於消費者滿足程度的影響較小。不過，此一結論在實際施行上，仍有諸多因素尚須考量；例如，如何對每一消費者確定其應納定額稅的大小，課稅是否會影響消費者的工作意願或廠商的生產意願等方面的問題。

圖 3-14

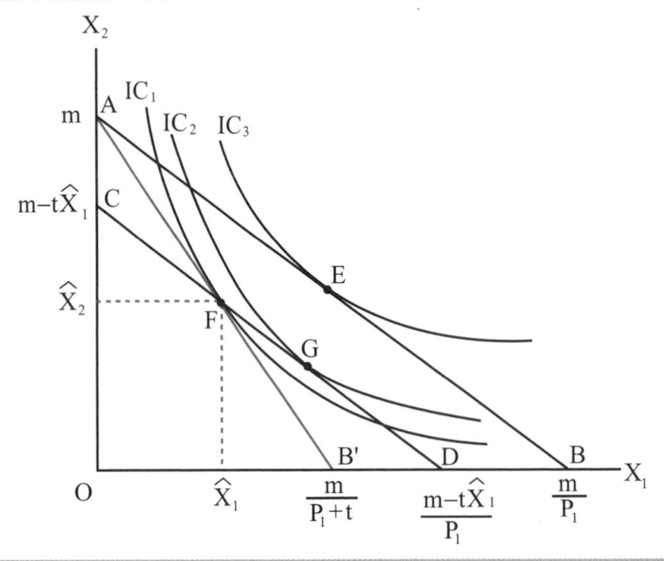

【對所得課定額稅與對購買第一財貨的每一單位課 t 元的數量稅】

1. 在課數量稅之下，最適組合如 F 點所示。
2. 在課與數量稅同等額的定額稅下，最適組合如 G 點所示。
3. 消費者受到定額稅的影響較數量稅來得小。

本章摘要

1. 消費者的預算限制，是說明消費者購買財貨的總花費，不能超過其所得或支出預算。
2. 消費者的預算集合，是指消費者有能力購買得到的所有消費組合的集合。

3. 消費者的預算線，是指其購買總花費等於所得預算的所有消費組合的集合。
4. 在兩個財貨軸的平面上，可以將消費者的預算線概念，利用一條具負斜率性質的直線段來呈現；其中，該線在兩軸截距的長短，可以用來表示所得的高低，而其斜率的絕對值大小，則可以用來表現兩財貨的相對價格或在市場上的交換比例。
5. 消費者的預算集合，可以利用由預算線及兩軸所形成的三角形，其所涵蓋的財貨組合來表現。
6. 當財貨的價格或消費者的所得有所改變時，有可能導致預算線的截距或其斜率跟著變化，此時將出現預算線整條移動的現象，此一現象就稱為預算線變動。
7. 當預算線變動的結果，使得預算集合變得更大時，通常消費者的滿足程度是會提高的；反之，則可能降低。
8. 消費者的最適組合點，一定會落在預算線上面，且通常也是無異曲線與預算線兩者的相切點；此一相切點，表示在相對意義上，消費者對於財貨的主觀評價與其在市場上的客觀評價兩者是一致的。
9. 政府若要取得一定金額的稅收時，一般是以對所得課定額稅的方式，較對每一購買量課固定稅額的方式來得佳。

習　題

1. 何謂消費者的預算限制？請舉例說明之。
2. 何謂消費者的預算線？請畫圖說明之。
3. 何謂消費者的預算集合？其與預算線的關係如何？
4. 在哪些情況下，消費者的最適組合點並不會滿足 MRS 等於預算線斜率的條件？請配合利用圖形來說明。
5. 同學甲準備花 200 元來購買香蕉與西瓜，並知香蕉每條是 2 元，而西瓜每半個 40 元。請利用數學式子，來表示甲的預算限制及預算線，以及畫出其預算線。（注意，香蕉是一條一條的賣，而西瓜是半個或一個的賣）
6. 若同學甲對於香蕉 (B) 及西瓜 (W) 的偏好，可以利用效用函數表示為 $U(B, W) = BW$。請畫出分別經過下述

(B, W) 點的無異曲線：(1) B = 40, W = 2；(2) B = 50, W = 2.5；(3) B = 60, W = 3。

7. 請根據上述兩題的訊息，利用圖形來求出甲的最適消費組合。

8. 除了香蕉價格由 2 元提高為 4 元以外，請利用第 5 及 6 題的訊息，求出甲的最適消費組合。

9. 除了甲準備花 130 元來購買香蕉與西瓜以外，請利用第 5 及 6 題的訊息，求出甲的最適消費組合。

10. 當 U(B, W) = 10B + W 時，請利用第 5 題的訊息，求出甲的最適消費組合。

11. 當 U(B, W) = Min{10B, W} 時，請利用第 5 題的訊息，求出甲的最適消費組合。

附錄：在限制條件下求極值的方法介紹

本附錄將以消費者求取最適組合為例，來說明在限制條件下求極值的方法。

首先，可以將消費者的最適選擇問題表示如下：

$$\underset{X_1, X_2}{\text{Max}} U(X_1, X_2)$$

$$\text{受限於 } P_1X_1 + P_2X_2 = m$$

在上述問題中，是指要求出一組最適解 (X_1^*, X_2^*)，而使得此一最適解能夠符合二個要件：

⑴滿足預算限制式，即 $P_1X_1^* + P_2X_2^* = m$；

⑵其效用值 $U(X_1^*, X_2^*)$ 均不會小於預算線上其他組合點的效用值。

其次，利用代入法，求解此一問題。以 C–D 效用函數 $U(X_1, X_2) = X_1^cX_2^d$ 為例，說明如下：

⑴由預算限制式得出

$$X_2 = \frac{m}{P_2} - \frac{P_1}{P_2}X_1$$

將上述關係代入 $U(X_1, X_2)$ 中，得出

$$U(X_1,X_2) = X_1^c(\frac{m}{P_2} - \frac{P_1}{P_2}X_1)^d$$

故消費者的最適問題變成為一般的（即無限制條件下的）求極值問題，即

$$\underset{X_1}{\text{Max}} X_1^c(\frac{m}{P_2} - \frac{P_1}{P_2}X_1)^d$$

⑵此一問題的一階條件為

$$cX_1^{*-1} - d(\frac{m}{P_2} - \frac{P_1}{P_2}X_1^*)^{-1} \cdot (\frac{P_1}{P_2}) = 0$$

經整理後，得出

$$X_1^* = \frac{c}{c+d} \cdot \frac{m}{P_1}$$

將 X_1^* 代入預算限制式，可以解出 X_2^*，即

$$X_2^* = \frac{d}{c+d} \cdot \frac{m}{P_2}$$

第三，利用拉氏方法 **(Lagrange's Method)**，求解此一問題。首先，將消費者的最適問題，改為針對拉氏函數 **(Lagrangian Function)** $L(X_1, X_2, \lambda)$ 求極值的問題，即

$$\underset{X_1, X_2, \lambda}{\text{Max}}\, L(X_1, X_2, \lambda) \equiv U(X_1, X_2) + \lambda(m - P_1X_1 - P_2X_2)$$

上式中，λ 為拉氏乘數 **(Lagrange Multiplier)**。此一問題的一階條件如下三式所示：

$$\frac{\partial L}{\partial X_1} = \frac{\partial U(X_1^*, X_2^*)}{\partial X_1} - \lambda^* P_1 = 0$$

$$\frac{\partial L}{\partial X_2} = \frac{\partial U(X_1^*, X_2^*)}{\partial X_2} - \lambda^* P_2 = 0$$

$$\frac{\partial L}{\partial \lambda} = m - P_1X_1^* - P_2X_2^* = 0$$

上述第三式，就是前述的預算限制式；同時，亦知可以由上述三式，來聯立求最適解 $(X_1^*, X_2^*, \lambda^*)$。

利用上述的前二式，可以得出下述關係：

$$\frac{\partial U(X_1^*, X_2^*)/\partial X_1}{\partial U(X_1^*, X_2^*)/\partial X_2} = \frac{P_1}{P_2}$$

上式中，等號右邊表示無異曲線斜率（即 MRS）的絕對值，右邊表示預算線斜率的絕對值；換言之，最適解 (X_1^*, X_2^*) 必然滿足上述關係，即無異曲線與預算線兩者的相切點。

在此，亦與 C－D 效用函數為例，利用拉氏方法求取最適解如下：

(1)令 $L = X_1^c X_2^d + \lambda(m - P_1X_1 - P_2X_2)$，其極大化之一階條件為（為簡化符號，並未把 * 號打在右上方）：

$$\frac{\partial L}{\partial X_1} = cX_1^{c-1}X_2^d - \lambda P_1 = 0$$

$$\frac{\partial L}{\partial X_2} = dX_1^cX_2^{d-1} - \lambda P_2 = 0$$

$$\frac{\partial L}{\partial \lambda} = m - P_1X_1 - P_2X_2 = 0$$

⑵根據前三式，首先求出 λ^* 如下：

由第一、二式知

$$cX_1^cX_2^d = \lambda P_1X_1，\text{或 } P_1X_1 = \frac{1}{\lambda}(cX_1^cX_2^d)$$

$$dX_1^cX_2^d = \lambda P_2X_2，\text{或 } P_2X_2 = \frac{1}{\lambda}(dX_1^cX_2^d)$$

將上述關係代入第三式，得出

$$m = \frac{1}{\lambda}(cX_1^cX_2^d + dX_1^cX_2^d) \text{ 或 } \lambda^* = \frac{c+d}{m}X_1^cX_2^d$$

⑶將 λ^* 的值代入第一、二式，即可得出 X_1^* 及 X_2^* 為：

$$P_1X_1 = \frac{c}{\lambda}X_1^cX_2^d = \frac{c}{c+d}m \text{ 或 } X_1^* = \frac{c}{c+d}\frac{m}{P_1}$$

$$P_2X_2 = \frac{d}{\lambda}X_1^cX_2^d = \frac{d}{c+d}m \text{ 或 } X_2^* = \frac{d}{c+d}\frac{m}{P_2}$$

第四章　消費者的個別需求與市場需求

首先，本章將進一步探討有關消費者最適組合的決定因素，並進而導出消費者的個別需求曲線；其次，介紹消費者剩餘的概念；最後，討論市場需求曲線的意義與性質。另外，在附錄中，將補充介紹蘇陸特斯基等式以及說明顯示偏好概念的意義與應用。

第一節　消費者最適組合的決定因素及其個別需求曲線

在第三章所討論的消費者最適決定問題，是在一定的消費者偏好（以無異曲線來呈現）以及不變的所得或支出預算與財貨價格（以預算線來體現）之下，來進行其最適財貨組合的求解。因此，可以預見的是，當消費者的偏好或其預算線有變動時，都可能影響其最適組合。本節將依序探討消費者的偏好、所得以及財貨價格的改變，對於消費者最適組合的影響，並最終以消費者的個別需求概念，來綜合體現財貨購買量與這些影響因素之間的關係。

同時，由於消費者的最適組合均將落在預算線上，因此，為簡化說明起見，本節關於最適財貨組合變動的說明，將以第一財貨為主，同學亦可以經由預算線的關係，去了解第二財貨所受到的相應影響。

一、消費者偏好改變對於其最適組合的影響

在此，將分別在不同的偏好結構類型下，以搭配例子的方式，來說明在偏好結構類型之間的偏好改變，以及在偏好結構類型之內的偏好改變，對於消費者最適財貨組合中第一財貨最適購買量 (X_1^*) 的影響。

㈠兩財貨是完全替代品

首先，以效用函數是 $U(X_1, X_2) = aX_1 + X_2$（其中，$a > 0$）為例，來表現兩財貨是完全替代品的偏好結構類型；此一類型的無異曲線圖，如圖 4–1 中的 IC_1、IC_2 及 IC_3 線所示，均為直線，且其斜率為 $-a$。同時，於圖中亦分別畫出對應不同 P_1 之下的預算線 AB、AC 及 AD 線；其中，AC 線與 IC_2 線完全一致，故斜率亦為 $-a$，表示此時之 $P_1 = aP_2$。至於 AB 線的 P_1' 大於 aP_2，而 AD 線的 P_1'' 小於 aP_2。

其次，由圖 4–1 知，

1. 當 $P_1 > aP_2$ 或 $\frac{P_1}{P_2} > a$ 時，$X_1^* = 0$；此一情況表示，由於第一財貨相對昂貴，故消費者會把所得全數用於購買第二財貨。

圖 4–1

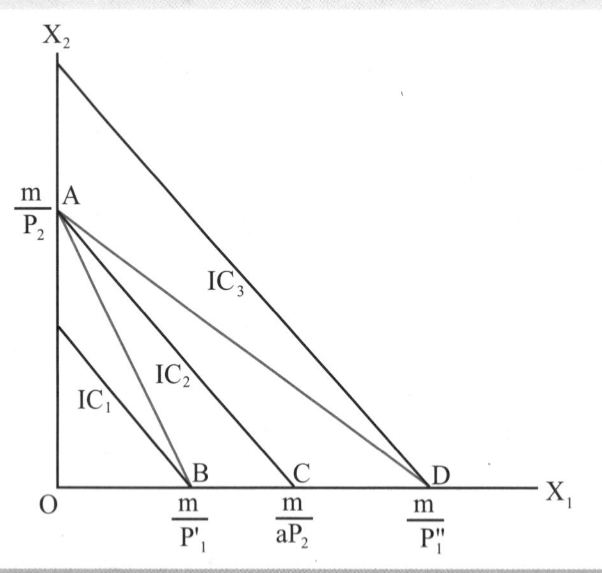

【完全替代品情況下的最適財貨組合】

1. 當 $P_1 > aP_2$ 或 $\frac{P_1}{P_2} > a$ 時（如 $P_1' > aP_2$），$X_1^* = 0$。

2. 當 $P_1 = aP_2$ 或 $\frac{P_1}{P_2} = a$ 時，X_1^* 介於零與 $\frac{m}{P_1}$ 之間的任何值。

3. 當 $P_1 < aP_2$ 或 $\frac{P_1}{P_2} < a$ 時（如 $P_1'' < aP_2$），$X_1^* = \frac{m}{P_1}$。

2. 當 $P_1 = aP_2$ 或 $\frac{P_1}{P_2} = a$ 時，X_1^* 為介於零與 $\frac{m}{P_1}$（或 $\frac{m}{aP_2}$）之間的任何值；此一情形表示，由於第一財貨在消費者心目中的評價與市場評價完全一致，故消費者對於其購買量的多寡，均可以獲致最高的滿足程度（如 IC_2 所示）。

3. 當 $P_1 < aP_2$ 或 $\frac{P_1}{P_2} < a$ 時，$X_1^* = \frac{m}{P_1}$；此一情形表示，由於第一財貨相對便宜，故消費者會把全數所得用於購買第一財貨，此時之滿足程度如 IC_3 所示，高於 IC_2 所示的程度。

上述 X_1^* 與 P_1 之間的對應關係，可以進一步利用圖 4–2 中的三個線段來表現：

⑴為在 P_1 軸上的 EH 射線，表示 $P_1 > aP_2$ 時，$X_1^* = 0$；

圖 4–2

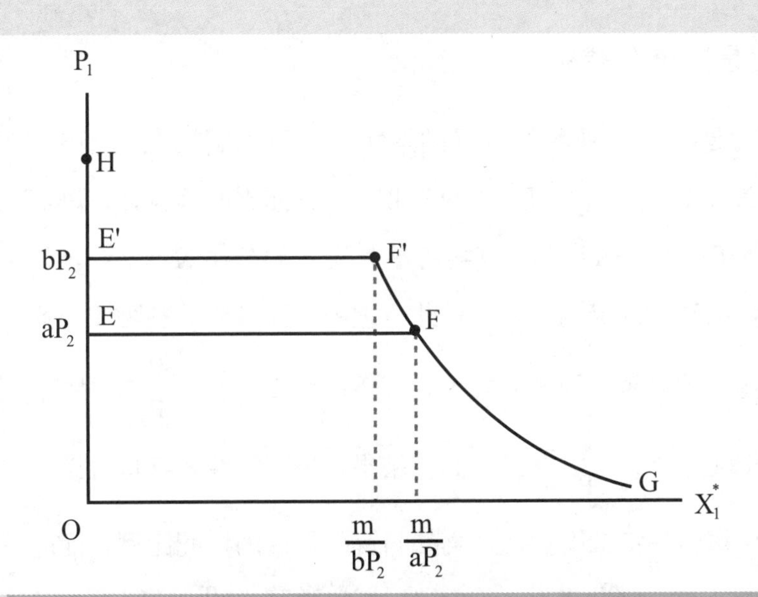

〖完全替代品情況下的需求曲線 (b > a)〗

1. 在 $U(X_1, X_2) = aX_1 + X_2$ 的情況下，其需求曲線除了包括在 P_1 軸的 EH 射線以外，尚有水平線段 EF 及雙曲線段 FG。

2. 在 $V(X_1, X_2) = bX_1 + X_2$ $(b > a)$ 之下，其需求曲線除了包括 E′H 射線外，尚有水平線段 E′F′ 及雙曲線段 F′FG。

3. 兩者相比，主要表現在 E′E 線段右移至 F′F 曲線段，表示需求增加。

⑵在 $P_1 = aP_2$ 時，為水平線段 EF，表示 X_1^* 為介於零與 $\frac{m}{aP_2}$ 之間的任何值；

⑶在 $P_1 < aP_2$ 時，為雙曲線段 FG，表示對 X_1^* 的購買支出恆為 m。此一對應關係，也就是所謂的需求關係或需求曲線（詳下文）。

現在，當消費者的偏好改變了，以另一個效用函數 $V(X_1, X_2) = bX_1 + X_2$（其中，$b \neq a$）來表示。根據上述，可以得知此一偏好改變，必然對於 X_1^* 有所影響。當 $b > a$ 時，如圖 4–2 所示，其對應的需求曲線為 E′F′FG。與偏好改變之前比較，出現在當 P_1 介於 bP_2 與 aP_2 之間時，對第一財貨的購買量已由原來的 E′E 線段右移至 F′F 曲線段；此一變化表示，在 $b > a$ 之下，此一消費者對於第一財貨的主觀評價提高了，說明其對於第一財貨的相對喜歡程度提高了，故其對於第一財貨的購買量，在某些價格區間有所增加。

同理，當 $b < a$ 時，讀者應可以比照利用圖 4–2，來了解其對於 X_1^* 的影響。

㈡兩財貨是完全互補品

兩財貨是完全互補品的偏好結構類型，可以利用效用函數 $U(X_1, X_2) = Min\{aX_1, X_2\}$（其中，a 為正數）來表現，而其無異曲線圖，如圖 4–3 中的 L 型無異曲線 MFT 及 NES 所示，其轉角點 F 及 E 均落在 $X_2 = aX_1$ 所示的虛線上。由圖亦知，消費者的最適組合點是此一虛線與預算線的交點 E；換言之，可以由代表虛線及預算線的兩關係式（$X_2 = aX_1$ 及 $X_2 = \frac{m}{P_2} - \frac{P_1}{P_2}X_1$ 兩式），聯合求解得到在 E 點上的 $X_{1a}^* = \frac{m}{P_1 + aP_2}$。此一結果，說明消費者總是會以一單位的第一財貨搭配 a 單位的第二財貨，作為其購買兩財貨的搭配比例，而此一財貨組合的價格為 $P_1 + aP_2$，消費者以 m 的所得，祇能購買 $\frac{m}{P_1 + aP_2}$ 個組合，其中包括 $X_{1a}^* = \frac{m}{P_1 + aP_2}$。

現在，當消費者的偏好改變了，成為如效用函數 $V(X_1, X_2) = Min\{bX_1, X_2\}$（其中，$b \neq a$）所示的偏好結構。那麼，當 $b > a$ 時，根據上述，亦可以利用圖 4–3 中的 MGR 及 NHK 等 L 型的無異曲線，來描述此一偏好結構；其中，轉角

圖 4-3

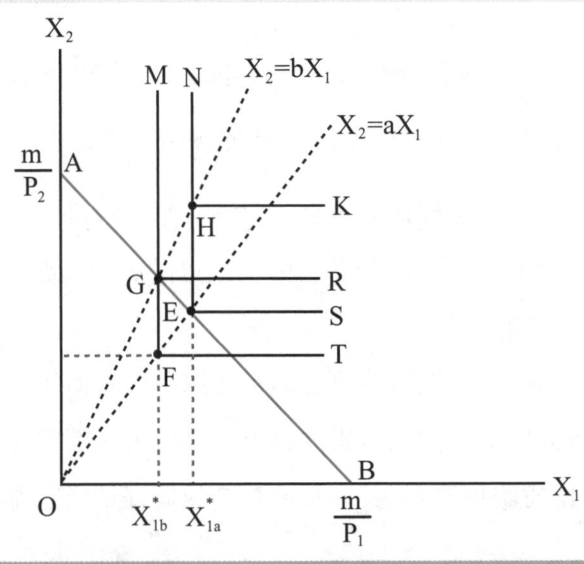

〖完全互補品情況下的最適財貨組合 (b > a)〗

1. 在 $U(X_1, X_2) = \text{Min}\{aX_1, X_2\}$ 下，$X^*_{1a} = \dfrac{m}{P_1 + aP_2}$。

2. 在 $V(X_1, X_2) = \text{Min}\{bX_1, X_2\}$ 下（在此，$b > a$），$X^*_{1b} = \dfrac{m}{P_1 + bP_2} < X^*_{1a}$。

點 G 及 H 均落在 $X_2 = bX_1$ 的虛線上。根據上述作法，亦可以得知 G 點為最適組合點，其對應的 $X^*_{1b} = \dfrac{m}{P_1 + bP_2} < X^*_{1a}$。換言之，當 $b > a$ 時，表示消費者的購買組合中，一單位的第一財貨總會搭配 b 單位的第二財貨，故其一財貨組合的售價為 $P_1 + bP_2$，高於偏好未改變前的 $P_1 + aP_2$，使得其能夠購買的組合個數減少了。

同理，當 $b < a$ 時，讀者也可以比照利用上述方式，來了解此一偏好改變對於 X^*_1 的影響。

㈢具乖巧無異曲線圖的偏好結構

以 C－D 效用函數 $U(X_1, X_2) = X_1^c X_2^{1-c}$（其中，$0 < c < 1$）為例，由第三章的附錄中，得知消費者最適組合中的 $X^*_1 = \dfrac{cm}{P_1}$ 及 $X^*_2 = \dfrac{(1-c)m}{P_2}$。換言之，在此種

偏好結構下，消費者花在購買第一財貨及第二財貨的支出，剛好是 cm 及 (1 − c)m。

因此，可以容易得知，當消費者偏好改變為 $V(X_1, X_2) = X_1^d X_2^{1-d}$ 時 $(d \neq c)$，則其花在購買第一財貨的支出為 dm，亦即 X_1^* 變成 $\frac{dm}{P_1}$。詳言之，當 d > c 時，表示此一消費者變得比以前更加喜歡第一財貨，故其對於第一財貨的最適購買量會增加；反之，當 d < c 時，則消費者變得比以前更加喜歡第二財貨，故將減少其對於第一財貨的購買量。

現在，利用圖 4–4，來說明消費者變得比以前更喜歡第一財貨的情形。在圖中，在原來的偏好結構下，以無異曲線 IC_1 來表現，消費者的最適組合點為 E，其對應之第一財貨購買量為 X_{1c}^*。當消費者的偏好結構變得更喜歡第一財貨

圖 4–4

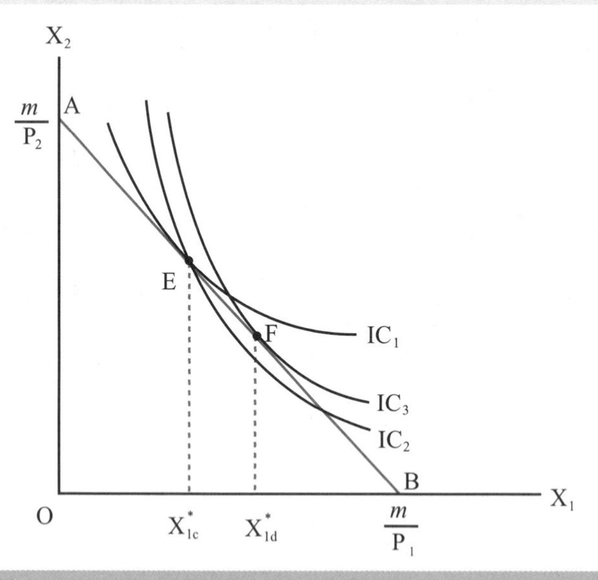

【當消費者變得更喜歡第一財貨時，X_1^* 會提高】

1. 在原偏好結構下，消費者的最適組合點為 E，其對應的第一財貨購買量為 X_{1c}^*。
2. 在變得更喜歡第一財貨之後，消費者的最適組合點將變成為 F，其對應的第一財貨購買量提高為 X_{1d}^*。

時，則其 MRS 的絕對值將變得更大，如過 E 點的無異曲線 IC_2，其斜率絕對值更大，表示一單位第一財貨在消費者心目中的主觀評價提高了；因此，如圖所示，E 點不再是最適組合點了，而變成是 F 點，也就是新的 IC_3 曲線與預算線 AB 兩者的相切點，此時之 $X^*_{1d} > X^*_{1c}$。

經由上述的說明，了解到消費者的最適組合，將會隨著偏好結構類型之間的偏好變動，以及在偏好結構類型之內的偏好改變，而跟著調整的。

二、消費者所得改變對於其最適組合的影響

在此，將比照上一小節的討論方式，分別在不同的偏好結構類型下，以搭配例子的方式，來說明消費者所得改變，對於其最適組合中，第一財貨最適購買量 (X^*_1) 的影響。

(一)兩財貨是完全替代品

如前所述，在效用函數是 $U(X_1, X_2) = aX_1 + X_2$（其中，$a > 0$）的例子下，可以相應得出如下三個結果：

1. 當 $P_1 > aP_2$ 時，$X^*_1 = 0$；故知所得 m 的變化，對於 X^*_1 不會有影響。

2. 當 $P_1 = aP_2$ 時，X^*_1 為介於零與 $\frac{m}{P_1}$ 之間的任何值；故知 X^*_1 的大小，有可能隨著 m 的增減，而出現變化。

3. 當 $P_1 < aP_2$ 時，$X^*_1 = \frac{m}{P_1}$；故知 X^*_1 的大小，將隨 m 的變動，出現同方向的變動。此一情形，可以分別利用**所得消費曲線 (Income Comsumption Curve)** 或**恩格爾曲線 (Engel Curve)** 來表示。

所謂所得消費曲線，是指在以兩財貨為軸的平面圖形上，把不同所得之下的最適財貨組合串連起來的一條曲線，或最適財貨組合的軌跡。如圖 4–5 所示，分別畫出所得水準為 m_1、m_2 及 $m_3(m_1 < m_2 < m_3)$ 之下的預算線 A_1B_1、A_2B_2 及 A_3B_3，以及對應畫出經過 B_1、B_2 及 B_3 點的無異曲線 C_1B_1、C_2B_2 及 C_3B_3；並由 $P_1 < aP_2$ 或 $\frac{P_1}{P_2} < a$，得知預算線較無異曲線平緩，如圖所示。同時，由圖亦知

B_1、B_2 及 B_3 分別是在 m_1、m_2 及 m_3 之下的最適組合點。因此，可以進一步推知，在兩財貨是完全替代的情形下，所得消費曲線剛好是與橫軸 OX_1 線一致，如圖 4–5。

圖 4–5

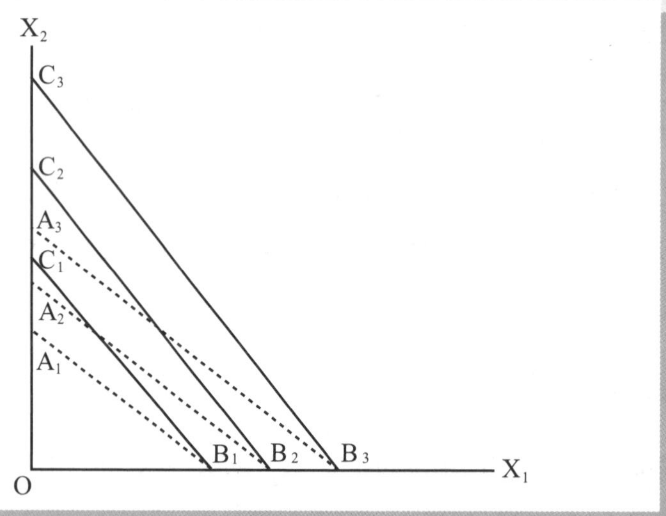

【完全替代品情況下的所得消費曲線 ($P_1 < aP_2$)】

1. A_1B_1、A_2B_2 及 A_3B_3 線段分別表示在所得為 m_1、m_2 及 m_3 之下的預算線；C_1B_1、C_2B_2 及 C_3B_3 為分別過 B_1、B_2 及 B_3 點的無異曲線。
2. 預算線較無異曲線平緩，表示 $\frac{P_1}{P_2} < a$ 或 $P_1 < aP_2$，此時之所得消費曲線剛好是與橫軸 OX_1 線一致。

至於所謂恩格爾曲線，則是描述財貨最適購買量與所得之間關係的一條曲線。如圖 4–6 所示，縱軸為所得軸，橫軸為第一財貨最適購買量 (X_1^*) 軸；根據上述，知 $X_1^* = \frac{m}{P_1}$，或可以改變表示為 $m = P_1X_1^*$，故得知恩格爾曲線 OE 為一條直線，且其斜率為 P_1。

圖 4–6

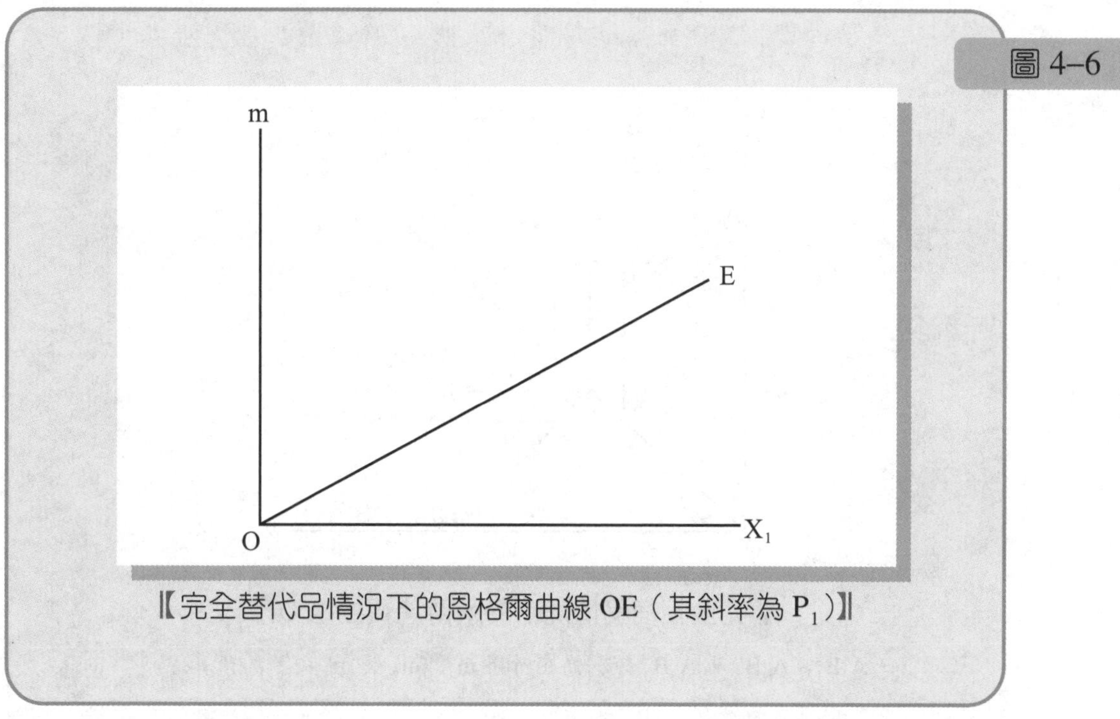

〖完全替代品情況下的恩格爾曲線 OE（其斜率為 P_1）〗

㈡兩財貨是完全互補品

以效用函數 $U(X_1, X_2) = Min\{aX_1, X_2\}$（其中，a 為正數）的例子來看，如前所述，$X_1^* = \dfrac{m}{P_1 + aP_2}$；故知，隨著所得 m 的變動，$X_1^*$ 將出現同方向的變動。如圖 4–7 所示，IC_1、IC_2 及 IC_3 分別表示不同滿足程度水準的無異曲線，而 A_1B_1、A_2B_2 及 A_3B_3 分別表示在所得 m_1、m_2 及 m_3 之下的預算線，其對應之最適組合點為 E_1、E_2 及 E_3，這些最適組合點的連接線 OF，就是所得消費曲線。在此，OF 為一直線，其式子為 $X_2 = aX_1$，故知其斜率為 a。

同時，可以將 $X_1^* = \dfrac{m}{P_1 + aP_2}$，改變表示成 $m = (P_1 + aP_2)X_1^*$，並據以畫出如圖 4–8 所示的恩格爾曲線 OG；在此，知 OG 為一條直線，且其斜率為 $P_1 + aP_2$。

圖 4–7

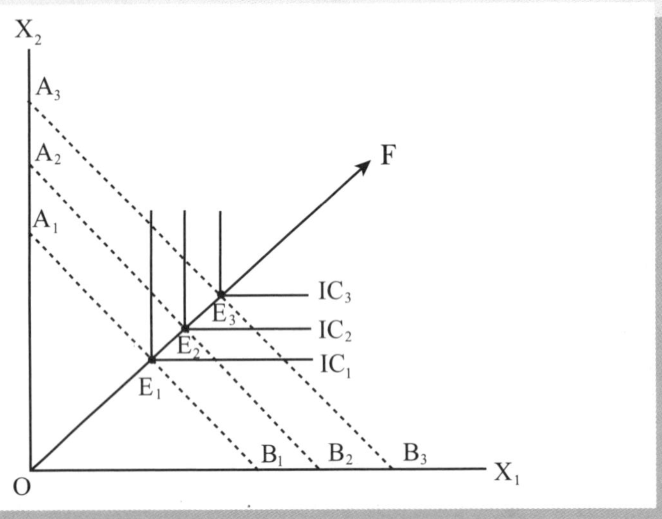

【完全互補品情況下的所得消費曲線 OF】

1. A_1B_1、A_2B_2 及 A_3B_3 分別為在所得 m_1、m_2 及 m_3 之下的預算線。

2. L 型無異曲線 IC_1、IC_2 及 IC_3。

3. E_1、E_2 及 E_3 為最適組合點，所得消費曲線 OF 為直線，且其式子為 $X_2 = aX_1$，故知其斜率為 a。

㈢具乖巧無異曲線圖的偏好結構

以 C–D 效用函數 $U(X_1, X_2) = X_1^c X_2^{1-c}$（其中，$0 < c < 1$）為例，得出 $X_1^* = \frac{cm}{P_1}$；故知，隨著所得 m 的變動，X_1^* 將會出現同方向的變動。就 C – D 效用函數的偏好結構而言，根據 $X_1^* = \frac{cm}{P_1}$ 及 $X_2^* = \frac{(1-c)m}{P_2}$ 的關係，可以進一步得出 $X_2^* = (\frac{1-c}{c} \cdot \frac{P_1}{P_2})X_1^*$，表示在此一情況下的所得消費曲線亦為一直線，其斜率為 $\frac{(1-c)P_1}{cP_2}$。另外，由 $X_1^* = (\frac{c}{P_1})m$ 或 $m = (\frac{P_1}{c})X_1^*$ 的關係，亦可以得出在此一情況下的恩格爾曲線為一直線，其斜率為 $\frac{P_1}{c}$。

在上述三種偏好結構的例子中，均存在有 X_1^* 與 m 之間具有正向且直線關

圖 4-8

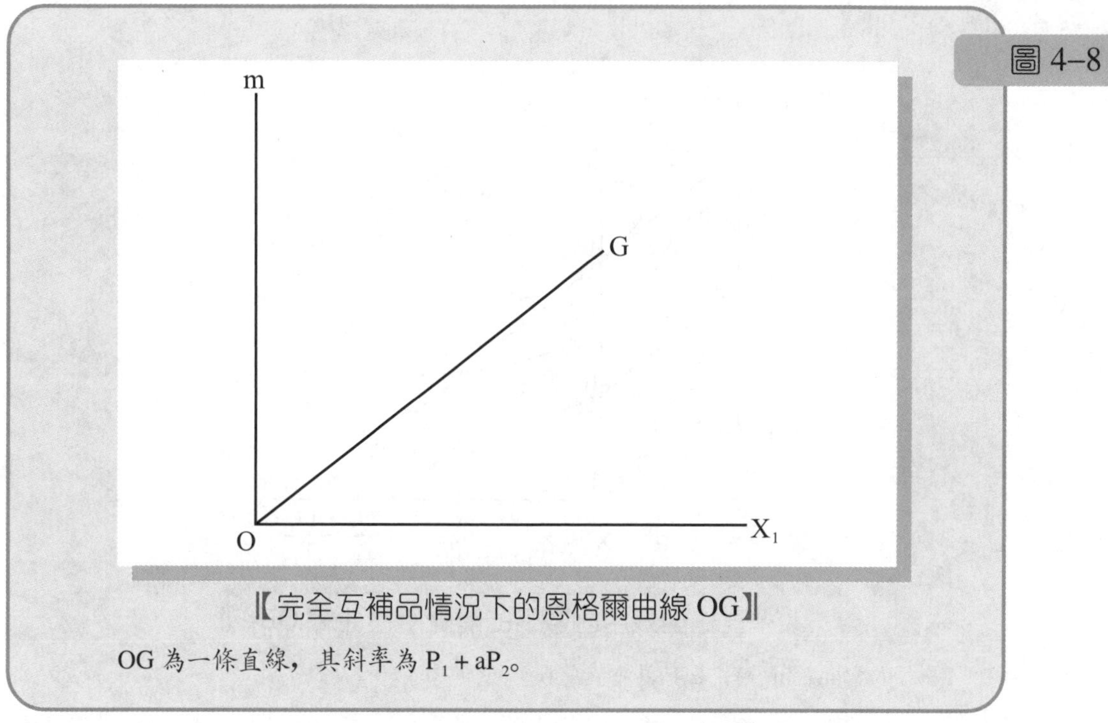

【完全互補品情況下的恩格爾曲線 OG】

OG 為一條直線，其斜率為 $P_1 + aP_2$。

係的恩格爾曲線。不過，就某一些偏好結構而言，恩格爾曲線亦可能出現 X_1^* 與所得大小無關的垂直線；或 X_1^* 隨所得增加而提高，但可能呈現遞增或遞減走勢的曲線關係；或甚至可能出現 X_1^* 與所得之間是反向關係的情形。

以準直線型效用函數 $U(X_1, X_2) = V(X_1) + X_2$ 為例，來說明恩格爾曲線將具有垂直線的性質。首先，如圖 4-9 所示，IC_0～IC_5 均為無異曲線，並知其 MRS $=-\dfrac{MU_1}{MU_2} = -\dfrac{V(X_1 + \Delta X_1) - V(X_1)}{\Delta X_1}$，此式說明無異曲線斜率的大小，並不受 X_2 大小的影響；如在點 E_1～E_4 上，MRS 均一致等於 $-P_1$（令 $P_2 = 1$），而在 E_0 點的 $|MRS| > P_1$。其次，了解到當所得在 m_1 或以上時，X_1^* 均為 $\overline{X_1}$ $(= \dfrac{m_1}{P_1})$；而當 $m < m_1$ 時，$X_1^* = \dfrac{m}{P_1} < \overline{X_1}$。換言之，在此一情況下的所得消費曲線為拗折線 OE_1F。因此，可以進一步推出其對應之恩格爾曲線，將為如圖 4-10 所示的拗折線 OF_1H；其中，OF_1 線段是呈現在 $m < m_1$ 下的 X_1^* 與 m 的關係，OF_1 線段的斜率為 P_1。至於 F_1H 線段為一垂直線段，表示當 $m \geq m_1$ 時，m 的變動，並不會影響 X_1^* 的大

圖 4–9

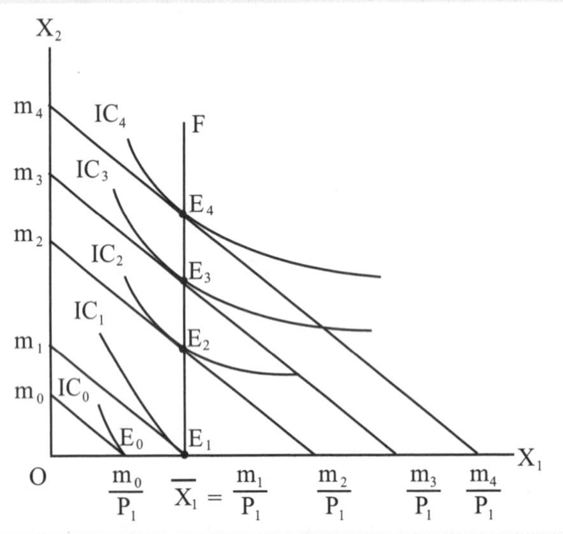

【準直線型效用函數下的消費所得曲線 OE_1F】

1.當 $m \geq m_1$ 時，E_1F 為垂直線段。

2.當 $m < m_1$ 時，OE_1 為在橫軸上的水平線段。

圖 4–10

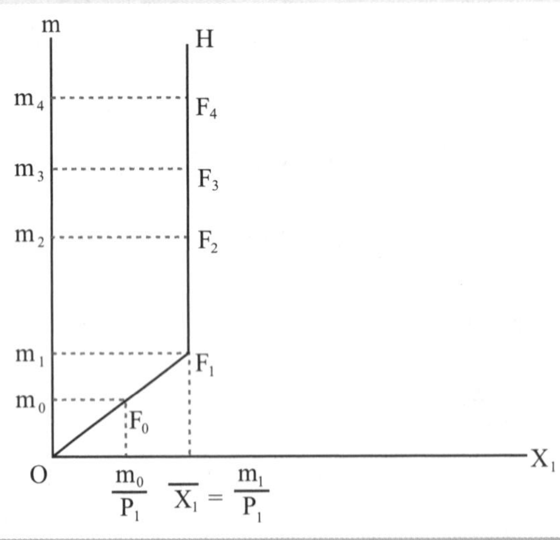

【準直線型效用函數下的恩格爾曲線 OF_1H】

1.當 $m \geq m_1$ 時，F_1H 為垂直線段。

2.當 $m < m_1$ 時，OF_1 為斜率是 $-P_1$ 的直線段。

小，均保持為 $\frac{m_1}{P_1}$。

接著，在更為一般化的具乖巧無異曲線圖的偏好結構下，以所得增加為例，來說明 X_1^* 的可能變動情形。如圖 4–11 所示，當所得由 m_1 增加為 m_2 時，預算線將由 A_1B_1 線往右上方移至 A_2B_2 線；因此，得知新的最適組合點（以 E_2 表示），將會落在 A_2B_2 線段中的 GH 線段。

⑴當 E_2 落在 FH 線段上（不含 F 及 H 點）時，表示 X_1^* 是會大於原 E_1 點所示的 X_{11}；即所得的增加，消費者會提高第一財貨的購買量。購買量的變動方向與所得變動方向一致的財貨，一般均為**正常財貨 (Normal Goods)**。

⑵當 E_2 落在 GF 線段上（不含 G 及 F 點）時，表示 X_1^* 會減少；即所得的增加，反而使得消費者降低第一財貨的購買量。一般把購買量變動方向剛好與

圖 4–11

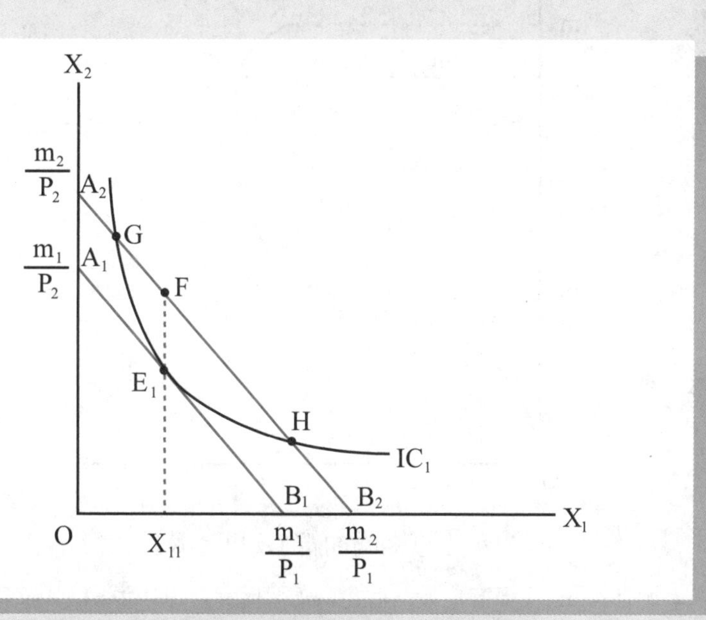

【消費者所得增加，對於 X_1^* 的影響】

1. 當第一財貨為正常財貨時，在 $m_2>m_1$ 之下，消費者的最適組合點 (E_2) 會落在 FH 線段上（不含 F 及 H 點）。

2. 當第一財貨為劣等財貨時，E_2 會落在 GF 線段上（不含 G 及 F 點）。

3. 當第一財貨為中性財貨時，E_2 會落在 F 點上。

所得變動方向相反的財貨，稱為劣等財貨 **(Inferior Goods)**。

⑶當 E_2 剛好落在 F 點上，表示 X_1^* 沒有改變，仍維持原 E_1 點所示的 X_{11}；即所得的增加，並不影響消費者對第一財貨的購買量。此種購買量與所得變動無關的財貨，一般稱為中性財貨 **(Neutral Goods)**。

簡單地說，當第一財貨為正常財貨時，其恩格爾曲線將具有正斜率的性質，且有可能隨所得之增加，X_1^* 可能出現遞增、不變或遞減的走勢。如圖 4–12 所示，當所得在 m_1 之下時，恩格爾曲線段 OE 為遞增階段（從 m 軸來看）；而當所得介於 m_1 與 m_2 之間時，恩格爾曲線中的 EF 為正斜率的直線段；當所得介於 m_2 與 m_3 之間時，恩格爾曲線段 FG 為遞減階段；至此為止，即在 m_3 之下，

圖 4–12

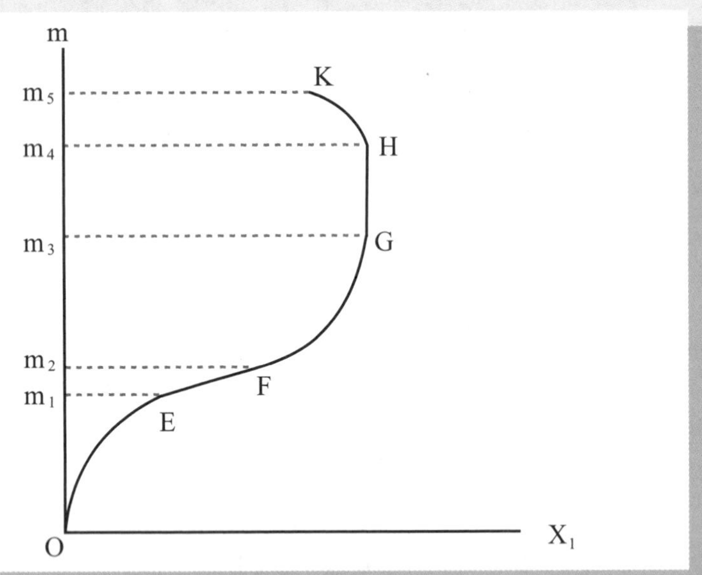

〖恩格爾曲線 OEFGHK〗

1. 所得在 m_3 之下時，第一財貨為正常財貨，OG 曲線段具正斜率，但其斜率有可能先遞減（從 X_1 軸來看，如 OE 曲線段），次為不變（如 EF 直線段），後為遞增（如 FG 曲線段）。

2. 所得在 m_3 與 m_4 之間時，第一財貨為中性財貨，GH 為一垂直線段。

3. 所得在 m_4 與 m_5 之間時，第一財貨為劣等財貨，HK 曲線段具有負斜率性質。

第一財貨是正常財貨。但當所得介於 m_3 與 m_4 之間時，恩格爾曲線中的 GH 為一垂直線段，表示此時的第一財貨為中性財貨；但當所得介於 m_4 與 m_5 之間時，恩格爾曲線段 HK 具負斜率之性質，表示此時的第一財貨已變成為劣等財貨。至於所得大於 m_5 以後的情形，恩格爾曲線有可能朝 X_1^* 遞減至零的方向，或維持 X_1^* 不變的方向，或轉為增加 X_1^* 的方向發展。

三、第一財貨價格改變對於其最適組合的影響

比照上兩小節的討論方式，分別在不同的偏好結構類型下，以搭配例子的方式，來說明第一財貨價格改變，對於消費者最適組合中，第一財貨以及第二財貨最適購買量 (X_1^*, X_2^*) 的影響。

㈠兩財貨為完全替代品

誠如前述，在以效用函數 $U(X_1, X_2) = aX_1 + X_2$（其中，$a > 0$）為例子的情況下，可以相應得到下述三個結果：

1. 當 $P_1 > aP_2$ 時，$X_1^* = 0, X_2^* = \frac{m}{P_2}$。

2. 當 $P_1 = aP_2$ 時，X_1^* 為介於零與 $\frac{m}{P_1}$ 之間的任何值，X_2^* 為介於零與 $\frac{m}{P_2}$ 之間的任何值，且 X_1^* 及 X_2^* 會在預算線上，即 $P_1X_1^* + P_2X_2^* = m$。

3. 當 $P_1 < aP_2$ 時，$X_1^* = \frac{m}{P_1}, X_2^* = 0$。

因此，當 P_1 增加時，P_1 有可能由小於 aP_2，變成等於 aP_2；也有可能由等於 aP_2，變成大於 aP_2。那麼，根據上述三個結果，得知：⑴隨著 P_1 的由小於 aP_2 逐漸增加到 aP_2 時，X_1^* 可能變成圖 4–13 中 FG 雙曲線上的一點，逐步往 F 點或 EF 水平線段上的任何一點移動；此時，$X_1^* = \frac{m}{P_1}$ 將逐漸減少，但 X_2^* 則可能仍維持為零或介於零與 $\frac{m}{P_2}$ 之間。⑵當 P_1 由 aP_2 往上再增加時，則 X_1^* 變成為零，如 K 點所示，而 X_2^* 變成為 $\frac{m}{P_2}$。

換言之，X_1^* 與 P_1 之間的關係，可以利用圖 4–13 中的 EK 射線及 EFG 拗折

圖 4–13

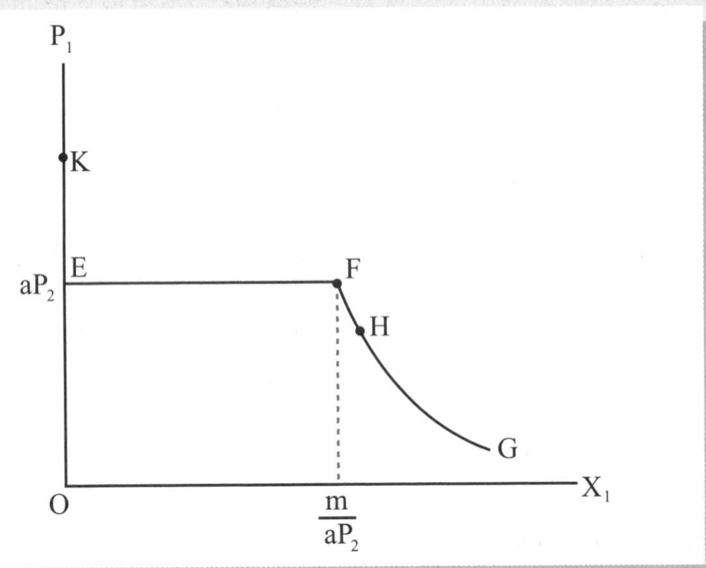

【完全替代品情況下的個別需求曲線】

1. 當 $P_1 > aP_2$ 時，$X_1^* = 0$，如 EK 射線所示。

2. 當 $P_1 = aP_2$ 時，X_1^* 介於零與 $\frac{m}{aP_2}$ 之間，如水平線段 EF 所示。

3. 當 $P_1 < aP_2$ 時，$X_1^* = \frac{m}{P_1}$，如雙曲線段 FG 所示。

線來共同表示；此一關係，一般稱為消費者對於第一財貨的個別需求曲線 **(Individual Demand Curve)**。

同理，亦可以畫出消費者對於第二財貨的個別需求曲線，如圖 4–14 中的 EK 射線及 EFG 拗折線所示。同時，由上述討論，了解到 P_1 上升到 P_1' 時，(1) X_2^* 有可能仍維持零，如 E′K 射線所示；(2) X_2^* 有可能介於零與 $\frac{m}{P_2}$ $(= \frac{am}{P_1'})$ 之間，如 E′F′ 水平線段所示；(3) X_2^* 有可能變成 $\frac{m}{P_2}$，如 F′FG 雙曲線段所示。換言之，當 P_1 上升為 P_1' 時，消費者對於第二財貨的個別需求曲線，有部分線段出現變動，即 E′EF 拗折線，變成為 E′F′F 拗折線，表示在 P_2 介於 $\frac{1}{a}P_1$ 與 $\frac{1}{a}P_1'$ 之間的範圍，其對應的 X_2^*，將因 P_1 的上升而提高了，即在此一範圍內的需求曲線段

圖 4–14

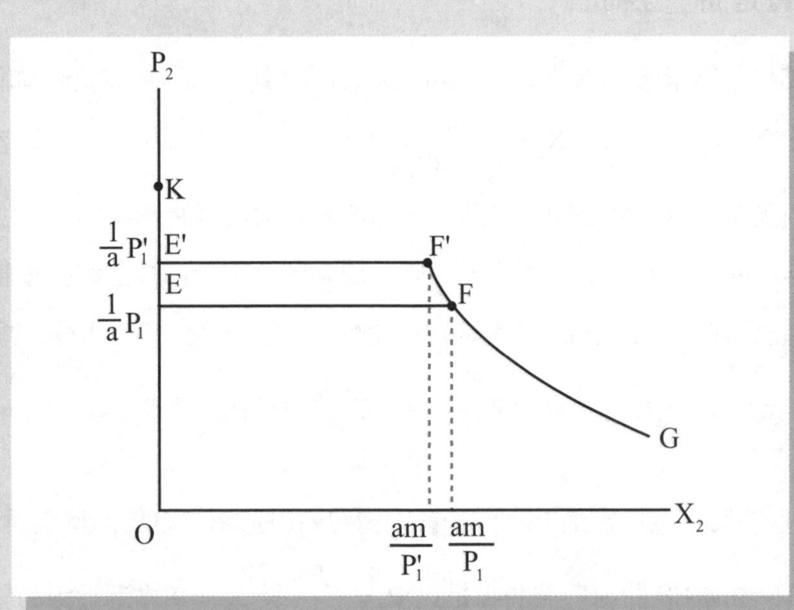

【完全替代品情況下，P_1 提高為 P_1'，對於 X_2^* 的影響】

1. 在 $P_2 > \frac{1}{a}P_1'$ 的部分，X_2^* 仍維持零，不受影響，如 E′K 射線所示。

2. 在 $P_2 < \frac{1}{a}P_1$ 的部分，X_2^* 仍維持為 $\frac{m}{P_2}$，如 FG 曲線段所示，不受影響。

3. 在 P_2 介於 $\frac{1}{a}P_1$ 與 $\frac{1}{a}P_1'$ 之間的部分，X_2^* 有所增加，由 E′EF 拗折線段右移至 E′F′F 拗折線所示。

出現往右移動的變動情形。

至於 P_1 降低對於 X_2^* 的影響，仍可以比照利用圖 4–14 來了解，即相當於由 P_1' 降為 P_1 時，消費者對於第二財貨的個別需求曲線，將會有部分曲線段出現左移的變動情形（即在 P_2 介於 $\frac{1}{a}P_1$ 與 $\frac{1}{a}P_1'$ 之間的範圍內）。

㈡兩財貨是完全互補品

仍然以效用函數 $U(X_1, X_2) = \text{Min}\{aX_1, X_2\}$（其中，$a > 0$）為例，如前所述，可以得出 $X_1^* = \dfrac{m}{P_1 + aP_2}$ 與 $X_2^* = \dfrac{am}{P_1 + aP_2}$ 的結果。根據此一結果，可以容易畫出消費者對於第一財貨的個別需求曲線，如圖 4–15 中的 EF 曲線；此一 EF 曲線，是以 $P_1 = -aP_2$ 及 $X_1 = 0$ 為漸近線的雙曲線中的一部分。該曲線在橫軸的截距為 $\dfrac{m}{aP_2}$，並具有負斜率之性質；表示在一定的 P_2 之下，對於第一財貨的購買量，會與價格之間有相反方向的變動關係，即合乎所謂的需求法則 **(Law of Demand)**。

同理，亦可以在一定的 P_1 之下，畫出消費者對於第二財貨的個別需求曲線，如圖 4–16 中的 EF 曲線；該曲線是以 $P_2 = -\dfrac{P_1}{a}$ 及 $X_2 = 0$ 為漸近線的雙曲線中

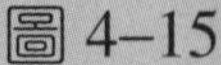
圖 4–15

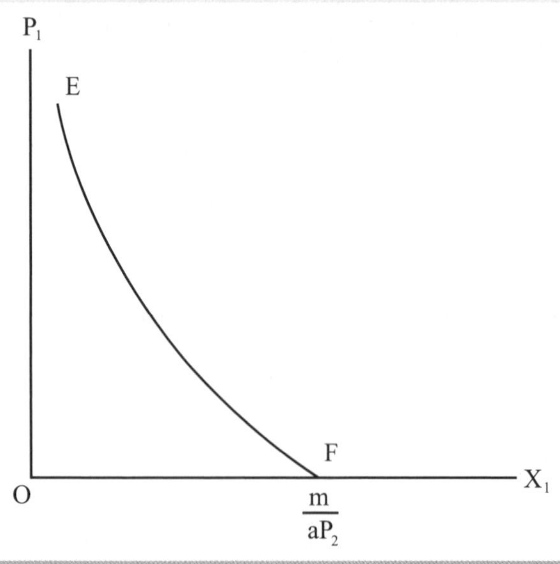

【完全互補品情況下的個別需求曲線】

1. EF 曲線是以 $P_1 = -aP_2$ 及 $X_1 = 0$ 為漸近線的雙曲線中的一部分。

2. EF 曲線在橫軸的截距為 $\dfrac{m}{aP_2}$。

圖 4–16

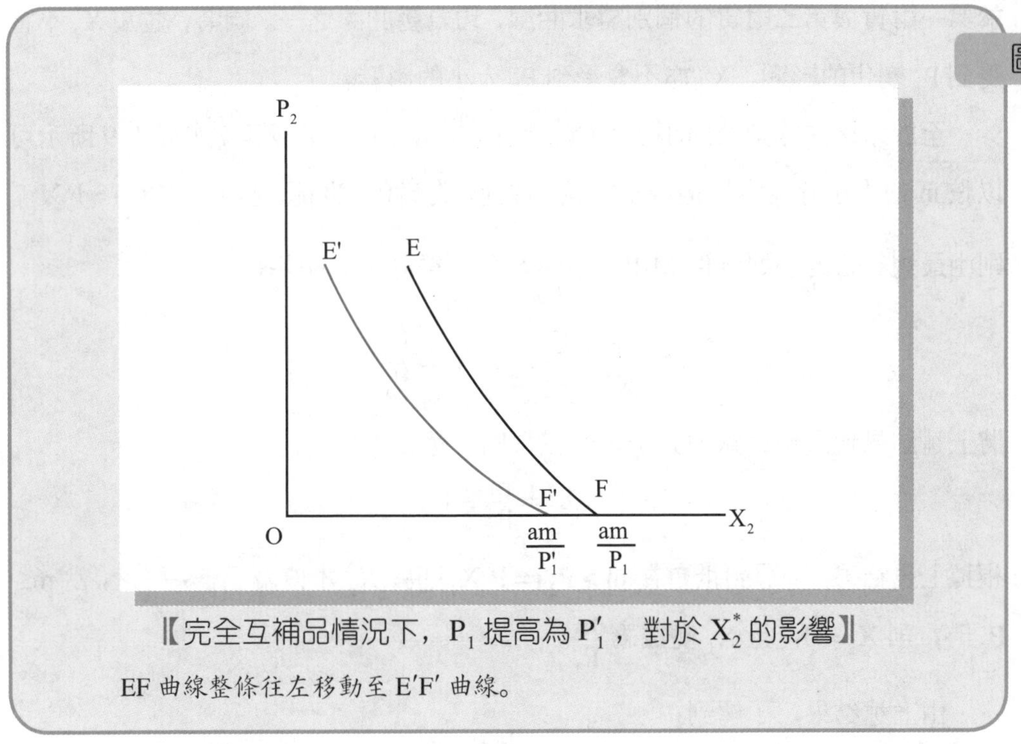

〖完全互補品情況下，P_1 提高為 P'_1，對於 X_2^* 的影響〗

EF 曲線整條往左移動至 E′F′ 曲線。

的一部分，並具負斜率之性質，且其在橫軸的截距為 $\frac{am}{P_1}$，如 F 點所示。因此，當 P_1 增加為 P'_1 時，EF 曲線將往左下方移動至 E′F′ 曲線，在橫軸上的截距則由 $\frac{am}{P_1}$ 降為 $\frac{am}{P'_1}$；此一變動，說明在兩財貨是完全互補的情況下，一財貨價格的上升，將使得其購買量降低，且另一財貨的購買量，亦將出現同步降低的情形，因而導致另一財貨個別需求曲線出現整條往左移動的變動情形。

同理，亦可以比照利用圖 4–8，來說明 P_1 降低對於 X_2^* 的影響。如圖 4–8 所示，當第一財貨的價格由 P'_1 降為 P_1 時，將使得消費者對於第二財貨的個別需求曲線 E′F′，整條往右移至 EF 曲線，表示出現需求增加的變動情形。

㈢具乖巧無異曲線圖的偏好結構

在上述以 C–D 效用函數 $U(X_1, X_2) = X_1^c X_2^{1-c}$（其中，$0 < c < 1$）為例時，得出 $X_1^* = \frac{cm}{P_1}$ 與 $X_2^* = \frac{(1-c)m}{P_2}$ 的結果。根據此一結果，亦可以容易畫出消費者對

於第一財貨與第二財貨的個別需求曲線，均為雙曲線之一。同時，並知 X_2^* 不會受到 P_1 變化的影響，X_1^* 亦不會受到 P_2 大小的影響。

至於以準直線型效用函數 $U(X_1, X_2) = V(X_1) + X_2$ 為例時，如圖 4–9 所示可以按 m 的大小分為兩種情況來討論；在此，為簡化說明起見，令 $V(X_1) = \ln X_1$。則由最適組合的必要條件 $MRS = -\frac{P_1}{P_2}$，可以得到下式關係：

$$\frac{1}{X_1^*} = \frac{P_1}{P_2}，\text{或 } X_1^* = \frac{P_2}{P_1}$$

將上述結果代入預算線的式子，可以得出下述結果：

$$X_2^* = \frac{m}{P_2} - 1$$

根據上述結果，了解到祇有在 $m > P_2\ (= P_1X_1^*)$ 時，X_2^* 才會為正值；反之，當 $m \leq P_2$ 時，則 $X_2^* = 0$，且 X_1^* 變成為 $\frac{m}{P_1}$。

由上述結果，了解到

(1)當 $m \leq P_2$ 時，$X_2^* = 0, X_1^* = \frac{m}{P_1}$；故知消費者對於第一財貨的個別需求曲線為一雙曲線之一，且具負斜率性質。同時，了解到 P_1 的變化，不會影響 X_2^*，其均為零。

(2)當 $m > P_2$ 時，$X_1^* = \frac{P_2}{P_1}, X_2^* = \frac{m}{P_2} - 1$；故知消費者對於第一財貨的個別需求曲線仍為一雙曲線之一，且具負斜率性質。同時，亦知 P_1 的變化，並不會影響 X_2^*。

就此一準直線型效用函數的例子而言，讀者也可以嘗試討論 P_2 的變化，對於 X_1^* 影響的問題。

接著，在更為一般化的具乖巧無異曲線圖的偏好結構下，以 P_1 降低為例，來說明其對於 X_1^* 與 X_2^* 的影響。通常把 P_1 的變動，對於 X_1^* 與 X_2^* 的影響，分為替代效果 **(Substitution Effect)** 與所得效果 **(Income Effect)**。P_1 降低所引起實質所得或購買能力的提高，是體現在第三章所介紹的，P_1 降低將導致預算集合擴張的概念；也就是說，P_1 降低對於財貨購買組合影響的所得效果，是指 P_1 降低促使消費者的實質所得提高，因而使得其對於財貨最適組合有所變動的意思。至於實質所得提高，對於消費者最適組合的可能影響，已於前述第二小節有所介紹；因此，在此討論所得效果的重點，將放在 P_1 的降低，對於消費者實質所得的影響上面。

替代效果與所得效果不同的是，它是指當消費者的實質所得等其他條件均不變下，祇考慮純粹因財貨相對價格的變動，所引起財貨購買組合的改變。因此，在討論替代效果之前，仍有必要先釐清如何界定實質所得不變的前提問題；並在把 P_1 變動所引起的實質所得變動大小去除後，才能討論替代效果。

以 P_1 降低為例，來討論實質所得的增加額問題。對於 P_1 的降低，如何維持其實質所得不變的問題，通常採用下述兩種觀點，即(1)從在新價格下，仍能買得起原最適組合的觀點來看，(2)從在新價格下，仍能維持原滿足程度的觀點來看。

首先，介紹第一種觀點下的實質所得不變的概念。如圖 4–17 所示，令 $P_2 = 1$，P_1 降為 P_1' 時，預算線由 AB 線右移至 AB′ 線，並知在降價前的最適財貨組合點 E 為 (X_1^*, X_2^*)；因此，過 E 點畫出一條與 AB′ 線平行的 FG 線，則該線是表示所得為 $m_e \equiv P_1' X_1^* + P_2 X_2^*$，價格為 P_1' 及 P_2 的預算線。根據上述，在第一種觀點下，其不變的實質所得是 m_e，其大小如 OF 所示。

其次，說明第二種觀點下的實質所得不變的意義。如圖 4–17 所示，降價前的滿足程度如 IC_0 線所示；因此，在 IC_0 線上，找到一個以 $-\frac{P_1'}{P_2}$ 為斜率的切點 M，其財貨組合為 $(\hat{X}_1, \hat{X}_2)$，HK 為 IC_0 線在 M 點上的切線，也表示一條以所得 $m_0 \equiv P_1' \hat{X}_1 + P_2 \hat{X}_2$，價格為 P_1' 及 P_2 的預算線。而 m_0 就是在第二種觀點下的不變實質所得，其大小如 OH 所示。由圖知，在 P_1 降價下，$m_0 < m_e$。

進而言之，在討論所得效果時，根據第一種觀點，得知 P_1 降價，將使得實質所得增加 AF $(= m - m_e)$；另外，根據第二種觀點，得知 P_1 降價，其實質所得增加 AH $(= m - m_0)$。對應地，在討論替代效果時，若根據第一種觀點，是指以實質所得 m_e，作為消費者選擇其最適組合的依據；若根據第二種觀點，則以實

圖 4–17

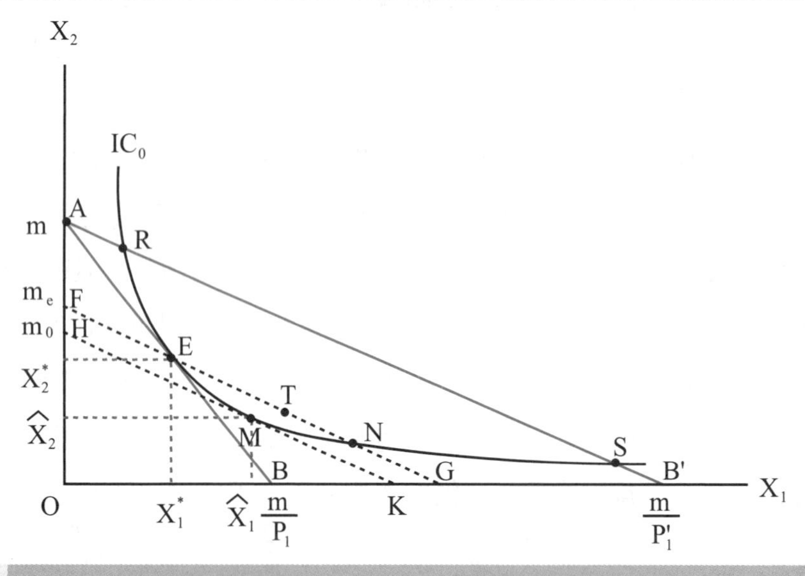

【在 P_1 降為 P_1' 的情況下，實質所得的增加額】

1.從買得起原最適組合的觀點來看，實質所得增加了 AF。

2.從能維持原滿足程度的觀點來看，實質所得增加了 AH。

3.在 P_1 降為 P'_1 的情況下，AF < AH。

質所得 m_0 為依據。

在了解 P_1 降價下，如何保持其實質所得不變的方法之後，就可以進一步來說明 P_1 降價的替代效果。如圖 4–17 所示，在新價格下，最適組合將會落在 FG 預算線上的 EN 線段中，如 T 點所示，或落在 HK 預算線上的 M 點；此一結果，表示 P_1 降價的替代效果，將使得最適組合由 E 移至 T 或 M，即出現 X_1^* 增加及 X_2^* 減少的變化。至於由 T 或 M，往 AB′ 預算線上 RS 線段中的一最適組合點移動，則是呈現 P_1 降價的所得效果。

當 P_1 降價比例極小時，m_e 與 m_0 將極為接近，而 T 與 M 也將一致；因此，在下文中，為了簡化起見，將以第二觀點的 M 點，作為討論 P_1 降價對於最適組合影響的依據。

最後，結合替代效果與所得效果，來說明 P_1 降價，對於 X_1^* 及 X_2^* 的影響情形。如圖 4–18 所示，P_1 降為 P_1' 時，預算線由 AB 線右移至 AB′ 線，而新的最適組合點 E′ 為 (X_1', X_2') 將落在 RS 線段中（於圖中未標出）；換言之，E′ 可能在 RF、FG、GN、NT、TS 等線段上。在圖中亦畫出 P_1 降為 P_1' 的替代效果，即由 E 點移至 M 點的變動情形，除了得知 X_1^* 增加為 $\hat{X}_1$ 及 X_2^* 減少為 $\hat{X}_2$ 以外，也一方面了解到實質所得增加了 AH，另一方面了解到 M 到 RS 線段上的 E′ 所示的所得效果，其多變性是導致 P_1 降價所可能最終出現各種結果的關鍵因素所在。

當 E′ 落在 RF 或 FG 線段上（不含 G 點）時，均表示第一財貨為劣等財貨；其中，當 E′ 落在 RF 線段內時，表示 P_1 降低時，第一財貨的購買量 X_1' 也跟著減少。一般稱此種購買量出現與價格降低同方向減少的財貨，為**季芬財貨 (Gif-**

圖 4–18

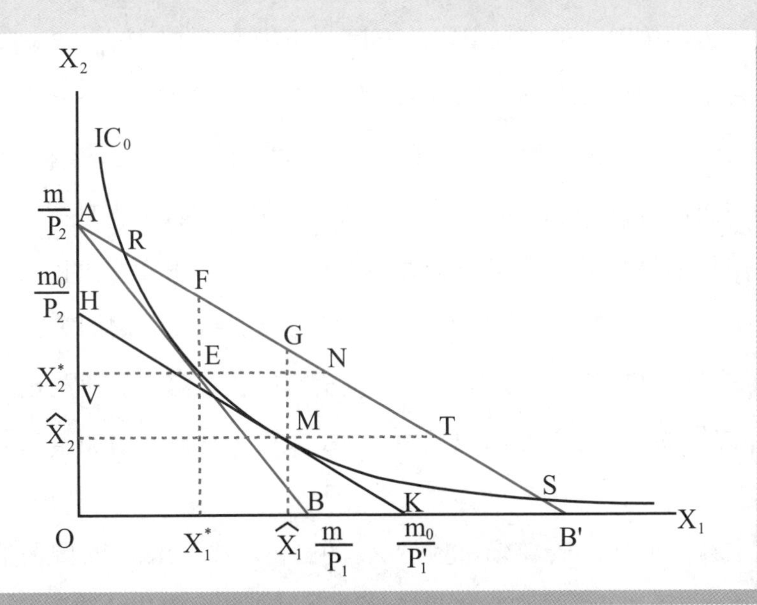

〖P_1 降為 P_1' 與最適組合的變動〗

1. 當第一財貨為季芬財貨時，新的最適組合 (E′) 將落在 RF 線段內；當第一財貨為一般財貨時，E′ 會落在 FS 線段內。

2. 當 E′ 落在 FN 線段內時，稱第二財貨是第一財貨的補助品；當 E′ 落在 NT 線段內時，稱第二財貨為第一財貨的替代品。

fen Good)。而當 E′ 剛好在 F 點上時，表示 P_1 降價並不影響第一財貨的購買量；具此種性質的財貨，稱為與本身價格無關的財貨。至於當 E′ 落在 FG 線段上（不含 F 點在內）或在 GS 線段上，均將使得 $\hat{X}_1$ 大於 X_1^*，表示 P_1 的降低，均有增加其購買量的結果；具此種性質的財貨，稱為一般財貨 (**Ordinary Good**)。

就第一財貨是一般財貨而言，P_1 的降價，有可能使得消費者對於其購買支出，出現減少、不變或增加的情形；這些情形，可以由 E′ 分別落在 FN 線段內（即不含 F 及 G 點）、N 點或 NS 線段內來了解。例如，當 E′ 點落在 N 點時，表示消費者仍然花 AV 的所得來購買第一財貨。

其次，討論 P_1 降為 P_1' 時，對於 X_2^* 的影響。如圖 4–18 所示，當第一財貨為季芬財貨時，E′ 落在 RF 線段內，得知 P_1 降價反而會增加第二財貨的購買量，主要是其所得效果大幅度超過其替代效果所致。當第一財貨是一般財貨時，E′ 會落在 FS 線段內，此時 P_1 降價對於第二財貨購買量的影響情形，可以按照第二財貨是否為劣等財貨或正常財貨的不同，再細分為 E′ 落在 TS 或 FT 線段來討論。當 E′ 落在 TS 線段時，第二財貨為劣等財貨，使得 P_1 降價的替代效果與所得效果一樣，均導致消費者減少第二財貨的購買量。當 E′ 落在 NT 線段時，兩財貨同為正常財貨，並使得 P_1 降價的替代效果大於其所得效果，導致消費者減少第二財貨的購買量。而當 E′ 落在 GN 線段時，兩財貨亦為正常財貨，但卻出現 P_1 降價的替代效果小於所得效果，使得消費者反而增加第二財貨的購買量。至於 E′ 落在 FG 線段時，第一財貨為劣等財貨，第二財貨為正常財貨，將會使得 P_1 降價的替代效果小於其所得效果，而導致消費者增加第二財貨的購買量。

根據上述，了解到 P_1 降價，對於 X_2^* 的影響，亦可以從 P_1 降價的替代效果與所得效果來看；其中，替代效果是消費者會減少第二財貨的購買量，但其所得效果如何，則需同時考量兩財貨是屬於正常財貨、劣等財貨或季芬財貨之後，才能正確了解。在經濟學上，通常是在第一財貨是一般財貨的情形下，將 P_1 降價若導致第二財貨購買量增加時，稱第二財貨是第一財貨的補助品 (**Complement**)；若 P_1 降價，導致第二財貨購買量減少時，稱第二財貨是第一財貨的替代品

(Substitute)。提醒讀者注意的是，兩財貨未必是互為補助品或替代品；例如，有可能甲財貨為乙財貨的替代品，但乙財貨卻為甲財貨的補助品。

同時，就同一財貨而言，其在不同的所得或價格範圍內，並不總是始終維持為正常財貨、劣等財貨、一般財貨或季芬財貨。亦即，有可能在低所得時為正常財貨，而在高所得時變成劣等財貨；也有可能在低價格時為季芬財貨，但隨著價格的提高，變成為一般財貨。如圖 4–19 所示，根據上述分析，在一定的所得及其他條件不變下，可以畫出第一財貨的價格及其購買量之間的關係圖，也就是消費者對第一財貨的個別需求曲線 **(Individual Demand Curve)** d_1。對應在 P_{10} 以下價格的 d_1 曲線，其斜率為正值，表示此時的第一財貨為季芬財貨。對應在 P_{10} 至 P_{11} 之間價格的 d_1 曲線，其斜率為負值，表示此時的第一財貨為一般財貨。對應在 P_{11} 以上價格的 d_1 曲線，其斜率又變為正值，一般稱此時的第一財貨為炫耀財貨，其價格愈高，購買量也愈大。

在一般的情況下，通常均係就兩財貨均為一般財貨的情形，作為討論的對

圖 4–19

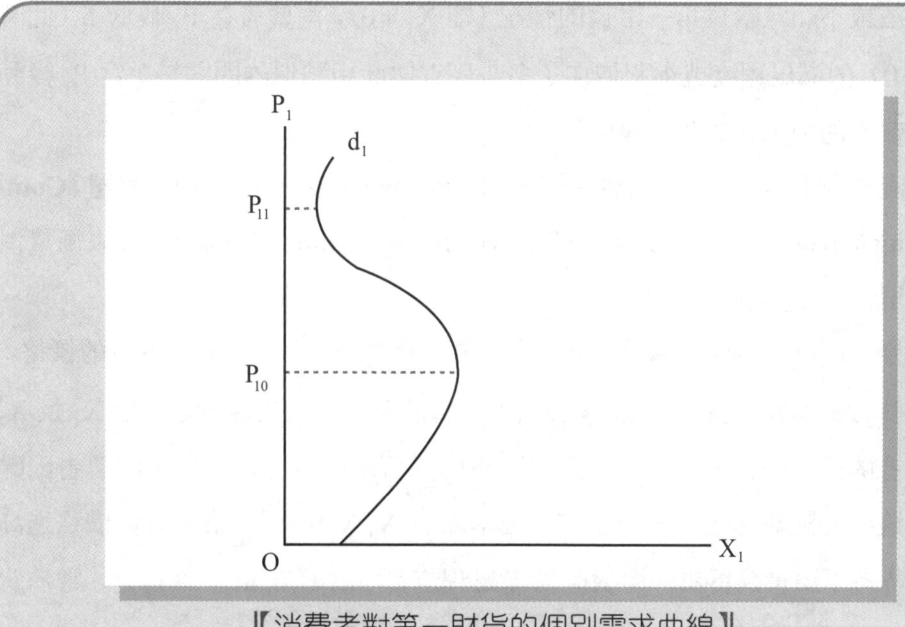

【消費者對第一財貨的個別需求曲線】

1. 當價格低於 P_{10} 時，第一財貨為季芬財貨。
2. 當價格介於 P_{10} 與 P_{11} 之間時，第一財貨為一般財貨。
3. 當價格高於 P_{11} 時，第一財貨為炫耀財貨。

象；亦即，一般財貨的個別需求曲線是具有負斜率的性質。同時，可以把消費者對於第一財貨的需求關係，利用需求函數 $d_1(P_1, P_2, m)$ 來表示，即 $X_1^* = d_1(P_1, P_2, m)$。此一函數，說明消費者對於第一財貨的購買量 (X_1^*)，除了受到其本身價格 (P_1) 的影響以外，也會受到其他財貨價格 (P_2)、消費者所得預算 (m) 以及消費者偏好等因素的影響；而這些 P_1 以外的其他因素若有變化時，其對於第一財貨購買量的影響，將呈現在 d_1 曲線出現整條左右移動的變動上面。

第二節　消費者剩餘的意義及其變動

在了解消費者最適組合的決定因素以及個別需求曲線的意義之後，接下來想探討的是，消費者滿足程度的變化問題。誠如上述，當消費者願意就目前的市場價格 P_1，購買 X_1^* 的第一財貨時，必然表示消費者的滿足程度不會降低，而通常的情況是有所提高；那麼，我們感興趣的問題，是相較於 P_1 過高，使得消費者無法或不願意購買第一財貨的情況 (即 $X_1^* = 0$)，消費者在 P_1 較低下 (此時的 $X_1^* > 0$) 的滿足程度或福利增加了多少呢？與此相類似的問題是，當 P_1 變動時，消費者的福利會變化多少呢？

在經濟學上，經常利用**消費者剩餘 (Consumer's Surplus)**、**補償變量 (Compensating Variation)** 及**等價變量 (Equivalent Variation)** 等三個概念，來衡量消費者滿足程度或福利的變動量。

同樣以兩財貨為例來說明，為簡化起見，令 $P_2 = 1$，P_1 為第一財貨的價格，m 為消費者的所得或支出預算，$U(X_1, X_2)$ 為消費者的效用函數，並知 X_1^* 及 X_2^* 為消費者的最適組合中，第一及第二財貨的購買量。在此，可以將消費者因購買了最適組合財貨之後的滿足程度，表示為 $U(X_1^*,X_2^*)$；而在第一財貨價格過高下，消費者不願意購買第一財貨時的滿足程度，則為 $U(0, m)$。換言之，當消費者在 P_1 下，因購買最適組合所得到的淨效用 $\Delta U = U(X_1^*, X_2^*) - U(0, m)$。

消費者剩餘 (以 CS 表示)、補償變量 (CV) 及等價變量 (EV) 等三個概念的主要差別，在於採用不同的方式，來將淨效用或滿足程度變動量 ΔU 折算成所

得變動量 Δm；即以不同的所得邊際效用 (MU_m) 或邊際替代率 (MRS)，來將 ΔU 折算成 Δm。其中，補償變量是以變動後的新組合點的 MRS 或 MU_m 為依據，等價變量是以變動前的舊組合點的 MRS 或 MU_m 為依據，至於消費者剩餘則是同時以變動前及變動後的 MRS 或 MU_m 為依據。

首先，利用圖形來說明 CS、CV 及 EV 三者的不同。在圖 4–20 中，AB 線為消費者的預算線，其線上的 E 點為最適組合點 (X_1^*, X_2^*)，過 E 點的無異曲線之滿足程度為 $U(X_1^*, X_2^*)$；而當第一財貨價格過高時，消費者的最適組合點是 A 點 (0, m)，過 A 點的無異曲線之滿足程度為 U(0, m)。在此，變動前是指第一財貨價格過高的情形，而變動後是指在 P_1 的情形。那麼，若以變動後的 $MRS = \frac{P_1}{1}$ 來看時，$U(X_1^*, X_2^*)$ 的滿足程度是可以折算成 m 的所得（或以第二財貨所表示的實質所得 OA），而 U(0, m) 的滿足程度是可以折算成 OM 的所得（MN 線的斜率與 AB 線一樣，其上的 G 點可以達到 U(0, m) 的滿足程度；因此，ΔU 就相當於 AM 的所得或實質所得。換言之，在此一情況下，補償變量為負值，但其絕對值為 AM。明言之，所謂補償變量是指在新的或變動後的環境下，為了讓消費者能夠維持其在變動前的滿足程度，所需給予消費者的補償金額；

$$即\ CV = \frac{U(0, m) - U(X_1^*, X_2^*)}{MU_m(X_1^*, X_2^*)} = -\frac{\Delta U}{MU_m(X_1^*, X_2^*)}$$

在本例中，所得的邊際效用與第二財貨的邊際效用是一致的，即 $MU_m(X_1^*, X_2^*) = MU_2(X_1^*, X_2^*)$。

同理，由圖 4–20，得知若以變動前的 MRS 來看時，$U(X_1^*, X_2^*)$ 是可以折算成 OK 的所得，其與 U(0, m) 所折算的所得 OA 之間的差距，即為等價變量；換言之，在此一例子下的 EV 亦為正值，其絕對值等於 KA。明言之，所謂等價變量是指為了讓消費者維持在變動前的環境下，但又能讓其達到與變動後一樣的滿足程度，消費者所願意支付的金額；即

$$EV = -\frac{U(X_1^*, X_2^*) - U(0, m)}{MU_m(0, m)} = -\frac{\Delta U}{MU_2(0, m)}$$

至於消費者剩餘，是指消費者購買 X_1^* 所願意支付的金額，與其實際支付金

圖 4–20

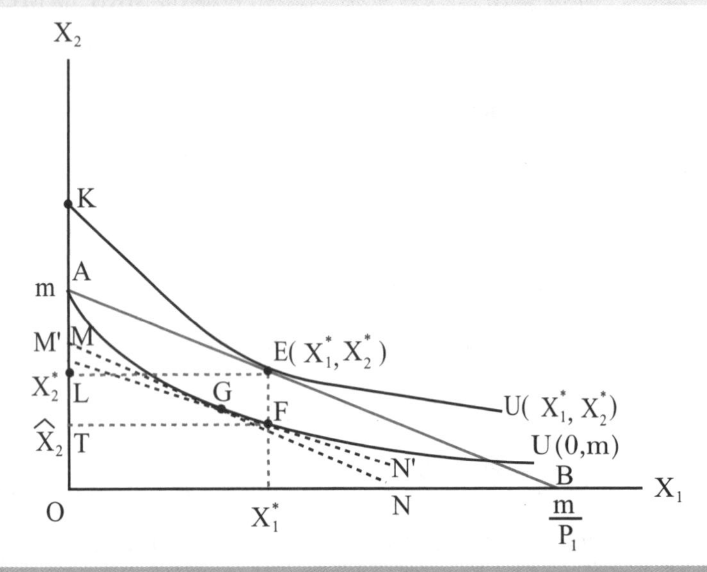

【補償變量 (CV)、等價變量 (EV) 及消費者剩餘】

1. 在最適組合由 A 改變成 E 的情況下，$CV=-AM$, $EV=-KA$, $CS=EF=LT$。

2. 當 $MU_2(X_1^*, X_2^*)>MU_2(0, m)$ 時，$|CV|<CS<|EV|$。

3. 當 $MU_2(X_1^*, X_2^*)=MU_2(0, m)$ 時，$|CV|=CS=|EV|$。

額之間的差額。由圖 4–20 來看，消費者購買 X_1^* 所願意支付的最高金額為 AT，但其實際支付金額為 AL，故兩者的差距（即 CS）為 $LT=EF$（在圖 4–20 中，$EF<AK$）。在求算 CS 中，消費者所實際支付的金額，是由 $U(X_1^*, X_2^*)$ 利用變動後的 MRS 或 $MU_m(X_1^*, X_2^*)$ 所折算出來的；而消費者所願意支付的最高金額，是由 $U(0, m)$ 利用變動前的 MRS 或 $MU_m(0, m)$ 所折算出來的。明言之，

$$CS=\frac{U(X_1^*, X_2^*)}{MU_m(X_1^*, X_2^*)}-\frac{U(0, m)}{MU_m(0, m)}=\frac{U(X_1^*, X_2^*)}{MU_2(X_1^*, X_2^*)}-\frac{U(0, m)}{MU_2(0, m)}$$

根據上述求算 CS、CV 及 EV 的公式知，當 $MU_2(X_1^*, X_2^*)>MU_2(0, m)$ 時，可以進一步得出下述結果，即 $|CV|<CS<|EV|$。不過，當 $MU_2(X_1^*, X_2^*)=MU_2(0, m)$ 時，$|CV|=CS=|EV|$；例如，在準直線型效用函數下，以 $U(X_1, X_2)=V(X_1)+$

X_2 為例，就可以得知其 $MU_2(X_1^*, X_2^*) = MU_2(0, m) = 1$，即其 $|CV| = CS = |EV|$。

同時，在圖 4–20 中，亦介紹利用 F 點 $(X_1^*, \hat{X}_2)$，求算 U(0, m) 所表示的實質所得 OM′，如 M′N′ 線所示；然後，據以將 CS 定義為 AM′ 的方式。此一方式表示相較於沒有購買第一財貨的情形下，消費者的實質所得增加了 AM′，故可以將其定義為消費者購買 E 點的剩餘。而此時求算 CS 的公式為

$$CS = \frac{U(X_1^*, X_2^*)}{MU_m(X_1^*, X_2^*)} - \frac{U(0, m)}{MU_m(X_1^*, \hat{X}_2)}$$

同理，亦可以比照利用圖形，來探討第一財貨價格的變動，所可能引起消費者剩餘的變動（以 ΔCS 表示）或其相應 CV 或 EV 的大小。就一般情形而言，以絕對值來看，ΔCS 將會介於 CV 或 EV 之間。因此，在應用上，多以 ΔCS 作為評估或衡量財貨價格改變，所可能導致對於消費者福利的影響或其大小。

在一定的簡化條件下，可以利用財貨的個別需求曲線的圖形，來描述 CS 的大小，及其變動幅度。首先，仍以兩財貨為例，令 $P_2 = 1$，則可以由最適組合所須滿足的條件 $|MRS| = \frac{P_1}{P_2} = P_1$，得出 |MRS| 就是消費者對於第 x_1^* 單位的第一財貨的評價或所願意支付的**保留價格 (Reservation Price)** 或**需求價格 (Demand Price)**。換言之，可以將個別需求曲線所表示的由不同價格所對應的購買量或需求量關係，改為從數量軸來看，即呈現出由不同購買量所對應的保留價格或需求價格的**逆需求曲線 (Inverse Demand Curve)**。

在認識了逆需求曲線所表現的需求價格，就是該消費者對於不同的購買量，其最後一單位所願意支付的價格的意義之後，就可以進一步利用該逆需求曲線對應在 O 與 X_1^* 之間所形成的面積大小，來表現消費者對於在 P_1 下購買 X_1^* 所願意支出的金額。如圖 4–21 畫出消費者對於一般財貨第一財貨的需求曲線 $X_1^* = d_1(P_1; P_2, m)$，而如上所述，也可以將此一曲線了解為逆需求曲線，即需求價格 (P_1^d) 與不同購買量之間的關係，表示為 $P_1^d = d_1^{-1}(X_1; P_2, m)$；如圖所示，在 d_1^{-1} 曲線來看，此一消費者購買第 X_{10} 單位的第一財貨時，他願意支付的最高價格或保留價格為 P_{10}；此一結果，也表示當市場價格是在 P_{10} 時，此一消費者所願意購買的最適量為 X_{10}。那麼，此一消費者對於購買 X_{10} 的第一財貨，其所願意支付的金額就可以 ▱OFEH 的面積大小來表示；並由圖亦知，此時消費者所實

圖 4–21

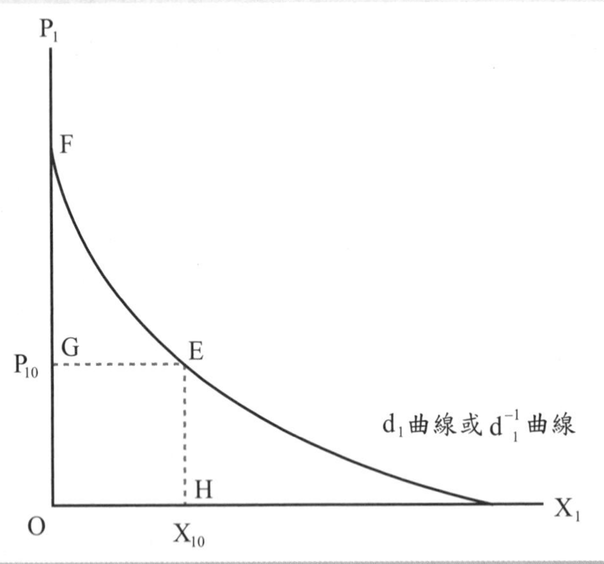

【逆需求曲線與消費者剩餘】

1. 逆需求曲線描述不同的購買量 (x_1)，與其所對應的需求價格 (P_1^d) 之間的關係。
2. 可以分別利用 ▱OFEH 及 OGEH 的面積，來表示消費者購買 X_{10} 下所願意支付及實際支付的金額；也就是說，可以利用類似三角形 GFE 的面積來表示消費者剩餘的大小。

際支付的金額為 $P_{10} \times X_{10}$，其大小如 ▱OGEH 面積所示。因此，可以利用類似三角形的 GFE，以其面積的大小，來表現消費者購買 X_{10} 時的消費者剩餘的大小。

在利用逆需求曲線 d_1^{-1}，來描述消費者購買第一財貨的消費者剩餘概念，為一種較偏重於由第一財貨的不同購買量，來討論 CS 大小的方式；此一方式所求算出來的 CS，與上述利用圖 4–20 所表現的，同時由最適組合來求算的 CS，兩者的大小有可能不一致，前者可能高於或低於後者。不過，在經濟學的分析上，通常比較關心的問題，是了解價格改變前後，對於消費者福利或其剩餘的影響情形。在此，以第一財貨價格變化為例，且若此一變化對於來自購買第二財貨消費者剩餘的影響可以忽略時；那麼，上述問題就可以簡化為，祇需由消費者購買第一財貨的消費者剩餘的變化，來著手了解第一財貨價格的改變，對於消費者福利的影響情形。因此，在經濟學的分析上，較常利用圖 4–21 的方式，來討論有關消費者剩餘或福利變化的問題。

現在，以 C–D 效用函數 $U(X_1, X_2) = X_1^{\frac{1}{2}}X_2^{\frac{1}{2}}$ 為例，在 $m = 100$, $P_2 = 1$ 及 P_1 由 4 降為 1 的情況，來說明如何求算 CV、EV 及 ΔCS 的大小。首先，利用 $X_1^* = \frac{m}{2P_1}$, $X_2^* = \frac{m}{2P_2}$，以及 $U(X_1^*, X_2^*) = (\frac{m^2}{4P_1P_2})^{\frac{1}{2}}$, $MU_2 = \frac{1}{2X_2}X_1^{\frac{1}{2}}X_2^{\frac{1}{2}}$ 等關係，求出在 $P_1 = 4$ 時的 $X_1^* = 12.5$, $X_2^* = 50$, $U(12.5, 50) = 25$, $MU_2(12.5, 50) = \frac{1}{4}$；然後，求出在 $P_1 = 1$ 時的 $X_1^* = X_2^* = 50$, $U(50, 50) = 50$，$MU_2(50, 50) = \frac{1}{2}$。利用上述結果，可以先求 CV：令 m_1 為消費者在 $P_1 = 1$ 下，為達到變動前之效用水準 25 所需的所得，即 $(\frac{m_1^2}{4 \times 1 \times 1})^{\frac{1}{2}} = 25$，由此推知 $m_1 = 50$；故得知 $CV = 50 - 100 = -50$。此一結果，與利用 $CV = -\frac{\Delta U}{MU_2(50, 50)} = -\frac{25}{\frac{1}{2}} = -50$ 所得到的結果一致，其絕對值大小如圖 4–22 的 AM 所示。

其次，求算 EV：令 m_2 為消費者在 $P_1 = 4$ 下，為達到變動後之效用水準 50

所需的所得，即 $(\frac{m_2^2}{4\times4\times1})^{\frac{1}{2}}=50$，由此推得 $m_2=200$；故得知 $EV=100-200=-100$。此一結果，亦與利用 $EV=\frac{-\Delta U}{MU_2(12.5, 50)}=\frac{-25}{\frac{1}{4}}=-100$ 所得到的結果一致，其絕對值大小如圖 4–22 的 HA 所示。

現在來求算 ΔCS 的大小。首先，由圖 4–22 知，消費者在 $P_1=4$ 及 $P_1=1$ 時的最適組合點，分別為 E(12.5, 50) 及 E′(50, 50)，並知在 $U_0=25$ 曲線上的 G 點為 (50, 12.5)；因此，表示 E′ 點相對 E 點，消費者的剩餘增加 (ΔCS) 為 E′G = 37.5。第二，若以 G 點的 $MU_2(50, 12.5)$ 來折算 $U_0=25$ 的實質所得的話，如 KB′ 線所示，為 25；故根據此一方式，得出 ΔCS = 100 − 25 = 75。第三，利用 $X_1^*=$

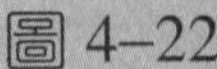
圖 4–22

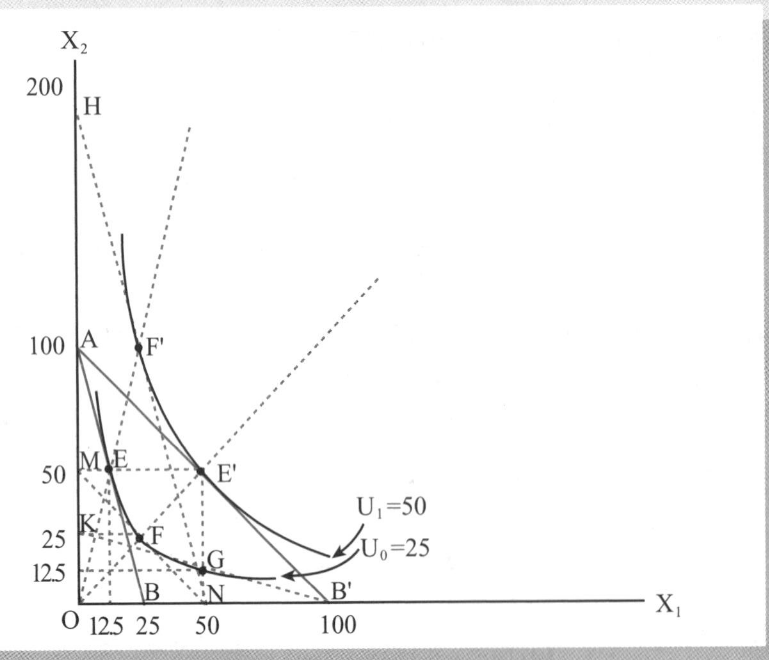

【求算 CV、EV 及 ΔCS 的例子】

1. 以 $P_2=1, m=100$，P_1 由 4 降為 1，及 $U(X_1, X_2)=X_1^{\frac{1}{2}}X_2^{\frac{1}{2}}$ 為例。
2. $|CV|=AM=50$, $|EV|=HA=100$；ΔCS 有三種算法，其值分別為 37.5、75 及 69.3。

$\frac{m}{2P_1}$ 的需求關係，即以圖 4–21 所示的方式來求算時（要利用積分概念），$\Delta CS = \frac{m}{2}\ln 4 = 50 \times 1.386 = 69.3$。此值與第二種方式所得到的結果較為接近，且均落在 CV 與 EV（均以絕對值來看）的中間。

第三節　市場需求的意義與性質

就一定的財貨價格 (P_1, P_2) 之下，每一消費者 (i) 在其所得 (m_i) 以及偏好結構下，均可以求得其對於第一及第二財貨的個別需求函數 $X^*_{1i} = d_{1i}(P_1; P_2, m_i)$ 及 $X^*_{2i} = d_{2i}(P_1; P_2, m_i)$。因此，可以進一步將每一消費者的個別需求函數，對應在相同的價格下，加總起來而成為**市場需求函數 (Market Demand Function)**；以第一財貨為例，設市場中計有 n 個消費者，則第一財貨的市場需求函數為：

$$X_1 = \sum_{i=1}^{n} X^*_{1i} = \sum_{i=1}^{n} d_{1i}(P_1; P_2, m_i) \equiv D_1(P_1; P_2, m_1, m_2, \cdots, m_n)$$

令 $M = \sum_{i=1}^{n} m_i$，則由上式知，即使在一定 M 之下，若此 n 個人的所得分配不同時，有可能得到不一樣的市場需求函數 $D_1(P_1; P_2, M)$。不過，在本書後續對於市場需求函數的討論中，將暫不考慮所得分配這一影響因素，而僅強調 M 的大小對於 D_1 的影響，並直接將市場需求函數表示為 $X_1 = D_1(P_1; P_2, M)$。

同時，通常亦僅在一般財貨的情況下，來談論市場需求函數；即 P_1 的變動，將導致 X_1 呈相反方向的變動。換言之，第一財貨的**市場需求曲線 (Market Demand Curve)**，為一具有負斜率性質的曲線。

至於 P_2 的變化，對於市場需求曲線 D_1 的影響，就要看第一財貨是第二財貨的替代品或補助品而定。若第一財貨是第二財貨的替代品時，則 P_2 的提高（或降低），將帶動 D_1 曲線整條地往右（或往左）移動；反之，若第一財貨是第二財貨的補助品，則 P_2 的提高（或降低），將促使 D_1 曲線整條地往左（或往右）移動。

同理，亦可以得知 M 的變動，對於 D_1 曲線的影響，則要看第一財貨是正常財貨或劣等財貨而定。若第一財貨為正常財貨時，則 M 的提高（或降低），

將導致 D_1 曲線整條地往右（或往左）移動；反之，若第一財貨是劣等財貨時，則 M 的提高（或降低），將使得 D_1 曲線整條地往左（或往右）移動。

在了解市場需求的意義之後，接著，將利用**彈性 (Elasticity)** 的概念，來進一步說明其性質。首先，介紹**需求的價格彈性 (Price Elasticity of Demand)**。以第一財貨的市場需求為例，其價格彈性（以 E_1 表示）是指 P_1 平均變動百分之一時，其促使市場需求量 X_1 變動的百分比值；明言之，可以下式來定義第一財貨的價格彈性 (E_1)

$$E_1 \equiv \frac{\dfrac{\Delta X_1}{X_1} \times 100\%}{\dfrac{\Delta P_1}{P_1} \times 100\%} = \frac{\Delta X_1}{\Delta P_1} \times \frac{P_1}{X_1}$$

在上式中，P_1 及 X_1 分別是第一財貨的價格及購買量或需求量，ΔP_1 及 ΔX_1 分別是 P_1 及 X_1 的變動量。$\frac{\Delta X_1}{\Delta P_1}$ 是需求曲線的斜率（從價格軸來看），其為負值，故知 $E_1 < 0$。不過，通常在討論 E_1 的大小時，是就其絕對值來比較的。

根據 E_1 的定義，了解到 E_1 的大小，要由需求曲線的斜率 $(\frac{\Delta X_1}{\Delta P_1})$ 以及價格與需求量的比值 $(\frac{P_1}{X_1})$ 二者來決定。首先，當需求曲線的斜率為一常數時，則其線上各點的 E_1 將隨著 P_1 或 X_1 的不同而不一樣。以直線型需求曲線 $X_1 = a - b P_1$ 為例，其彈性為

$$E_1 = (-b) \times \frac{P_1}{X_1} = (-b) \times \frac{P_1}{a - bP_1}$$

根據上述，如圖 4–23 所示，AB 直線段為 D_1 曲線。當 $P_1 = 0$ 時，$|E_1| = 0$，如 B 點所示；當 $P_1 = \frac{a}{b}$ 或 $X_1 = 0$ 時，$|E_1| = \infty$，如 A 點所示；當 $P_1 = \frac{a}{2b}$ 或 $X_1 = \frac{a}{2}$ 時，$|E_1| = 1$，如 F 點（為 AB 線的中點）所示；而在 AF 線段上的各點，其 $|E_1| > 1$；在 FB 線段上的各點，其 $|E_1| < 1$。同時，就 AB 線段上的任一點 $G(X_{10}, P_{10})$ 而言，由於 $bP_{10} = HB$, $a - bP_{10} = HO$，故其 $|E_1| = \frac{HB}{HO} = \frac{GB}{GA} = \frac{KO}{KA}$；若

圖 4-23

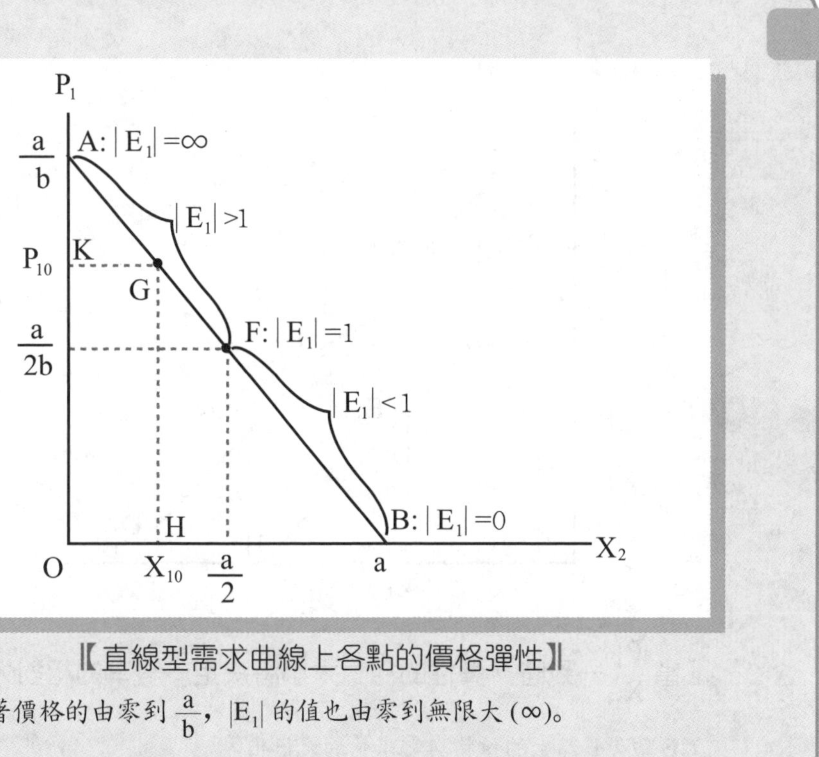

【直線型需求曲線上各點的價格彈性】

1. 隨著價格的由零到 $\frac{a}{b}$，$|E_1|$ 的值也由零到無限大 (∞)。

2. 在 G 點的 $|E_1| = \frac{GB}{GA}$。

根據此一關係式，就更容易回答 AB 線段上各點的 $|E_1|$，是否大於 1 的問題。

其次，當價格與需求量的比值 $(\frac{P_1}{X_1})$ 一致時，則斜率較大（由價格軸來看）的需求曲線，其彈性也較大（看其絕對值）。在圖 4–24 中，有 AB、A′B′、CD 及 C′D′ 等四條需求曲線，其中 AB 與 CD 及 A′B′ 與 C′D′ 分別相互平行；同時，在 OG 直線上的 E 及 F 點，兩者的價格與需求量的比值一致，即 $\frac{P_{11}}{X_{11}} = \frac{P_{12}}{X_{12}}$。首先，就 AB 線及 A′B′ 線上的 E 點而言，由於 A′B′ 線的斜率（絕對值）較大，故知 A′B′ 線上 E 點的彈性，比 AB 線上 E 點的彈性大；其中，前者為 $\frac{EB'}{EA'}$，大於後者的 $\frac{EB}{EA}$。同理，亦了解 CD 線上 F 點的彈性與 AB 線上 E 點的彈性是一致的；而 C′D′ 線上 F 點的彈性，大於 AB 線上 E 點的彈性。

圖 4–24

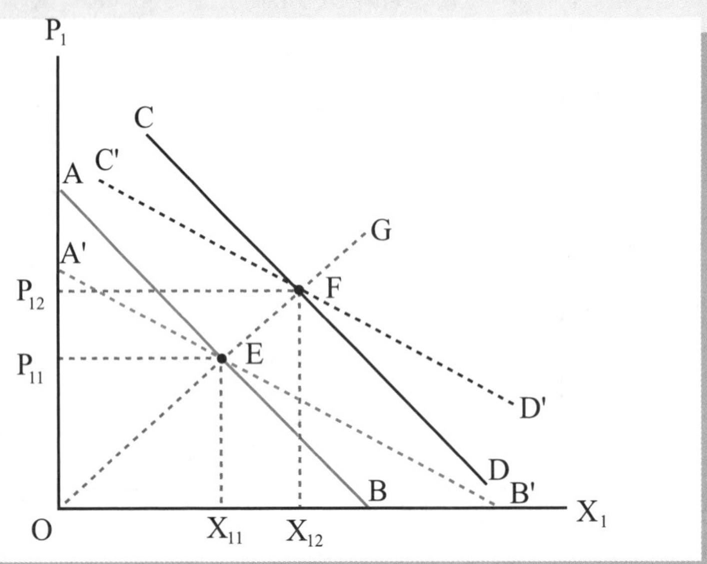

【當 $\dfrac{P_1}{X_1}$ 一致時，彈性的相對大小將決定於斜率的相對大小】

1.E 點及 F 點上的價格與需求量的比值相等。

2.A'B' 線上 E 點的彈性大於 AB 線上 E 點的彈性。

3.CD 線上 F 點的彈性等於 AB 線上 E 點的彈性，但小於 C'D' 線上 F 點的彈性。

接著，就非直線型的需求曲線來看，其線上任何一點價格彈性的大小，亦可以比照利用經過該點的切線，及其與兩軸相交點所形成的兩個線段長度來加以計算；如圖 4–25 所示，在 D_1 需求曲線上 E 點畫出切線，分別交於兩軸的 F 及 G 點，則在 E 點上的彈性大小，就等於 $\dfrac{EG}{EF}$。

在了解了上述利用切線上兩線段的比值來求算彈性之後，可以進一步推知，就非直線型的需求曲線而言，其線上各點的彈性，有可能會隨著價格的提高，而出現增加(此時與直線型需求曲線的走勢一致)、不變或甚至減少的變化現象。

價格彈性的大小，與消費者購買此一財貨的支出，或廠商銷售此一財貨的收益之間，具有一定的對應關係（詳下文），故不但可以由彈性的是否大於 1，

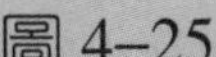

圖 4-25

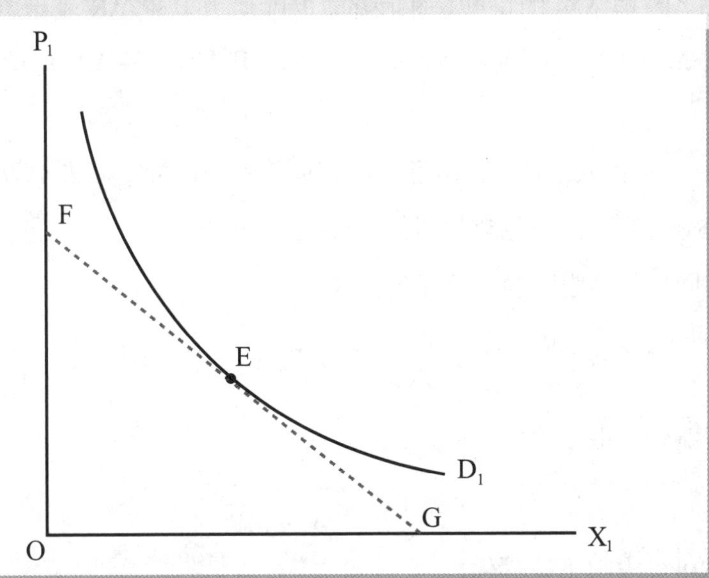

【非直線型需求曲線上各點彈性的求算方法】

1.過 E 點畫出其切線，其與兩軸的相交點為 F 與 G，則 E 點的彈性值為 $\frac{EG}{EF}$。

2.隨著價格的提高，D_1 曲線上各點的彈性值未必一定變得更大（以絕對值來看）。

來推知廠商收益或消費者支出的增減變化；同時，也可以反過來，利用廠商收益或消費者支出的增減變化，來求算彈性的大小。

首先，推導廠商總收益變動 (ΔR) 與價格彈性之間的關係。廠商的總收益 **(Total Revenue, TR)**、平均收益 **(Average Revenue, AR)** 及邊際收益 **(Marginal Revenue, MR)** 分別定義為：

$$TR \equiv P_1X_1,\ AR \equiv \frac{TR}{X_1} = P_1,\ MR \equiv \frac{\Delta R}{\Delta x_1}$$

由上式中，知平均每銷售一單位的收益 AR 等於售價 (P_1)。至於 MR 是指平均每變動一單位的銷售量，所導致的總收益變動；在式中，ΔX_1 及 ΔR 分別表示銷售量與總收益的變動量。

以價格由 P_1 變成 $P_1+\Delta P_1$ 為例，根據需求曲線，銷售量會由 X_1 變成 $X_1+\Delta X_1$，且知 ΔP_1 與 ΔX_1 的符號是相反的。因此，可以將 ΔR 表示為：

$$\Delta R \equiv (P_1+\Delta P_1)(X_1+\Delta X_1)-P_1X_1 = P_1\Delta X_1 + X_1\Delta P_1 + \Delta P_1\Delta X_1$$
$$\doteqdot P_1\Delta X_1 + X_1\Delta P_1$$

上式中 $\doteqdot$ 是表示「近似於」的意思，在此是將 $\Delta P_1\Delta X_1$ 略去不算；當 ΔP_1 極小及 ΔX_1 亦極小時，此一忽略是可以接受的。因此，利用上式，可以進一步將 MR 與 AR 及價格彈性之間的關係求算出來：

$$MR \equiv \frac{\Delta R}{\Delta X_1} = P_1 + \frac{X_1}{\Delta X_1}\cdot\Delta P_1 = P_1(1-\frac{1}{|E_1|}) = AR(1-\frac{1}{|E_1|})$$

或將上式關係，改變為：

$$|E_1| = \frac{AR}{AR-MR}$$

同理，亦可以求出下述關係：

$$\frac{\Delta R}{\Delta P_1} = \frac{P_1}{\Delta P_1}\cdot\Delta X_1 + X_1 = X_1(1-|E_1|)$$

根據 $\frac{\Delta R}{\Delta X_1}$ 或 $\frac{\Delta R}{\Delta P_1}$ 的關係，均可以推出下述結果：(1)當 $|E_1|<1$ 時，$\frac{\Delta R}{\Delta P_1}>0$ 或 $\frac{\Delta R}{\Delta X_1}<0$，均表示價格上升或銷售量下降，會導致廠商收益的提高；(2)當 $|E_1|=1$ 時，$\frac{\Delta R}{\Delta P_1}=0$ 或 $\frac{\Delta R}{\Delta X_1}=0$，均表示價格上升或銷售量下降，不會影響廠商的收益；(3)當 $|E_1|>1$ 時，$\frac{\Delta R}{\Delta P_1}<0$ 或 $\frac{\Delta R}{\Delta X_1}>0$，均表示價格上升或銷售量下降，會導致廠商收益的降低。同時，在上述關係中，已得知可以利用 AR 與 AR − MR 的比值，來求算 $|E_1|$ 的大小。

現在，以直線型需求曲線 $X_1=a-bP_1$ 為例，求出其 AR 與 MR 的式子。此一需求關係的逆需求曲線為

$$P_1 = \frac{a}{b} - \frac{1}{b}X_1$$

故知 $AR(X_1) = \frac{a}{b} - \frac{1}{b}X_1$；並由上述說明知

$$MR(X_1) = P_1 + \frac{\Delta P_1}{\Delta X_1} \cdot X_1 = (\frac{a}{b} - \frac{1}{b}X_1) + (-\frac{1}{b})X_1 = \frac{a}{b} - \frac{2}{b}X_1$$

如圖 4–26 所示，對應於圖 4–23，亦把 $|E_1|$ 的值標出來；其中，AB 為需求曲線，也是由橫軸來看的 AR 線，而 AGH 為 MR 線，經過 OB 線段的中點 G，其斜率 $(-\frac{2}{b})$ 剛好是 AR 線斜率 $(-\frac{1}{b})$ 的兩倍。由圖亦知，對應於 $|E_1| > 1$ 的 AF 線段時，MR 為正，如 AG 線段所示；對應於 $|E_1| = 1$ 的 F 點為 G 點，落在橫軸上；而對應於 $|E_1| < 1$ 的 FB 線段時，MR 為負，如 GH 線段所示。

市場需求曲線的性質，除了可以從價格彈性的角度來描述以外，也可以由**交叉彈性 (Cross Elasticity)** 及**所得彈性 (Income Elasticity)** 的觀點來了解。交叉彈性是指其他財貨價格變動百分之一時，其導致本財貨需求量變動的百分比值；而所得彈性是指所得預算變動百分之一時，其促使財貨需求量變動的百分比值。當第一財貨是第二財貨的替代品時，第一財貨需求的（第二財貨價格）

圖 4–26

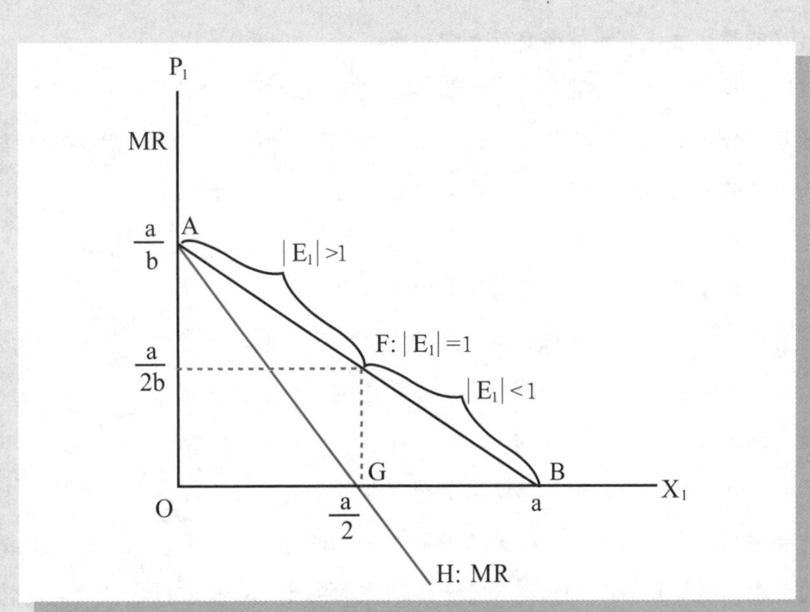

【邊際收益曲線與 $|E_1|$ 之間的關係】

1. 邊際收益曲線 MR 的斜率是平均收益曲線的兩倍。

2. 當 $|E_1| > 1$ 時，$MR > 0$；當 $|E_1| = 1$ 時，$MR = 0$；當 $|E_1| < 1$ 時，$MR < 0$。

交叉彈性為正值；反之，若是補助品時，則交叉彈性為負值。同理，若第一財貨為正常財貨時，其需求的所得彈性為正值；若是劣等財貨時，其所得彈性為負值。一般將所得彈性大於 1 的財貨，稱為**奢侈品 (Luxury Good)**。

本章摘要

1. 當消費者比過去更喜歡第一財貨時，在其最適組合中的第一財貨購買量，通常是會提高的。
2. 消費者所得的變動，對於第一財貨購買量的影響，要看第一財貨是正常財貨或劣等財貨而定。正常財貨的購買量變化，會隨所得之增減，而同方向增減；劣等財貨的購買量變化，則與所得之變動方向相反。中性財貨的購買量，與所得變動無關。
3. 所得消費曲線，是對應於不同所得水準下，消費者最適財貨組合的軌跡。
4. 恩格爾曲線，是描述財貨最適購買量與所得之間關係的一條曲線。
5. 第一財貨價格的變動，對於第一財貨購買量的影響，要看第一財貨是一般財貨或季芬財貨而定。一般財貨的購買量變化，與其價格變動方向相反；季芬財貨的購買量，與其價格變動方向相同。
6. 財貨價格變動，對於其購買量的影響，均可以分解成價格變動引起的替代效果與所得效果，來加以說明。替代效果的購買量變化，與價格變動方向相反；而所得效果的購買量變化，與價格變動方向可能一致或相反。
7. 替代效果是指，在實質所得及其他財貨價格等其他因素均不變的情況下，本財貨價格改變，所引起財貨購買量的變動。
8. 財貨價格的改變，如何維持消費者的實質所得不變，通常採用下述兩種方式之一：(1)在新價格下，仍能買得起原最適組合財貨，(2)在新價格下，仍能維持原滿足程度。
9. 第一財貨價格改變，對於第二財貨購買量的影響，要看第二財貨是第一財貨的替代品或補助品而定。若第二財貨是第一財貨的替代品，則第一財貨價格的變動，將導致第二財貨購買量出現同方向的變化；反之，在補助品的情況下，第二財貨購買量將出現反方向的變化。
10. 消費者滿足程度或福利的變動量，可以利用消費者剩餘、補償變量與等價變量等三個概念，來加以測量。

11. 補償變量是指，在新的或變動後的環境下，為了讓消費者能夠維持其在變動前的滿足程度，所需給予的補償金額。

12. 等價變量是指，為了讓消費者維持在變動前的環境下，但又能讓其達到與變動後一樣的滿足程度，消費者所願意支付的金額。

13. 消費者剩餘是指，消費者購買 x_1^* 所願意支付的金額，較其實際支付金額多出來的差額。

14. 市場需求函數，是對應在相同的價格下，由每一消費者的個別需求函數加總而成的。

15. 關於市場需求函數的性質，可以利用其價格彈性、交叉彈性及所得彈性等概念，來加以說明。

16. 在需求曲線上各點價格彈性的大小，由需求曲線在該點的斜率與位置（座標）來共同決定。

17. 價格彈性的大小，與消費者的購買支出或廠商的收益之間，存在有一定的關係，即

$$|E_1| = \frac{AR}{AR - MR}$$

上式中，E_1 為價格彈性，AR 及 MR 分別為平均及邊際收益。

習　題

1. 當一消費者的效用函數由 $U(X_1, X_2) = 5X_1 + X_2$，變成 $V(X_1, X_2) = 2X_1 + X_2$ 時，請畫出該消費者對於第一財貨的需求曲線，並說明其變動情形。

2. 當一消費者的效用函數由 $U(X_1, X_2) = \text{Min}\{5X_1, X_2\}$，變成 $V(X_1, X_2) = \text{Min}\{2X_1, X_2\}$ 時，請畫出該消費者對於第一財貨的需求曲線，並說明其變動情形。

3. 已知一消費者的 C－D 效用函數原來為 $U(X_1, X_2) = X_1^{\frac{1}{2}}X_2^{\frac{1}{2}}$，若消費者變得較喜歡第二財貨時，請問其 C－D 效用函數將會如何調整呢？試以圖形來配合說明。

4. 何謂所得消費曲線？試分別畫出第一財貨是正常財貨、劣等財貨、奢侈財貨的所得消費曲線。

5. 何謂恩格爾曲線？若第一財貨隨著所

得的提高，由正常財貨逐漸變成中性財貨及劣等財貨，請畫出其對應的恩格爾曲線。

6. 已知消費者的效用函數為 $U(X_1, X_2) = 2X_1 + X_2$，以及 $m = 100$；請分別在 $P_1 = 5$ 及 2 的情況下，畫出第二財貨的需求曲線，並說明 P_1 降低對於第二財貨需求量的影響。

7. 當消費者的效用函數為 $U(X_1, X_2) = \text{Min}\{5X_1, X_2\}$ 以及 $m = 100$ 時，請回答與第 6 題相同的問題。

8. 已知消費者的效用函數 $U(X_1, X_2) = X_1^{\frac{1}{2}} + X_2$，且 $P_2 = 8, m = 20$，請回答下述各題：

   (1)請分別求出第一財貨及第二財貨的需求函數。

   (2)請分別在 $P_1 = 1$ 及 2 的情況下，求出第一財貨及第二財貨的購買量。

   (3)當 P_1 由 2 降為 1 時，其對第一財貨需求量變動的所得效果及替代效果是多少？

   (4)請分別求算在(3)情況下的補償變量、等價變量及消費者剩餘變動量。

9. 除了 $m = 16$ 以外，其他情形如第 8 題所述，並請回答與第 8 題相同的問題。

10. 何謂補償變量、等價變量及消費者剩餘？並比較三者之異同點。

11. 試推導市場需求價格彈性與廠商收益間的關係式，並說明收益變動與價格彈性之間的關係。

12. 何謂所得彈性？所得彈性一定為正值嗎？

13. 何謂交叉彈性？交叉彈性一定為正值嗎？

附錄一：蘇陸特斯基等式 (Slutsky Identity)

本章中曾提及第一財貨價格的改變，導致消費者對於第一財貨購買量或需求量的變動 (ΔX_1)，而此一變動可以分解成由替代效果與所得效果所引起的變動 (ΔX_1^s 與 ΔX_1^m)。換言之，可以利用下述的恆等式，來描述上述的關係：

$$\Delta X_1 \equiv \Delta X_1^s + \Delta X_1^m$$

上式關係，是所謂的蘇陸特斯基等式的表現方式之一。在此，以 $X_1(P_1; P_2, m)$ 來表示在一定的 P_1、P_2 及 m 之下的需求量 X_1^*。因此，當 P_1 變成 P_1' 時，$X_1(P_1; P_2, m)$ 將變成 $X_1(P'_1; P_2, m)$，而 ΔX_1 可以表示為：

$$\Delta X_1 = X_1(P'_1; P_2, m) - X_1(P_1; P_2, m)$$

其次，令 m' 為以 P_1' 及 P_2 的價格，購買 $X_1(P_1; P_2, m)$ 及 $X_2(P_1; P_2, m)$ 所需的所得，即

$$m' \equiv P_1' \cdot X_1(P_1; P_2, m) + P_2 \cdot X_2(P_1; P_2, m)$$

且已知 $P_1 \cdot X_1(P_1; P_2, m) + P_2 \cdot X_2(P_1; P_2, m) = m$ (即預算線)；故可以推知，當 P_1 變成 P_1' 時，相當於消費者的實質所得變動 (Δm) 為：

$$\Delta m = m - m' = -(P_1' - P_1)X_1(P_1; P_2, m)$$
$$= -\Delta P_1 \cdot X_1(P_1; P_2, m)$$
$$\text{或 } \frac{\Delta m}{\Delta P_1} = -X_1(P_1; P_2, m)$$

上式表示，當 P_1 提高至 P_1' ($\Delta P_1 > 0$) 時，則消費者的實質所得是減少的 ($\Delta m < 0$)；而當 $\Delta P_1 < 0$ 時，$\Delta m > 0$。同時，$\frac{\Delta m}{\Delta P_1} = -X_1$ 表示價格每上漲一元，其實質所得就減少 X_1 元。

根據上述，可以將 ΔX_1^s 及 ΔX_1^m 分別表示為

$$\Delta X_1^s \equiv X_1(P_1'; P_2, m') - X_1(P_1; P_2, m)$$
$$\Delta X_1^m \equiv X_1(P'_1; P_2, m) - X_1(P_1'; P_2, m')$$

接著，可以將上述的蘇陸特斯基等式，兩邊除以 ΔP_1 後，改變成另一種表現方式：

$$\frac{\Delta X_1}{\Delta P_1}=\frac{\Delta X_1^s}{\Delta P_1}+\frac{\Delta X_1^m}{\Delta P_1}=\frac{\Delta X_1^s}{\Delta P_1}+\frac{\Delta X_1^m}{\Delta m}\cdot\frac{\Delta m}{\Delta P_1}=\frac{\Delta X_1^s}{\Delta P_1}+\frac{\Delta X_1^m}{\Delta m}\cdot(-X_1)$$

上式是以變動率的形式，來表現蘇陸特斯基等式。等號右邊表示第一財貨的價格，平均每變動一元，對於其需求量變動量的影響；等號右邊第一項為此一價格變動的替代效果，第二項為所得效果。在此，所得效果分為二項，其中的一項 $\frac{\Delta X_1^m}{\Delta m}$，是指所得平均增加一元，對於需求量變動量的影響；而另一項 $(-X_1)$，是指第一財貨價格平均變動一元，對於實質所得變動量的影響。替代效果是負向的，即 $\frac{\Delta X_1^s}{\Delta P_1}<0$；而所得效果，就正常財貨而言是負的（即 $\frac{\Delta X_1^m}{\Delta m}(-X_1)<0$），但就劣等財貨而言是正的（因為此時的 $\frac{\Delta X_1^m}{\Delta m}<0$）。故知當第一財貨是正常財貨時，$\frac{\Delta X_1}{\Delta P_1}<0$；但若是劣等財貨時，其 $\frac{\Delta X_1}{\Delta P_1}$ 未必小於零，有可能是大於零的季芬財貨或炫耀財貨。

附錄二：顯示偏好概念的意義與應用

首先，說明**顯示偏好 (Revealed Preference)** 的意義。顧名思義，顯示偏好是如何將偏好顯示出來，而非一種特別的偏好結構。在本章中，是在已知消費者偏好結構的情況下，來討論消費者的最適選擇問題；不過，消費者的偏好結構是無法直接觀察到的，或許祇能夠從消費者的選擇或購買財貨的行為，來間接將偏好結構顯示出來。在消費者的偏好結構是穩定不變的前提下，顯示偏好的概念，主要的著眼點，就是在於如何利用消費者實際購買財貨方面的有關訊息，來發覺出消費者的偏好結構。

為簡化起見，假設消費者具有乖巧無異曲線圖的偏好結構，由本章的分析，消費者的最適組合將會落在預算線上，且該組合是**惟一的 (Unique)**。換言之，如圖 4–27 所示，在預算線 AB 上，若已知消費者是選擇 E 點 (X_1, X_2)，而沒有選擇在預算集合中的其他點，例如 $F(Y_1, Y_2)$，就直接顯示出在消費者的偏好結構中，E 點嚴格好於 $(\succ)$ F 點。進而言之，可以得出如下的**顯示偏好原則 (Principle of Revealed Preference)**：在已知 P_1、P_2 及 m 的情況下，若消費者選擇了財貨組合 (X_1, X_2)，而不選擇其他預算集合中的組合 (Y_1, Y_2)；即在 $P_1X_1 + P_2X_2 = m \geq P_1Y_1 + P_2Y_2$ 條件下，消費者選擇了 (X_1, X_2)；那麼，若消費者總是挑選他最喜歡的組合的話，則可推知 $(X_1, X_2) \succ (Y_1, Y_2)$。

同理，在圖 4–27 中，若消費者是選擇預算線 A′B′ 上的 F 點，而不選擇預算集合中的 G 點，則直接顯示出 $(Y_1, Y_2) \succ (Z_1, Z_2)$。當消費者的偏好具有遞移性時，就可以間接顯示出 $(X_1, X_2) \succ (Z_1, Z_2)$。

根據上述將偏好顯示出來的概念，當對於消費者的觀察點足夠多時，就可以把每一條乖巧的無異曲線描繪出來。

接著，介紹顯示偏好概念的應用。首先，說明**顯示偏好的弱性公理 (Weak Axiom of Revealed Preference, WARP)**。此一公理是指，若 $(X_1, X_2) \neq (Y_1, Y_2)$，且可以直接顯示出 $(X_1, X_2) \succ (Y_1, Y_2)$，則不可能直接顯示出 $(Y_1, Y_2) \succ (X_1, X_2)$。明白地說，若在 P_1 及 P_2 時，直接顯示出 $(X_1, X_2) \succ (Y_1, Y_2)$，表示下式成立

$$P_1X_1+P_2X_2 \geq P_1Y_1+P_2Y_2;$$

而若在 P'_1 及 P'_2 時，不可能直接顯示出 $(Y_1, Y_2) \succ (X_1, X_2)$，表示下式不成立：

$$P'_1Y_1+P'_2Y_2 \geq P'_1X_1+P'_2X_2$$

或表示下式成立：

$$P'_1Y_1+P'_2Y_2 < P'_1X_1+P'_2X_2。$$

直覺地說，顯示偏好的弱性公理是指，既然在 P_1、P_2 及 m 之下，直接顯示出 $(X_1, X_2) \succ (Y_1, Y_2)$；那麼，在偏好結構不變的情況下，也就不可能在其他的 P'_1、P'_2 及 m′ 之下，反而直接顯示出 $(Y_1,Y_2) \succ (X_1,X_2)$。而若在其他的 P'_1、P'_2 及 m′ 之下，若消費者不再選 (X_1, X_2)，而選上 (Y_1, Y_2)；那麼，就祇有一個可能，即在 P'_1、P'_2 > 及 m′ 之下，消費者已買不起 (X_1, X_2) 這個組合 $(P'_1X_1+P'_2X_2 > m')$。

因此，若消費者的選擇，是違反或不符合上述弱性公理的話，就有可能是

圖 4–27

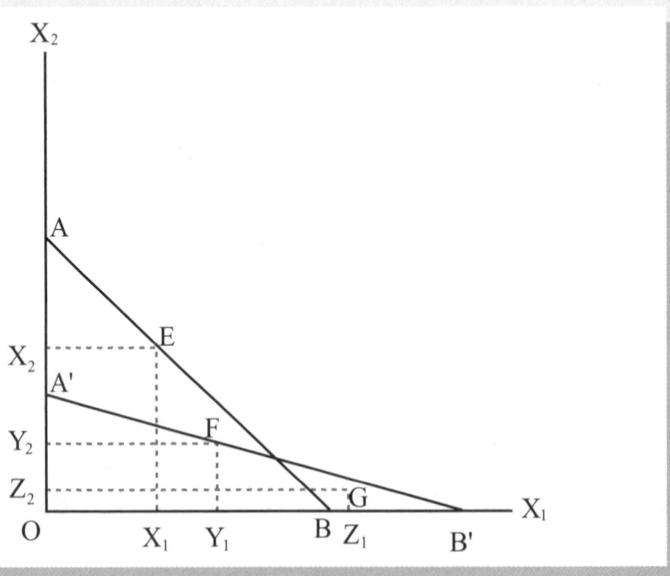

〖直接顯示偏好與間接顯示偏好〗

1. 當消費者選擇 AB 線上的 E 點，就直接顯示出 $E \succ F$。
2. 當消費者選擇 A′B′ 線上的 F 點，就直接顯示出 $F \succ G$。
3. 在偏好具有遞移性之下，就可以間接顯示出 $E \succ G$。

消費者的偏好結構已有所改變，也有可能是消費者並非總是挑選他最喜歡的組合；若屬於前者，則無法描繪出代表其偏好結構的無異曲線。

為了保證能夠將消費者的偏好結構找出來，並能配合說明其最適化行為，則需要符合**顯示偏好的強性公理 (Strong Axiom of Revealed Preference)**。此一公理是指，若 $(X_1, X_2) \neq (Y_1, Y_2)$，且可以直接或間接顯示出 $(X_1, X_2) \succ (Y_1, Y_2)$，則不可能直接或間接顯示出 $(Y_1, Y_2) \succ (X_1, X_2)$。

第五章　消費者在不確定情況下的選擇

消費者在面對其最適財貨組合決定的問題時，一般而言，並不是在一個完全確定的情況下進行的。譬如，對於財貨的品質與安全等方面的了解不足，對於財貨的售後服務現況與未來變化情況也缺乏全面認識，對於財貨的價格水準與其走勢等項有關訊息的掌握也不確實，甚至對於自己偏好結構的演變也不很清楚，以及自己的財富水準或可供支用的所得水準也難以確定。本章的討論，將以消費者所得水準的不確定為例，來了解消費者在不確定情況下的消費選擇問題。

何以消費者的所得水準難以確定呢？因為在下述情況下，大多是消費者個人難以避免的，例如經濟景氣有好有壞、天災、車禍、生病、戰爭及投資理財、交友、創業、結婚、生子等方面的出現，均使得消費者對於其可供使用於消費支出的所得水準，無法確知其到底有多少。

本章仍將沿用前述討論消費者最適選擇的理論架構，來探討消費者在其所得不確定的情況下，如何選擇其最適消費支出水準的問題。本章分為五節，第一節介紹消費者在不確定情況下的或有消費預算線，第二節說明消費者的或有消費偏好結構，第三到第五節，分別討論消費者購買保險、從事賭博及選擇風險性資產等方面的行為。

第一節　消費者的或有消費預算線

為簡化討論起見，本章假設消費者將處於兩種狀態中；其中，第一種狀態為一較有利於消費者的狀況，即當此一狀態出現時，消費者保有 m_1 的所得，可供其用於消費支出。第二種狀態為一較不利於消費者的狀況，即當此一狀態出現時，消費者所有的可供其消費支出的所得為 m_2，且知 $m_2 < m_1$。同時，假設出現第一種狀態的機率為 α，第二種狀態的機率為 $1-\alpha$。換句話說，消費者的

所得或消費水準並不確定是 m_1 或 m_2，要看實際出現的狀態而定；此種依狀態的不同，而有不同的消費水準與所得水準，稱為或有消費 **(Contingent Consumption)** 與或有所得 **(Contingent Income)**。

本節的或有消費預算線，將分別在保險市場、賭博市場及風險性資產市場等三種情形下，來加以討論。

一、在保險市場下的或有消費預算線

以消費者購買汽車偷竊保險為例來說明在此一情況下的或有消費預算線。在未購買任何偷竊險時，消費者的或有所得水準為 m_1 與 m_2，分別表示車子沒有被偷與有被偷情況下的所得；也就是說，偷竊事件的發生，將使得消費者出現 $\Delta m\ (= m_1 - m_2)$ 的損失。在圖 5–1 中，E 點的座標為 (m_1, m_2)，表示在未購買

圖 5–1

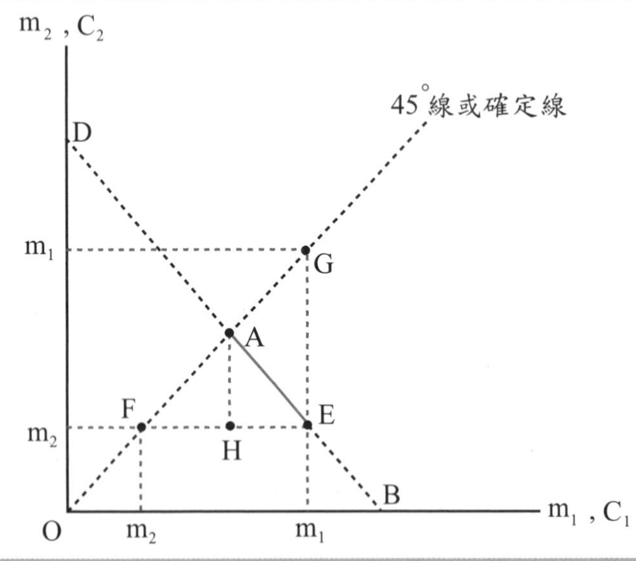

【在保險市場下的或有消費預算線】

1. 或有消費預算線 AE，為一經過秉賦點 A，斜率為負 $\frac{1-k}{k}$ 的直線段。

其中，k 為保險費率，A 為購買全額保險下的確定消費或所得點。

2. 在公平保單下，$\frac{1-k}{k} = \frac{\alpha}{1-\alpha}$；在不利保單下，$\frac{1-k}{k} < \frac{\alpha}{1-\alpha}$。

保險情況下的或有所得水準，稱為**秉賦點 (Endowment Point)**；同時，在圖中亦畫出 45° 線，表示線上任何點的 m_1 與 m_2 均相等，為一條描述確定所得或消費水準的直線，亦可稱為**確定線 (Certainty Line)**，並知 $GE = FE = m_1 - m_2 = \Delta m$。

現在，假設在保險市場上，消費者可以購買汽車的偷竊險，其每元保險額的費率為 k 元 $(0 < k < 1)$。換言之，當消費者購買一元的保險時，就要支付 kx 的錢；因此，當出現車子沒有被偷的第一種狀況時，消費者得不到理賠，故知其可用於消費的所得為 $m_1 - kx$，也表示其消費水準 $C_1 = m_1 - kx$。至於在出現車子被偷的第二種狀況時，消費者可以獲得理賠金 x，故知其可用於消費的所得為 $m_2 - kx + x = m_2 + (1 - k)x$，也就是說其消費水準 $C_2 = m_2 + (1 - k)x$。

總之，當消費者購買了保險之後，其在第一種狀態下的消費水準是減少了 $kx\ (= m_1 - C_1)$，但第二種狀態下的消費水準是增加了 $(1 - k)x\ (= C_2 - m_2)$。換言之，消費者可以經由市場上購買保險，以減少第一種狀態下的消費 kx，來交換增加第二種狀態下的消費 $(1 - k)x$；在保險市場上，存在有以一元的第一種狀態所得或消費，來換得 $\frac{1-k}{k}\ (= \frac{(1-k)x}{kx})$ 元的第二種狀態所得或消費。在圖 5–1 中，可以將上述的交換比例關係，表現如 AE 線段所示，AE 線的斜率絕對值為 $\frac{AH}{HE} = \frac{1-k}{k}$。

就 A 點而言，是表示此一消費者是購買了**全額保險 (Full Insurance)** 下，所能夠達到的確定消費點。所謂全額保險，是指其投保金額剛好等於此一保險事件出現後，造成消費者的全部損失。就本例子而言，即購買了 $\Delta m = FE = GE$ 的保險，如下述運算所示：

由於 $FH = AH = (1 - k)x$，故知 $FE = FH + HE = (1 - k)x + kx = x = \Delta m$。

同理，亦知當 $x < \Delta m$ 時，則消費者所能達到的或有消費組合點，將會落在 AE 線段中（不含 A 及 E 點）。至於 DA 線段（不含 A 點）部分，在此，假設保險公司是不會販賣或接受超出其全部損失額以上的保單（在第十六章，將提及保險公司是為了避免道德風險的問題），故 DA 線段是消費者無法利用保險市場達到的或有消費組合點。

經由上述說明，了解到消費者的或有消費預算線 AE，為一條經過其秉賦點，斜率為負 $\frac{1-k}{k}$（在此，k 為保險費率）的直線段；同時，亦知當消費者購買全額保險時，就可以將其面對的風險或不確定性排除掉，而得到一個在確定線上的確定所得或消費水準點 (A)。

其次，從保險公司的立場，來了解保險費率的決定問題。當保險市場非常競爭，以至於保險公司祇能得到正常的利潤，而沒有超額的利潤時，表示保險公司所能得到的預期利潤 (Expected Profit) 為零。在此，假設保險公司除了理賠的支出項目以外，沒有其他的支出項目；那麼，其預期利潤 (π^e) 可以定義為：

$$\pi^e \equiv \alpha(kx) + (1-\alpha)(kx - x) = kx - (1-\alpha)x = [k - (1-\alpha)]x$$

上式說明，當第一種狀態出現時，保險公司可以得到淨收入 kx（來自消費者所繳交的保費）；而當第二種狀態出現時，其可以得到的淨收入為 $kx - x$ ($= (k - 1)x < 0$)，是保費收入扣除其理賠金後的差額。

在 π^e 等於零的情況下，得出

$$kx = (1-\alpha)x \text{ 或 } k = 1-\alpha$$

上面第一式，表示保險公司得到的保費收入 (kx)，剛好等於其預期的理賠金額 ($(1-\alpha)x$)；第二式表示在 $\pi^e = 0$ 時，其保險費率 k 剛好等於第二種狀態出現的機率 $(1-\alpha)$，或對於一元保險的預期理賠金額。一般是將保費收入等於其預期理賠金額的保單，稱為公平保單 **(Fair Insurance)**。

換言之，當消費者是購買公平保單時，其或有消費預算線的斜率絕對值，將等於第一種狀態出現機率 (α) 及第二種狀態出現機率 $(1-\alpha)$ 的比值，即 $\frac{1-k}{k} = \frac{\alpha}{1-\alpha}$。

同理，當消費者是購買一種對其較為不利的保單時，表示 k 會大於 $1-\alpha$；因此，消費者的或有消費預算線的斜率絕對值 $\frac{1-k}{k}$，將小於 $\frac{\alpha}{1-\alpha}$。

二、在賭博市場下的或有消費預算線

以消費者購買彩券為例，來討論在此一情況下的消費者或有消費預算線。在此，首先，假設消費者本來是處於一個確定情況下，其所得水準為 m，如圖 5-2 中確定線上的稟賦點 E 所示。其次，假設在彩券的購買上，其中獎機率平

均為 α，而彩金為投注額 t 元的 n 倍 $(n > 1)$。換言之，當出現第一種狀態時（表示中獎），消費者的消費水準為 $C_1 = m - t + nt = m + (n - 1)t$；而當出現第二種狀態時（表示沒中獎），消費者的消費水準為 $C_2 = m - t$。如圖 5–2 中的 F 點，其座標為 (C_1, C_2)；其中，$EG = HG = t = m - C_2$, $GF = HF - HG = HF - t = m - C_1 = (n - 1)t$，故知 $HF = nt$。也就是說，當消費者投注了 t 元（如 EG 所示）購買彩券之後，消費者的或有消費組合點，就由 E 變成為 F，表示沒中獎時，其消費水準為 $C_2 = m - t$；而當中獎時，其消費水準為 $C_1 = m + (n - 1)t$。

如同上述，當 $t = m = EK$ 時，消費者的或有消費組合點就由 E 點變成為 B 點，其座標為 $(nm, 0)$，表示中獎時，其消費水準 $C_1 = OB = nm$；而沒中獎時，其消費水準為 $C_2 = 0$。

圖 5–2

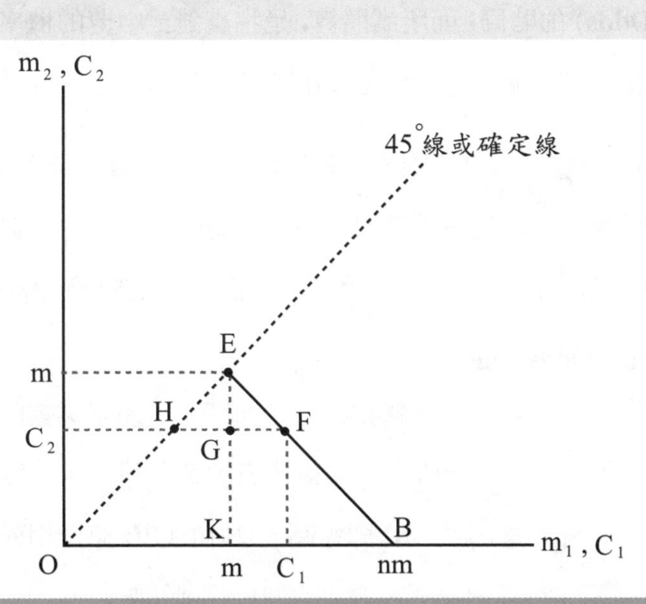

【在賭博市場下的或有消費預算線】

1. 或有消費預算線 EB 的斜率絕對值為 $\frac{1}{n-1}$（其中，n 為獎金倍數）。

2. 在公平賭局下，$\frac{1}{n-1} = \frac{\alpha}{1-\alpha}$（其中，$\alpha$ 為中獎機率）。

3. 在不利賭局下，$\frac{1}{n-1} > \frac{\alpha}{1-\alpha}$，表示 EB 線會比公平勝算線更為陡峭。

經由上述討論，了解到 EB 線，就是此一消費者在購買彩券下的或有消費預算線，其斜率為負的 $\frac{EG}{GF}=\frac{t}{(n-1)t}=\frac{1}{n-1}$，表示平均為了贏 1 元，消費者需投注 $\frac{1}{n-1}$ 元；或者說，消費者投注 1 元，若中獎的話，就等於淨賺了 n－1 元。

與公平保單一樣，在此，接著說明在公平賭局的情況下，政府或發行彩券的商家，會如何來設計彩券的中獎機率或如何決定獎金倍數 n 的？首先，令中獎機率為 α，獎金倍數 n，則政府或商家賣出 1 元彩券的預期利潤 (π^e) 為（在此，亦假設不計算其他的營運成本）：

$$\pi^e=\alpha(1-n)+(1-\alpha)\cdot 1=-\alpha(n-1)+(1-\alpha)$$

上式說明，當消費者中獎時（機率為 α），莊家的淨收入為負的 n－1 元；而當消費者沒中獎時（機率為 $1-\alpha$），莊家的淨收入為 1 元。

所謂公平賭局 **(Fair Gamble)** 是指 π^e 為零的賭局，也就是消費者的具有**公平勝算 (Fair Odds)** 的賭局；而所謂勝算，是指贏錢或中獎的機率與輸錢或沒中獎的機率兩者的比值。換言之，由 $\pi^e=0$，可以了解公平勝算是 $\frac{\alpha}{1-\alpha}=\frac{1}{n-1}$；即當勝算的倒數 ($\frac{1-\alpha}{\alpha}$) 加 1，等於獎金倍數 n 時，則為一公平賭局。

從上述討論得知，當消費者面對一公平賭局時，其或有消費預算線斜率的絕對值 ($\frac{1}{n-1}$) 剛好等於公平勝算 ($\frac{\alpha}{1-\alpha}$)，故此一或有消費預算線，亦可以稱為**公平勝算線 (Fair Odds Line)**。

進而言之，當消費者面對一個對其不利的賭局時，表示莊家的 π^e 大於零(表示 n 較小，或 α 較小)；在此一情況下，消費者的或有消費預算線的斜率絕對值 ($\frac{1}{n-1}$)，就會大於勝算值 ($\frac{\alpha}{1-\alpha}$)，即在圖 5–2 中的 EB 線，相對上會變得較公平勝算線陡峭。

三、在風險性資產市場下的或有消費預算線

在消費者的投資理財活動中，除了將其財富中的一部分，以定期存款、債券等項具一定報酬率的型式來保有以外，總是會去購買股票、基金及其他金融商品等項，其報酬率並不確定的**風險性資產 (Risky Assets)**。在此，以消費者購

買股票為例，來了解在風險性資產市場下的或有消費預算線。

為簡化說明起見，假設消費者本來處於一個確定情況下，其財富水準為 w；同時，在市面上具有兩種資產，一種是具一確定報酬率 $r_0\ (>0)$ 的資產（存款或公債），一種是具不確定報酬率 r_1 與 r_2（且 $r_1>r_0>r_2$）的資產（股票或基金），並知其出現之機率為 α 與 $1-\alpha$。

如圖 5–3 所示，在期初時的秉賦點為 E，其座標為 (w, w)。當此一消費者將其財富全部以確定報酬率 r_0 的資產來持有時，在期末的秉賦點為 F，其座標為 $(w+r_0w, w+r_0w)$，位於確定線上；如果此一消費者將其財富全部以風險性資產來持有時，其或有財富或消費組合點為 G，其座標為 $(w+r_1w, w+r_2w)$。

圖 5–3

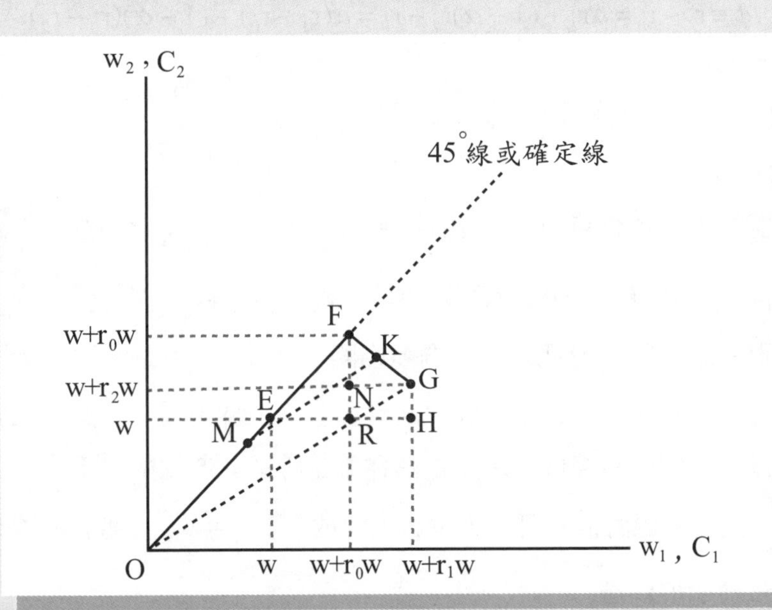

【在風險性資產市場下的或有消費預算線】

1. 在一定的 r_0、r_1、r_2 及 ϕ 之下，或有消費預算線 FG 線段的斜率為負的 $\frac{r_0-r_2}{r_1-r_0}$，小於 $\frac{\alpha}{1-\alpha}$。
2. K 點表示把財富中的 $\frac{FK}{FG}$ 比例，以風險性資產持有時，所能達到的或有消費組合點；G 點表示把全部的財富均以風險性資產持有時，所能達到的或有消費組合點。

至於或有消費預算線 FG 線段中的 k 點，是表示將財富中的 $\frac{FK}{FG}$ 或 $\frac{FM}{FO}$ 比例（在圖中 MK 及 OG 兩線段平行），以風險性資產持有時，其所能達到的或有消費組合點，其座標為 $(w(1+\frac{KG}{FG}\times r_0+\frac{FK}{FG}\times r_1), w(1+\frac{KG}{FG}\times r_0+\frac{FK}{FG}\times r_2))$。同時，亦知 FG 線段的斜率為負的 $\frac{FN}{NG}=\frac{r_0-r_2}{r_1-r_0}$。

當風險性資產市場是一個完全競爭市場時，該項資產的預期報酬率 r^e $(=\alpha r_1+(1-\alpha)r_2)$ 與確定性資產報酬率 r_0 之間的差距，即所謂的**風險貼水 (Risk Premium)**，在資產價格充分調整下，是有一公定的水準的；在此，令此一風險性資產的風險貼水為 $\phi\,(>0)$。換言之，可以將 ϕ 與 r^e、r_0 及 r_1、r_2 之間的關係，表示為：

$$\phi \equiv r^e - r_0 = \alpha r_1 + (1-\alpha)r_2 - r_0 = \alpha(r_1-r_0) - (1-\alpha)(r_0-r_2)$$

或可以整理為：

$$\frac{r_0-r_2}{r_1-r_0} = \frac{\alpha}{1-\alpha} - \frac{\phi}{(1-\alpha)(r_1-r_0)} < \frac{\alpha}{1-\alpha}$$

上式表示或有消費預算線 FG 線段的斜率絕對值 $(\frac{r_0-r_2}{r_1-r_0})$，將小於 $\frac{\alpha}{1-\alpha}$；其中，兩者的差距，與 ϕ 及 α 成正向關係，與 r_1 成反向關係；換言之，當 r_0、r_1 及 α 已知時，此一差距與 ϕ 之間具有正向變動關係。

經由上述分別在保險、賭博及風險性資產等三個市場下，對於或有消費預算線的討論，了解到該線或線段總是落在確定線或 45° 線的右下方，為一具負斜率的線，而斜率絕對值有可能大於、等於或小於 $\frac{\alpha}{1-\alpha}$。接著，繼續介紹消費者的或有消費偏好結構。

第二節　消費者的或有消費偏好結構

在第三章討論消費者的最適決定時，了解到在不同的所得或支出預算下，消費者會調整其最適財貨組合，並相應得到其最適選擇之下的滿足程度或效用水準；換言之，當以一效用函數來描述消費者的偏好結構時，可以對應在不同的所得之下，得到不同的最適效用水準。一般將消費者這種所得 (m) 與其最適滿足程度之間的關係，利用所謂的所得效用函數 **(Utility Function of Income)** U(m) 來加以呈現。

所得效用函數除了具有隨所得之增加而增加的性質(即具有正斜率的性質)以外，其走勢或斜率有可能是遞增、固定不變及遞減等三種類型。本節除了利用所得效用函數，來描述消費者面對不確定情況下的偏好結構以外，也將同時利用或有消費的無異曲線圖，來對照說明此一情況下的偏好結構。

一、風險愛好者的偏好結構

所謂風險愛好 **(Risk Loving)** 者，是指此一消費者不會購買公平保單以趨避風險；或者說，此一消費者在不確定情況下所能得到的**預期效用 (Expected Utility, EU)** 水準，會高於其預期所得 (m^e) 的效用水準。在下文中，可以推知風險愛好者的所得效用函數，其走勢是屬於遞增類型的；即其所得效用曲線將如圖 5–4 中的 OV 曲線所示，為一向下凸的曲線。

在此，假設此一消費者面對如下不確定的情況，出現第一種及第二種狀態的機率，分別為 α 及 $1-\alpha$，而其對應的所得水準為 m_1 及 m_2，且 $m_2 < m_1$。故得知在此一情況下的預期所得 (m^e) 及預期效用 (EU_0) 分別為

$$m^e = \alpha m_1 + (1-\alpha)m_2$$

$$EU_0 = \alpha U(m_1) + (1-\alpha)U(m_2)$$

在此，$\alpha = \dfrac{m^e - m_2}{m_1 - m_2} = \dfrac{EG}{EF}$。

同時，由圖 5–4 亦知

$$EU_0 > U(m^e)$$

上式說明，此一消費者會保持在不確定的情況下，以使其得到 EU_0 的滿足程度，大於在確定所得 m^e 之下的滿足程度 $U(m^e)$。

同時，由下述說明，獲知 m^e 是在購買全額保險 $(m_1 - m_2)$ 的公平保單之下，所能得到的確定所得：

⑴由第一節的討論，了解到公平保單是指保險費率 $k = 1-\alpha$ 的保單；因此，當購買全額保險時，消費者在第一種狀態出現時的消費水準 C_1 為：

圖 5–4

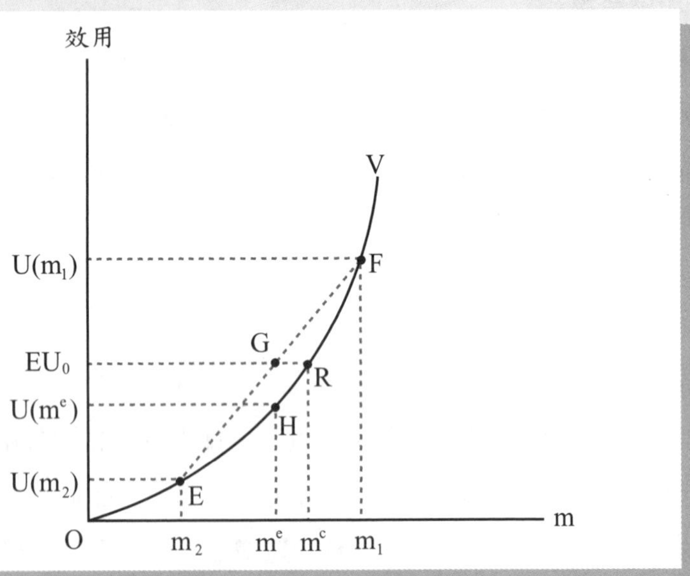

〖風險愛好者的所得效用曲線〗

1. m^e 及 EU_0 分別表示在此一不確定情況下的預期所得及預期效用，並知 $EU_0 > U(m^e)$。
2. 所得效用曲線 OV，為一正斜率且具遞增性質的曲線。
3. m^c 為一滿足程度在 EU_0 水準時的確定性所得，即 $U(m^c) = EU_0$，且亦知 $m^c > m^e$。

$$C_1 = m_1 - k(m_1 - m_2) = m_1 - (1-\alpha)(m_1 - m_2) = \alpha m_1 + (1-\alpha)m_2 = m^e$$

⑵同理，亦得知 C_2 為：

$$C_2 = m_2 + (m_1 - m_2) - k(m_1 - m_2) = \alpha m_1 + (1-\alpha)m_2 = m^e$$

換言之，由於 $EU_0 > U(m^e)$，故知此一消費者不會購買全額或任何額度的公平保單。另外，在圖中亦了解此一消費者對於此一不確定情況的**確定性所得 (Certainty Income)** m^c 大於 m^e；所謂確定性所得，是指滿足程度為 EU_0 水準下的確定所得，即 $U(m^c) \equiv EU_0$，如 R 點所示。

經由上述說明，了解到風險愛好者的所得效用曲線，為一斜率呈現遞增走勢的曲線。接下來，利用等預期效用的概念，以及上述遞增性質，來畫出或有消費的無異曲線。

根據預期效用 $EU_0 = \alpha U(m_1) + (1-\alpha)U(m_2)$ 的關係，可以在 EU_0 為一定常數的情況下，得出等 EU_0 水準的或有消費無異曲線的斜率為：

$$\left.\frac{\Delta m_2}{\Delta m_1}\right|_{EU_0} = -\frac{\alpha MU(m_1)}{(1-\alpha)MU(m_2)}$$

在上式中，$MU(m) \equiv \frac{\Delta U}{\Delta m}$，表示所得的邊際效用或所得效用曲線的斜率。根據上式，了解到當 $m_1 = m_2$ 時，$\left.\frac{\Delta m_2}{\Delta m_1}\right|_{EU_0} = -\frac{\alpha}{1-\alpha}$；而當 $m_1 > m_2$ 時，由於上述遞增性質，知 $MU(m_1) > MU(m_2)$，故得知 $\left.\frac{\Delta m_2}{\Delta m_1}\right|_{EU_0}$ 的絕對值大於 $\frac{\alpha}{1-\alpha}$，且隨著 m_1 的增加而遞增；同理，當 $m_1 < m_2$ 時，知 $MU(m_1) < MU(m_2)$，故得知 $\left.\frac{\Delta m_2}{\Delta m_1}\right|_{EU_0}$ 的絕對值小於 $\frac{\alpha}{1-\alpha}$，且隨著 m_1 的減少而遞減。直言之，可以將風險愛好者的等預期效用曲線或其或有消費無異曲線，表示為一凹向原點的曲線，如圖 5–5 中的 EU_0 曲線；並知其在 $m_1 = m_2 = m^c$ 或與 45° 線的交點 E 上的斜率為負的 $\frac{\alpha}{1-\alpha}$，如切線 EF 的斜率所示。

當風險愛好者變得更喜歡風險時，其所得效用曲線將變得更為陡峭，或隨著 m 的增加，邊際效用水準遞增的速度更快；如此，將表現在 EU_0 的大幅度大於 $U(m^e)$，或 m^c 的大幅度大於 m^e。同理，若以無異曲線來表示時，其彎曲度將更大，如圖 5–5 中的 EU_1 曲線所示。

二、風險趨避者的偏好結構

所謂風險趨避 (**Risk Averse**) 者，是指此一消費者不會接受一個公平的賭局；或者說，此一消費者在不確定情況下所能得到的預期效用水準，會低於其預期所得的效用水準。

比照風險愛好者的討論方式，可以推知風險趨避者的所得效用函數，其走勢是屬於遞減類型的；即其所得效用曲線將如圖 5–6 中的 OV 曲線所示，為一

圖 5–5

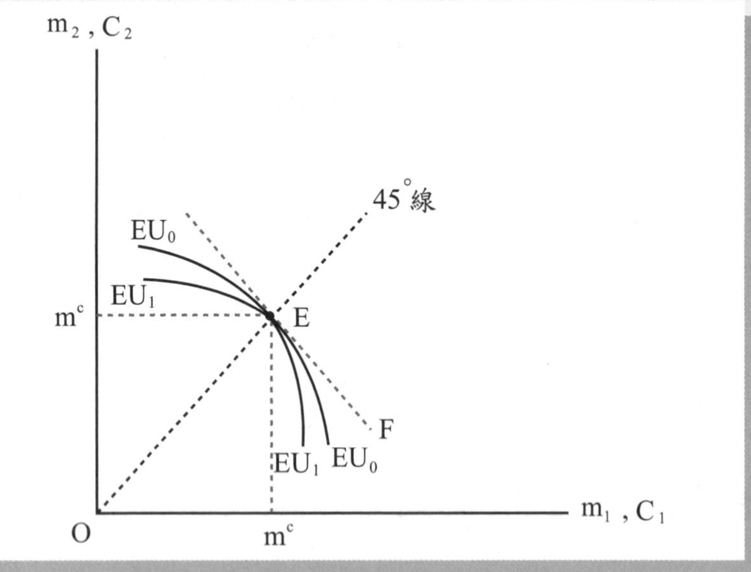

【風險愛好者的或有消費無異曲線】

1. EU_0 曲線為一凹向原點的曲線，其在 45° 線上 E 點的斜率為負的 $\frac{\alpha}{1-\alpha}$。
2. 當消費者愈喜歡風險時，或有消費無異曲線的彎曲程度更大，如 EU_1 曲線所示。

向下凹的曲線。

雖然仍可以利用消費者會購買公平保單的方式，來討論風險趨避者的所得效用曲線；不過，在此，改以由消費者不會參與公平賭局的方式，來說明風險趨避者的所得效用曲線。

假設消費者本來是有一確定的所得 m_0，現在他面對一公平的賭局，此一賭局的勝算 $\frac{\alpha}{1-\alpha} = \frac{m_0 - m_2}{m_1 - m_0}$ 或莊家的預期利潤 $\pi^e = \alpha[(m_0 - m_2) - (m_1 - m_2)] + (1-\alpha)(m_0 - m_2) = 0$，表示消費者投注 $m_0 - m_2$ 的錢，若贏的話，可以得到 $m_1 - m_2$ 的獎金。同時，亦可以由該式子推出 $m_0 = \alpha m_1 + (1-\alpha)m_2 = m^e$；也就是說，所謂公平賭局，就是指消費者在參與此一賭局之後的預期所得，會等於未參與此一賭局之前的確定所得，即莊家預期利潤會等於零的意思。

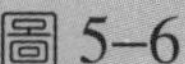

圖 5-6

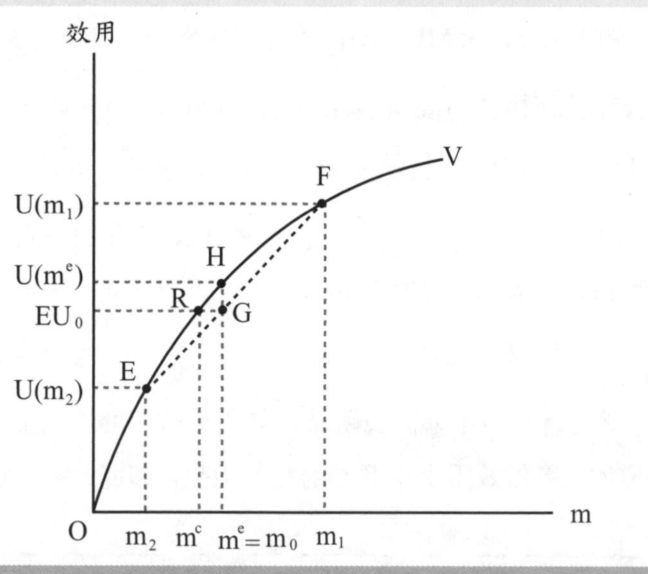

【風險趨避者的所得效用曲線】

1. 所得效用曲線 OV，為一正斜率且具遞減性質的曲線。

2. $m^e(=m_0)$ 及 EU_0 分別表示在此一公平賭局下的預期所得（等於原來未參與賭博時的確定所得）及預期效用，並知 $EU_0<U(m^e)$。

3. m^c 為此一消費者對於此一公平賭局的確定性所得，即 $U(m^c)=EU_0$，且亦知 $m^c<m^e$。

同時，由圖形亦知在此一公平賭局之下的贏錢機率 $\alpha=\frac{EG}{EF}$。因此，得知此一賭局帶給消費者的預期效用 $EU_0=\alpha U(m_1)+(1-\alpha)U(m_2)$，小於 $U(m^e)$ 或 $U(m_0)$；此一結果，表示此一消費者不會接受一個公平的賭局。由圖形中的 R 點所示，亦知此一公平賭局的確定性所得 m^c（即 $U(m^c)=EU_0$），是小於 m^e 或 m_0 的。

從上述說明，可以確知風險趨避者的所得效用曲線，將是一條斜率呈現遞減走勢的曲線。接下來，將利用此一遞減性質，來畫出其對應的或有消費無異曲線或等預期效用曲線。

從上述等 EU_0 水準的或有消費無異曲線的斜率為負的 $\frac{\alpha MU(m_1)}{(1-\alpha)MU(m_2)}$ 得

知：(1)當 $m_1 = m_2$ 時，斜率絕對值為 $\frac{\alpha}{1-\alpha}$；(2)當 $m_1 > m_2$ 時，由於所得邊際效用遞減性質，知 $MU(m_1) < MU(m_2)$，故得知無異曲線斜率絕對值小於 $\frac{\alpha}{1-\alpha}$，且隨著 m_1 的增加而遞減；(3)當 $m_1 < m_2$ 時，知 $MU(m_1) > MU(m_2)$，故得知無異曲線斜率絕對值大於 $\frac{\alpha}{1-\alpha}$，且隨著 m_1 的減少而遞增。也就是說，可以將風險趨避者的等預期效用曲線或其或有消費無異曲線，表示為一凸向原點的曲線，如圖 5–7 中的 EU_0 曲線；並知其在 $m_1 = m_2 = m^c$ 或與 45° 線的交點 E 上的斜率為負的 $\frac{\alpha}{1-\alpha}$，如切線 EF 的斜率所示。

當風險趨避者變得更不喜歡風險時，其所得效用曲線將變得更為向下凹，或隨著 m 的增加，邊際效用水準遞減的速度更快；如此，將表現在 EU_0 的大幅

圖 5–7

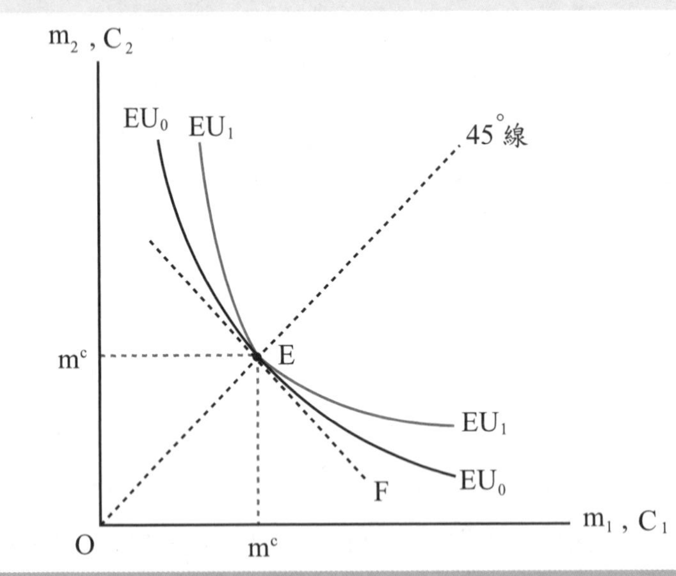

【風險趨避者的或有消費無異曲線】

1. EU_0 曲線為一凸向原點的曲線，其在 45° 線上 E 點的斜率為負的 $\frac{\alpha}{1-\alpha}$。

2. 當消費者愈不喜歡風險時，或有消費無異曲線的彎曲程度更大，如 EU_1 曲線所示。

度小於 $U(m^e)$，或 m^c 的大幅度小於 m^e。此一情形若以無異曲線來表示時，其彎曲度將更大，如圖 5–7 中的 EU_1 曲線所示。

三、風險中立者的偏好結構

所謂風險中立 **(Risk Neutral)** 者，是指不確定程度的高低，並不會影響此一消費者的偏好；直言之，此一消費者祇關心期望所得的大小。換言之，當風險中立者在面對任何不確定情況時，其預期所得為 $m^e = \alpha m_1 + (1 - \alpha)m_2$，則其預期效用 $EU_0 = \alpha U(m_1) + (1 - \alpha)U(m_2)$ 剛好等於 $U(m^e)$。因此，當風險中立者在面對公平保單或公平賭局時，均能維持其預期所得不變（⑴就公平保單而言，$k = 1 - \alpha$；若以購買全額保險為例，消費者的 $C_1 = m_1 - k(m_1 - m_2) = \alpha m_1 + (1 - \alpha)m_2 = m^e$，$C_2 = m_2 - k(m_1 - m_2) + (m_1 - m_2) = \alpha m_1 + (1 - \alpha)m_2 = m^e$，均等於完全不買保險時的 m^e；⑵如前所述，在公平賭局下，$m^e = m_0$），故風險中立者對於買與不買公平保單之間是無差異的，對於參與及不參與公平賭局之間也是無差異的。

根據上述對於風險愛好者及風險趨避者所得效用曲線的討論，了解到風險中立者的所得效用曲線，將如圖 5–8 中的 OV 直線段所示；亦即，風險愛好者的所得效用函數，其走勢是屬於固定不變類型的。

與圖 5–4 類似，在圖 5–8 中，係以公平保單為例，來說明風險中立者的所得效用曲線。在此，出現第一種狀態的機率 $\alpha = \frac{EG}{EF}$，而在第一種及第二種狀態出現時的所得為 m_1 及 m_2，且 $m_2 < m_1$；同時，亦知 m^e 及 EU_0 分別為預期所得及預期效用，即 $m^e = \alpha m_1 + (1 - \alpha)m_2$, $EU_0 = \alpha U(m_1) + (1 - \alpha)U(m_2)$，且 $EU_0 = U(m^e)$。另外，亦知在此一不確定情況下的確定性所得 m^c 等於 m^e。

經由以上說明，了解到風險中立者的所得效用曲線，為一固定正斜率的直線段。接著，說明風險中立者的或有消費無異曲線。

圖 5–8

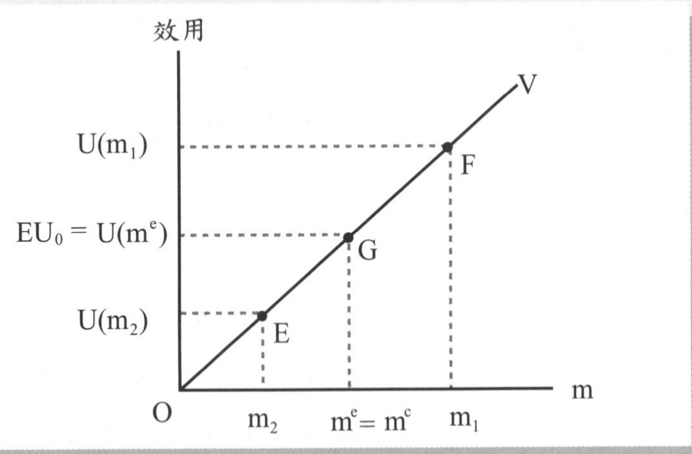

〖風險中立者的所得效用曲線〗

1.m^e 及 EU_0 分別表示在不確定情況下的預期所得及預期效用，並知 $EU_0 = U(m^e)$。

2.所得效用曲線 OV，為一正斜率的直線段，表示斜率固定不變。

3.m^c 為此一不確定情況下的確定性所得，且 $m^c = m^e$。

圖 5–9

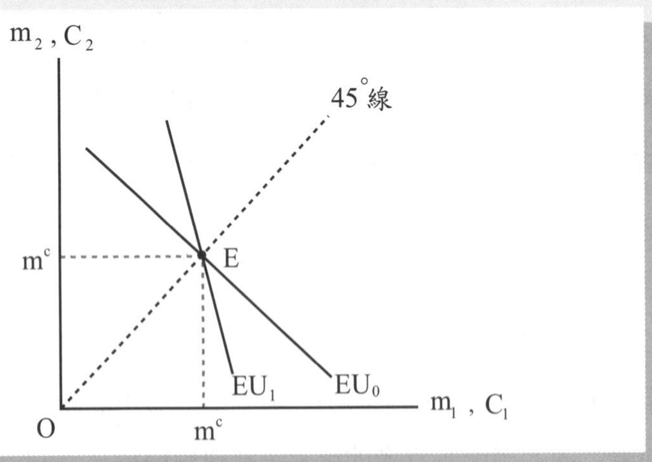

〖風險中立者的或有消費無異曲線〗

1.EU_0 曲線為一直線段，其斜率為負的 $\frac{\alpha}{1-\alpha}$。

2.當出現第一種狀態的機率提高時（即 α 上升），則或有消費無異曲線會變得更陡峭，如 EU_1 直線段所示。

由於所得效用曲線的斜率為固定常數，表示所得的邊際效用為常數，故對於所有的 m 而言，$MU(m_1) = MU(m_2)$；因此，得知等預期效用水準的或有消費無異曲線的斜率，亦為一常數，即負的 $\frac{\alpha}{1-\alpha}$；如圖 5–9 中的 EU_0 直線段所示，其斜率為 $-\frac{\alpha}{1-\alpha}$。同時，亦可以推知，當第一種狀態出現的機率提高時（即 α 增加），則或有消費無異曲線會變得更陡峭，如圖中的 EU_1 直線段所示。

接下來，將結合或有消費預算線及無異曲線兩個概念，來討論消費者在購買保險、參與賭博及購置風險性資產等方面的最適決定問題。

第三節　消費者購買保險的最適決定

在第二節討論所得效用曲線時，曾提及風險愛好者，不會購買公平保單；以及風險中立者，對於購買與不購買公平保單兩者，是無差異的。在本節將進一步利用或有消費預算線與無異曲線兩者，來共同討論消費者在保險購買上的最適選擇問題。

一、風險愛好者購買保險的行為

首先，就公平保單來看。對應於圖 5–4 的所得效用曲線的例子，可以利用或有消費預算線與無異曲線，加以重新呈現。在圖 5–10 中，E 為秉賦點，AE 為或有消費預算線，A 點表示購買全額保險（保額為 $m_1 - m_2$）下所能達到的確定所得或消費組合點，其座標為 (m^e, m^e)，m^e 為預期所得；同時，AE 線段的斜率為 $-\frac{\alpha}{1-\alpha}$。至於經過（剛好也相切於）A 點及 E 點的或有消費無異曲線，分別為 $U(m^e)$ 及 EU_0 曲線，分別表示預期效用水準為 $U(m^e)$ 及 EU_0 $(=\alpha U(m_1) + (1-\alpha)U(m_2))$，且知 EU_0 曲線與 45° 線交於 H 點，而 H 點的座標為 (m^c, m^c)，m^c 為確定性所得。

由圖 5–10 知，風險愛好者是不會購買任何金額的公平保單，即他不但不會購買全額保險（如 A 點所示），也不會購買任何的部分保險（如 AE 線段中的任何點所示，但不含 A 及 E 點在內）；否則，將使其滿足程度比 EU_0 來得低。

圖 5-10

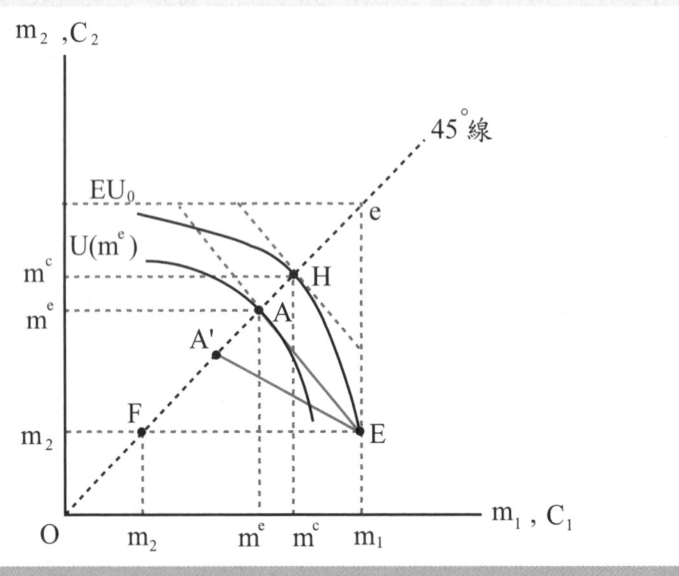

【風險愛好者不會購買公平保單或對其不利的保單】

1. AE 線段及 A′E 線段分別表示在公平及不利保單下的或有消費預算線。
2. 風險愛好者不會購買任何的公平或不利保單，否則其預期效用會降低。

其次，就對消費者不利的保單來看。在此一不利的保單下，消費者的或有消費預算線變得較為平坦，如 A′E 線段所示。比照上述的說明，讀者將很容易由圖形中來了解，當此一消費者面對不利的保單時，他是更不會去購買的。

二、風險中立者購買保險的行為

首先，就公平保單來看。對應於圖 5-8 的所得效用曲線，可以把風險中立者對於購買公平保單與不購買保險的無差異情形，在圖 5-11 中利用或有消費預算線與無異曲線呈現出來。在圖 5-11 中，AE 線段為公平保單下的消費者或有消費預算線，EU_0 直線段為過 E 點的無異曲線，$U(m^e)$ 直線段為過 A 點的無異曲線，EU_0 直線段與 $U(m^e)$ 直線段兩者一致（如 $m^c = m^e$ 所示），且與 AE 線段重疊，斜率均為負的 $\frac{\alpha}{1-\alpha}$；因此，了解到在公平保單下，風險中立者對於購

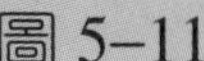

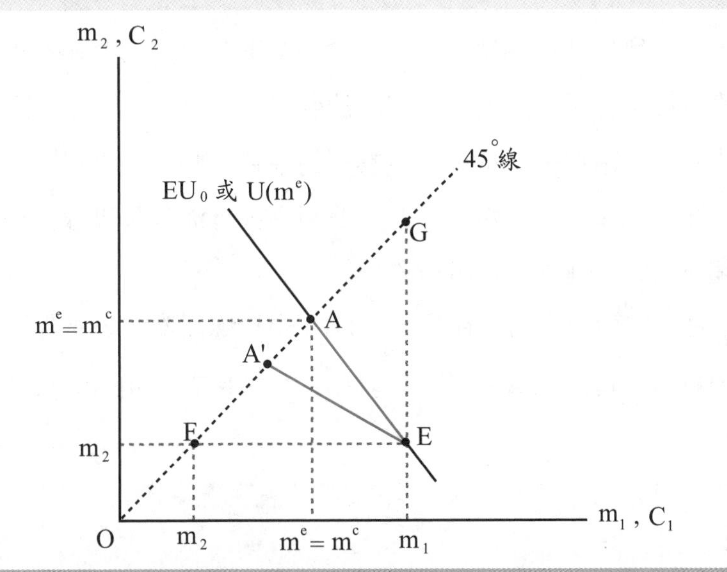

〖風險中立者購買保險的行為〗

1. AE 線段及 A′E 線段分別表示在公平及不利保單下的或有消費預算線。
2. 過 E 點的 EU_0 無異曲線與過 A 點的 $U(m^e)$ 無異曲線一致，且為直線段，故在公平保單下，購買任何保險與不購買保險兩者（即在 AE 線段上的任何組合點）並無差異。
3. 在不利保單下，風險中立者不會購買保險，如 E 點所示。

買全額保險（如 A 點所示）、購買部分額度的保險（如 AE 線段上各點，但不含 A 及 E 點）或不購買保險（如 E 點所示）等情況所能達到的或有消費組合點，其預期效用水準均一樣（如 EU_0 或 $U(m^e)$ 直線段所示），故相互間並無差異。

其次，就對消費者不利的保單來看。此時，消費者的或有消費預算線變得較為平坦，如 A′E 線段所示。由圖 5–11 中，知消費者會維持在 E 點上，而不會選擇在 A′E 線段上的任何其他點，表示此一風險中立者一定不會去購買對其不利的保單。

三、風險趨避者購買保險的行為

在圖 5–6 的所得效用曲線，是以不會去參與公平賭局為例，來說明風險趨避者在不喜歡風險情況下的所得效用曲線特徵。其實，亦可以用圖 5–6 來說明風險趨避者一定會購買公平保單，或甚至是購買一些對其不利的保單等方式，來避免掉風險對其造成的衝擊。在此，將利用或有消費預算線及無異曲線，來呈現風險趨避者的上述購買保險行為。

首先，就公平保單來看。在圖 5–12 中，AE 線段為在公平保單下的消費者或有消費預算線，其斜率為 $-\dfrac{\alpha}{1-\alpha}$；其中，A 點是表示此一消費者購買全額保

圖 5–12

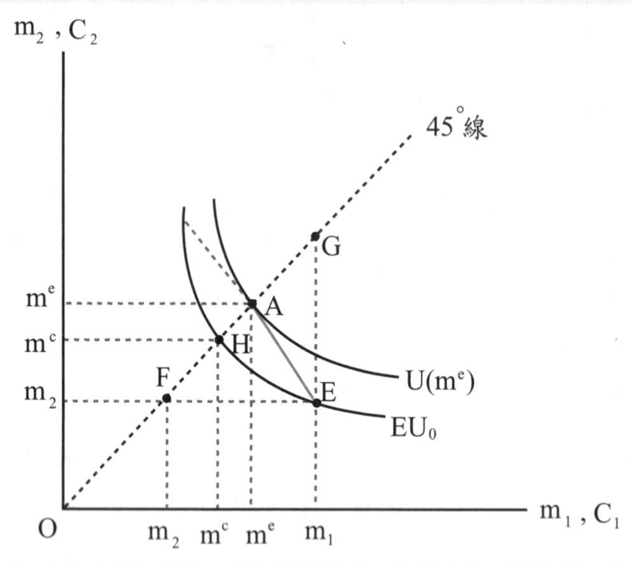

【風險趨避者會購買全額的公平保單】

1. AE 線段為在公平保單下的或有消費預算線，其與 $U(m^e)$ 無異曲線相切於 A 點，斜率均為 $-\dfrac{\alpha}{1-\alpha}$；表示此一風險趨避者會購買全額 (m_1-m_2) 的保險，以完全排除掉風險因素，使其所得或消費水準維持在確定的 m^e 上，如 A 點所示。
2. 對應於 E 點的確定性所得為 m^c，且 $m^c<m^e$。

險（即保險金額為 $m_1 - m_2$）之後，所能達到的消費或所得組合點，為一確定之水準 $m^e (= \alpha m_1 + (1-\alpha)m_2)$。$U(m^e)$ 曲線及 EU_0 曲線分別為過 A 點及過 E 點的無異曲線，其在 A 點及 H 點上的斜率均為 $-\frac{\alpha}{1-\alpha}$；在此，H 點表示確定性所得 m^c，且 $m^c < m^e$。

由圖 5–12，可以清楚的了解，風險趨避者會選擇 A 點，以使得其預期效用水準最大；這就說明他會購買全額的公平保單，以完全排除掉風險因素，使得不管在第一種或第二種狀態出現時，他都有 m^e 的確定所得或消費水準。

其次，就對消費者不利的保單來看。在圖 5–13 中，AE 線段是指在公平保單下的或有消費預算線，H 點為相當於在 E 點下的確定性所得點，以其預算線

圖 5–13

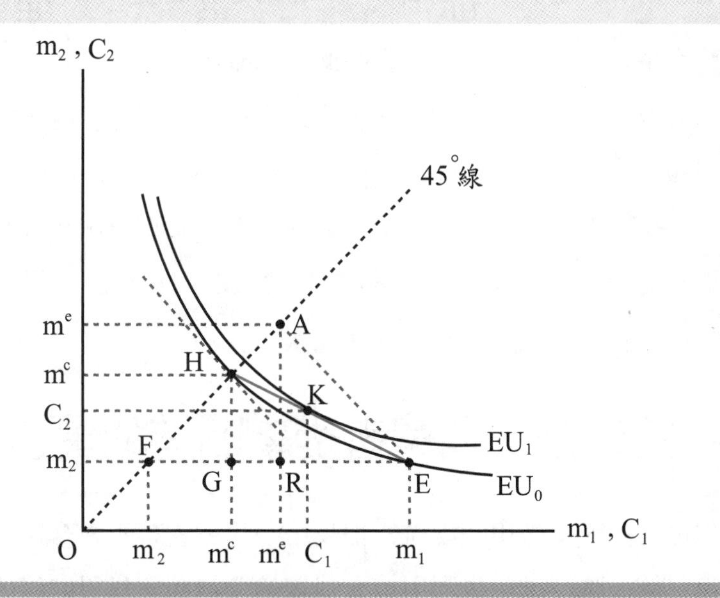

【風險趨避者有可能購買部分額度的對其不利的保單】

1. 在不利的保單下，消費者的或有消費預算線 HE，其斜率絕對值小於 $\frac{\alpha}{1-\alpha}$（如公平保單下的 AE 線段之斜率所示）。
2. 在 HE 線段的預算線下，消費者會選擇 K 點，表示他會購買部分額度（即 $(m_1 - m_2) \times \frac{KE}{HE}$）的不利保單，以使其消費組合點為 (c_1, c_2)，此時表示他會自己承擔部分風險。

為 HE 情況下的不利保單為例，表示保險費率相對於第二種狀態出現的機率而言是偏高了。如圖所示，在公平保單下，若購買全額保險的話，可以在第一種狀態之下的 RE $(= m_1 - m^e)$ 所得，來爭取在第二種狀態之下的 AR $(= m^e - m_2)$ 所得；可是，在 HE 預算線下的不利保單，若購買全額保險的話，卻衹能以在第一種狀態之下的 GE $(= m_1 - m^c)$ 所得 (GE > RE)，來換得在第二種狀態之下的 HG $(= m^c - m_2)$ 所得 (HG < AR)，如由 E 點到 H 點所示。由圖亦知，此時保險公司得到 $m^e - m^c$ 的正利潤，其為一對消費者毫無淨利的情形（因為 H 與 E 點均維持在同一條 EU_0 無異曲線上。）

不過，由圖亦知，在此一不利的保單之下，消費者若僅購買部分額度的保險，如圖中的 K 點所示，其預期效用水準 (EU_1) 是可能高於不購買保險的 EU_0；在 K 點，表示消費者購買了 $\frac{KE}{HE} \times (m_1 - m_2)$ 的部分額度保險 $(\frac{KE}{HE} < 1)$。在 K 點的或有消費水準為 (c_1, c_2)，且 $c_2 < c_1$；此一結果說明，消費者在此不利保單的情況下，由於保險費率偏高，他的最適選擇為以購買部分保險的方式，或自己承擔部分風險的方式，來面對此一不確定性狀況。

仿照圖 5–13 的作法，讀者亦可以了解到，當不利保單的預算線段變得更為平坦（即更不利消費者時），而不再與 EU_0 無異曲線相交於 E 點左上方的曲線段時，此一風險趨避者也就不會去購買保險了。

第四節　消費者從事賭博的最適決定

在第二節討論所得效用曲線時，提及風險趨避者，不會參與公平賭局。在本節將與第三節一樣，進一步利用或有消費的預算線與無異曲線的概念，來說明不同類型的消費者，在從事賭博方面的最適行為。

一、風險趨避者從事賭博的行為

首先，就公平賭局來看。對應於圖 5–6 的所得效用曲線的例子，現在利用或有消費預算線與無異曲線，重新呈現在圖 5–14 中。E 為秉賦點，其座標為

(m_0, m_0)，EB 線段為公平賭局下的預算線，其斜率為負的 $\frac{\alpha}{1-\alpha}$；其中，α 為消費者贏錢的機率。此一公平賭局，以 F 點為例，其座標為 (m_1, m_2)，是指投注 ER 或 GR $(= m_0 - m_2)$ 的錢，若贏的話，可獲得 GF $(= m_1 - m_2)$ 的獎金，即淨賺 RF $(= m_1 - m_0)$ 的錢，且知 $\alpha \cdot RF = (1-\alpha) \cdot ER$，並由下述運算知 $m^e = m_0$：

已知 $\alpha(m_1 - m_0) = (1-\alpha)(m_0 - m_2)$，故 $m_0 = \alpha m_1 + (1-\alpha)m_2 = m^e$

同理，均可以證得在 EB 線段上的各點，其預期所得 $m^e = m_0$，即表示公平賭局

圖 5-14

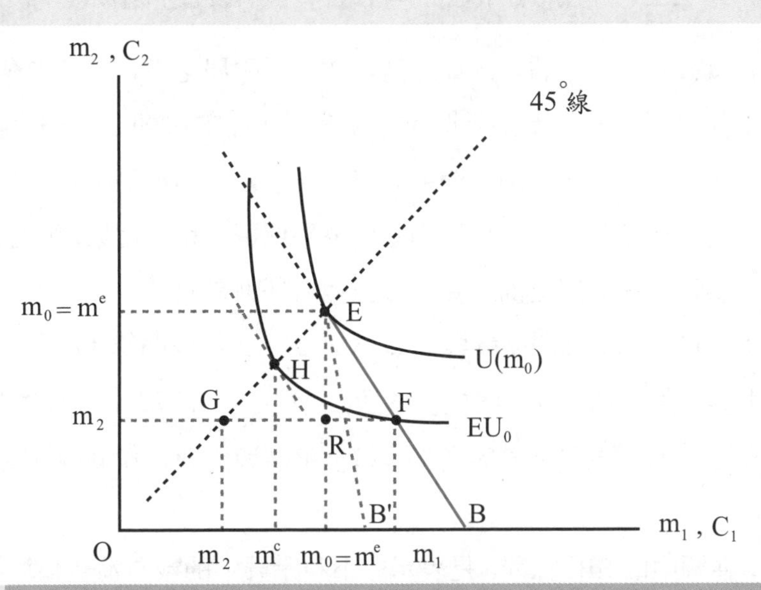

【風險趨避者不會參與公平賭局及對其不利的賭局】

1. E 為秉賦點，EB 線段為在公平賭局下的預算線，其斜率絕對值為 $\frac{\alpha}{1-\alpha}$；表示若投注 ER 或 GR 的錢，贏的話，可獲 GF $(= m_1 - m_2)$ 的獎金，即可以淨賺 RF 的錢，且知 $\alpha \cdot RF = (1-\alpha) \cdot ER$。
2. m^e 及 m^c 分別為對應於參與賭局後的預期所得及其確定性所得；且知在公平賭局下，$m^e = m_0$。
3. 風險趨避者會選擇 E 點，而不會選擇 EB 線段上的其他點，表示他不會參與公平賭局。
4. EB′ 線段是表示一條在不利賭局下的預算線。

的方式之一，此時莊家的預期利潤為零。

在圖 5–14 中，得知 F 點的確定性所得 $m^c < m_0$，或過 F 點的 EU_0 無異曲線，落在過 E 點的 $U(m_0)$ 無異曲線的左下方；且在 E 點時，$U(m_0)$ 無異曲線與預算線相切，兩者的斜率均為負的 $\frac{\alpha}{1-\alpha}$，故得知風險趨避者不會參與公平賭局。

其次，就不利的賭局而言，其表現在預算線上，則為一較圖 5–14 中 EB 線段更陡峭的直線段，如 EB′ 所示。當風險趨避者在面對 EB′ 的預算線時，就更加不會去參與此一對其不利的賭局了。

二、風險中立者從事賭博的行為

首先，就公平賭局來看。誠如上述，在公平賭局之下，消費者參與賭博的預期所得 m^e，與其當初的確定所得 m_0，兩者是一致的；同時，於上述就風險中立者特性的了解，亦知他祇關心預期所得的大小，而不會計較其是否面對一個確定或不確定的環境。因此，可以推知與公平保單一樣的結果，即風險中立者在參與或不參與公平賭局之間，其偏好上並無任何差異存在。

在圖 5–15 中，EB 線段剛好與過 E 點的 $U(m_0)$ 無異曲線重疊；且過 F 點的 EU_0 無異曲線，亦與 $U(m_0)$ 曲線完全一致，故推知其 m^e 與 m^c 均等於 m_0。此一情形，表示風險中立者對於參與或不參與公平賭局之間，在偏好上並沒有差異存在。

同時，在圖中的 EB′ 線段，是表示在不利賭局下的或有消費預算線，較 EB 線段更為陡峭；當風險中立者在面對 EB′ 線段時，如圖所示，他會維持在 E 點，表示他一定不會選擇去從事任何的賭博活動。

三、風險愛好者從事賭博的行為

在上文中，是以不會購買公平保單，來描述所謂的風險愛好者；其實，亦可以一定會參與公平賭局，來定義所謂的風險愛好者。在圖 5–16 中，E 為秉賦點，EB 線段為在公平賭局下的或有消費預算線，$U(m_0)$ 及 EU_0 曲線分別為過 E 及 B 點的無異曲線；m^e 為參與賭博的預期所得，在公平賭局下，$m^e = m_0$。同時，

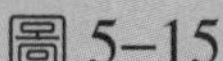

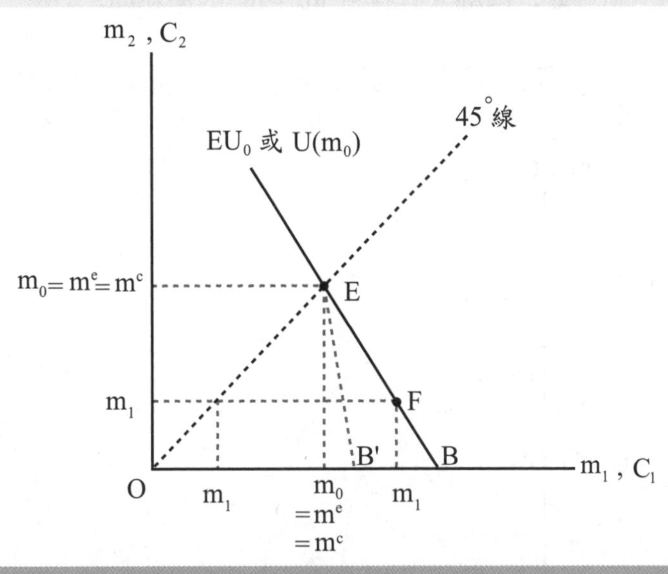

〖風險中立者從事賭博的行為〗

1. E 為秉賦點，EB 及 EB′ 線段分別表示在公平及不利賭局下的預算線；$U(m_0)$ 曲線為一過 E 點的無異曲線，剛好與 EB 線重疊。
2. 以 F 點為例的賭博行為，其 m^e 及 m^c 均等於 m_0，且過 F 點的 EU_0 曲線與 $U(m_0)$ 曲線一致，均為直線段。
3. 風險中立者對於參與或不參與公平賭局之間，在偏好上並無差異存在；不過，他一定不會去從事對其不利的賭博。

亦知對應於 B 點的確定性所得 m^c，並知 $m^c > m^e$。

由圖 5–16，知風險愛好者一定會參與公平賭局，且會把其當初所有的確定所得 m_0 全部下注，如 B 點所示，以使得其預期效用水準最大。

其次，說明風險愛好者可能參與對其不利的賭局。在圖 5–17 中，EB 線及 EB′ 線分別表示在公平及不利賭局下的或有消費預算線。在面對 EB′ 線所表示的不利賭局時，風險愛好者仍會選擇將其當初所有的確定所得 m_0，全部投注賭博中，如 B′ 點所示，以求其預期效用水準之最大化，如 EU_0 曲線所示。此一風險愛好者對於參與 B′ 點所示的賭博時，其確定性所得 m^c，是大於其當初的 m_0；

同時，該 B′ 點所呈現的預期所得 m^e，是小於其投注的金額 m_0，表示此一賭局對於消費者的不利程度，即莊家存在有 $m_0 - m^e$ 的淨利潤。

圖 5–16

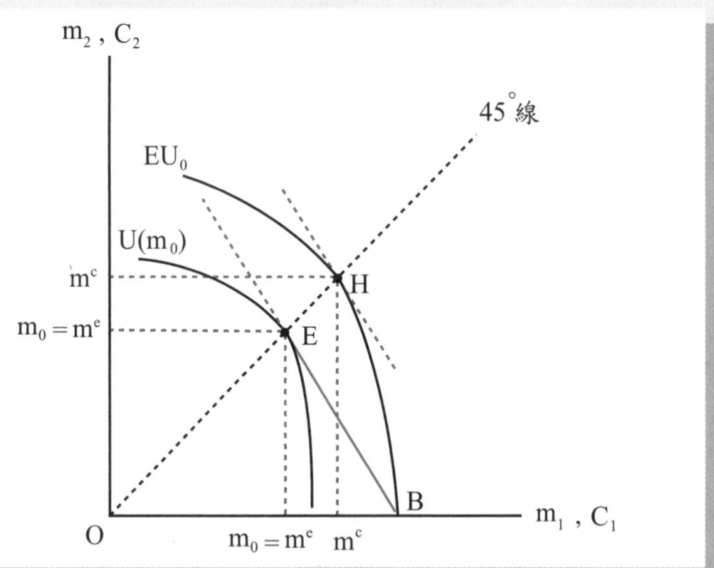

〖風險愛好者一定會參與公平賭局〗

1.E 為稟賦點，EB 線段為在公平賭局下的預算線，表示參與賭博的 m^e 會等於 m_0。

2.過 B 點的 EU_0 曲線，其確定性所得為 m^c，如 H 點所示，$m^c > m^e$；EU_0 曲線位在過 E 點的 $U(m_0)$ 曲線的右上方。此一情形，說明風險愛好者會將其當初所有的確定所得 m_0，全部投入賭博活動，如 B 點所示。

如圖 5–17 所示，當不利賭局的或有消費預算線不是太陡峭，而與 $U(m_0)$ 無異曲線中的 RE 曲線段（不含 R 點在內）有相交時（如 F 點所示），此一風險愛好者仍會選擇參與此一不利的賭局。

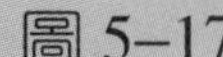
圖 5-17

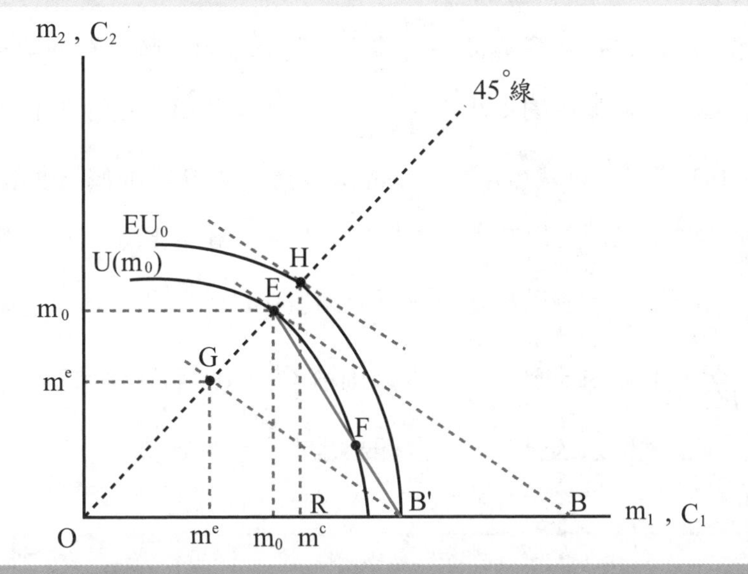

【風險愛好者可能參與對其不利的賭局】

1.以或有消費預算線 EB′ 為例的不利賭局，風險愛好者仍會選擇 B′ 點，表示將其確定所得 m_0 全部投注於此一賭博。

2.對應於 B′ 點的預期所得為 m^e，其確定性所得為 m^c。由 $m^c > m_0$，表示消費者會參與 B′ 點所示的賭博；由 $m^e < m_0$，表示此一賭局是不利於消費者的。

第五節　消費者購買風險性資產的最適決定

本節仍將利用或有消費的預算線及無異曲線，來說明不同風險偏好類型的消費者，對於風險性資產的最適選擇問題。為簡化分析起見，假設在風險性資產市場中，其報酬率 r_0、r_1、r_2，風險貼水 ϕ 及出現第一種狀態的機率 α 均為固定常數；因此，得知在風險性資產市場下的或有消費預算線的斜率絕對值 $(\frac{r_0 - r_2}{r_1 - r_0})$ 與 $\frac{\alpha}{1-\alpha}$ 之間的差距，亦將固定不變。

一、風險趨避者購買風險性資產的行為

在圖 5–18 中，FG 線段為此一消費者在資產市場下所具有的或有財富（或消費）預算線，其斜率絕對值小於 $\frac{\alpha}{1-\alpha}$（其大小如 EU_0 曲線在 F 點的斜率所示），故知 FG 線段中必然存在有一個線段會落在過 F 點的無異曲線 EU_0 的右上方；進而言之，必然可以在此一線段中，找到一點 K 與較高的無異曲線 EU_1 相切。此一結果，說明風險趨避者會把其財富中的 $\frac{FK}{FG}$ 比例，以風險性資產持有，而將 $\frac{KG}{FG}$ 比例以確定性資產持有。由於 $\frac{FK}{FG}>0$，且可能達到 1；此一結果表示，在存在風險貼水的情況下，風險趨避者不會把其資產全部以確定性資產

圖 5–18

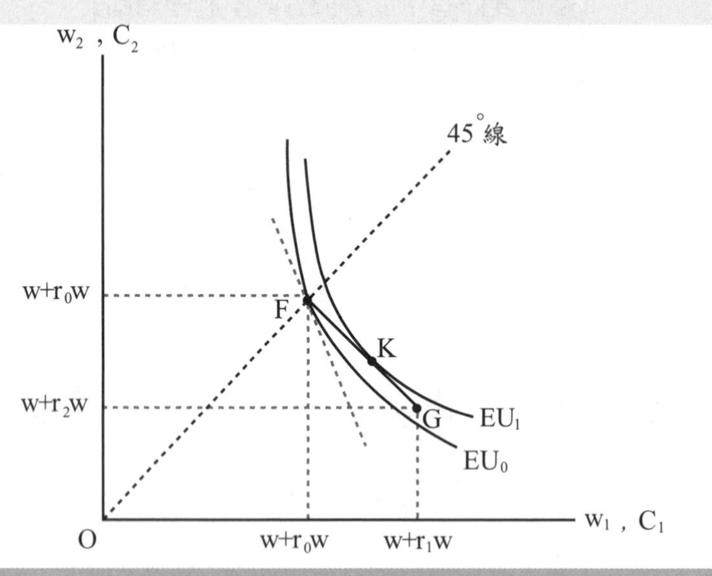

【風險趨避者購買風險性資產的決定】

1.FG 線段為在資產市場下的或有消費預算線，F 點及 G 點分別表示全部以確定性及風險性資產持有時，所能達到的或有財富組合點。

2.K 點表示將財富中的 $\frac{FK}{FG}$ 比例以風險性資產持有時，所能達到的或有財富組合點，該比例為此一消費者購買風險性資產的最適比例。

來持有。

同時，亦可以比照利用圖 5–18 的方式，來了解當此一風險趨避者變得更加不喜歡風險時（無異曲線的彎曲度增加），其持有風險性資產的最適比例，將會有所調降。

二、風險中立者購買風險性資產的行為

在圖 5–19 中，FG 線段為在資產市場下的或有消費預算線，其斜率絕對值為 $\frac{r_0 - r_2}{r_1 - r_0}$，小於無異曲線（如 EU_0）斜率的絕對值 $\frac{\alpha}{1-\alpha}$；其中，F 點及 G 點是分別表示全部財富均以確定性及風險性資產持有所能達到的或有財富（或消費）組合點。

圖 5–19

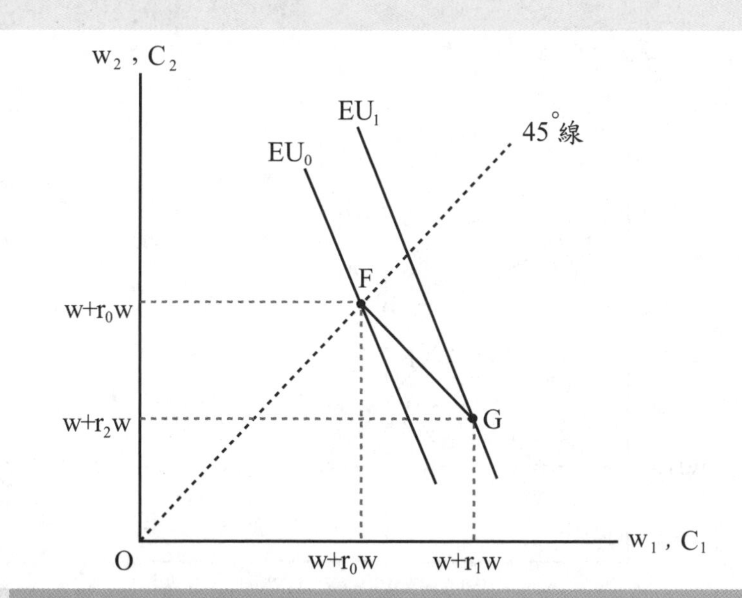

〖風險中立者購買風險性資產的決定〗

1. FG 線段為在資產市場下的或有消費預算線，其斜率絕對值為 $\frac{r_0 - r_2}{r_1 - r_0}$，小於無異曲線斜率的絕對值 $\frac{\alpha}{1-\alpha}$。
2. 風險中立者會選擇 G 點，表示會將其財富全部以風險性資產來持有。

由圖 5–19，可以清楚了解到，風險中立者將會選擇 G 點；此一結果，表示他會把其財富全部以風險性資產來持有，使得其預期財富或預期效用水準最大化，達到如 EU_1 曲線所示的水準。

三、風險愛好者購買風險性資產的行為

在圖 5–20 中，除了畫有在資產市場下的消費者或有消費預算線 FG 線段以外，亦畫出二條風險愛好者的或有消費無異曲線 EU_0 及 EU_1 曲線，且知 FG 線段的斜率絕對值，小於 EU_0 曲線在 F 點上的斜率絕對值，即前者的 $\frac{r_0 - r_2}{r_1 - r_0}$ 小於後者的 $\frac{\alpha}{1-\alpha}$。

由圖 5–20 得知，與風險中立者一樣，風險愛好者也會選擇 G 點，以極大

圖 5–20

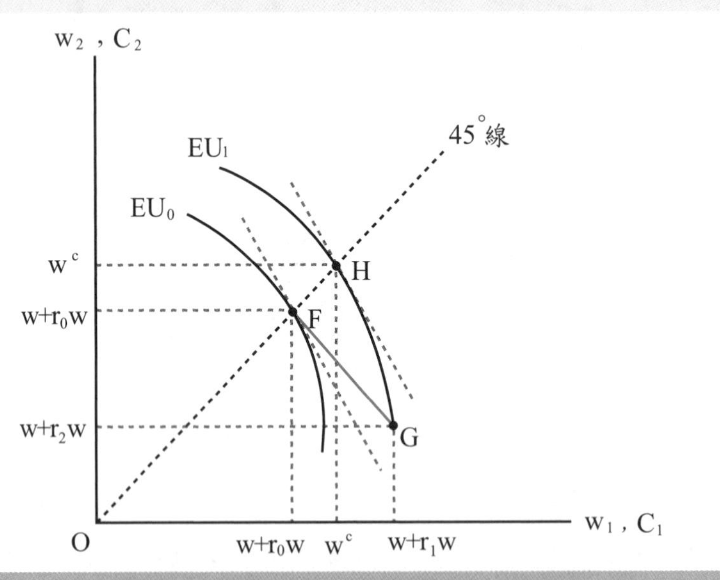

【風險愛好者購買風險性資產的決定】

1. FG 線段為在資產市場下的或有消費預算線，EU_0 或 EU_1 曲線為無異曲線，前者斜率絕對值小於後者在 F 點的斜率絕對值。
2. 風險愛好者會選擇 G 點，表示會將其財產全部以風險性資產來持有。

化其預期效用水準，如 EU_1 曲線所示；此一結果，表示風險愛好者會將其財富全部以風險性資產來持有；同時，亦知對應於 G 點的確定性財富為 w^c。

利用圖 5–20 的方式，亦可以推得當風險愛好者變得更喜歡風險時（即無異曲線的彎曲度更大），也同樣會選擇 G 點；同時，其確定性財富 w^c 會變得大一點。

本章摘要

1. 當消費者面對不確定情況時，其所得或消費水準的大小，要看實際出現的狀態而定；此種依狀態不同，而有不同的所得或消費水準，稱為或有所得或或有消費。
2. 在保險市場上，當保險公司最多衹會販賣全額保險時，消費者所面對的或有消費預算線 AE 線段，為一條具負斜率性質的直線段；其中，E 為秉賦點，A 為在購買保險時所能達到確定所得點，斜率為負的 $\frac{1-k}{k}$（k 為購買 1 元保險的費率）。在公平保單的情況下，$k=1-\alpha$（$1-\alpha$ 為投保事故發生的機率），故知 AE 線段的斜率絕對值為 $\frac{\alpha}{1-\alpha}$；同理，亦知在不利保單下的 AE 線段，其斜率絕對值會小於 $\frac{\alpha}{1-\alpha}$。
3. 在賭博市場下的或有消費預算線 EB 線段，亦為一負斜率的直線段；其中，E 點為秉賦點，B 點為將全部所得投注時所能達到的組合點。在公平賭局下，表示參與賭博的預期所得等於原來秉賦的確定所得；此時，EB 線段的斜率為負的 $\frac{\alpha}{1-\alpha}$（其中，α 為消費者贏錢的機率）。同理，亦知在不利的賭局下，EB 線段的斜率絕對值會大於 $\frac{\alpha}{1-\alpha}$（即所謂的勝算值）。
4. 在資產市場下的或有消費預算線 FG 線段，亦為一負斜率的直線段；其中，F 點及 G 點分別為將財富全部以確定性及風險性資產持有時，所能達到的確定財富及或有財富組合點。FG 線段的斜率為負的 $\frac{r_0-r_1}{r_2-r_0}$（其中，r_0 為確定性資產的報酬率，r_1 及 r_2 分別為風險性資產在好及壞狀態下的報酬率），在存在風險貼水的情況下，此一斜率絕對值會小於 $\frac{\alpha}{1-\alpha}$（α 為出現好狀態的機率）。
5. 風險愛好者是指不會購買公平保單以趨避風險的消費者；或者說，此一消費者在不確定情況下所能得到的預期效用水準，會高於其預期所得的效用水準。

6. 風險愛好者的偏好結構，可以利用一條具遞增正斜率性質的所得效用曲線來描述，也可以利用凹向原點的等預期效用曲線圖或無異曲線圖來描述；且知這些無異曲線在 45° 線上的點，其斜率均為負的 $\frac{\alpha}{1-\alpha}$（α 為出現橫軸狀態的機率）。當風險愛好者變得更喜歡風險時，其或有消費無異曲線的彎曲度會提高。

7. 風險趨避者是指不會參與公平賭局的消費者；或者說，此一消費者在不確定情況下所能得到的預期效用水準，會低於其預期所得的效用水準。

8. 風險趨避者的偏好結構，可以利用一條具遞減正斜率性質的所得效用曲線來描述，也可以利用凸向原點的或有消費無異曲線圖來描繪；且知這些無異曲線在 45° 線上的點，其斜率均為負的 $\frac{\alpha}{1-\alpha}$（α 為出現橫軸狀態的機率）。當風險趨避者變得更不喜歡風險時，其或有消費無異曲線的彎曲度會提高。

9. 風險中立者是指不確定程度的高低，並不會影響其偏好的消費者；或者說，此一消費者在不確定情況下的預期效用水準，等於其預期所得的效用水準。

10. 風險中立者的偏好結構，可以利用一條具固定正斜率的所得效用曲線（直線段）來描述，也可以利用具負斜率性質的無異曲線（直線）圖來描繪，其斜率絕對值為固定的 $\frac{\alpha}{1-\alpha}$（α 為出現橫軸狀態的機率）。

11. 在保險的購買方面，依不同消費者類型說明如下：

(1)風險愛好者不會購買公平保單或對其不利的保單。

(2)風險中立者對於購買或不購買公平保單之間，在偏好上並無差異，但他不會購買對其不利的保單。

(3)風險趨避者會購買全額保險的公平保單，且亦有可能購買部分額度的對其不利的保單。

12. 在賭博方面，依不同消費者類型說明如下：

(1)風險愛好者會將其確定所得全部投注在公平賭局或甚至是對其不利的賭局上面。

(2)風險中立者對於參與或不參與公平賭局之間，在偏好上並無差異，但他不會參與對其不利的賭局。

(3)風險趨避者不會參與公平賭局以及對其不利的賭局。

13. 在風險性資產的購買方面，依不同消費者類型說明如下：

(1)風險愛好者與風險中立者均會將其財富全部以風險性資產來持有。

(2)風險趨避者也會將其財富部分或全部以風險性資產來持有，若其不喜歡風險的程度提高時，則會降低風險性資產持有的比例。

習　題

1. 試以保險市場為例，繪圖說明消費者或有消費預算線的意義，以及其斜率與保險費率之間的關係。
2. 試以購買彩券為例，繪圖說明消費者或有消費預算線的意義，以及其斜率與獎金倍數之間的關係。
3. 請畫圖說明消費者在資產市場下的或有消費預算線，並說明其斜率與報酬率之間的關係。
4. 請畫圖說明風險愛好者的所得效用曲線。
5. 請畫圖說明風險愛好者的或有消費無異曲線。
6. 請畫圖說明風險趨避者的所得效用曲線。
7. 請畫圖說明風險趨避者的或有消費無異曲線。
8. 請畫圖說明風險中立者的所得效用曲線。
9. 請畫圖說明風險中立者的或有消費無異曲線。
10. 請繪圖說明風險愛好者不會購買保險的理由。
11. 請繪圖說明風險趨避者不會參與賭博的行為。
12. 請繪圖說明風險中立者何以會將其財富全部以風險性資產來持有。
13. 請說明風險趨避者在參與賭博上及在購買風險性資產上，何以有不同的行為出現。
14. 何謂確定性所得？何謂預期所得？試以風險趨避者在保險市場為例，畫圖說明之，並比較兩者的大小。
15. 當風險趨避者變得更不喜歡風險時，其所得效用曲線以及或有消費無異曲線會發生何種變化？請畫圖說明之。
16. 在已知逃稅被抓到的機率以及罰款倍數的情況下，試比照在賭博情形，畫出逃稅情況下的或有消費預算線。

第二篇

廠商行為

第六章　生產技術與成本函數

從本章開始，將準備利用五到六章的篇幅，來討論財貨市場賣方中的廠商行為。由於在不同的財貨市場上，其賣方所涵蓋的廠商家數多少不一；因此，廠商在進行其產品種類、產量、價格等方面的決定時，除了考量生產技術以及顧客需求等限制因素以外，也會將同行廠商之間的競爭因素納入。

在本書的第二到第五章中，已對於消費者行為或顧客需求相關因素有所討論；在本章中，將主要介紹生產技術與成本函數的概念。至於同行廠商之間的競爭因素，將於後續章節中加以討論。

詳言之，本章將分為三節。第一節介紹生產技術與生產函數，第二節討論成本的最小化與成本函數，第三節是描繪成本曲線。同時，在附錄中，提供與本章節內容相關的數學及其例子。

第一節　生產技術與生產函數

就一種產品的生產而言，無論是農業品、工業產品或勞務的提供，在現有技術上，總是具有下述性質：

1. 投入 (**Inputs**) 與產出 (**Outputs**) 之間具有正向關係，即投入的增加，總是會提高或至少不會降低產出水準。所謂生產投入，是指**生產要素 (Factors of Production)**，例如土地、勞動、資本、企業能力等項；而產出，是指由投入所轉變而成的產品或財貨。換言之，以兩項投入要素 (Z_1, Z_2) 生產一項產出 (Y) 為例，可以將生產技術所描述的投入產出關係，利用函數 (f) 來表現，即 $Y = f(Z_1, Z_2)$；此一描述生產投入與最高可能產出之間的關係，就稱為生產函數 **(Production Function)**。而上述的投入與產出之間的正向關係，就可以表現為**邊際產量 (Marginal Product, MP)** 的大於零。所謂邊際產量，以第一要素 Z_1 的變動 (Δ

Z_1) 來看，是指平均每變動一單位的第一要素投入量，所引起產出的變動 (ΔY)；亦即，可以將第一要素的邊際產量 (MP_1)，利用下式來定義：

$$MP_1 \equiv \frac{\Delta Y}{\Delta Z_1} = \frac{f(Z_1 + \Delta Z_1, Z_2) - f(Z_1, Z_2)}{\Delta Z_1}$$

同理，亦可以定義出 MP_2。

2. 邊際產量遞減法則 **(Law of Diminishing Marginal Product)**。當在其他要素（如 Z_2）不變下，隨著一要素（如 Z_1）投入量的逐步增加，在一定量之後，其邊際產量會出現遞減現象；此一現象，是一般生產技術普遍存在的限制之一，故稱為邊際產量遞減法則。此一法則，並沒有排除在某些生產技術下，在投入量較少的初始階段，有可能存在邊際產量出現遞增的走勢。

根據上述兩個性質，可以利用圖形來呈現出具有這兩個性質的投入產出關係。如圖 6–1 所示，當 Z_2 固定在 $\overline{Z_2}$ 時，隨著 Z_1 投入量的增加，對應畫出其最

圖 6–1

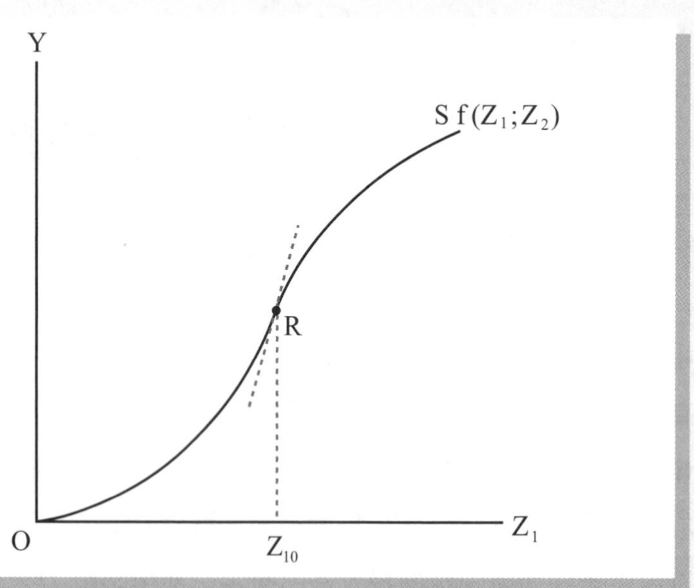

〖生產函數 $f(Z_1; \overline{Z_2})$ 與生產集合〗

1. MP_1 大於（或至少等於）零。

2. 當 Z_1 投入量超過 Z_{10} 之後，會出現 MP_1 遞減現象。

3. 生產曲線 ORS 與橫軸之間的組合點集合，稱為生產集合。

高可能的產量水準，如 ORS 曲線所示。首先，由於 MP_1 的概念，就相當於 ORS 曲線上每一點的斜率；故由圖知，MP_1 大於或至少等於零。其次，由圖亦知，在 OR 曲線段上，其斜率或 MP_1 是遞增的；而在 RS 曲線段，MP_1 是遞減的。在此，R 為反曲點。換言之，當 Z_2 固定在 $\overline{Z_2}$ 下時，若 Z_1 的投入量超過 Z_{10} 時，MP_1 就會出現遞減現象。

一般也將 ORS 曲線，稱為生產曲線或生產函數 $f(Z_1; \overline{Z_2})$；同時，將位於 ORS 曲線與橫軸之間的組合點，所形成的集合，稱為生產集合 **(Production Set)**。同時，在不同的 Z_2 水準之下，也可以比照圖 6–1 畫出另一條生產曲線，以及得出其對應的生產集合。一般而言，當 $Z_2 > \overline{Z_2}$ 時，其生產集合會變得更大，且其生產曲線會往上移動；反之，當 $Z_2 < \overline{Z_2}$ 時，生產曲線會往下移動，表示其生產集合較小。

誠如上述，可以利用許許多多條生產曲線所形成的圖形，來把一項產品的生產技術描繪出來；不過，在平面圖形上，較難以把兩個生產要素 Z_1 與 Z_2 之間，在產出上的互動關係表現出來。為彌補此一缺陷，接下來，將介紹**等產量曲線 (Isoquant)** 概念，並利用等產量曲線圖來呈現不同的生產技術，以及來進一步呈現兩要素之間的互動關係。

等產量曲線是指由生產相同產量的要素組合，所形成的軌跡。等產量曲線的一些性質，除了兩軸所表示的討論對象不同以外，與無異曲線或等效用曲線極為類似；例如，具負斜率性質（來自於 MP_1 或 MP_2 的大於零），不會相交，離原點越遠者所代表之產量水準越高，且在某些條件下，亦會凸向原點等項。不過，與無異曲線不同的是，等產量曲線上所示的產量水準，是直接決定於現有的生產技術的，為一客觀數據，而非無異曲線上的消費者個人的主觀數據。

當一項產品的生產，兩要素的投入均須維持為一固定比例時，則其等產量曲線將呈現 L 型；如圖 6–2 中的 Y_0、Y_1、Y_2 等曲線所示，要生產 Y_0 產量，則至少要有 Z_{10} 及 Z_{20} 的兩要素投入量，而 Z_{20} 與 Z_{10} 的比例固定為 α（即 $\frac{Z_{20}}{Z_{10}} = \alpha$）；同理，生產 Y_1 及 Y_2 的產量，其至少所需要素的投入比例亦為 α（即 $\frac{Z_{21}}{Z_{11}}$

$=\frac{Z_{22}}{Z_{12}}=\alpha$)。換言之，必須沿著 OR 射線（可用 $Z_2=\alpha Z_1$ 的式子來表示）來同時提高兩要素的投入時，才能達到增加產量的目的；不過，若要減少產量時，祇需降低一要素的投入量即可（此時另一要素的投入量會出現有多餘或未充分利用的現象）。就此一例子來看，其生產函數可以表示為 $Y=f(Z_1, Z_2)=g(\mathrm{Min}\{\alpha Z_1, Z_2\})$。

在實際的日常生活中，亦可以發現許多產品的生產，其投入的要素比例是維持固定不變的。例如，在一定時間內，要挖一個洞，則須每人配備一把鏟子；而在同一時間要挖二個洞，則須 2 個人及 2 把鏟子。又如，就一特定產品而言，

圖 6–2

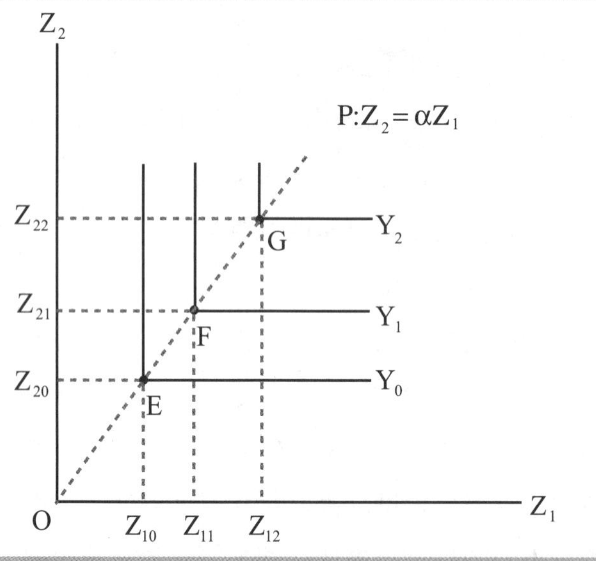

【要素投入為固定比例的等產量圖】

1. 等產量曲線 Y_0，呈現 L 型，表示生產 Y_0 產量的要素投入組合，至少須如 E 點所示的 (Z_{10}, Z_{20})，兩者的比例為 $\alpha(\frac{Z_{20}}{Z_{10}})$；同理，亦可以得知生產 Y_1 及 Y_2 的產量，其最少要素投入組合之比例亦為 $\alpha(\frac{Z_{21}}{Z_{11}}=\frac{Z_{22}}{Z_{12}})$。
2. 此一類型的生產函數，可以表示為 $Y=g(\mathrm{Min}\{\alpha Z_1, Z_2\})$。

其組成成份均有一固定的關係，才能組裝或合成起來，故要多生產這些產品的話，就得按這些固定比例關係來增加投入品。

就固定要素投入比例的生產函數而言，要素投入比例的固定化，表示兩要素在生產上是不存在替代性；也就是說，無法以一個要素來替代另一個要素，而仍能維持產量的不變。如圖 6–2 所示的 L 型等產量曲線上，其斜率在 E、F 或 G 點是不存在的，或與線上的其他點的斜率一樣，為零或（負）無限大。

另一個極端的生產函數，是兩要素在生產上可以完全替代的情形，則其等產量曲線為一直線段；如圖 6–3 中的 Y_0、Y_1、Y_2 等直線段所示，要生產 Y_0 產量，可以用 Z_{20} 的第二要素（如 A 點所示），也可以用 Z_{10} 的第一要素（如 F 點

圖 6–3

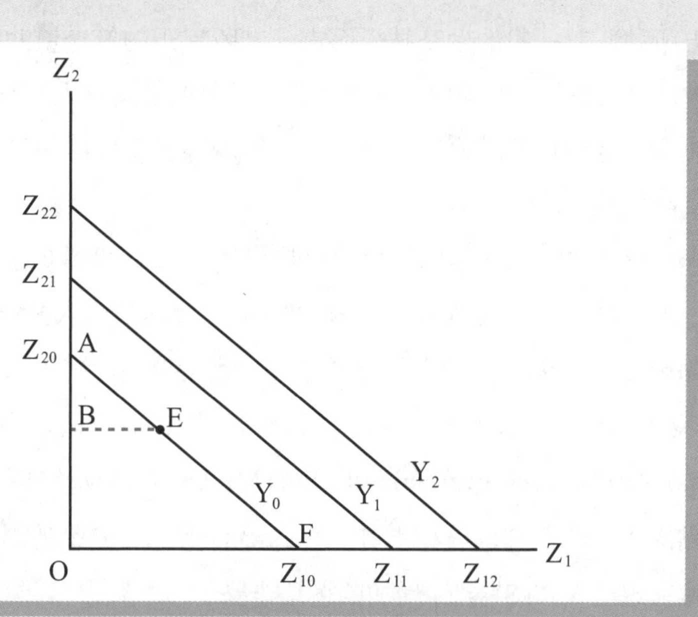

【要素完全替代的等產量圖】

1. 等產量曲線 Y_0，為一直線段，描述 Z_{10} 的第一要素，可以完全替代 Z_{20} 的第二要素，且此一替代比例 $\beta\,(=\frac{Z_{20}}{Z_{10}})$ 保持固定不變；同理，等產量曲線 Y_1 及 Y_2，亦為以 β 為替代比例的直線段，即 $\frac{Z_{21}}{Z_{11}}=\frac{Z_{22}}{Z_{12}}=\beta$。

2. 此一類型的生產函數，可以表示為 $Y=g(\beta Z_1+Z_2)$。

所示)，或用以一單位的第一要素來替代 β ($=\frac{Z_{20}}{Z_{10}}$) 單位的第二要素的比例所得到的要素組合（如 E 點所示，係以 BE 的第一要素來替代 AB 的第二要素，且 $\frac{AB}{BE}=\beta=\frac{Z_{20}}{Z_{10}}$)，均可以辦得到。同理，$Y_1$ 及 Y_2 這二條等產量曲線亦為直線段，且斜率同為 $-\beta$，表示兩要素之間的替代比例，均維持固定為 β。就此種要素可以完全替代的生產函數而言，其式子可以表示為 $Y = f(Z_1, Z_2) = g(\beta Z_1 + Z_2)$。

在日常生活中，也可以發現許多產品的生產，其所使用的兩要素之間，是可以完全替代的情況。例如，在一些產品的生產上，男工與女工之間可以完全替代，本地勞工與外籍勞工之間可以完全替代，或多使用一臺機器可以替代或少僱用一定的勞動量。

如上所述，就一般的生產技術而言，其所呈現的等產量曲線，將介於上述兩種極端的情形之間，即兩要素在生產上，不但不是具有固定投入比例的關係，也不是可以完全替代的關係；換言之，一般的等產量曲線是具負斜率之曲線，且為一凸向原點的曲線。

首先，說明等產量曲線何以會凸向原點的理由。如圖 6–4 所示，若等產量曲線為一凹向原點的曲線 AB，可以得知當第一要素的投入量逐漸增加時，如由 A 到 E 點或 E 到 F 點所示，表示為了維持一定的產量，平均每增加一單位的第一要素投入所能替代的第二要素投入量，也就是所謂的邊際技術替代率 **(Marginal Rate of Technical Substitution)** $MRTS_{12}$，是遞增的；在數學上，在 E 點或 F 點的 MRTS，其值就相當其斜率的絕對值，而 F 點的斜率絕對值大於 E 點的，就呈現出 MRTS 隨 Z_1 增加的遞增走勢。

一方面，由於 $MRTS_{12}$，利用數學求算，可以進一步表示為 MP_1 與 MP_2 的比值，即

$$MRTS_{12} \equiv -\frac{\Delta Z_2}{\Delta Z_1}\bigg|_{\text{在等產量線上}} = \frac{MP_1(Z_1, Z_2)}{MP_2(Z_1, Z_2)}$$

利用上式關係，以及邊際產量遞減法則，在兩要素在生產上不會相互排斥的前提下，可以推出 $MRTS_{12}$ 具遞減性質，而不會出現圖 6–4 的遞增走勢（因為 $MP_1(F) < MP_1(E)$ 及 $MP_2(F) > MP_2(E)$，故推知 $MRTS_{12}(F) < MRTS_{12}(E)$)。

圖 6–4

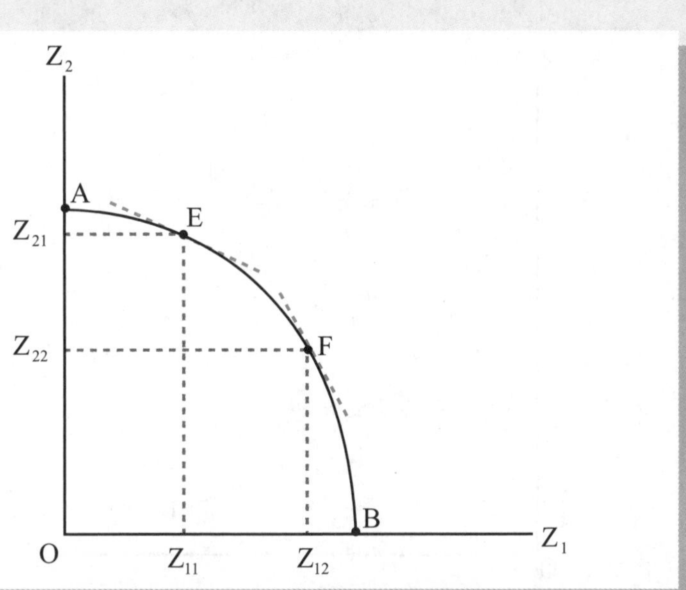

〖凹向原點的等產量曲線〗

1. 在兩要素在生產上不會相互排斥的前提下，根據邊際產量遞減法則，不可能存在凹向原點的等產量曲線。
2. 從廠商選取成本最小的投入組合來看，該凹向原點的等產量曲線，其具有討論意義的範圍，將祇剩下 A 及 B 點。

另一方面，如圖 6–4 所示，當 MRTS 具有遞增性質時，在廠商基於使生產成本最小化的考量下，廠商將不會選擇利用 AB 線上（不含 A 及 B 點）的組合點，來作為其投入組合，其最終將祇會選擇使用 A 點或 B 點的組合點，表示在第一要素相對便宜時，廠商會選擇 B 點，即全部以使用第一要素來生產該產量的產品；反之，在第二要素相對便宜時，廠商會選擇 A 點，即全部以使用第二要素來生產該產品。換言之，在凹向原點的等產量曲線下，該曲線具有討論意義的範圍，將退化為在兩軸上的兩點而已。

根據上述討論，得知一般的生產技術，亦具有邊際技術替代率遞減的性質，或表現為等產量曲線具凸向原點的性質，如圖 6–5 中的 AB 曲線所示。

利用等產量曲線圖，除了可以了解要素之間的替代關係以外，尚可以進一步來說明該技術所具有的規模報酬性質。規模報酬 (Returns to Scale) 是指全部

圖 6–5

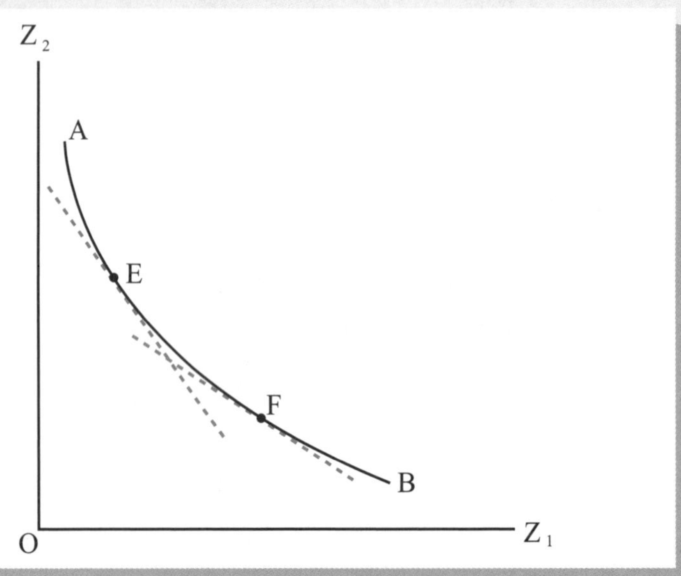

【凸向原點的等產量曲線】

1. 等產量曲線 AB 凸向原點，表示其線上各點的斜率絕對值，會隨著 Z_1 投入量的增加，而出現遞減的走勢，如 F 點的 $MRTS_{12}$ 比 E 點的小。
2. 同理，亦可以比照畫出在不同產量之下的等產量曲線，以共同來呈現一定的生產技術關係。

要素等比例增加其投入時（表示規模變大了），其產出的增加。一般將規模報酬的型態分為遞增、固定及遞減等三種。當產出增加的比例，大於每一要素所增加的比例時，就稱為該生產技術具有**規模報酬遞增 (Increasing Returns to Scale)**。此一意義，可以具體地由式子來表現，即對任何 $t>1$ 而言，當下述關係成立時，就稱 $f(Z_1, Z_2)$ 具有規模報酬遞增性質：$f(tZ_1, tZ_2)>t\cdot f(Z_1,Z_2)$；在此 $t>1$。以 $t=2$ 為例，表示當全部要素增加為兩倍時，其產出增加為兩倍以上。

接著，利用圖形把規模報酬的意義呈現出來。如圖 6–6 所示，在 OR 射線上，找到四點，使得 OE = EF = FG = GH，表示 F 點的投入組合是 E 點的 2 倍，G 點是 E 點的 3 倍或 F 點的 1.5 倍，而 H 點是 E 點的 4 倍，也是 F 點的 2 倍或

圖 6–6

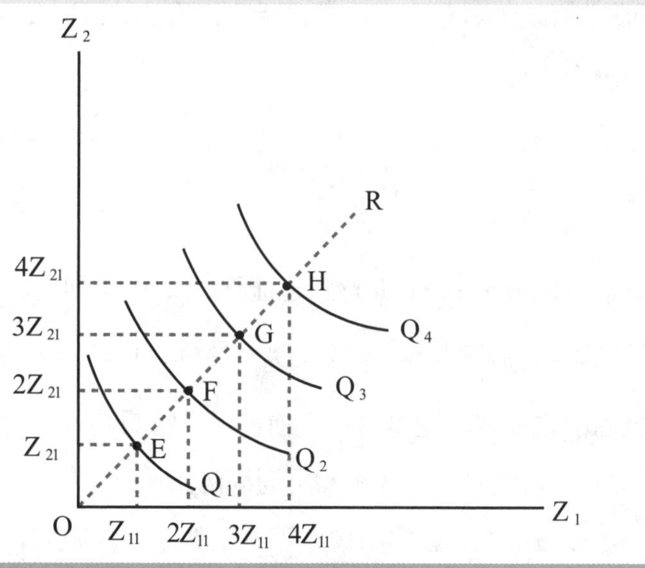

【規模報酬的示意圖】

1. 當 $Q_2 > 2Q_1, Q_3 > \frac{3}{2}Q_2, Q_4 > \frac{4}{3}Q_3$，……時，表示規模報酬遞增。

2. 當 $Q_2 = 2Q_1, Q_3 = \frac{3}{2}Q_2, Q_4 = \frac{4}{3}Q_3$，……時，表示規模報酬固定。

3. 當 $Q_2 < 2Q_1, Q_3 < \frac{3}{2}Q_2, Q_4 < \frac{4}{3}Q_3$，……時，表示規模報酬遞減。

G 點的 $\frac{4}{3}$ 倍；因此，若其對應的產量 Q_1～Q_4（如等產量曲線所示），能夠滿足下述關係時，就表示此一生產技術具有規模報酬遞增之性質：

(1) $Q_2 > 2Q_1, Q_3 > 3Q_1, Q_4 > 4Q_1$；

(2) $Q_3 > \frac{3}{2}Q_2, Q_4 > 2Q_2$；

(3) $Q_4 > \frac{4}{3}Q_3$。

根據上述三個條件，得知祇要 $Q_2 > 2Q_1$，$Q_3 > \frac{3}{2}Q_2$，且 $Q_4 > \frac{4}{3}Q_3$ 時，則 $Q_3 > 3Q_1, Q_4 > 2Q_2$ 及 $Q_4 > 4Q_1$ 等三個條件就會滿足；換言之，當圖 6–6 中的 $Q_1 = 1, Q_2 = 3, Q_3 = 6, Q_4 = 9$ 時，就是一個規模報酬遞增的例子。

其次，對任何 $t > 1$ 而言，$f(tZ_1, tZ_2) = t \cdot f(Z_1, Z_2)$，表示產出增加的比例，等

於每一要素所增加的比例，則稱此一生產技術具有**規模報酬固定 (Constant Returns to Scale)** 性質。在圖 6–6 中，當 $Q_2 = 2Q_1, Q_3 = \frac{3}{2}Q_2, Q_4 = \frac{4}{3}Q_3$ 時，就是描述規模報酬固定的情況。

第三，對任何 $t > 1$ 而言，$f(tZ_1, tZ_2) < t \cdot f(Z_1, Z_2)$，表示產出增加的比例，小於每一要素所增加的比例（即 $\frac{f(tZ_1, tZ_2)}{f(Z_1, Z_2)} < t$），則稱此一生產技術具有**規模報酬遞減 (Decreasing Returns to Scale)** 性質。同樣地，可以利用圖 6–6 來描述具此種性質的生產技術，即在滿足 $Q_2 < 2Q_1, Q_3 < \frac{3}{2}Q_2, Q_4 < \frac{4}{3}Q_3$ 等三個條件下，就可以說明該技術的規模報酬遞減性質；換言之，當圖 6–6 中的 $Q_1 = 1, Q_2 = 1.5, Q_3 = 1.8, Q_4 = 2.0$ 時，就是一個規模報酬遞減的例子。

就實際的生產技術而言，有可能在不同的要素投入區間，其所具有的規模報酬並不一樣；例如，當要素投入量較小時，具有規模報酬遞增性質，而後隨著要素投入量或規模的增大，其規模報酬變成固定，或變成遞減的性質。

同時，就實際的生產活動而言，其所投入的要素是否全部考慮進來，以及是否可能把所有有關要素任意的增加，都是令人無法肯定答覆的問題；因此，當在要素投入量相當高以後的範圍內，若出現規模報酬遞減現象時，極有可能是由於有些要素是無法等比例增加所致，即此時所實際反映的是邊際報酬遞減現象，而非所謂的規模報酬遞減性質。

不過，在概念上，讀者仍有必要了解邊際報酬遞減及規模報酬兩者的不同所在；也就是說，就一定的生產函數而言，將同時具有邊際報酬遞減及規模報酬遞增（固定或遞減）的性質。以 C – D 生產函數 $f(Z_1, Z_2) = AZ_1^cZ_2^d$（在此，A、c、d 均為正數）為例，其 MP_1 及 MP_2 均具有遞減性質（當 $c < 1, d < 1$），但卻可能是具有規模報酬遞增（當 $c + d > 1$）、固定（當 $c + d = 1$）或遞減（當 $c + d < 1$）的性質。

第二節 成本的最小化與成本函數

本節將利用上一節介紹的等產量曲線概念，在一定的要素價格下，來討論廠商的生產成本最小化問題，並了解影響其生產成本的因素。

仍然以兩要素的情況，作為討論的對象。假設廠商按 w_1 及 w_2 的價格，在要素市場上僱用或購買生產所需的第一及第二要素；因此，可以將廠商的成本最小化問題，表示為：在已知 $f(Z_1, Z_2) = Y$ 的情形下，如何找到一個令 $w_1Z_1 + w_2Z_2$ 最小化的投入組合 (Z_1^*, Z_2^*)？在下文中，將會利用式子及圖形，來討論此一問題，並得出 Z_1^* 及 Z_2^* 將會受到 w_1、w_2 及 Y 的影響；因此，最小成本 $C \equiv w_1Z_1^* + w_2Z_2^*$ 也會受到 w_1、w_2 及 Y 的影響，即可以將最小成本 C 與 w_1、w_2、Y 三者之間的關係，以成本函數 $C(w_1, w_2, Y)$ 的形式來表現。下文中，亦會討論 w_1、w_2 及 Y 三者分別與 C 之間的變動關係。

首先，介紹**等成本線 (Isocost Lines)** 的概念。所謂等成本線，是指其花費相等的要素組合所形成的軌跡（剛好為一直線段）；以花費 I_0 的要素組合 (Z_1, Z_2) 為例，可以下兩式中的一式，來表示等成本線：

$$w_1Z_1 + w_2Z_2 = I_0 \text{ 或 } Z_2 = \frac{I_0}{w_2} - \frac{w_1}{w_2}Z_1$$

根據上式，可以將等成本線畫在以 Z_1 及 Z_2 為兩軸的平面圖上，如圖 6–7 中的 AB 直線段。

讀者應可以了解等成本線的概念，相當於預算線的概念，衹是前者所討論的對象是要素組合，而不是消費者購買的財貨組合；因此，等成本線的截距及其斜率等數據大小所能表達的意義，均可以比照以前討論預算線的方式來說明，在此略過。

現在，以廠商要生產一定的產量 Y_1 為例，來說明他會如何來決定其成本最小的要素組合的問題。根據現有的生產技術，可以畫出產量 Y_1 的等產量曲線，如圖 6–8 中的 Y_1 曲線所示。同時，於圖中也畫出三條等成本線 I_0、I_1 及 I_2；其中，$I_0 < I_1 < I_2$。就 I_0 的花費而言，其所能僱用到的要素組合，是無法生產 Y_1 的

圖 6–7

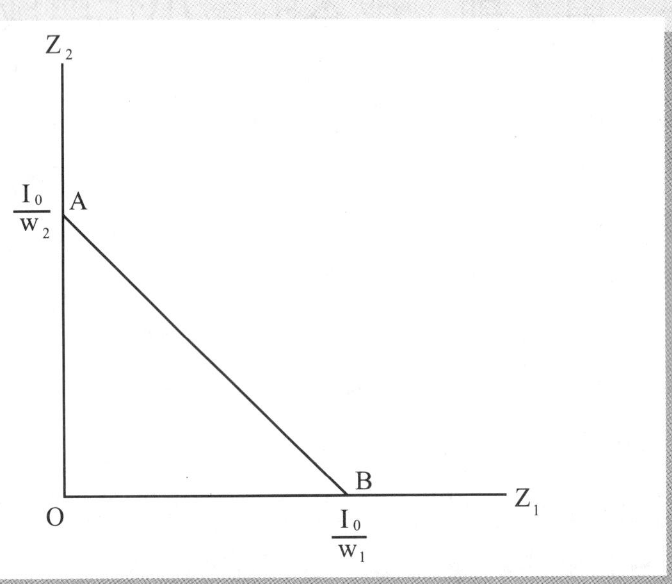

【等成本線 AB】

1. 等成本線 AB 為一直線段，表示其上各要素組合點的僱用，剛好都需花費 I_0 的錢。
2. 等成本線的斜率為負的 $\frac{w_1}{w_2}$。

產品；而就 I_1 及 I_2 的花費而言，其與 Y_1 曲線相交於 E 及 F 與 G，表示可以僱用此三個投入組合（E、F 或 G）中的任何一個，均可以生產 Y_1 的產品。在 E 點是 Y_1 曲線與等成本線 I_1 的相切點下，可以推知 I_1 是生產 Y_1 的最小成本；表示該廠商在一定 w_1 及 w_2 下，會選擇其成本最小的投入組合 (Z_1^*, Z_2^*)，如 E 點所示，來生產 Y_1 的產品，而其成本為 $I_1 = OA \times w_2 = OB \times w_1$。

接著，可以進一步來了解此一相切點 E 的意義。誠如上述，等產量曲線及等成本線的斜率絕對值，分別為 $\frac{MP_1}{MP_2}$ 及 $\frac{w_1}{w_2}$；因此，得知在 E 點時，下述關係必然成立：

$$\frac{MP_1}{MP_2} = \frac{w_1}{w_2}，\text{或} \frac{MP_1}{w_1} = \frac{MP_2}{w_2}，\text{或} \frac{w_1}{MP_1} = \frac{w_2}{MP_2}$$

從第一個等式關係，了解到在成本最小時，表示兩要素在生產技術上的邊際技術替代率會等於在要素市場上的交換比例；否則，必然可以重新找到另一個使成本更低的要素組合，如圖 6–8 中的由 F 或 G 點，沿著 FE 或 GE 曲線，往 E 點方向調整要素投入組合。

至於第二個等式，是說明在成本最小時，表示廠商把最後一塊錢花在僱用第一或第二要素，其所能多得到的產量是一致的；否則，廠商也可以重新調整其僱用方式 (即多僱用產量較大的要素，少僱用產量較小的要素)，以使得成本有所降低。

第三個等式可以利用 MP 的定義，改寫成：

$$\frac{w_1 \cdot \Delta Z_1}{\Delta Y} = \frac{w_2 \cdot \Delta Z_2}{\Delta Y}$$

圖 6–8

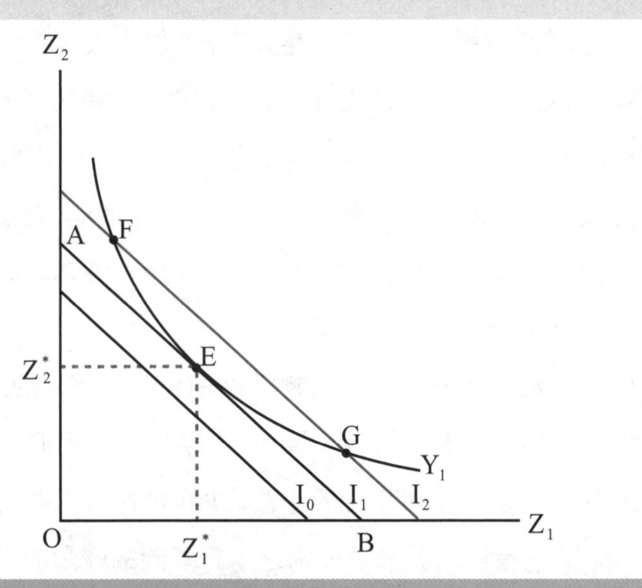

【生產 Y_1 產量的最小成本及其要素投入組合】

1. 等產量曲線 Y_1 上的各點，均能生產 Y_1 的產量，如 E、F 及 G 點所示；其中，以 E 點的要素組合所需成本最小，並知此一最小成本為 $I_1 = OA \times w_2$ (或 $OB \times w_1$)。
2. 成本最小的組合點 E，剛好是等成本線 I_1 與等產量曲線 Y_1 的相切點。

在上式中，分子分別表示多僱用第一要素 ΔZ_1 或第二要素 ΔZ_2 所花的費用；因此，得知上式是表示在成本最小時，廠商多生產一單位的產量，不管是來自於多僱用第一要素或第二要素，其對於成本的增加金額（即邊際成本）是一樣的；否則，廠商一樣可以重新調整其投入組合（即多僱用成本增加較小的要素，少僱用成本增加較大的要素），以達到降低成本的目的。

從上述說明，了解到在一定的 Y_1、w_1 及 w_2 之下，可以對應得出一最低成本及其要素投入組合；換言之，可以將此一最小成本概念，及其與產量 Y 及 w_1、w_2 的關係，以成本函數 $C(w_1, w_2, Y)$ 的形式來表現；就圖 6–8 的例子而言，$C(w_1, w_2, Y_1) = I_1$。

比照利用圖 6–8 的方式，可以容易了解，隨著 Y 的變動，其最小成本也會跟著出現同方向的變動。至於要素價格的變動，一般而言，也會使其最小成本出現同方向的變動。如圖 6–9 所示，以 w_1 增加為例，等成本線將變得較陡峭，如 AB 線變成為 A′B′ 線所示；此時，生產 Y_1 的最小成本組合點，將會由 E 點調整為 E′ 點，表示出現多僱用較便宜的第二要素，以替代或減少僱用較貴的第一要素的節約成本作法。由圖亦知，在 w_1 增加後，其最小成本 I_1' 為 $w_2 \times OA'$，較原來的 I_1 多出了 $AA' \times w_2$ 的花費；換言之，w_1 的提高，雖然已促使廠商採取了節約成本的動作，但由於尚無法完全避免使用第一要素，故仍會帶動最小成本 $C(w_1, w_2, Y_1)$ 的增加。

同理，亦可以得到 w_2 的增加，也會導致 $C(w_1, w_2, Y_1)$ 的提高。至此為止，得知廠商在面對一定的要素價格 w_1 及 w_2，以及在一定的生產技術 $Y = f(Z_1, Z_2)$ 之下，可以經由追求成本最小化的作法，找到對應的成本函數 $C(w_1, w_2, Y)$，並知 w_1、w_2 及 Y 三者，均與最小成本之間有同向的變動關係。在下一節中，將進一步在 w_1 及 w_2 固定下，利用圖形來描繪最小成本與產量 Y 之間的曲線關係，即一般所謂的**成本曲線 (Cost Curves)**。

圖 6-9

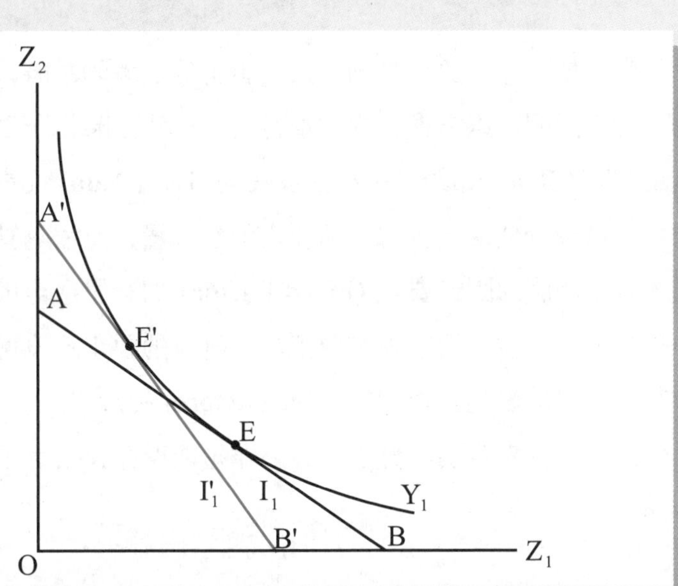

【w_1 增加對於 $C(w_1, w_2, Y_1)$ 的影響】

1. 當 w_1 增加時，等成本線的斜率絕對值 $(\frac{w_1}{w_2})$ 提高，如 AB 線變成為 A′B′ 線；此時，生產 Y_1 的最小成本組合點，將由 E 點，調整為 E′ 點，表示會出現少僱用較貴的第一要素，而多僱用較便宜的第二要素的節約成本作為。
2. 在 w_1 增加下，僱用 E′ 點的花費 I_1'，比原僱用 E 點的花費 I_1 多 $AA' \times w_2$。

第三節　成本曲線

在上文以兩個要素為例所討論的生產技術中，是在兩要素均可任意調整其投入量的前提之下來進行的。不過，就一般實際情況來看，要調整要素的投入量，其所需的最短時間可能不完全相同。例如，廠商若要增加勞動的投入，其在一定範圍內，是可以利用員工加班來克服的；但在超出此一範圍時，可能就得增僱員工來解決；如果在市場上一時無法找到足夠的員工，又無法引進他國的勞工時，則在相當長的時間內，其勞動投入量將無法增加。又如，廠商若要擴建廠房或增購設備，有些時候是要等待一段時間，才能完成，並真正投入生產行列。

基於上述考量，在討論生產函數及其對應的成本函數時，通常分別由短期與長期的角度來說明，以突顯廠商在進行其生產決策時，所受到的另一個限制因素。所謂**短期 (Short Run)**，是相對於**長期 (Long Run)** 而言的，即當期間比長期來得短，以致於使得至少有一項要素的投入量，無法隨其產量所需進行調整，而成為一項所謂的**固定要素 (Fixed Factor)** 的意思；至於**長期**，是指期間足夠長，以致於不存在所謂的固定要素，即所有的要素均為可以隨產量變化，加以調整其投入量的**變動要素 (Variable Factors)** 的意思。

本節仍將以兩要素為例，分別來介紹在短期與在長期之下的成本曲線。

一、短期成本曲線

為便於討論起見，在短期時，令第二要素為固定要素，其投入量固定為 $\overline{Z_2}$。換言之，在短期時，廠商祇能夠按照短期生產函數 $Y = f(Z_1; \overline{Z_2})$ 所需，來調整第一要素的使用量，以達到增減產量的目的。亦即，在兩要素的情況下，在短期時廠商成本最小化的作法，是沿著圖 6–1 的生產曲線，來對應找到在一定產量之下，最少的第一要素投入量。

對應於固定要素及變動要素的僱用，其花費分別稱為**固定成本 (Fixed Cost)** 及**變動成本 (Variable Cost)**。在此，由於 w_1 及 w_2 固定不變，故可以將成本函數由 $C(w_1, w_2, Y)$ 簡化為 $C(Y)$；同時，令 $VC(Y)$ 及 FC 分別代表變動成本及固定成本。因此，可以將 $C(Y)$ 及 $VC(Y)$、FC 三者的關係，表示為：

$$C(Y) = VC(Y) + FC$$

並知在上述架構下，可以進一步將 $VC(Y)$ 及 FC 兩者與 w_1、w_2 及 Y 三者的關係，表示為：

$$VC(Y) = w_1 \times Z_1;$$

在此，$Y = f(Z_1; \overline{Z_2})$ 或 $Z_1 = f^{-1}(Y; \overline{Z_2})$（$f^{-1}$ 是 f 的反函數）。

$$FC = w_2 \times \overline{Z_2}$$

根據上述三式關係，可以在以產量 Y 為橫軸及以 FC、VC 及 C 為縱軸的平面圖形上，畫出三條成本曲線。其中，如圖 6–10 所示，FC 曲線為一以 $w_2\overline{Z_2}$ 為截距的水平線；VC 曲線為一反生產函數 $f^{-1}(Y)$ 乘以 w_1 之後的曲線，故其走勢與反生產函數一致，其正斜率先遞減，在過了反曲點 E 之後，變成遞增。所謂反生產函數 $f^{-1}(Y)$，可以由圖 6–1 來了解，即表示由 Y 軸（變成橫軸）來看 ORS 生產曲線的關係，而 Z_1 軸則變成縱軸的意思。至於 C 曲線則是由 VC 曲線與 FC 曲線垂直相加而得，C 曲線與 VC 曲線之間，保持固定的距離 FC；因此，得知 C 曲線的走勢將與 VC 曲線完全一致，其反曲點 F 與 E 對應在同一產量 Y_0 上。

在了解了上述三條成本曲線之後，接著介紹在分析上經常會使用到的三條**平均成本 (Average Cost)** 曲線及一條**邊際成本 (Marginal Cost)** 曲線。當 C(Y)、VC(Y) 及 FC 分別除以 Y 以後，就可以得出平均成本函數 AC(Y)、平均變動成本函數 AVC(Y) 及平均固定成本函數 AFC(Y) 等三個成本概念；同時，亦知此三個平均成本之間，亦具有下述關係：

$$AC(Y)=\frac{C(Y)}{Y}=\frac{VC(Y)}{Y}+\frac{FC}{Y}=AVC(Y)+AFC(Y)$$

在此，亦可以在圖形上，分別畫出此三條平均成本的曲線，如圖 6–11 所示。首先，AFC 曲線為一條雙曲線，具負斜率且凸向原點的性質；AVC 曲線為一條 U 字型曲線，其最低點 S 所對應之產量為 Y_1，就是在圖 6–10 中 VC 曲線上 G 點所對應的產量 Y_1；至於 AC 曲線，亦為一條 U 字型曲線，其最低點 T 所對應之產量為 Y_2（大於 Y_1），就是在圖 6–10 中 C 曲線上 H 點所對應的產量 Y_2。

由圖 6–10 可以進一步了解到，AVC 曲線之最低點 S 所對應的 Y_1 大於零，主要是反映 VC 曲線之具有反曲點，或者說生產曲線之具有反曲點，也就是說反映產量 $Y\ (=f(Z_1,\overline{Z_2}))$ 隨著 Z_1 的增加，其走勢出現先遞增後遞減的現象。當生產曲線不具有反曲點，即其 MP_1 不具有遞增階段時，則 AVC 曲線的最低點，將落在縱軸上，即在產量為零的地方，而 AVC 曲線則為一具正斜率的曲線。

至於 AC 曲線的必然呈現 U 字型，主要是同時反映 AVC 曲線的遞增以及 AFC 曲線的遞減性質；因此，也了解到 AC 曲線最低點 T 所對應之產量 Y_2，必然大於 AVC 曲線最低點 S 所對應之產量 Y_1。

同時，在圖 6–11 中，也畫有邊際成本曲線 MC；所謂邊際成本，是指平均

圖 6–10

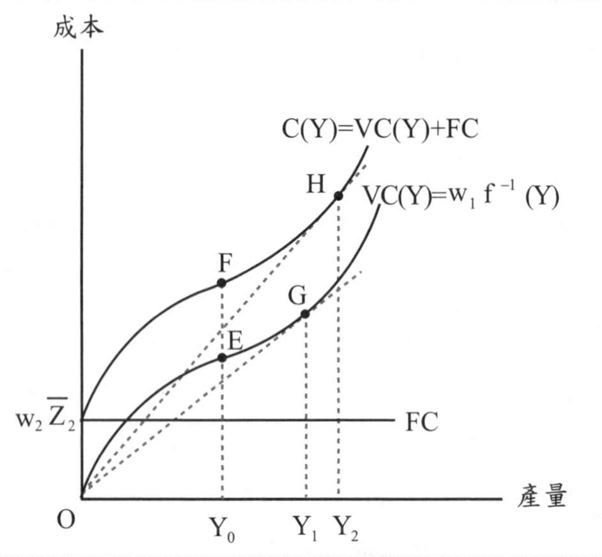

【成本曲線、變動成本曲線及固定成本曲線】

1.固定成本曲線 FC 為一條水平線。

2.變動成本曲線 VC 與成本曲線 C 的走勢完全一致，E 及 F 分別為反曲點。

每變動一單位產量，其所引起成本或變動成本的變動；可以利用下式，來定義邊際成本函數：$MC(Y) \equiv \frac{\Delta C(Y)}{\Delta Y} = \frac{\Delta VC(Y)}{\Delta Y}$；其中，$\Delta C(Y) = C(Y + \Delta Y) - C(Y)$，$\Delta VC(Y) = VC(Y + \Delta Y) - VC(Y)$。上式中，$\Delta Y$、$\Delta C(Y)$ 及 $\Delta VC(Y)$ 分別是產量、成本及變動成本的變動量。

在數學上，當 ΔY 趨近於零時，邊際成本的值就等於 C(Y) 或 VC(Y) 曲線上的斜率值。同時，亦知邊際成本曲線與橫軸之間的面積，其大小等於 VC(Y)。另外，亦可以利用數學證明，AVC(Y) 與 MC(Y) 在縱軸上的截距相等，即 AVC(O) = MC(O)，如圖 6–11 的 A 點所示。

在圖 6–11 中的 MC 曲線最低點 R 所對應的產量 Y_0，也就是在圖 6–10 中，VC(Y) 或 C(Y) 曲線上的反曲點 E 或 F 所對應的產量 Y_0。如同上述，當生產曲線不存在反曲點時，就是說當 MP_1 不存在先遞增後遞減的走勢時，VC(Y) 或

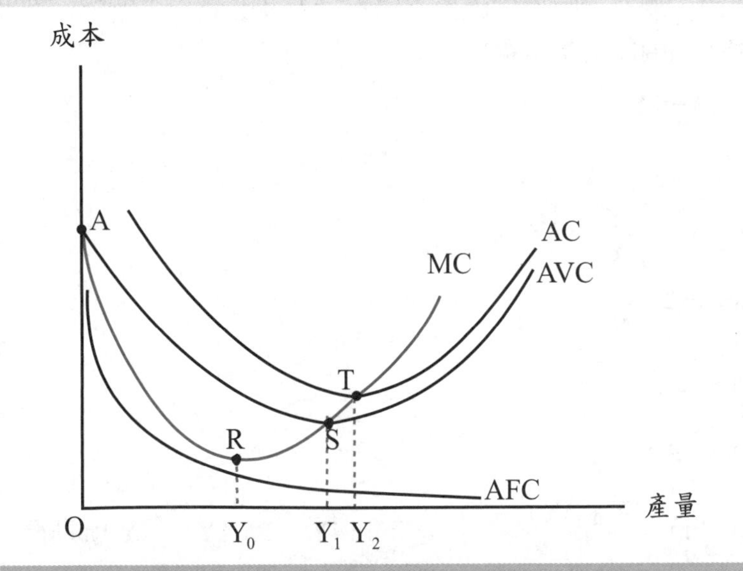

【三條平均成本曲線與一條邊際成本曲線】

1.平均成本曲線 AC、平均變動成本曲線 AVC 及平均固定成本曲線 AFC 三者之間，具有 AC(Y) = AVC(Y) + AFC(Y) 的等式關係。

2.AC 曲線必然呈 U 字型，若 MC 及 AVC 曲線亦呈 U 字型時，則三者最低點所對應之產量必然是 $Y_0 < Y_1 < Y_2$。同時，MC 曲線在其上升階段，分別穿過 AVC 曲線及 AC 曲線之最低點。

C(Y) 曲線就沒有反曲點，那麼 MC 曲線的最低點將落在 Y = 0 或縱軸上。

另外，在圖 6–11 中，亦知 MC 曲線會從 AVC 及 AC 曲線的左下方，往右上方的方向穿過兩者的最低點。換言之，在 $Y < Y_1$ 時，MC(Y) < AVC(Y)；而在 $Y > Y_1$ 時，MC(Y) > AVC(Y)。同時，在 $Y < Y_2$ 時，MC(Y) < AC(Y)；而在 $Y > Y_2$ 時，MC(Y) > AC(Y)。

經由上述說明，得知在短期下的成本曲線、變動成本曲線、固定成本曲線以及三條平均成本曲線與一條邊際成本曲線，無非是由不同的角度來呈現短期生產函數 $f(Z_1; \overline{Z_2})$ 的不同風貌。雖然如此，但在後文中討論廠商的行為時，將會更清楚認識到，平均變動成本曲線、平均成本曲線及 MC 曲線等三個概念與圖形，是非常有用的分析工具。

在此，舉一個特殊的成本函數 $C(Y)=2Y^2+1$ 為例來說明。從此一函數，可以直接導出相關的成本函數：

(1) $VC(Y)=2Y^2$

(2) $FC=1$

(3) $AVC(Y)=\dfrac{2Y^2}{Y}=2Y$

(4) $AFC(Y)=\dfrac{1}{Y}$

(5) $AC(Y)=2Y+\dfrac{1}{Y}$

(6) $MC(Y)=4Y$

（由 $\lim\limits_{\Delta Y\to 0}\dfrac{2(Y+\Delta Y)^2-2Y^2}{\Delta Y}=\lim\limits_{\Delta Y\to 0}(4Y+2\times\Delta Y)=4Y$ 所推得，或直接對 $VC(Y)$ 求其一階導數。）

同時，由 $FC=w_2\cdot\overline{Z_2}=1$ 知，若 $w_2=1,\overline{Z_2}=1$；另外由 $VC(Y)=w_1\cdot Z_1=2Y^2$ 知，若 $w_1=2, Z_1=Y^2$ 或 $Y=f(Z_1;\overline{Z_2})=Z_1^{\frac{1}{2}}$。

換言之，上述 $C(Y)=2Y^2+1$ 的成本函數，基本上可以說是在 $w_1=2$、$w_2=1$ 及 $\overline{Z_2}=1$ 等已知情形下，對於特有生產函數 $Y=f(Z_1)=Z_1^{\frac{1}{2}}$ 的反映或呈現。

二、長期成本曲線

在長期時，第二要素將不再是固定要素，故亦不存在固定成本；換言之，兩要素均為變動成本。在此，可以將長期成本函數 $LC(Y)$ 表示為：

$$LC(Y)=w_1Z_1^*+w_2Z_2^*;$$

在此，(Z_1^*, Z_2^*) 是在產量 Y 之下的最小成本的要素投入組合。

以圖 6–8 為例，$LC(Y_1)=I_1$；因此，可以比照圖 6–8 的方式，對應在不同的產量 Y 之下，求出其最小成本。而在此一要素均能充分調整其投入量的情況下，所得到的最小成本概念，也就是所謂的長期成本。同時，亦知 $LC(Y)$ 將隨著 Y 的變動，而有同向的變動關係；至於此一正向變化的走勢如何，則要從生產函數的規模報酬類型來了解。

在規模報酬遞增階段，所有投入要素所增加的速度，比產量所增加的速度慢，表示其長期邊際成本 LMC(Y) 小於長期平均成本 LAC(Y)，故知其長期平均成本 LAC(Y) 是逐漸降低的（詳下文）；反之，在規模報酬遞減階段，要素增加的速度比產量增加的速度快，其長期平均成本 LAC(Y) 是逐漸增高的。至於在規模報酬固定階段，要素增加的速度與產量增加的速度一樣快，其長期平均成本 LAC(Y) 保持不變。

經由上述說明，在生產函數隨著要素投入之增加，具有從規模報酬遞增變成規模報酬遞減性質時，其 LAC(Y) 曲線將呈現如圖 6–12 的 U 字型；同時，其對應的長期邊際成本函數 LMC(Y) 的曲線，亦將呈現 U 字型。另外，與短期下的 MC(Y) 與 AVC(Y) 曲線一樣，LMC(Y) 與 LAC(Y) 兩曲線在縱軸上有相

圖 6–12

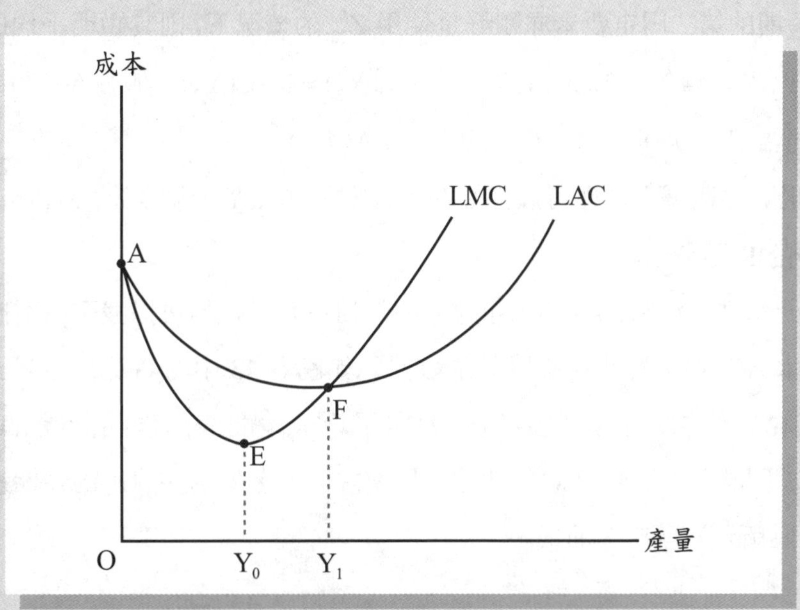

【規模報酬階段與 LAC(Y) 及 LMC(Y) 兩曲線的關係】

1. 在產量介於 0 到 Y_1 之間，由於生產函數具規模報酬遞增性質，故 LAC(Y) 曲線呈現遞減走勢，也表現為 LMC(Y) < LAC(Y)。
2. 在產量大於 Y_1 之後，由於生產函數具規模報酬遞減性質，故 LAC(Y) 曲線呈現遞增走勢，也表現為 LMC(Y) > LAC(Y)。

同的截距，即 $LMC(0)=LAC(0)$，如 A 點所示。同時，在 $LMC(Y)<LAC(Y)$ 的時候，LAC(Y) 曲線是遞減的；而在 $LMC(Y)>LAC(Y)$ 的時候，LAC(Y) 曲線是遞增的；表示 LMC(Y) 曲線會從 LAC(Y) 曲線的左下方，往右上方的方向穿過 LAC(Y) 曲線的最低點，如圖 6–12 中的 F 點所示。在圖 6–12 中，亦知 LMC(Y) 曲線最低點 E 所對應的產量 Y_0，小於 F 點的產量 Y_1。

接著，討論長期成本函數 LC(Y) 與短期成本函數 C(Y) 之間的關係。由於長期下更能充分發揮兩要素之間的相互替代功能，故 LC(Y) 不會大於 C(Y)，即兩者之關係為：

$$LC(Y)\leq C(Y)$$

因此，亦可以推得 LAC(Y) 與 AC(Y) 之間的大小關係為：

$$LAC(Y)\leq AC(Y)$$

換言之，就一定產量 Y_2 而言，若其長期下成本最小的投入組合為 (Z^*_{12}, Z^*_{22})，那麼，在短期的第二固定要素亦剛好是使用 Z^*_{22} 的情況下，則其短期平均成本 $AC_2(Y)$ 在 Y_2 時，會等於 $LAC(Y_2)$，即 $AC_2(Y_2)=LAC(Y_2)$，如圖 6–13 中的 G 點所示。至於 $Y\neq Y_2$ 時，$AC_2(Y)$ 均大於 LAC(Y)。

同時，在數學上，亦可以推知在 Y_2 下的 $MC_2(Y_2)$ 會等於 $LMC(Y_2)$，如圖 6–13 中的 K 點所示。

依此類推，得知 LAC(Y) 曲線上的任何一點 G，均可以找到一對應的短期平均成本 AC(Y)，剛好兩者相切在 G 點，如圖 6–13 中的 G 點所示；因此，也稱 LAC(Y) 曲線為許許多多這些短期平均成本曲線的包絡曲線 **(Envelope Curve)**。同時，亦知 LMC(Y) 曲線，是由許許多多的這些對應的短期邊際成本（如 K 點所示）所串連而成。

圖 6-13

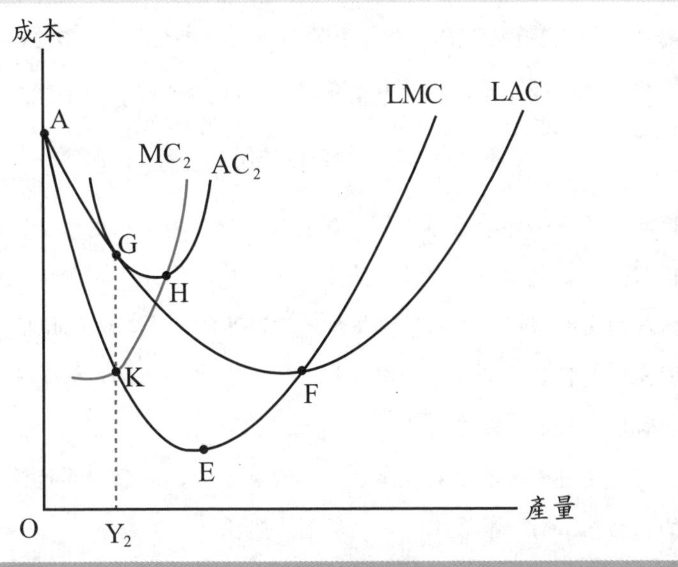

〖長期平均及邊際成本曲線分別與短期平均及邊際成本的關係〗

1. 對許許多多的短期成本而言，長期平均成本一定不會高於短期平均成本，即 $LAC(Y) \leq AC(Y)$，故稱 LAC(Y) 曲線為眾多短期 AC(Y) 曲線的包絡曲線。
2. 在對應 G 點之下的產量 Y_2 上，$MC(Y_2) = LMC(Y_2)$，如 K 點所示，故 LMC(Y) 曲線為眾多 K 點的連接曲線。

本章摘要

1. 一項產品的生產技術，其投入與最高可能產出之間的關係，可以利用函數來呈現；一般而言，生產函數具有下述性質：(1)投入與產出之間具有正向關係，可以邊際產量大於零來表示；(2)邊際產量遞減法則；(3)等產量曲線為一具負斜率且凸向原點的曲線，一方面表示要素在生產上具有替代性，另一方面表示此一替代性（以邊際技術替代率表示）是遞減的；(4)可能同時具有規模報酬遞增、固定及遞減的性質。
2. 等產量曲線是指由生產相同產量的要素組合，所形成的軌跡。
3. 當一項產品的生產，兩要素的投入均須維持一固定比例時，其等產量曲線呈現 L 型。

4. 當一項產品的生產，兩要素可以完全替代時，其等產量曲線為一直線段。

5. 邊際技術替代率 ($MRTS_{12}$) 是等產量曲線的斜率絕對值，描述兩要素在生產上的替代比例，即在不改變產量的前提下，平均每增加一單位的第一要素，其所能替換掉的第二要素單位數。同時，$MRTS_{12}=\frac{MP_1}{MP_2}$。

6. 規模報酬是指全部要素等比例增加其投入時，其產出的增加；同時，一般將規模報酬分為遞增、固定及遞減等三種型態。當產出增加的比例，大於要素所增加的比例時，就稱為規模報酬遞增；其餘情況，依此類推。

7. 等成本線是指其花費相等的要素組合，所形成的軌跡；當要素價格一定時，此一軌跡剛好為一直線段。

8. 在一定的產量下，其生產成本最小的要素組合，將位於等產量曲線與等成本線的相切點上面；換言之，將滿足下述關係：

$$\frac{MP_1}{MP_2}=\frac{w_1}{w_2}$$

上式中，MP_i 及 w_i 分別為 i 要素之邊際產量與價格。

9. 成本最小化的要素投入量，會受到產量 (Y) 及要素價格 (w_1, w_2) 的變動，而出現同方向的及反方向的變化；同時，可以推知其對應的最小成本，將與 Y、w_1 及 w_2 之間具有正向的關係，該關係可以表示為成本函數 $C(w_1, w_2, Y)$。

10. 在一定的 w_1 及 w_2 之下，可以將 $C(w_1, w_2, Y)$ 與 Y 之間的關係利用圖形來呈現，而得出成本曲線。

11. 在短期下，對應於固定要素及變動要素的僱用，可以將生產成本分為固定成本與變動成本兩項。

12. 在短期下，三個平均成本曲線及一個邊際成本曲線的走勢及其彼此之間的關係如下：

(1) AFC 曲線為一條雙曲線，具負斜率且凸向原點的性質；

(2) AVC 曲線有可能呈現 U 字型；

(3) AC 曲線一定呈現 U 字型；

(4) MC 曲線有可能呈現 U 字型；

(5) AVC 曲線與 MC 曲線在縱軸上有相同的截距；

(6) MC 曲線在其遞增階段，先後穿過 AVC 曲線及 AC 曲線之最低點。

(7)三條平均成本曲線，保持下述關係：

$$AC(Y) = AVC(Y) + AFC(Y)$$

(8) MC 曲線下面的面積，等於 VC(Y)。

13. 長期成本 LC(Y) 不會高過短期成本 C(Y)，即 $LC(Y) \le C(Y)$。

14. LAC 曲線有可能呈現U字型。在規模報酬遞增階段，LAC 曲線呈現遞減走勢；在規模報酬遞減階段，LAC 曲線呈現遞增走勢。

15. LAC 曲線與 LMC 曲線在縱軸上有相同的截距，且LMC 曲線將在其遞增階段穿過 LAC 曲線的最低點。

16. LAC 曲線是短期 AC 曲線的包絡曲線，LMC 曲線上的每一點，均可以找到一對應的短期 MC 曲線與其相交。

習 題

1. 何謂邊際產量遞減法則？何謂規模報酬遞減？兩者的主要區別是什麼？

2. 何謂等產量曲線？等產量曲線可能為一負斜率且凹向原點的曲線嗎？為什麼？

3. 請畫出下述生產函數在產量為 100 的等產量曲線：

   (1) $f(K, L) = \text{Min}\{5K, 10L\}$

   (2) $f(K, L) = 5K + 10L$

   (3) $f(K, L) = \text{Min}\{5K, 10L\} + 5K + 10L$

   (4) $f(K, L) = 10KL$

4. 試利用等產量圖，各舉一例說明規模報酬的遞增、固定與遞減現象。

5. 試討論第 3 題中各生產函數的規模報酬類型。

6. 試根據下述各題資料，求算成本最低的要素組合：

   (1) $w_1 = w_2$

   $MP_1(Z_1, Z_2) = Z_2$

   $MP_2(Z_1, Z_2) = Z_1$

   (2) $w_1 = 2w_2$

   $MP_1(Z_1, Z_2) = Z_2 + 1$

   $MP_2(Z_1, Z_2) = Z_1 + 2$

   (3) $w_1 = 2, w_2 = 5$

   $MP_1(Z_1, Z_2) = \frac{1}{2}Z_1^{-\frac{1}{2}}Z_2^{\frac{1}{2}}$

   $MP_2(Z_1, Z_2) = \frac{1}{2}Z_1^{\frac{1}{2}}Z_2^{-\frac{1}{2}}$

7. 試利用圖形來說明最小成本與第二要素價格 w_2 之間的正向關係。

8. 試利用圖形來說明最小成本與產量

Y 之間的同向關係。

9. 短期平均成本曲線一定呈現 U 字型嗎？請說明其理由？

10. 在何種情況下，短期平均變動成本曲線才會呈現 U 字型？為什麼？

11. 請畫圖說明短期平均變動成本曲線與邊際成本曲線之關係。

12. 請畫圖說明短期平均成本與長期平均成本之關係。

13. 請求出並畫出下列各題的平均成本函數、平均變動成本函數及平均固定成本函數（若有的話）與邊際成本函數：

(1) $C(Y) = Y^2 + 2Y + 4$

$MC(Y) = 2Y + 2$

(2) $C(Y) = Y^3 - 3Y^2 + 5Y$

$MC(Y) = 3Y^2 - 6Y + 5$

(3) $C(Y) = Y^3 - 6Y^2 + 21Y + 32$

$MC(Y) = 3Y^2 - 12Y + 21$

附錄：生產與成本理論有關的數學說明與例子

本附錄將介紹與本章有關的數學呈現方式，包括三個部分。首先，說明生產函數的性質；其次，求解成本最小化的問題，除導出成本函數以外，並將說明生產與成本理論之間的對偶關係；第三，討論成本（函數）曲線之間的一些關係。

一、生產函數的性質

已知生產函數 $Y = f(Z_1, Z_2)$，則第一要素及第二要素的邊際產量函數，可以利用一階偏導數的概念，定義為：

$$MP_1(Z_1, Z_2) \equiv \frac{\partial f(Z_1, Z_2)}{\partial Z_1},\ MP_2(Z_1, Z_2) \equiv \frac{\partial f(Z_1, Z_2)}{\partial Z_2}$$

其次，生產技術的邊際報酬遞減現象的性質，可以用二階偏導數的小於零來描述，即

$$MP_{11}(Z_1, Z_2) \equiv \frac{\partial^2 f(Z_1, Z_2)}{\partial Z_1^2} = \frac{\partial MP_1(Z_1, Z_2)}{\partial Z_1} < 0,$$

$$MP_{22}(Z_1, Z_2) \equiv \frac{\partial^2 f(Z_1, Z_2)}{\partial Z_2^2} = \frac{\partial MP_2(Z_1, Z_2)}{\partial Z_2} < 0$$

另外，也可以利用交叉形式的二階偏導數的概念，來呈現要素之間在生產上的相互促進或削減關係，即

$$MP_{12}(Z_1, Z_2) \equiv \frac{\partial MP_1(Z_1, Z_2)}{\partial Z_2} = \frac{\partial^2 f(Z_1, Z_2)}{\partial Z_2 \partial Z_1} = \frac{\partial^2 f(Z_1, Z_2)}{\partial Z_1 \partial Z_2} = \frac{\partial MP_2(Z_1, Z_2)}{\partial Z_1}$$

$$\equiv MP_{21}(Z_1, Z_2)$$

由上式知，$MP_{12}(Z_1, Z_2) = MP_{21}(Z_1, Z_2)$。當 MP_{12} 或 MP_{21} 為正時，表示兩要素之間在生產上具相互促進關係；反之，當 MP_{12} 或 MP_{21} 為負時，表示兩要素之間在生產上具有相互削減關係。通常，設定 $MP_{12} \geq 0$。

接著，就一定的產量 $\overline{Y}$ 而言，其等產量曲線上的要素組合 (Z_1, Z_2)，即可以用下式來表現：

$$f(Z_1, Z_2) = \overline{Y}$$

對上式兩邊全微分，得出

$$\frac{\partial f(Z_1, Z_2)}{\partial Z_1} dZ_1 + \frac{\partial f(Z_1, Z_2)}{\partial Z_2} dZ_2 = d\overline{Y} = 0$$

或 $MP_1(Z_1, Z_2)dZ_1 + MP_2(Z_1, Z_2)dZ_2 = 0$

利用上述關係，可以將等產量曲線 $\overline{Y}$ 的斜率表示為

$$\left.\frac{dZ_2}{dZ_1}\right|_{\overline{Y}} = -\frac{MP_1(Z_1, Z_2)}{MP_2(Z_1, Z_2)} < 0$$

換言之，可以將邊際技術替代率 ($MRTS_{12}$) 表示為

$$MRTS_{12}(Z_1, Z_2) \equiv -\left.\frac{dZ_2}{dZ_1}\right|_{\overline{Y}} = \frac{MP_1(Z_1, Z_2)}{MP_2(Z_1, Z_2)}$$

至於 $MRTS_{12}$ 的遞減性質，可以由下述運算中得知

$$\frac{\partial MRTS_{12}}{\partial Z_1} = \frac{MP_{11} \times MP_2 - MP_1 \times MP_{21}}{MP_2^2} < 0$$（為簡化起見，式中省掉 (Z_1, Z_2)）

由上式知，衹要 $MP_1 > 0, MP_2 > 0, MP_{11} < 0$，且 $MP_{21} \geq 0$，則 $MRTS_{12}$ 就會具有遞減性質，即等產量曲線為一具負斜率且凸向原點的曲線。

現在，以 C–D 生產函數 $f(Z_1, Z_2) = Z_1^c Z_2^d$ 為例，可以分別得出如下的結果：

$MP_1 = cZ_1^{c-1}Z_2^d > 0$; $MP_2 = dZ_1^c Z_2^{d-1} > 0$; $MP_{11} = c \cdot (c-1)Z_1^{c-2}Z_2^d < 0$（當 $c < 1$）；

$MP_{22} = d(d-1)Z_1^c Z_2^{d-2} < 0$（當 $d < 1$）；$MP_{12} = MP_{21} = c \cdot dZ_1^{c-1}Z_2^{d-1} > 0$;

$$\left.\frac{dZ_2}{dZ_1}\right|_{\overline{Y}} = -\frac{MP_1}{MP_2} = -\frac{c}{d} \cdot \frac{Z_2}{Z_1} < 0, \quad \frac{\partial MRTS_{12}}{\partial Z_1} = \frac{c}{d}\left(\frac{-Z_2}{Z_1^2}\right) < 0$$

且知 $f(\lambda Z_1, \lambda Z_2) = (\lambda Z_1)^c(\lambda Z_2)^d = \lambda^{c+d} f(Z_1, Z_2) \gtreqless \lambda \cdot f(Z_1, Z_2)$（當 $c + d \gtreqless 1$）。

二、成本極小化的問題

首先，成本極小化的問題可以表示為：

$$\underset{Z_1, Z_2}{\text{Min}}\ w_1 Z_1 + w_2 Z_2$$

$$\text{受限於 } f(Z_1, Z_2) = Y$$

求解上述問題，如同第三章的附錄中所介紹的，可以利用代入法或拉氏方法；其中，代入法是在已知生產函數的情況下，才能夠使用。如果生產函數是一般式時，就祇能使用拉氏方法。在此，先簡單介紹拉氏方法。令拉氏函數 $L(Z_1, Z_2, \lambda)$ 為

$$L(Z_1, Z_2, \lambda) \equiv w_1 Z_1 + w_2 Z_2 + \lambda(Y - f(Z_1, Z_2))$$

上式中，λ 為拉氏乘數。求 $L(Z_1,Z_2,\lambda)$ 極小的一階條件為：

$$\frac{\partial L}{\partial Z_1} = w_1 - \lambda\frac{\partial f(Z_1, Z_2)}{\partial Z_1} = 0,\ \frac{\partial L}{\partial Z_2} = w_2 - \lambda\frac{\partial f(Z_1, Z_2)}{\partial Z_2} = 0,\ \frac{\partial L}{\partial \lambda} = Y - f(Z_1, Z_2) = 0$$

根據前兩式，可以得出下述關係：

$$\frac{w_1}{w_2} = \frac{\partial f(Z_1, Z_2)/\partial Z_1}{\partial f(Z_1, Z_2)/\partial Z_2} = \frac{MP_1(Z_1, Z_2)}{MP_2(Z_1, Z_2)}\ \left(\text{或 } \frac{w_1}{MP_1(Z_1, Z_2)} = \frac{w_2}{MP_2(Z_1, Z_2)} = \lambda\right)$$

上式等號左邊是等成本線的斜率絕對值，等號右邊是等產量曲線的斜率絕對值或 $MRTS_{12}$。同時，根據本章正文中的說明，了解到 λ 就具有邊際成本的意義。

其次，以 C–D 生產函數為例，來求解成本極小化問題。以代入法來求解如下：⑴由生產函數可以推出 $Z_2 = (YZ_1^{-c})^{\frac{1}{d}}$，將此一結果代入 $w_1Z_1 + w_2Z_2$ 中，變成為 $w_1Z_1 + w_2(YZ_1^{-c})^{\frac{1}{d}}$；⑵對 $w_1Z_1 + w_2(YZ_1^{-c})^{\frac{1}{d}}$ 求 Z_1 的一階導數，並令其為零，就可以得到 Z_1^*；⑶將 Z_1^* 代入 $Z_2 = (YZ_1^{-c})^{\frac{1}{d}}$，就可以得到 Z_2^*，並對應得出成本函數 $wZ_1^* + w_2Z_2^*$。

以拉氏方法求解如下：⑴先求出上述提及的一階條件，如下三式所示：

$$w_1 = \lambda c Z_1^{c-1} Z_2^{d},\ w_2 = \lambda d Z_1^{c} Z_2^{d-1},\ Y = f(Z_1, Z_2)$$

⑵根據上述三式，求解出 Z_1^*、Z_2^*、λ^* 及 $C(Y, w_1, w_2)$ 分別為：

$$Z_1^* = \left(\frac{c}{d}\right)^{\frac{d}{c+d}} w_1^{\frac{-d}{c+d}} w_2^{\frac{d}{c+d}} Y^{\frac{1}{c+d}},\ Z_2^* = \left(\frac{c}{d}\right)^{-\frac{c}{c+d}} w_1^{\frac{c}{c+d}} w_2^{\frac{-c}{c+d}} Y^{\frac{1}{c+d}},\ \lambda^* = (c^{-c}d^{-d}w_1^{c}w_2^{d}Y^{1-c-d})^{\frac{1}{c+d}}$$

$$C(Y, w_1, w_2) = \left[\left(\frac{c}{d}\right)^{\frac{d}{c+d}} + \left(\frac{c}{d}\right)^{\frac{-c}{c+d}}\right] w_1^{\frac{c}{c+d}} w_2^{\frac{d}{c+d}} Y^{\frac{1}{c+d}}$$

第三，說明生產與成本理論之間的**對偶 (Duality)** 關係。此一對偶關係，是

指在一定的產量下，求解成本極小化的問題，所求得的最適要素組合 (Z_1^*, Z_2^*)，與在一定的成本下，求解產量極大化問題，所求得最適要素組合是一致的。此一產量極大化問題，可以表示為

$$\underset{Z_1, Z_2}{\text{Max}}\ f(Z_1, Z_2)$$

$$\text{受限於}\ w_1Z_1 + w_2Z_2 = I_0$$

此一問題所對應的拉氏函數 $L(Z_1, Z_2, \lambda)$ 為：

$$L(Z_1, Z_2, \lambda) = f(Z_1, Z_2) + \lambda(I_0 - w_1Z_1 - w_2Z_2)$$

其一階條件如下述三式所示：

$$\frac{\partial f(Z_1, Z_2)}{\partial Z_1} - \lambda w_1 = 0,\ \frac{\partial f(Z_1, Z_2)}{\partial Z_2} - \lambda w_2 = 0,\ w_1Z_1 + w_2Z_2 - I_0 = 0$$

根據前兩式，亦可以得出下述如同在成本極小化問題所得到的最適條件：

$$\frac{\partial f(Z_1, Z_2)/\partial Z_1}{\partial f(Z_1, Z_2)/\partial Z_2} = \frac{w_1}{w_2}$$

故由上述證明，可以推知生產與成本理論之間具有對偶關係。

三、成本函數或曲線之間的一些關係

首先，說明 AVC(0) = MC(0)，即 AVC 曲線與 MC 曲線兩者在縱軸上的截距是一樣的。如下式所示，當產量 Y 趨近於零時，VC(Y) 亦趨近於零，故利用 I'Hopital 規則，可以得出此一結果：

$$AVC(0) = \lim_{Y\to 0}\frac{VC(Y)}{Y} = \frac{\lim\limits_{Y\to 0}\dfrac{dVC(Y)}{dY}}{\lim\limits_{Y\to 0}\dfrac{dY}{dY}} = \frac{MC(0)}{1}$$

其次，了解邊際成本曲線下的面積就等於變動成本的關係。利用微分的概念，可以把邊際成本 MC(Y) 表示為：

$$MC(Y) = \frac{dVC(Y)}{dY}$$

因此，就可以由下述運算得出上述結果：

$$\int_0^Y MC(X)dX = \int_0^Y \frac{dVC(X)}{dX}\cdot dX = VC(Y) - VC(O) = VC(Y)$$

第七章　完全競爭廠商的個別供給與市場供給

在廠商是以利潤最大化作為目標的前提下，本章將首先介紹在完全競爭市場環境下的廠商，其分別在短期與在長期的個別供給行為；其次，分別討論在短期與在長期的市場供給問題；最後，說明供給彈性的意義。至於在其他市場環境下的廠商供給行為的討論，則放在第九到第十一章中。

第一節　完全競爭廠商的短期供給與生產者剩餘

在一個完全競爭市場 **(Perfectly Competitive Market)** 下，由於每一廠商均生產同質性的產品，以及進出市場非常容易；因此，在眾多廠商之間的充分競爭下以及在消費者具充分訊息的前提下，廠商成為一個價格接受者 **(Price Taker)**，且其長期的利潤為零。換言之，完全競爭廠商對於其產品的價格，他祇能夠被動的接受而已，而他所能夠做的事情是：⑴要不要繼續從事這個行業？⑵若要繼續留在這個行業的話，其分別在短期與在長期的產量該多大？本節將先討論該廠商在短期的供給問題。

令完全競爭廠商所面對的市場價格為 P，且已知其短期的成本函數為 C(Y)；因此，可以將該廠商的利潤最大化問題表示為：

$$\underset{Y}{Max}\ \pi(Y) \equiv PY - C(Y)$$

上式中，$\pi(Y)$ 為利潤函數，是由收益函數 R(Y) 扣除掉成本函數 C(Y) 而得。在此，收益函數 R(Y) = PY。

根據上述問題，得知利潤最大化的最適產量 (Y^*)，將滿足下述關係：

$$\text{在 } Y^* \text{ 的邊際收益 } MR(Y^*) = \text{在 } Y^* \text{ 的邊際成本 } MC(Y^*)$$

根據第四章有關邊際收益的定義，由下述運算得知 MR(Y) = P：

$$MR(Y) \equiv \frac{\Delta R(Y)}{\Delta Y} = \frac{P \cdot \Delta Y}{\Delta Y} = P$$

換言之，在已知市場價格 P 之下，完全競爭廠商的最適產量 (Y^*) 將可以由下式求得：

$$P = MC(Y^*)$$

接下來，利用圖形來說明如何根據 $P = MC(Y^*)$ 的關係式，來求得 Y^*。在圖 7–1 中，畫有 AVC、AC 及 MC 曲線，而 AC 曲線及 AVC 曲線之間的垂直距離表示 AFC 的大小。由利潤 $\pi(Y) = PY - C(Y)$ 知，當產量 $Y = 0$ 時，$\pi(0) = P \times 0 - VC(0) - FC = -FC$；同時，當 $P < AVC(Y)$ 時，$\pi(Y) < AVC(Y) \times Y - VC(Y) - FC = VC(Y) - VC(Y) - FC = \pi(0)$，即當 P 比 AVC(Y) 小時，生產 Y 產量所能得到的收益，將無法把變動成本回收，故其虧損會比不生產 $(Y = 0)$ 的虧

圖 7–1

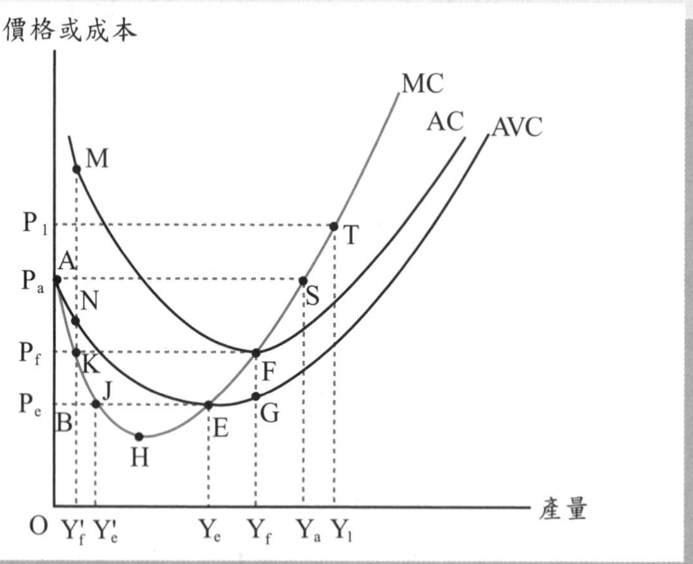

〖完全競爭廠商的短期供給曲線〗

1. 在 AKJHE 曲線段上的 MC，均小於其所對應的 AVC，故最適產量不會落在 O 與 Y_e 之間，即 AKJHE 曲線段不會是供給曲線的一部分。
2. 供給曲線分為兩段：當 $P \geq P_e$ 時，MC 曲線就是短期供給曲線；當 $P \leq P_e$ 時，OB 直線段就是短期供給曲線。

損 FC 更大。如圖 7–1 中，當 Y 介於 O 與 Y_e（AVC 曲線最低點 E 所對應的產量水準）之時，MC(Y) < AVC(Y)；因此，若根據 P = MC(Y) 所決定的產量，其虧損會比 FC 來得大。以 K 點為例，$P_f = MC(Y_f') < AVC(Y_f')$；此時，平均每一單位產量的虧損為 MK，大於平均固定成本 MN。也就是說，在考慮利用 P = MC(Y) 的關係，求出最適產量時，必須先把 MC(Y) < AVC(Y) 的那一段，即 AKJHE 曲線段（不含 A 及 E 點在內）排除掉。至於 A 點也不在考慮之內，因為當價格為 P_a 時，廠商若選擇生產 S 點所對應的產量 Y_a 時，其利潤將大於 A 點所示的不生產時的利潤（此時為 −FC）。至於在價格為 P_e 時，生產 E 點所對應的產量 Y_e，與 B 點所示的不生產任何產量，均得到同等的利潤水準（均為 −FC），故 E 點與 B 點對廠商而言並無差異存在。

由上述說明，了解到當市場價格不比 P_e 低時，廠商根據其 MC(Y) = P 所對應求出的 Y，就是其利潤最大化的最適產量水準，如在 P_1 時所對應的最適產量為 Y_1 所示；同時，亦知當價格介於 P_e 與 P_f（分別為 MC(Y) 與 AC(Y) 的最小值）時，廠商雖然在虧損的情況下，但他仍會生產，如此將使其虧損比不生產時的虧損 (FC) 來得小。而當價格低於 P_e 時，廠商將不生產（即 Y = 0）。換言之，廠商的短期供給曲線分為二段，當價格在 P_e 之上時，MC(Y) 曲線就是其供給曲線，即 $Y = MC^{-1}(P)$（即 MC(Y) 的逆函數）；而當價格低於 P_e 時，則供給量為零，如在縱軸上的 OB 線段所示。

換另外一個角度來看，可以把邊際成本視為廠商供應最後一個單位的保留價格，或其所能接受的最低價格，也就是其供給價格。因此，P = MC(Y) 的條件式，可以理解為，廠商會把其產量生產到供給價格 (MC(Y)) 與市場對其產品的需求價格 (P) 相一致的水準上。

從供給價格或保留價格的觀念來看，可以進一步推得廠商供應產品的底線，就是至少要回收每一單位的邊際成本，或回收全部的變動成本。一般稱廠商銷售其產品的收益，超過其最少可以接受的保留金額或變動成本的餘額，為生產者剩餘（**Producer's Surplus**，以 **PS** 表示）；即可以利用下式來定義 PS：

$$PS \equiv PY - VC(Y) = \pi(Y) + FC$$

由上式亦知，PS 等於利潤與固定成本的和；同時，由於 $\pi(Y)$ 不會小於 −FC，

故 $PS \geq 0$。另一方面，當價格改變而導致產量改變時，亦將引起利潤及 PS 出現一致的變化；即由上式關係，可以推知 $\Delta PS = \Delta\pi(Y)$。

利用 MC(Y) 曲線下面的面積，等於變動成本 VC(Y) 的關係，可以進一步推導出以供給曲線及縱軸之間的面積，來表示 PS 的大小。如圖 7–2 所示，以市場價格 P_1 為例，廠商會生產 Y_1 的產量，其收益 P_1Y_1 如 ▱OP_1FY_1 面積所示；至於生產 Y_1 的變動成本 $VC(Y_1)$，固然可以由 $AVC(Y_1) \times Y_1 = GY_1 \times Y_1$ 來表示，也可以由 MC(Y) 下面的面積，即多邊形 $OAKHEFY_1$ 的面積來表示。而此一多邊形的面積亦可以分為生產 Y_e 的變動成本及由 Y_e 到 Y_1 的邊際成本來表示，前者可以由多邊形 $OAKHEY_e$ 的面積或 ▱$OBEY_e$ 的面積來表示，而後者則由多邊形 Y_eEFY_1 的面積來表示。換言之，PS 的大小，就可以由近似 ▱BP_1FE 的面積來表示，即由 MC 曲線或供給曲線上的 EF 曲線段與縱軸之間，及價格介

圖 7–2

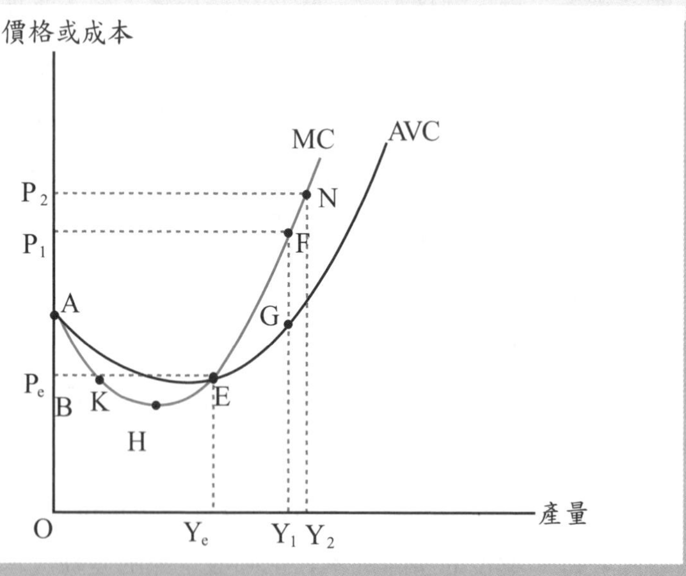

【生產者剩餘及其變化】

1. 在 P_1 時，生產者剩餘的大小，可以由 ▱BP_1FE 的面積來表現。
2. 當價格由 P_1 升為 P_2 時，PS 及利潤同幅度增加了 ▱P_1P_2NF 面積所示的大小。

於 P_e 與 P_1 之間所圍起來的面積，來呈現 PS 的值。

如圖 7–2 所示，當 P_1 升至 P_2 時，廠商的供給量增加到 Y_2，則可以輕易從 PS 的變化，即增加了 $\square P_1P_2NF$ 面積所示的大小，來了解廠商利潤亦增加了此一面積所示的大小。

第二節　完全競爭廠商的長期供給

在長期時，已知市場價格為 P，且廠商的長期成本函數為 LC(Y)，則同樣可以將該廠商的利潤最大化問題，表示為：

$$\underset{Y}{Max}\ \pi(Y) \equiv PY - LC(Y)$$

因此，在長期的最適產量 Y^* 之下，亦必然滿足下式關係：

$$P = LMC(Y^*)$$

除此一關係式之外，由於進出此一行業極為容易，故長期的利潤為零。否則，當利潤為正時，必然吸引更多的新廠商加入此一行業，或現有廠商可能會擴大廠房，導致市場供應量的大幅提升，並促使市場價格的下降，最終使得利潤為零，才算處於長期的均衡狀態；反之，當利潤為負時，將出現與上述相反的調整過程，而最終亦將使得利潤為零。因此，在長期利潤為零下，表示長期的價格必將等於最適產量下的 $LAC(Y^*)$，即

$$P = LAC(Y^*)$$

進而言之，在 $P = LMC(Y^*)$ 及 $P = LAC(Y^*)$ 兩式同時滿足的情況下，可以推知 $LMC(Y^*) = LAC(Y^*)$；同時，由 LAC 曲線與 LMC 曲線兩者之間的關係，亦知 LMC 曲線與 LAC 曲線在後者最低點的地方相交。因此，由 $LMC(Y^*) = LAC(Y^*)$ 知，廠商的長期最適供給量或產量 Y^*，剛好是其 LAC(Y) 曲線最低點所對應的產量水準；同時，亦知該完全競爭市場的價格，剛好是長期平均成本的最小值。

如圖 7–3 以第 i 個廠商的長期及短期成本曲線為例所示，對應於短期供給曲線的討論，在 $P = LMC(Y^*)$ 的條件下，以及 LAC(Y) 相當於長期「變動」平均成本的概念，可以輕易得出長期的供給曲線「似乎」也可以由兩段構成，即

(1)當 $P \geq P_f$ 時，LMC(Y) 曲線在 LAC(Y) 曲線最低點 F 以上的線段，如 FH 曲線段，就是長期的供給曲線；(2)當 $P \leq P_f$ 時，在縱軸上的 OE 直線段，就是長期的供給曲線。不過，由圖 7–3 中的第 i 個完全競爭市場的廠商而言，在價格高於 P_f，如 P_1 所示時，若其長期的最適產量是 Y_1 時，如對應在 $LMC_i(Y)$ 曲線上的 H 點所示，則其利潤將大於零，如平均利潤為 HG 所示；此時，將導致其他新廠商的加入或舊廠商的擴建，使得市場供給提高，在充分競爭之後，最後必然會將市場價格壓低至 P_f 的水準上。亦即，在長期時，市場上不可能存在比 P_f 高的價格；而在 P_f 時，廠商的最適產量為 Y^*，且此時的 $LMC(Y^*)$ 及 $LAC(Y^*)$ 亦均同時等於 P_f。

換言之，在長期時，完全競爭廠商實際上衹有在以最小的 LAC 水準為市場

圖 7–3

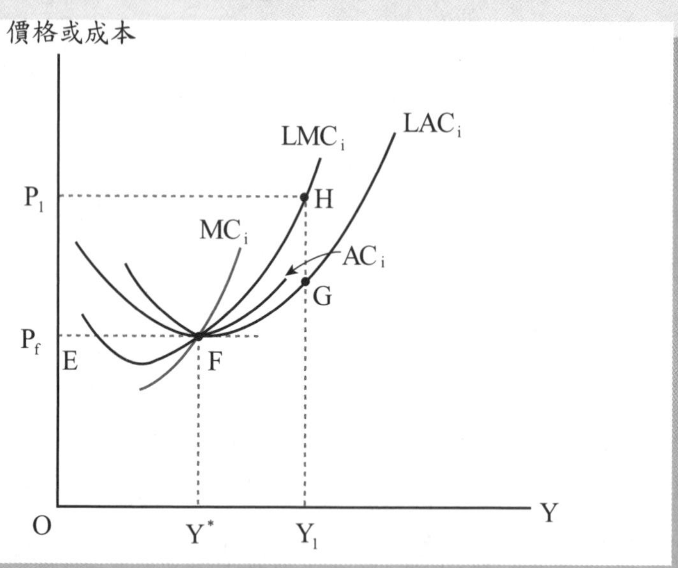

【第 i 個完全競爭廠商的長期供給（點）】

1. 在 P＝LMC(Y) 及 P＝LAC(Y) 兩條件下，廠商的長期供給就決定於 LAC 曲線的最低點 F，即長期的市場價格為 P_f，而長期的供給量或最適產量為 Y^*。
2. 在 F 點上，可以找到相應的短期 AC 及 MC 曲線，並知 MC 曲線較 LMC 曲線陡峭。

價格下，供應其最適的以 LAC 最小時的產量水準；如圖 7–3 中的 F 點所示，就是該完全競爭廠商的長期供給點。同時，如圖 7–3 中所示，對應在 F 點上，亦可畫出其相對應的短期 AC 曲線與 MC 曲線，且知 MC 曲線的斜率較 LMC 曲線更為陡峭。

根據上述說明，了解到廠商在長期時，其最少可以接受的保留金額，就是其長期成本（即變動成本）；同時，亦知，廠商所面對的價格將等於其 LAC 的最小值，故其實際收益剛好等於其長期成本，一方面表示其長期利潤為零，另一方面亦說明其長期的生產者剩餘為零。

第三節　完全競爭市場的短期供給

在短期時，在市場中的廠商家數不變，設有 n 家；那麼，可以將**市場供給曲線 (Market Supply Curve)** S(P) 表示為：

$$S(P)=\sum_{i=1}^{n}S_i(P)$$

上式中，$S_i(P)$ 表示第 i 家廠商的供給曲線或供給函數，P 為市場價格。換言之，所謂市場供給曲線，是描述與市場價格 P 對應的市場供應量兩者之間的關係；而此一市場供給量，就等於市場中 n 家廠商供應量的加總。以圖形來表示，市場供給曲線是由 n 家廠商個別供給曲線的水平加總而成。如圖 7–4 所示，以 n = 3 為例，S_1、S_2 及 S_3 曲線分別為這 3 家廠商的供給曲線；其中，當價格 (P) 分別大於 P_1、P_2 及 P_3 時，$S_1(P)$、$S_2(P)$ 及 $S_3(P)$ 才大於零。因此，市場供給曲線 (S) 將在不同的價格區間內，由對應的廠商供給曲線水平加總而得。如圖所示，當價格介於 P_1 與 P_2 之間時，其對應的市場供給曲線段為 S_1 曲線上的 AB 段；當價格介於 P_2 與 P_3 之間，其對應的市場供給曲線段為 BDK 或 DK 線段，是由 S_1 曲線上的 BH 線段及 S_2 曲線上的 EG 線段，經水平加總而得；至於價格在 P_3 以上時，其對應的市場供給曲線段為 KMS 或 MS 線段，則是由 S_1 曲線上的 HS_1 線段、S_2 曲線上的 GS_2 線段及 S_3 曲線上的 FS_3 線段，經水平加總而得。

由圖 7–4 中，可以了解到市場供給曲線的走勢，相較於廠商個別供給曲線而言，隨著價格的提高，其供給量的增加將更快；或者說，從橫軸（供給量）來看，其斜率相對較小，或更為平坦。

其次，以例子來說明市場供給曲線 $S(P)$，是如何經由廠商個別供給曲線 $S_i(P)$ 水平加總而成的。令市場中 3 個廠商的個別供給曲線分別為：

$S_1(P) = a_1 + b_1P$（當 $P \geq P_1$） 或 $S_1(P) = 0$（當 $P < P_1$）；

$S_2(P) = a_2 + b_2P$（當 $P \geq P_2 > P_1$） 或 $S_2(P) = 0$（當 $P < P_2$）；

$S_3(P) = a_3 + b_3P$（當 $P \geq P_3 > P_2$） 或 $S_3(P) = 0$（當 $P < P_3$）。

在上述三式中，$a_i < 0, b_i > 0, i = 1, 2, 3$；同時，$a_i + b_iP_i > 0$。在圖 7–4 中的 S_i 曲線，正好可以利用以上三式來描述。在此，根據這三式所表示的個別供給曲線，可以得出如下的市場供給曲線 $S(P)$：

圖 7–4

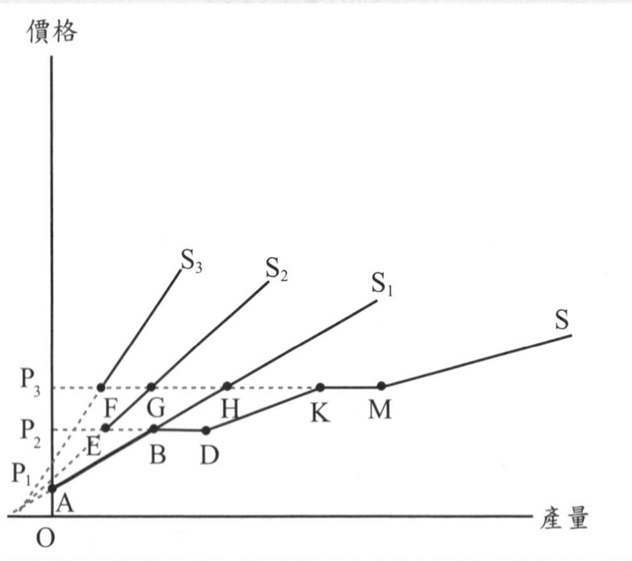

【市場供給曲線是由所有廠商的供給曲線加總而得】

1. 價格介於 P_1 與 P_2 之間的市場供給曲線段為 AB 線段。

2. 價格介於 P_2 與 P_3 之間的市場供給曲線段為 BDK 或 DK 線段。

3. 價格在 P_3 以上的市場供給曲線段為 KMS 或 MS 線段。

$S(P)=0$（當 $P<P_1$），如圖 7–4 中的 OA 線段所示；

$=a_1+b_1P$（當 $P_1\leq P<P_2$），如圖 7–4 中的 AB 線段所示；

$=(a_1+a_2)+(b_1+b_2)P$（當 $P_2\leq P<P_3$），如圖 7–4 中的 DK 線段所示；

$=(a_1+a_2+a_3)+(b_1+b_2+b_3)P$（當 $P\geq P_3$），如圖 7–4 中的 MS 線段所示。

至於在短期中，何以會存在 n 家的廠商，則是一個涉及長期與市場需求面等因素的問題，將留待下一節介紹完市場的長期供給以後，再來說明。

第四節　完全競爭市場的長期供給

如第二節所述，在完全競爭市場中的廠商，其在長期並不存在供給曲線，而祇有一個供給點。至於市場的長期供給曲線是否存在呢？就是本節所要回答的問題。對於此一問題，本節將分別在市場需求不變下，以及在市場需求增加的情況下來討論；至於在市場需求減少的情況，則請讀者自行比照市場需求增加的說明，去加以探討。

一、在市場需求不變下的市場長期供給

為簡化討論起見，首先假設所有的完全競爭廠商均具有完全相同的 U 字型 LAC 曲線及其相應的 LMC 曲線，且知 LAC 曲線最低點所對應的產量水準為 Y_0，而最低的 LAC 值為 LAC_0；另一方面，亦知市場的需求曲線為 $D(P)$。因此，根據上述資料，可以進一步推知市場中可允許存在的廠商家數 n_0 為：

$$n_0=\max\{n\,|\,n=\frac{D(P)}{Y_1};\ \text{其中，}P=LMC(Y_1)\geq LAC(Y_1),\ Y_1\geq Y_0,\ n\ \text{為整數}\}$$

換言之，當 $P=LAC_0$ 時，$\frac{D(P)}{Y_0}$ 未必剛好是整數，此時令 n_0 是比 $\frac{D(P)}{Y_0}$ 小，但卻是最接近 $\frac{D(P)}{Y_0}$ 的整數，則市場中就剛好允許 n_0 家廠商存在；同時，每一家廠商將會根據 $P=LMC$ 的條件，生產出比 Y_0 還多的產量 Y_1，即 $P_1=LMC(Y_1)$ 將大於 $LAC(Y_1)$，表示每一家廠商仍有正的利潤。不過，此時若多進入一家廠商的話，將會把價格壓低至使每一家廠商均出現虧損，故長期時祇允許市場中

存在 n_0 家的廠商。

接著，以圖形來說明市場中廠商家數的決定問題。在圖 7–5 中，LMC_i 曲線是由共計 i 家廠商的 LMC 曲線的水平加總而得，而每一家廠商的 LMC 曲線，如 LMC_1 曲線所示，其 LAC 曲線最小的點為 E，所對應產出為 Y_0，而其最小成本為 LAC_0。同時，亦知 $6<\dfrac{D(LAC_0)}{Y_0}<7$，即市場上允許的廠商家數為 6 家。由圖亦知，$LMC_6$ 曲線與需求曲線 D 相交於 U 點，其所對應的價格為 $P_1>LAC_0$，產出為 $6Y_1$，其中 Y_1 的大小如 W 點所示。另一方面，亦知若廠商家數由 6 家增加為 7 家時，LMC_7 曲線與 D 曲線的交點在 V，此時所對應的價格小於 LAC_0，存在虧損，將迫使廠商退出市場，故 V 點並非是長期均衡點。

經由上述說明，了解到在市場需求不變下、市場的長期供給將主要受到 LAC 的最小值及其對應的產量水準等兩項數據的影響，且在決定長期供給時，

圖 7–5

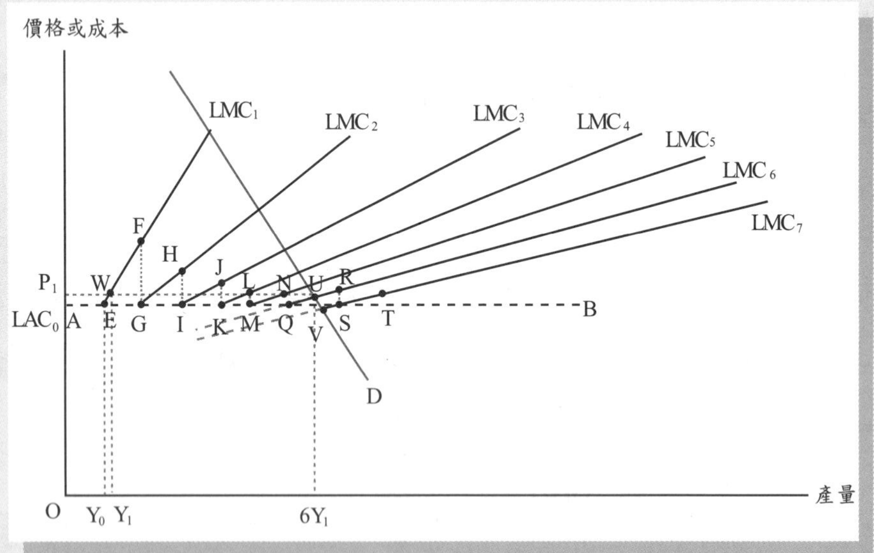

【在市場需求不變下，市場的長期供給與廠商家數】

1. LMC_i 曲線表示由計有 i 家廠商的 LMC 曲線的水平加總而得。
2. 市場的長期供給曲線，一方面可以視為 EF、GH、……、ST、……等線段所組合而成的曲線；另一方面可以水平線 AB 線來表示，其截距 OA 為 LAC 的最小值。

必然相應決定了廠商的家數。在一般具負斜率性質的市場需求曲線下，亦可以在 P≥LAC 最小值以上的區間，把市場的長期供給曲線視為如圖 7–5 所示的 EFGH…RST…的一條多線段組合而成的曲線。同時，亦知在廠商家數極大的情形下，則可以以水平線 AB 直線，來表示市場的長期供給曲線，而其截距 OA 為 LAC 的最小值。

二、在市場需求增加下的市場長期供給

與在市場需求不變下不同的是，在市場需求增加下，將使得市場的供給量提高，即必然會有更多的廠商加入生產的行列，此一產出擴增的現象，有可能導致每一家廠商的 LAC 曲線出現上升、不變或下降的變動。如果 LAC 曲線，不受市場需求增加的影響，則市場的長期供給曲線仍將為一條以最小的 LAC 值為截距的水平線，衹不過此時的廠商家數有所提高。

如果廠商的 LAC 曲線受到市場需求增加的影響而上升了，則其最小值也將同步提高；因此，市場的長期供給曲線將呈現為一具正斜率性質的曲線，而與需求增加相適應的廠商家數，也將有所提高。

同理，如果廠商的 LAC 曲線受到市場需求增加的影響而下降了，表示其最小值將跟著降低；因此，市場的長期供給曲線將呈現為一具負斜率性質的曲線，且此時的廠商家數必將有所提高。

在完全競爭市場下，由於進出市場相當容易，故在長期時，廠商的利潤基本上為零，且長期又無所謂的固定成本，故廠商也就不存在所謂的生產者剩餘（或生產者剩餘將恆等於零）。不過，在實際完全競爭市場中，每一廠商的 LAC 曲線並非完全一致，有些廠商可能擁有較好的生產因素，例如比較好的礦藏、肥沃的土地、便利的交通等項，其 LAC 曲線相對較低；因此，對於具這種成本優勢的廠商而言，其長期利潤仍將大於零。不過，此一長期利潤的存在，其實是來自於其所擁有的特殊生產因素所致，而該種利潤一般稱為經濟租 (**Economic Rent**)；換言之，若把這些經濟租亦算作使用這些特殊生產因素的機會成本的話，則廠商的利潤也就不存在或等於零。

第五節　供給彈性

截至目前，本章的討論是集中在完全競爭市場中廠商的短期供給曲線與長期供給點，以及市場的短期供給曲線與長期供給曲線等主題上面；同時，並知短期供給曲線一般是具正斜率性質，即隨著價格的上升，供給量將跟著同步增加。本節將繼續利用價格彈性的概念，來進一步描述供給曲線的性質。

所謂供給的價格彈性，是指價格每變動百分之一時，其供給量的變動百分比值；明言之，可以下式來定義供給的價格彈性 (E_s)：

$$E_s \equiv \frac{\frac{\Delta Y}{Y} \times 100\%}{\frac{\Delta P}{P} \times 100\%} = \frac{\Delta Y}{\Delta P} \times \frac{P}{Y}$$

在上式中，P 及 Y 分別是價格及供給量，ΔP 及 ΔY 分別是 P 及 Y 的變動量。$\frac{\Delta Y}{\Delta P}$ 是供給曲線的斜率（從價格軸來看），為一正值。換言之，供給的價格彈性值，等於供給曲線的斜率 ($\frac{\Delta Y}{\Delta P}$) 以及價格與供給量的比值 ($\frac{P}{Y}$) 二者的乘積。

以直線型的供給曲線 $Y = a + bP$ 為例；其中 $b > 0$, $P \geq P_0 \geq 0$，且 $Y \geq 0$。根據上述公式，可以求出其彈性為

$$E_s = b \times \frac{P}{Y} = b \times \frac{P}{a + bP} = \frac{bP}{a + bP} \gtreqless 1 \quad (\text{當 } a \lesseqgtr 0 \text{ 時})$$

在圖 7–6 中，以 $a<0$ 為例的直線型供給曲線 S，其上 F 點的彈性 $E_s = \frac{bP_1}{a + bP_1}$。同時，由圖知 $bP_1 = GK$, $a + bP_1 = OK$；因此，知

$$E_s = \frac{GK}{OK} = \frac{GK}{P_1F} = \frac{GF}{HF} > 1 \quad (\text{利用 } \triangle FGK \text{ 與 } \triangle HFP_1 \text{ 相似的關係})$$

換言之，在 F 點的彈性值，可以利用下述方法求得：⑴供給線的延長線與價格軸及數量軸的交點 H 與 G，⑵ GF 線段與 HF 線段兩者長度的比值就是 E_s 的值。

當供給曲線不是直線段時，其上任何一點的彈性值，仍可以比照利用經過

圖 7–6

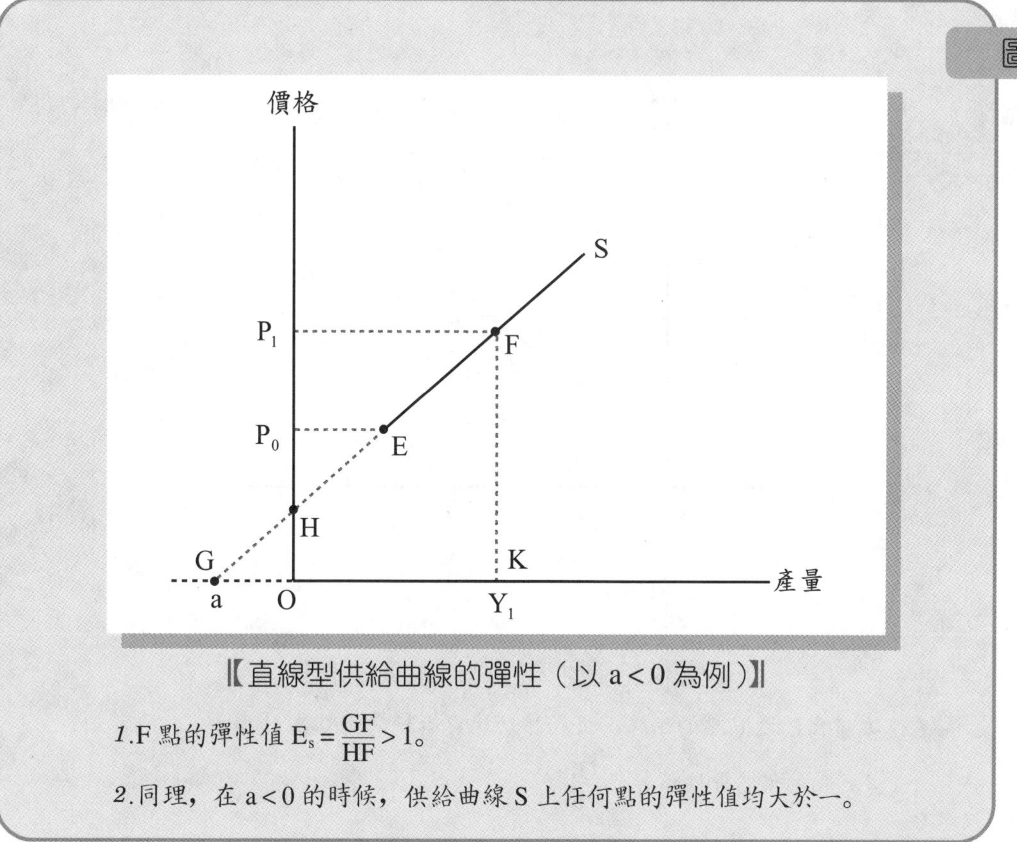

【直線型供給曲線的彈性（以 $a<0$ 為例）】

1.F 點的彈性值 $E_s=\dfrac{GF}{HF}>1$。

2.同理，在 $a<0$ 的時候，供給曲線 S 上任何點的彈性值均大於一。

該點的切線，及其與兩軸相交點所形成的兩個線段長度來加以計算。如圖 7–7 所示，在 S 供給曲線上的 F 點畫出切線，分別與兩軸交於 G 及 H 點，則 F 點的供給彈性值為 $\dfrac{GF}{HF}<1$。同理，亦可以在 S 線上的其他點，得到其對應的 E_s 值；同時，由圖 7–7 亦知，當價格較低時，E_s 的值較大，而價格愈高時，E_s 的值愈小。

以上的供給彈性概念，可以適用在廠商的個別供給曲線上，以及在市場供給曲線上。在上文中，提及市場供給曲線是由所有廠商個別供給曲線水平相加而得，在圖形上亦知市場供給曲線更為平坦。在此，以市場中有 n 家具有完全相同供給曲線的廠商為例，來了解市場供給彈性與個別廠商供給彈性之間的關係。令第 i 家廠商的供給曲線為 $Y_i=a+bP$，而市場的供給曲線為 $Y=\sum_{i=1}^{n}Y_i=na+nbP$；因此，第 i 家廠商及市場的供給彈性 E_{s_i} 及 E_s 分別為：

圖 7-7

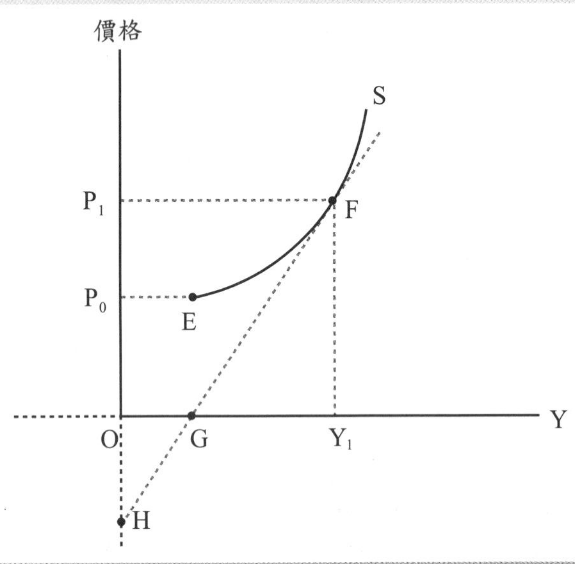

【供給彈性值的幾何求算方法】

1.畫出經過 F 點的切線，得知該切線與兩軸的交點為 G 與 H。

2.F 點的供給彈性值等於 $\frac{GF}{HF}$。

$$E_{s_i} = \frac{bP}{a+bP} \text{ 及 } E_s = \frac{nbP}{na+nbP} = \frac{bP}{a+bP} = E_{s_i}$$

由上述運算，得出 $E_{s_i} = E_s$，表示對應在一定的價格下，每一家廠商的供給彈性值均與市場供給彈性值一致，而非後者較大。

至於短期與長期供給彈性的比較，由於廠商的長期供給曲線實際上並不存在，而市場的長期供給曲線未必呈現正斜率，故難以進行長短期供給彈性之比較；不過，一般認為在時間較長時，由於可以調整較多種生產要素的投入量，故此時之供給彈性將較大。

本章摘要

1. 完全競爭廠商是一個價格接受者，其長期利潤為零。
2. 完全競爭廠商的邊際收益與平均收益均等於市場價格。
3. 完全競爭廠商在短期下的最適產量，除了要滿足邊際收益與邊際成本相等的條件以外，尚要符合價格不能低於其平均變動成本（或虧損不會比固定成本多）的條件。

4. 完全競爭廠商的短期供給曲線分為兩段，一段在其平均變動成本曲線最低點以上的邊際成本曲線段部分（表示供給量大於零），另一段在價格軸上（表示供給量等於零）。
5. 生產者剩餘是指廠商銷售產品的收益，超過其變動成本的餘額，故其大小等於利潤與固定成本之和。在圖形上，可以利用供給曲線與價格軸之間所圍起來的面積，來表示生產者剩餘的大小。
6. 完全競爭廠商的長期供給點是其長期平均成本曲線的最低點。
7. 完全競爭市場的短期供給曲線，是由所有廠商個別的短期供給曲線，經水平加總而得，故其仍具正斜率之性質。
8. 完全競爭市場的長期供給曲線，有可能是一條水平線，也有可能是一條正斜率或負斜率的曲線。
9. 供給彈性是指價格每變動百分之一時，其供給量的變動百分比值。供給曲線上任何一點 (F) 的供給彈性值，可以利用下述幾何方法來求算：(1)畫出經過該點的切線，並在切線上分別得到該點與縱軸交點 (H) 及橫軸交點 (G) 的二個線段 HF 及 GF；(2)二線段長度的比值 $\frac{GF}{HF}$，就是該點的供給彈性值。

習　題

1. 一完全競爭廠商具有下述的短期成本函數：

$C(Y) = 0.1Y^2 + 10Y + 10$

$MC(Y) = 0.2Y + 10$

請回答下列問題：

(1)當產品的市場價格分別為 10 元、12 元及 15 元時，其最適的產量是多少？

(2)其短期供給曲線為何？

2. 當市場中的三家廠商的供給曲線分別為：

$S_1(P) = 2P - 10$，$S_2(P) = P - 10$，

$S_3(P) = \frac{1}{2}P - 10$

請問市場的供給曲線為何？

3. 何謂生產者剩餘？生產者剩餘有可能出現負值嗎？

4. 若一完全競爭廠商的邊際成本曲線

為 $MC(Y) = Y^2 + 20Y + 100$，且知其固定成本為48；請問該廠商的短期供給曲線為何?

5. 何以完全競爭廠商在長期時祇有一供給點，而實際上並不存在整條的供給曲線?

6. 完全競爭市場的長期供給曲線，何以有可能具有負斜率之性質?

7. 何謂供給價格彈性? 其大小受到什麼因素的影響?

第八章　完全競爭市場的均衡分析與應用

在了解完全競爭市場的供給曲線之後，本章進一步結合該市場的需求曲線，首先介紹完全競爭市場的均衡概念，其次是均衡變動的分析，最後是舉一些與均衡概念相關的應用例子。

第一節　完全競爭市場的均衡與分析

市場均衡 (**Market Equilibrium**) 是指在一定的因素下，該商品市場的價格及其交易量均維持不變的狀態。這些因素是指，除了該商品價格以外的，所有可以影響供給量與影響需求量大小的因素，包括期間的長短、生產技術的進步、生產因素的價格、市場的大小、消費者的偏好、其他相關財貨的價格、消費者的所得、未來的各項預期以及政府的干預市場政策、國際政經環境、天災人禍等項因素在內。因此，當這些該商品價格以外的其他因素不變時，就可以結合市場的供給曲線與需求曲線，把市場均衡的概念，分別用數學式子以及圖形來加以呈現。

首先，利用數學式子來表現市場均衡的概念。一者，可以直接利用供需曲線，來描述市場均衡，如下三式所示：

(1)需求曲線或函數：$Y_D \equiv D(P)$

(2)供給曲線或函數：$Y_S \equiv S(P)$

(3)均衡條件：$Y_D^* = Y_S^*$ 或 $D(P^*) = S(P^*)$

其中，需求函數 $Y_D \equiv D(P)$，是描述市場中所有消費者或買方購買此一商品的行為關係式；即在一定的因素下，市場價格 (P) 與需求量 (Y_D) 之間的對應關係。供給函數 $Y_S \equiv S(P)$，則是描述市場中所有廠商或賣方供應此一商品的行為關係式；即在一定的因素下，市場價格與供給量 (Y_S) 之間的對應關係。至於均衡條件 $Y_D^* = Y_S^*$ 或 $D(P^*) = S(P^*)$，是指當市場均衡出現時，必然表示存在有一均衡

價格 (P^*)，使得在該價格下的需求量 (Y^*_D) 與供給量 (Y^*_S) 是一致的現象；換言之，當 $D(P') \neq S(P')$ 時，P' 必不為均衡價格，P' 與市場交易量仍將會繼續變動，而無法保持不變，表示市場均衡尚未達成。

二者，也可以利用逆供給函數與逆需求函數，來描述市場均衡，如下三式所示：

⑴逆需求曲線或函數：$P_D \equiv D^{-1}(Y)$

⑵逆供給曲線或函數：$P_S \equiv S^{-1}(Y)$

⑶均衡條件：$P^*_D = P^*_S$ 或 $D^{-1}(Y^*) = S^{-1}(Y^*)$

其中，逆需求函數 $P_D \equiv D^{-1}(Y)$，是描述購買量 (Y) 與需求價格 (P_D) 之間的對應關係；逆供給函數 $P_S \equiv S^{-1}(Y)$，是說明供應量 (Y) 與供給價格 (P_S) 之間的對應關係；而在此的均衡條件 $P^*_D = P^*_S$ 或 $D^{-1}(Y^*) = S^{-1}(Y^*)$，是指所謂市場均衡，必然表示可以找到一均衡交易量 (Y^*)，使得在該交易量之下的需求價格 (Y^*_D) 與供給價格 (Y^*_S) 相等的狀態。也就是說，當 $D^{-1}(Y') \neq S^{-1}(Y')$ 時，Y' 必不為均衡交易量，Y' 與市場價格仍會持續變動，尚無法維持固定不變，故尚未處於市場均衡的狀態中。

其次，利用圖形來表現市場均衡的概念。在圖形上，可以直接由供給曲線與需求曲線的相交點（一般亦稱為均衡點），來呈現市場均衡；而此一交點所對應的價格就是均衡價格，所對應的數量就是均衡交易量。換言之，在一定的供給曲線與需求曲線之下，兩者相交點以外的價量組合點均不會是均衡點。

還有，當供需曲線的相交點是落在價格軸上或在數量軸上時，前者表示均衡交易量為零，顯然是表示該市場不存在，故無法進行討論；至於後者，表示其均衡價格為零，表示該財貨並非經濟財貨，故無討論的必要。因此，市場均衡的討論，一般是衹針對供需線的交點，是落在第一象限的情形，即均衡價格與交易量均為正數的狀態。

現在，配合利用圖形，來說明市場如何從其不均衡狀態，調整至均衡狀態的機制。首先，介紹**價格機能 (Price Mechanism)**。所謂價格機能，是指透過價格的上下調整機制，將可以促使市場達到均衡狀態。一般認為價格具有上下調整的機制：當市場出現供不應求的情形時，價格將向上調整；反之，當市場出現供過於求的情形時，價格將向下調整。

在圖 8–1 中，供給曲線 S 與需求曲線 D 的交點 E，為一均衡點，而 P^* 及 Y^* 分別為均衡價格與均衡交易量。當價格低於均衡價格 P^* 時，將出現供不應求的現象；以圖 8–1 中的 P_1 為例，在市場中有 MN 那麼多的超額需求量或短缺存在，此時消費者將無法如願購買到其所需求的數量，必然導致市場價格的往上調升，直到提高到 P^* 為止。相反地，當價格高於 P^* 時，將出現供過於求的現象；以圖 8–1 中的 P_2 為例，在市場中有 FG 那麼多的超額供給量或剩餘存在，此時廠商將無法如願銷售出其所供給的數量，迫使其調降售價，直到降至 P^* 為止。

換言之，當市場價格機能可以充分發揮時，可以預期市場的價格總是會向其均衡價格的方向傾斜，並在一定的供需曲線下，出現市場均衡狀態。

其次，介紹**數量機能 (Quantity Mechanism)**。所謂數量機能，是指在市場的交易量偏離其均衡交易量時，經由交易量的上下調整機制，將可以促使市場達

圖 8–1

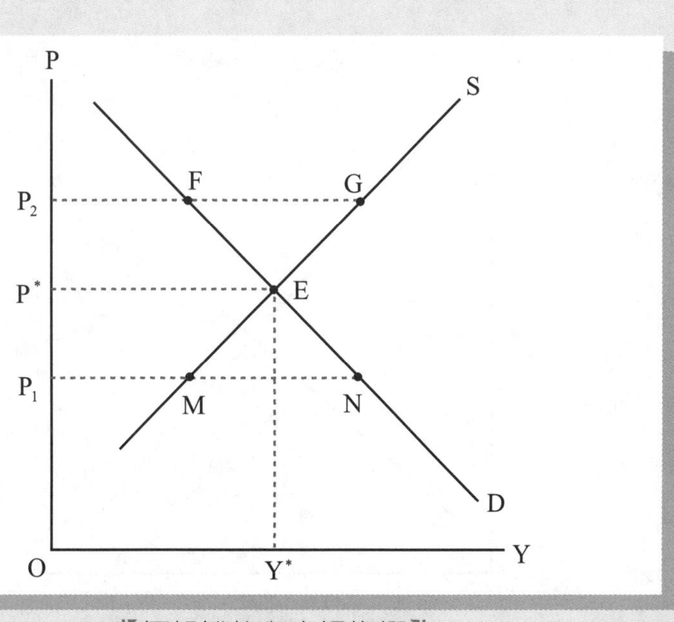

〖價格機能與市場均衡〗

1.供給曲線 S 與需求曲線 D 的交點 E，表示市場達到其均衡狀態。

2.當 $P_1 < P^*$ 時，存在超額需求，將促使價格往上調升。

3.當 $P_2 > P^*$ 時，存在超額供給，將導致價格的向下調降。

到均衡狀態。換言之，當市場出現供給價格低於需求價格的情形時，交易量將會增加；反之，當市場出現供給價格高於需求價格的情形時，交易量將會減少。

在圖 8–2 中，逆供給曲線 S^{-1} 與逆需求曲線 D^{-1} 的交點 E，為一均衡點，而 P^* 及 Y^* 分別為均衡價格與均衡交易量。當交易量低於均衡交易量 Y^* 時，將出現需求價格大於供給價格的現象；以圖 8–2 中的 Y_1 為例，在市場中的成交價格將落在 FG 線段中，總是高於 G 點所示的供給價格，此時將誘使廠商提高其供應量，直到 Y^* 為止。Y_1 的情況，可以水災剛過後的蔬菜或收成不好時農產品、科學園區用地、熱門商品為例。反之，當交易量高於均衡交易量 Y^* 時，將出現供給價格高於需求價格的現象；以圖 8–2 中的 Y_2 為例，在市場中的成交價格將落在 MN 線段中，總是低於 M 點所示的供給價格，此時將誘使廠商降低其供應量，直到 Y^* 為止。Y_2 的情況，可以豐收時農產品或一窩蜂生產過剩的產品（如蛋塔、口罩、才藝班、一般工業區用地、冬季滯銷的牛奶）為例。

圖 8–2

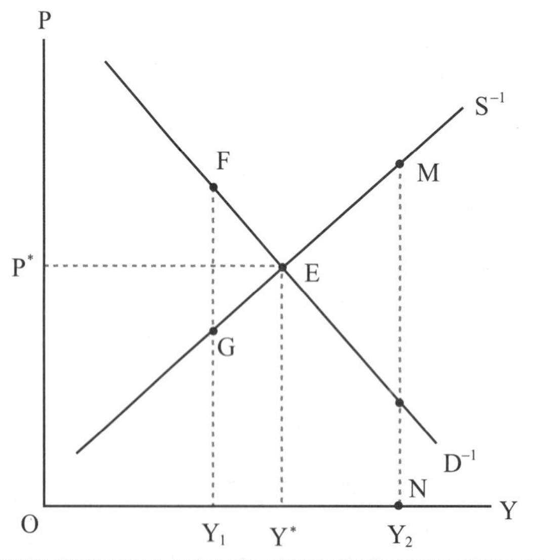

【數量調整與市場均衡】

1. 當 $Y_1 < Y^*$ 時，成交價格均大於供給價格，將促使廠商增加其供應量。

2. 當 $Y_2 > Y^*$ 時，成交價格均小於供給價格，將促使廠商減少其供應量。

與價格機能一樣，當數量機能可以充分發揮時，在一定的供需曲線之下，也會使市場達到其均衡狀態。

現在，以直線型的供給曲線與需求曲線為例，來求算其均衡價格與均衡交易量，並進行**比較靜態 (Comparative Statics)** 分析。假設供需曲線分別為

$$D(P) = a - bP > 0；其中，a > 0, b \geq 0。$$

$$S(P) = c + dP > 0；其中，d \geq 0, c < a。$$

在一定的 a、b、c 及 d 等參數之下，根據如下式所示之均衡條件，

$$D(P^*) = a - bP^* = c + dP^* = S(P^*)$$

可以進一步得到 P^* 及 Y^* 為

$$P^* = \frac{a-c}{b+d}, Y^* = \frac{ad+bc}{b+d}$$

在得到均衡解 P^* 及 Y^* 之後，可以對均衡解進行比較靜態分析。所謂比較靜態分析，是探討參數的變動，對於均衡解的影響；即比較並了解在參數變動前及變動後，其均衡解的增減變化情形。

首先，說明 a 的變動，對於 P^* 及 Y^* 的影響。以 a 變動 Δa 為例，根據 P^* 及 Y^* 與 a 的關係，得知：

$$\frac{\Delta P^*}{\Delta a} = \frac{1}{b+d} > 0, \frac{\Delta Y^*}{\Delta a} = \frac{d}{b+d} > 0$$

其中，ΔP^* 及 ΔY^* 分別表示 P^* 及 Y^* 的變動。根據上兩式知，a 的變動，對於 P^* 及 Y^* 均有相同方向的影響。以 $\Delta a > 0$ 為例，表示需求曲線整條向右移動 Δa，而導致均衡點順著供給曲線往右上方移動，使得 P^* 及 Y^* 均有所提高。

其次，說明 b 的變動，對於 P^* 及 Y^* 的影響。同理，可以推得出下述結果：

$$\frac{\Delta P^*}{\Delta b} = \frac{-(a-c)}{(b+d)^2} < 0, \frac{\Delta Y^*}{\Delta b} = \frac{-(a-c)d}{(b+d)^2} < 0$$

上兩式中，Δb 表示 b 的變動量。根據上兩式知，b 的變動，對於 P^* 及 Y^* 均有相反方向的影響。以 $\Delta b > 0$ 為例，表示需求曲線在價格軸上的截距 $(\frac{a}{b})$ 變短了，相當於需求曲線整條變得較為平坦 (從數量軸來看)，故新的均衡點將順著供給曲線往左下方移動，而使得 P^* 及 Y^* 均有所降低。

第三，說明 c 的變動，對於 P^* 及 Y^* 的影響。根據 P^* 及 Y^* 與 c 的關係，

得知：

$$\frac{\Delta P^*}{\Delta c}=\frac{-1}{b+d}<0,\ \frac{\Delta Y^*}{\Delta c}=\frac{b}{b+d}>0$$

上兩式中，Δc 表示 c 的變動量。根據上兩式結果知，c 的變動，對於 P^* 有相反方向的影響，但對於 Y^* 有相同方向的影響。以 $\Delta c>0$ 為例，表示供給曲線整條往右移動 Δc，將使得均衡點順著需求曲線往右下方移動，造成 P^* 的降低及 Y^* 的增加。

第四，說明 d 的變動，對於 P^* 及 Y^* 的影響。同理，可以推得出下述結果：

$$\frac{\Delta P^*}{\Delta d}=\frac{-(a-c)}{(b+d)^2}<0,\ \frac{\Delta Y^*}{\Delta d}=\frac{b(a-c)}{(b+d)^2}>0$$

上兩式中，Δd 表示 d 的變動量。根據上兩式結果知，d 的變動，對於 P^* 有相反方向的影響，但對於 Y^* 有相同方向的影響。以 $\Delta d>0$ 為例，表示供給曲線在價格軸上的截距 $(\frac{-c}{d})$，其絕對值變小了，相當於供給曲線整條變得較為平坦（從數量軸來看），故新的均衡點將順著需求曲線往右下方移動，使得 P^* 有所降低及 Y^* 有所提高。

另外，根據上述比較靜態分析結果，除了清楚知道 P^* 及 Y^* 的變動方向以外，也可以計算出其變動幅度，以及求算二個參數以上同時出現變動，其對於 P^* 及 Y^* 影響的總效果。同時，根據價格彈性的公式，也可以求算出在均衡點的需求價格彈性值及供給價格彈性值分別為：

$$E_d(P^*,Y^*)=(-b)\frac{P^*}{Y^*}=-\frac{b(a-c)}{ad+bc},\ E_s(P^*,Y^*)=d\cdot\frac{P^*}{Y^*}=\frac{d(a-c)}{ad+bc}$$

並知兩彈性絕對值的相對大小為：

$$\left|\frac{E_d(P^*,Y^*)}{E_s(P^*,Y^*)}\right|=\frac{b}{d}$$

由上式知，當 $b=d$ 時，在均衡點上的供需價格彈性的絕對值相等；當 $b>d$ 時，需求價格彈性的絕對值將較供給彈性大；當 $b<d$ 時，需求價格彈性的絕對值將較供給彈性小。

第二節　完全競爭市場均衡的應用

本節將應用完全競爭市場的均衡與均衡變動的概念，並結合消費者剩餘與生產者剩餘的觀念，針對日常見到的一些政府干預市場的作法，進行了解其利弊得失。

一、政府對價格或交易量的直接管制方式與後果

政府對價格或交易量的直接管制，是指直接將價格訂在比均衡價格高或低的水準上，或把交易量訂在比均衡交易量高或低的水準上。首先，討論政府將價格訂在比均衡價格低的情形，一般將此一價格稱為上限價格 **(Ceiling Price)** 或**最高價格 (Maximum Price)**。如圖 8–3 所示，政府可能基於讓消費者可以比

圖 8–3

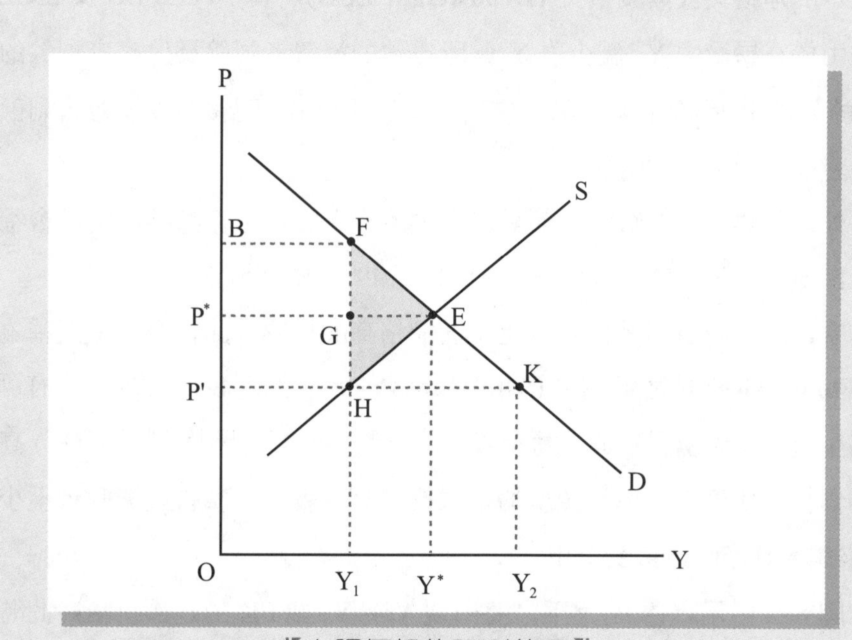

【上限價格的福利效果】

1. 生產者剩餘，減少 ▱P^*EHP' 面積所示的部分。
2. 消費者剩餘，增加 ▱P^*GHP' 面積，及減少 △FEG 面積所示的部分。
3. 社會剩餘，存在有 △FEH 面積所示的無謂損失。

較低的價格購買財貨的考量，而規定一個比均衡價格 P^* 低的上限價格 P'，表示廠商最高祇能依 P' 來銷售其產品。

在 P' 下，如圖 8–3 所示，市場的需求量為 Y_2，而供給量為 Y_1，將出現 $Y_2 - Y_1$ 或 HK 的超額需求。在此，暫不考慮此一超額需求問題的解決，所需投入的資源或花費的大小，而僅就此一價格管制所引起的**福利效果 (Welfare Effects)** 進行分析。就所有的廠商而言，其生產者剩餘減少了 ▱P^*EHP' 面積所示的大小；而就所有的消費者而言，其剩餘是多出了 ▱P^*GHP' 面積，及減少了 △FEG 面積所示的部分。換言之，消費者的福利或剩餘，是否因政府的「德政」而有所提高，就得看 ▱P^*GHP' 與 △FEG 二個面積的相對大小而定。當前者較大時，消費者的福利有所增加；當後者較大時，消費者的福利反而是降低的。當需求曲線更陡峭或需求價格彈性較小時，則越有可能出現消費者福利受損的結果。

就消費者剩餘與生產者剩餘加總得到社會剩餘或福利而言，將出現 △FEH 面積所示的**淨損失**或**無謂損失 (Deadweight Loss)**；其中，△FEG 及 △GEH 面積，是由於交易量由 Y^* 減少為 Y_1，所導致的消費者剩餘及生產者剩餘的淨減少。至於 ▱P^*GHP' 面積所示的生產者剩餘減少部分，則移轉為消費者剩餘的增加，故對於社會剩餘沒有影響。

另外，若要再計入解決超額需求問題所投入的社會資源時，則社會福利的淨損失或無謂損失，就不僅僅是 △FEH 面積所示的部分而已。

其次，討論政府將價格訂在比均衡價格高的情形；此種價格一般稱為下限價格 **(Floor Price)** 或**最低價格 (Minimum Price)**。如圖 8–4 所示，政府可能基於提高生產者（如農民）或勞動者收入的考量，而訂有比均衡價格 (P^*) 高的保證收購價格或最低工資率等類型的下限價格 P'，表示生產者或勞動者至少可以按 P' 來銷售其產品或接受僱用。

如圖 8–4 所示，在 P' 之下，將出現 $Y_2 - Y_1$ 或 FK 的超額供給；此時，政府仍有必要針對此一超額供給問題，採取收購或其他配套措施，否則將無法真實把價格維持在 P' 水準之上。此一下限價格所引起的福利效果如下：對所有的消費者而言，其剩餘減少了 ▱$P'FEP^*$ 面積所示的大小。另外，對所有的生產者而言，首先，以生產量由 Y^* 減少為 Y_1 來看，其剩餘增加 ▱P′FGP* 面積，及減少 △GEH 面積所示的部分；其次，以產量由 Y_1 增產到 Y_2 來看，由於此一部分的產量無法銷售出去，但卻要支付 ▱HKY_2Y_1 面積所示的成本。換言之，生產者剩餘是否增加，則要看 ▱$P'FGP^*$ 的面積，是否大過 △GEH 及 ▱HKY_2Y_1 兩面積的和而定。當前者較大時，生產者剩餘才會有所增加；否則，生產者剩餘反而會是減少的。當需求曲線更為平坦或需求價格彈性較大時，則生產者剩餘增加的可能性越低；也就是說，政府的美意，反而越有可能使得生產者或勞動者的福利或收入，出現減少的結果。

進而言之，就整個社會福利而言，除了將出現 △FEH 的無謂損失以外，另外尚須多投入或浪費資源，多生產出 $Y_2 - Y_1$ 的市場所不需要的產量，即多付出了 ▱HKY_2Y_1 面積所示的無謂損失。

圖 8–4

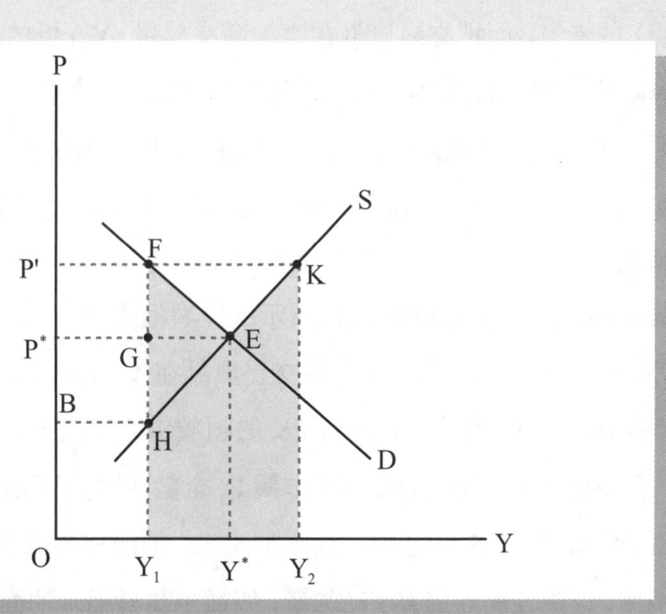

【下限價格的福利效果】

1. 消費者剩餘，減少了 ▱$P'FEP^*$ 的面積；生產者剩餘，增加 ▱$P'FGP^*$ 及減少 △GEH，且須多支付 ▱HKY_2Y_1 的面積。
2. 社會福利出現 △FEH 及 ▱HKY_2Y_1 兩面積之和的無謂損失。

另外一種情況是，此一 $Y_2 - Y_1$ 的產量，由政府加以收購的話，則生產者剩餘將增加 $\square P'KEP^*$ 面積的部分；不過，此時在計算社會剩餘時，則須把政府購買 $Y_2 - Y_1$ 的支出加以扣除，如 $\square FKY_2Y_1$ 面積所示；換言之，此時的社會福利與沒有政府下限價格干預時相比，其變動量（以 ΔSW 表示）將如下式運算結果所示，亦等於減少了 $\triangle FEH$ 及 $\square HKY_2Y_1$ 兩面積的加總

$$\begin{aligned}\Delta SW &= \Delta CS + \Delta PS - (Y_2 - Y_1)P' \\ &= -(\square P'FEP^*) + (\square P'KEP^*) - \square FKY_2Y_1 \\ &= \triangle FKE - \square FKY_2Y_1 \\ &= -(\triangle FEH + \square HKY_2Y_1)\end{aligned}$$

上式中，ΔCS 及 ΔPS 分別表示消費者及生產者剩餘的變動量。

第三，討論政府將交易量訂在比均衡交易量低的情形；此種交易量一般稱為限量 **(Quota)** 或**最高數量 (Maximum Quantity)**。如圖 8–5 所示，政府可能基於減少消費或供應此一商品（如能源、民生必需品或高檔財貨、計程車牌照、菸酒牌照）的考量，而把交易量訂在比均衡交易量 (Y^*) 低的水準 Y' 上；此時，表示市場的成交價格將提高為 P_2。如此，將使得消費者剩餘，減少 $\square P_2FEP^*$ 面積所示的大小；而生產者剩餘增加 $\square P_2FGP^*$ 面積，但減少 $\triangle GEH$ 面積，故生產者剩餘未必一定有所提高，特別是需求曲線越為平坦或需求價格彈性越大時，生產者剩餘反而越有可能出現降低的情形。進而言之，社會剩餘或福利，也會因限量的關係，而出現 $\triangle FEH$ 面積所示的無謂損失。

另外，尚需考慮政府為了落實將交易量訂在 Y' 水準上，所須投入的花費。如圖 8–5 所示，在 P_2 價格下，將有 FK 的超額供給量出現，政府解決此一問題的方案，至少有下述三種：(1)考慮按市價 P_2 全數收購，即花費 $P_2 \times FK$ 的代價，如 $\square FKY_2Y'$ 面積所示；(2)考慮廠商因減產 FK 的淨損失或利潤減少的額度，全數給予補償，以誘使廠商減產 FK 的量，如減少耕種稻米的面積（轉作或休耕），即此時的花費大小，如 $\triangle FKH$ 面積所示。顯而易見的是，以第(2)種方式的花費較小。(3)把限量供應的權利，利用招標方式發放出去；如此，政府將可以收到 $\square P_2FHP_1$ 面積所示的權利金，而得標廠商在繳交單位權利金 FH 或 $P_2 - P_1$ 之

圖 8–5

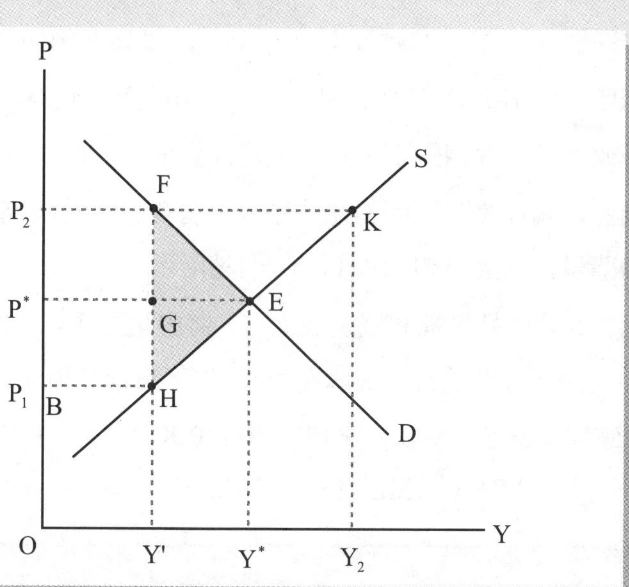

【限量的福利效果】

1. 消費者剩餘，減少 ▱P_2FEP^* 面積。
2. 生產者剩餘，增加 ▱P_2FGP^* 面積，及減少 △GEH 面積，故未必一定增加。
3. 無謂損失的大小，至少如 △FEH 面積所示。

後，根據供給曲線，將衹會供應 Y′ 的產量。

換言之，在限量下，其無謂損失的大小，除了 △FEH 面積所示的部分以外，政府在其他配套措施上的花費（含行政成本）也必須加以納入一併計算。

最後，討論政府將交易量訂在比均衡交易量高的情形；此種交易量一般較少提及，可以稱為**最低數量** (Minimum Quantity)。政府要求廠商要使用一定數量以上的本國零配件，僱用一定數量以上的原住民同胞或殘障人士，或要求公教人員在國內旅遊等方面，都是訂定最低數量的例子。

如圖 8–6 所示，當最低交易量訂在 Y_2 時，廠商的供給價格是 P_2，而消費者的需求價格是 P_1。首先，以 P_2 的觀點來看，生產者剩餘增加了 ▱P_2FEP^* 面積；而在消費者剩餘方面，在購買量由 Y^* 降為 Y_1 時，減少了 ▱P_2KEP^*。至於如何落實將交易量由 Y_1 提高到 Y_2 的問題，除了全數由政府按 P_2 購買（此一方式的代價較大）以外，也可以以補償差額的方式，由消費者來購買；如圖所示，消費者多購買 $Y_2 - Y_1$ 的數量，其願意支付的最高金額如 ▱KHY_2Y_1 面積所示，尚與實際所需支出少 △KFH 面積，此一差額就得由政府出錢來補貼，消費者才有可能把購買量由 Y_1 提高到 Y_2。值得注意的是，此一補貼金額並不會增加消費者的剩餘，為什麼呢？因為在此是假設消費者按其最高金額或保留金額來支付此一增購量，其大小如 ▱KHY_2Y_1 面積所示。

進而言之，就社會福利或剩餘而言，將出現至少如 △FHE 面積大小所示的無謂損失（尚不含其他行政成本在內），如下述運算所示：

$$\Delta SW = \Delta CS + \Delta PS - \Delta KFH = -(\square P_2KEP^*) + \square P_2FEP^* - \triangle KFH$$
$$= \triangle KFE - \triangle KFH = -\triangle FHE$$

圖 8-6

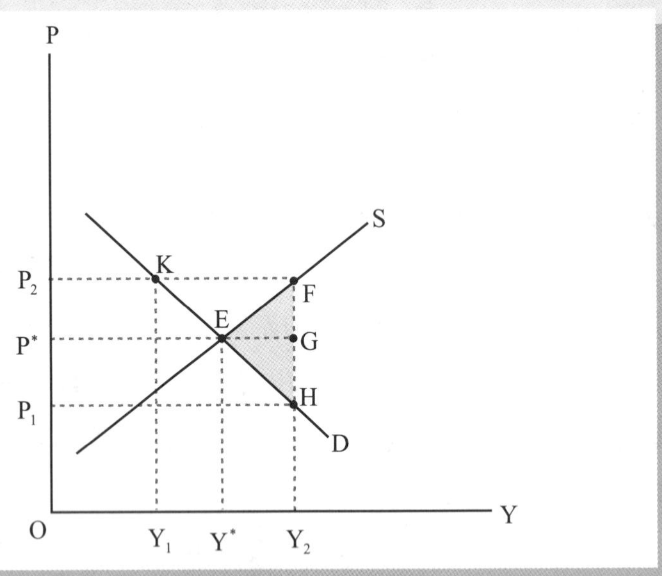

【最低數量的福利效果】

1. 生產者剩餘增加了 ▱P_2FEP^* 的面積，消費者剩餘減少了 ▱P_2KEP^* 的面積。
2. 政府仍須給予 △KFH 面積所示的補償，才能落實把交易量訂在 Y_2 上。
3. 社會的無謂損失，其大小至少如 △FHE 面積所示。

上述結果，亦可以由 P_1 的觀點來切入，以進行分析，在此不再贅述。

二、政府的課稅及其轉嫁

在此將討論政府課稅對於消費者與廠商的影響，並進而了解兩者在稅額上的分攤情形。為簡化分析起見，僅考慮對每一數量課徵一定金額 t（元）的從量稅 (Specific Tax) 狀況；因此，可以將課稅下的市場均衡，利用供需曲線來表現，如下四式所示：

(1)需求曲線：$Y_D \equiv D(P_b)$

(2)供給曲線：$Y_S \equiv S(P_f)$

(3)均衡條件：$Y_D^* = Y_S^*$，或 $D(P_b^*) = S(P_f^*)$

(4)從量稅 t：$P_b^* - P_f^* = t$，或 $P_b^* = P_f^* + t$，或 $P_f^* = P_b^* - t$

其中，P_b 及 P_f 分別表示消費者所支付的價格及廠商稅後所收到的價格。

同理，也可以利用逆供需曲線，來呈現課稅情況下的市場均衡，如下三式所示：(1)逆需求曲線：$P_b \equiv D^{-1}(Y)$；(2)逆供給曲線：$P_f \equiv S^{-1}(Y)$；(3)均衡條件：$P_b^* = P_f^* + t$（或 $P_f^* = P_b^* - t$），或 $D^{-1}(Y^*) = S^{-1}(Y^*) + t$（或 $S^{-1}(Y^*) = D^{-1}(Y^*) - t$）。

接著，利用供需圖形，來說明在課稅情況下的市場均衡。在圖 8–7 中，供需曲線 S 及 D 的交點 E，是在未課稅情況下的均衡點；那麼，在課稅情況下，均衡的交易量 Y^* 將會小於 E 點所對應的 Y_0，且在 Y^* 上所對應的 P_b^* 與 P_f^* 之間的差距剛好等於 t，即 FG = t。換言之，在課稅之後，消費者所支付的價格，由 P_0 提高為 P_b^*；而廠商稅後所實際得到的價格，則由 P_0 降低為 P_f^*。由此可知，在廠商繳給政府的 t 元稅負中，轉嫁由消費者負擔了 $P_b^* - P_0$ 的部分，而廠商祇負擔 $P_0 - P_f^*$ 的部分。在下文中，將以例子來進一步說明稅負分攤比例的一些因素。

同時，利用圖 8–7，也可以得知，在課稅情況下，對於生產者剩餘及消費者剩餘均有負面的影響（在未考慮政府稅收的移轉之下），且社會福利也可能會出現無謂的損失，其大小如 △FEG 面積所示。

接著利用前述直線型供需曲線的例子，來求算課稅下的均衡。由下二式關係，可以先聯立求解 P_b^* 及 P_f^*：(1) $D(P_b^*) = a - bP_b^* = c + dP_f^* = S(P_f^*)$ (2) $P_b^* = P_f^* + t$ 將(2)式代入(1)式中，可以先後求得 P_b^*、P_f^* 以及 Y^* 分別為：

$$P_b^* = \frac{a - c + dt}{b + d}, P_f^* = \frac{a - c - bt}{b + d}, Y^* = \frac{ad + bc - bdt}{b + d}$$

根據上述結果，可以印證上文所提及的，與未課稅均衡比較的情形；即 P_b^* 有所提高，P_f^* 有所降低，Y^* 減少了。同時，令 α 及 $1 - \alpha$ 分別為消費者及廠商分攤稅負的比例，即

$$\alpha \equiv \frac{P_b^* - \frac{a - c}{b + d}}{t} = \frac{d}{b + d} \le 1, 1 - \alpha = \frac{b}{b + d} \le 1$$

同時，也可以利用在均衡點的供需價格彈性 E_s^* 及 E_d^* 來計算 α 及 $1 - \alpha$ 的大小，即

$$\alpha = \frac{E_s^*}{-E_d^* + E_s^*}, 1 - \alpha = \frac{-E_d^*}{-E_d^* + E_s^*}$$

圖 8-7

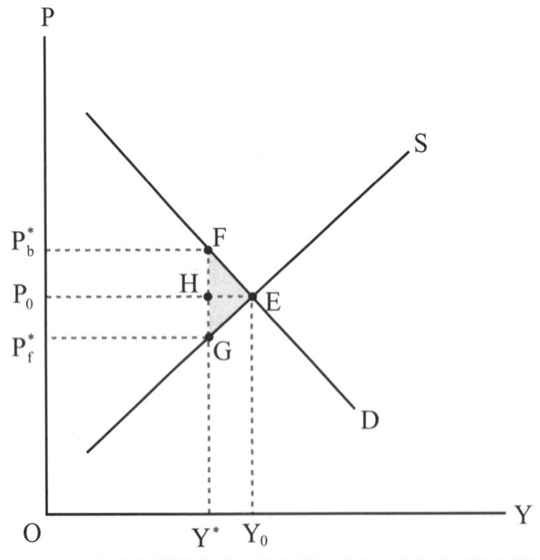

【在課徵 t 元從量稅下的市場均衡（以 t = FG 為例）】

1. 在課稅下的均衡交易量，由 Y_0 左移至 Y^*，且此時之 $P_b^* = P_f^* + t$。

2. 在課稅下，對於消費者剩餘及生產者剩餘均有負面之影響，且將出現如 △FEG 面積所示的無謂損失。

根據上述結果，可以了解到當 E_s^*（或 d）愈大或 E_d^* 絕對值（或 b）愈小時，α 愈大，$1-\alpha$ 愈小；反之，當 E_s^*（或 d）愈小或 E_d^* 絕對值（或 b）愈大時，α 愈小，$1-\alpha$ 愈大。換言之，當供給曲線愈平坦或需求曲線愈陡峭時（均由數量軸來看），α 愈大，$1-\alpha$ 愈小；反之，當供給曲線愈陡峭或需求曲線愈平坦時，α 愈小，$1-\alpha$ 愈大。

至於政府補貼與移轉的情形，則可以比照上述有關課稅與轉嫁的討論方式，去進行分析與了解，在此不再贅述。

三、進口的關稅與限量

首先，說明開放自由進口，何以對於本國有利的問題；其次，考慮對進口品課徵關稅或限制進口量等措施，對於本國的福利效果。如圖 8–8 所示，在未考慮進口情況下，該項財貨在本國市場上供需曲線分別為 S 與 D，其均衡價格

圖 8–8

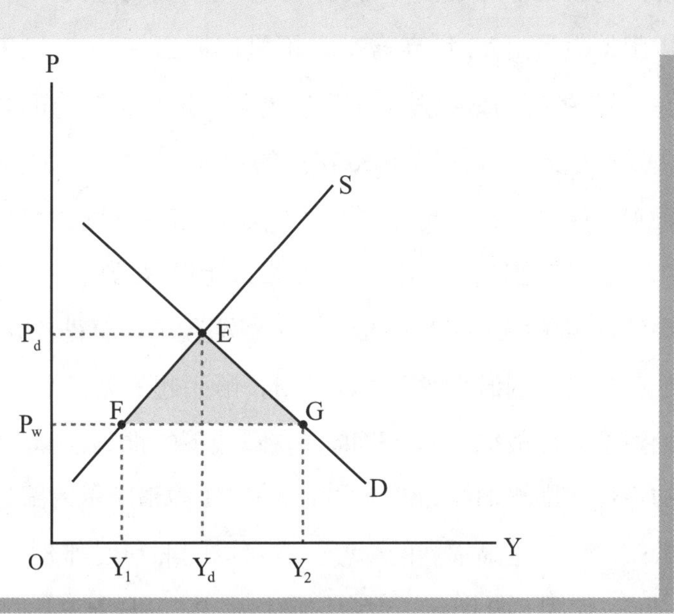

〖開放自由進口對於本國福利的影響〗

1. P_d 及 P_w 分別為未開放進口前的國內價格及國際價格。

2. 開放自由進口之後，消費者剩餘增加 ▱P_dEGP_w 面積，生產者剩餘減少 ▱P_dEFP_w 面積，而社會福利則增加 △EGF 面積。

為 P_d，均衡交易量為 Y_d。由於該項財貨在國際市場上的價格 P_w 比較便宜，即 $P_w < P_d$；因此，在開放自由進口的情況下，將使該項財貨在本國市場上的價格降至 P_w。換言之，在 P_w 下，市場的均衡交易量將由 Y_d 提高為 Y_2；其中，國內廠商提供的數量是 Y_1（即由 Y_d 降至 Y_1），而進口數量是 $Y_2 - Y_1$。

根據上述了解，可以進一步來說明此一開放自由進口措施，對於本國福利的影響情形。如圖 8–8 所示，消費者剩餘將增加 ▱P_dEGP_w 面積所示的大小，而生產者剩餘將減少 ▱P_dEFP_w 面積所示的部分；因此，社會福利將增加 △EGF 面積所示的大小。明白地說，開放自由進口，將對整個社會以及消費者有利，但對廠商是不利。因而在開放進口上，通常會採取一些限制措施，例如課徵進口的關稅或直接限制進口量等方式。

接著，討論關稅 **(Tariff)** 對於本國的福利效果。假設在課徵關稅下，進口品在本國市場的售價由 P_w 上升為 P_t，但仍低於 P_d。如圖 8–9 所示，相對在自由進口時，在關稅下的價格升為 P_t，表示均衡交易量由 Y_2 降為 Y_4；其中，國內廠商供應的數量由 Y_1 提高為 Y_3，而進口量由 $Y_2 - Y_1$ 或 FG 降為 $Y_4 - Y_3$ 或 HK。此一變化的福利效果為：⑴生產者剩餘增加了四邊形 P_tHFP_w 的面積，⑵消費者剩餘減少了四邊形 P_tKGP_w 的面積，⑶政府的關稅收入有四邊形 HKNM，⑷社會福利的淨損失或無謂損失為 △HMF 面積與 △KGN 面積兩者的和。其中，△HMF 面積，表示國內廠商投入比世界價格高的成本，來增產 MF 產量的資源浪費現象；△KGN 面積，表示在關稅下，消費者以比世界價格高的代價購買進口品時，因減少購買 NG 數量，所引起的剩餘損失。

在相對於未開放進口的情形時，有關稅下的進口，其對於本國的福利也是有正面的意義，即增加如圖 8–9 中的 △EKH 面積所示的部分。

至於限量對於本國福利的影響，亦可以比照利用圖 8–9 來說明。當進口量降為 HK 時，如圖 8–9 所示，也會使價格由 P_w 上升為 P_t；同時，消費者剩餘與生產者剩餘，也會出現同關稅情況一樣的變化。不過，此時的社會福利會出現 ▱HKGF 的無謂損失；主要是因為原來表示關稅收入的 ▱HKNM 面積，此一好處將轉由國外廠商獲得所致。

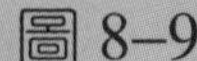

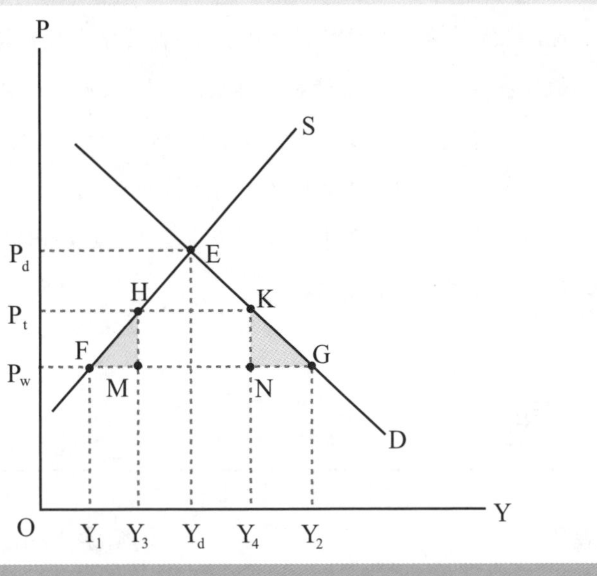

【關稅對於本國的福利效果】

1.在關稅下，價格由 P_w 升為 P_t

2.與自由進口相比，在關稅下的進口，本國福利將出現無謂損失，其大小如△HMF 及△KGN 兩者面積之和所示。

本章摘要

1. 市場均衡是指在一定的因素下，該商品市場的價格及其交易量均維持不變的狀態。
2. 完全競爭市場的均衡，可以由其供需曲線的交點來呈現。
3. 完全競爭市場調整至均衡的機制，可以分為價格機能與數量機能兩種。
4. 當市場上出現短缺或供不應求現象時，將導致價格往上調升；反之，當市場上出現剩餘或供過於求現象時，將迫使價格調降。
5. 當市場上的成交價格總是高於供給價格時，將誘使廠商提高其供應量；反之，當市場的成交價格總是低於供給價格時，將促使廠商減少其供應量。
6. 比較靜態分析，是指探討參數的變動，對於均衡解的影響；即比較並了解在參數變動前及變動後，其均衡解的增減變化情形。

7. 政府對價格或交易量進行直接管制，除了將改變買賣雙方的所得分配以外，均會導致無謂損失的出現。
8. 政府的課稅，將使得消費者實際支付的價格，高於廠商稅後得到的實際價格。
9. 政府所課徵的稅收，通常是由消費者與廠商共同來分攤；當需求彈性相對較小時，或需求曲線較為陡峭時，則消費者所分攤的比例也會較大。
10. 開放自由進口或管制進口，均能提高本國之福利水準。
11. 相對於自由進口的情況下，管制進口會出現無謂損失；同時，在關稅下的無謂損失，會小於在限量下的無謂損失。

習 題

1. 何謂市場均衡？
2. 何以完全競爭市場的均衡可以由供需曲線的交點來呈現？
3. 何謂價格機能？其運作方式如何？請配合供需圖形說明之。
4. 何謂數量機能？其運作方式如何？請配合供需圖形說明之。
5. 當政府設定上限價格時，何以會出現無謂損失現象？請利用供需圖形來加以解析。
6. 當政府設定最低數量時，是否會有無謂損失的出現？請畫圖說明之。
7. 當政府對商品課稅時，這些稅額是否全部由廠商負擔，而不會轉嫁給消費者呢？請畫圖說明之。
8. 政府對商品的生產加以補貼，是否會出現無謂損失的現象？為什麼？
9. 何以開放進口能夠提高本國的福利呢？那麼，為何仍有些人或機構並不贊同進口的開放呢？
10. 政府課稅時，消費者所分攤的稅額比例，可能大於一嗎？
11. 請根據下述供給及需求曲線，求算均衡價格及交易量：
$S(P) = -3 + P, D(P) = 30 - 2P$
12. 根據第 11 題之供需曲線，在從量稅 3 元之下，求算(1)均衡的交易量及買賣雙方所面對的實際價格，(2)消費者分攤稅額的比例及該比例與利用供需價格彈性所求算出來者是否一致？(3)消費者剩餘及生產者剩餘的變化，以及無謂損失分別有多少？

第九章　獨占廠商的供給與定價行為

本章討論**獨占** (Monopoly) 廠商的供給與定價行為。所謂獨占，是指實質上衹存在有一家廠商的一種市場。詳言之，在獨占下的惟一廠商（即獨占廠商），其所生產的產品，在全部眾多消費者心目中，是不存在其他的替代品；同時，其他廠商也完全無法生產該產品。簡單地說，獨占廠商將面對整條的市場需求曲線，表示該產品的市場價格，將完全取決於獨占廠商所決定的產量大小；也就是說，獨占廠商是一個可以完全自行決定市場價格的價格決定者 **(Price Maker)**；即不但不必與眾多的消費者協商，也不必考量其他廠商（在市場中，根本不存在其他廠商）的任何作為。

由於此一獨占廠商在市場上具有完全壟斷的力量，其供給與定價行為將變得多元化；本章將分為三節來進行，即分別在單一定價、差別定價及其他供給與定價方式下，來探討獨占廠商的最適行為，以及該行為對於消費者與社會福利的影響。

第一節　單一定價及其影響

本節將依序介紹獨占廠商如何訂定最適單一價格的問題，以及討論獨占所具有的無效率性質，並分析課稅與管制措施的影響。

一、單一價格的最適訂定

首先，可以將獨占廠商所面對的最適化問題，表現為求利潤極大化的問題，如下式所示：

$$\underset{Y}{\text{Max}}\ \pi(Y) \equiv R(Y) - C(Y) = P(Y) \cdot Y - C(Y)$$

上式中，$\pi(Y)$、$R(Y)$ 及 $C(Y)$ 分別為利潤函數、收益函數及成本函數，$P(Y)$ 為逆市場需求曲線，而 $R(Y) \equiv P(Y) \cdot Y$。

由上述問題，得知利潤最大化的最適產量 (Y^*)，將滿足下述關係：$MR(Y^*) = MC(Y^*)$，且 MR 曲線的斜率要小於 MC 曲線的斜率。上式中，MR 及 MC 分別表示邊際收益及邊際成本。

在第四章曾得到 MR 與平均收益 AR 或 P(Y) 及需求價格彈性 $E_d(Y)$ 三者之間，具有下述之關係：

$$MR(Y) = P(Y)(1 - \frac{1}{|E_d(Y)|})$$

進而言之，亦可以將最適產量 (Y^*) 所須滿足的條件改寫為：

$$P(Y^*)(1 - \frac{1}{|E_d(Y^*)|}) = MC(Y^*)$$

根據上述條件，且知 $MC(Y^*) > 0$，故可以進一步推知 $E_d(Y^*)$ 必然不會小於 1，即 $|E_d(Y^*)| \geq 1$；此一結果說明，在 Y^* 所對應的需求曲線上，該點的需求價格彈性不得比 1 小。

接著，以直線型的需求曲線及 MC 曲線為例，利用數學式子及圖形來說明獨占廠商最適產量的決定，以及其相應訂定的單一價格。首先，令獨占廠商所面對的直線型需求曲線為

$$Y = D(P) = a - bP$$

其相應的逆需求曲線為

$$P(Y) \equiv D^{-1}(Y) = \frac{a}{b} - \frac{1}{b}Y$$

因此，得知邊際收益曲線為

$$MR(Y) = \frac{a}{b} - \frac{2}{b}Y$$

其次，令獨占廠商的邊際成本曲線為

$$MC(Y) = \frac{-c}{d} + \frac{1}{d}Y$$

（為便於後文之比較，假設其與完全競爭市場的逆供給曲線一致）

根據 $MR(Y^*) = MC(Y^*)$ 的條件，可以得出 Y^* 及 P^* 為

$$Y^* = \frac{ad + bc}{b + 2d}$$

$$P^* = \frac{ab - bc + ad}{b(b + 2d)}$$

同時，亦知 MR 曲線的斜率為 $-\frac{2}{b}$，小於 MC 曲線的斜率 $\frac{1}{d}$。

其次，在圖 9–1 中，分別畫出需求曲線 D、MR 曲線及 MC 曲線；其中，MR 曲線與需求曲線兩者的關係是，在縱軸有相同的截距 $\frac{a}{b}$，而前者的斜率為後者的兩倍，如圖所示。在圖 9–1 中，得知 MR 曲線與 MC 曲線相交於 E 點，由 E 點所對應的產量就是獨占廠商的最適產量 Y^*，而由對應在需求曲線上的 F 點，就可以得出其會把價格訂在 P^* 的水準上。

圖 9–1

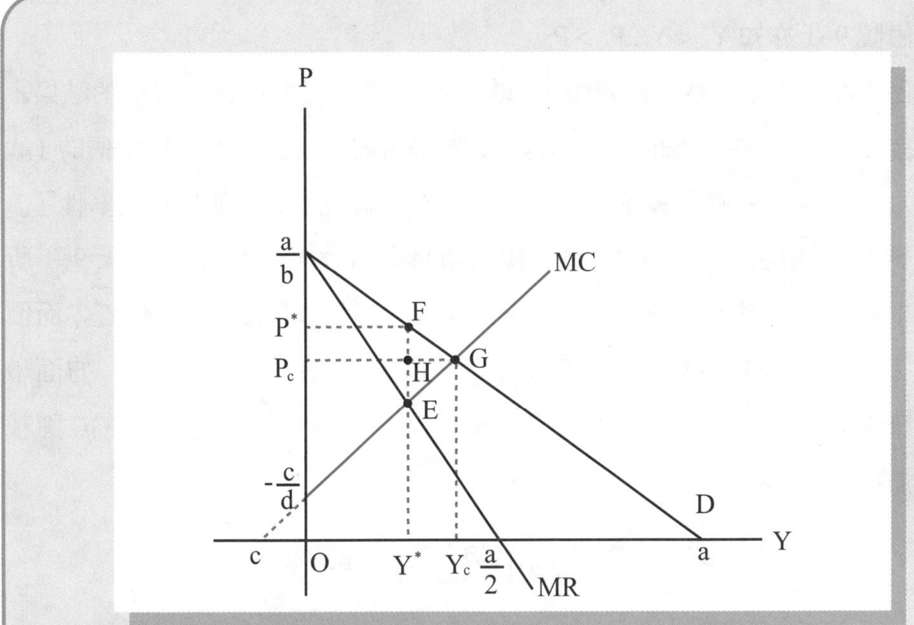

【獨占廠商最適產量與單一價格的決定及其無效率性】

1. 獨占廠商根據 MR 及 MC 的交點，一方面決定其最適產量，另一方面決定其單一定價 P^*。
2. 與 G 點所示效率狀況相比，獨占會出現 △FGE 面積所示的無謂損失。

二、獨占的無效率性

經由上述說明，了解到獨占廠商所訂定的單一價格 P^*，是比其邊際成本 $MC(Y^*)$ 高；此一情形表示，在最後一單位產品的生產上，消費者對於其評價（表

現在 P^* 上面)，是高出其生產所需投入的資源花費 (表現在 $MC(Y^*)$ 上面)。也就是說，此一情況並未達到資源有效配置的地步，即出現獨占的無效率性 **(Inefficiency)**。如圖 9–1 所示，若把產量擴增到 Y_c 時，此時的價格 P_c 就會與其 MC 一致，而達到資源有效配置的境界。在本例中，Y_c 及 P_c 就相當於在上一章完全競爭市場下所得到的均衡交易量與價格，分別為

$$Y_c = \frac{ad + bc}{b + d}$$

$$P_c = \frac{a - c}{b + d}$$

同時，由圖 9–1 亦知 $Y^* < Y_c, P^* > P_c$。

獨占廠商何以不願意把產量由 Y^* 增加到 Y_c 呢？主要是因為增產的結果，在單一定價下，將使其利潤降低。換言之，若獨占廠商可以採行差別定價時 (詳下一節)，就有可能把產量擴增到 Y_c；如此，在資源配置上，就具有效率性了。

接著，來衡量在單一定價下，獨占廠商所具有無效率性的大小。如圖 9–1 所示，在相對於在 G 點所示的效率狀況下，獨占廠商把產量由 Y_c 降為 Y^*，而價格由 P_c 提高為 P^*，則消費者剩餘將減少 ▱P^*FGP_c 面積，生產者剩餘一方面增加 ▱P^*FHP_c，另一方面減少 △HGE 面積；因此，社會福利將出現 △FGE 面積所示的無謂損失。

三、政府的課稅與轉嫁

首先，討論政府對獨占廠商課徵 t 元從量稅的情況。此時，獨占廠商最適產量 (Y_t) 將依下述關係來決定：

$$MR(Y_t) = MC(Y_t) + t$$

同樣，以上述的直線型需求曲線及 MC 曲線為例，可以得出在課稅下的產量 (Y_t) 及價格 (P_t) 分別為：

$$Y_t = \frac{ad + bc - bdt}{b + 2d}$$

$$P_t = \frac{ab - bc + ad + bdt}{b(b + 2d)}$$

根據 Y_t 及 P_t 的值，知在課稅下，獨占廠商的產量會減少，而價格會提高；此一

結果，表示課稅除了不利於獨占廠商以外，亦將對消費者不利。

首先，可以利用下式來說明消費者分攤稅額的比例 α 為：

$$\alpha \equiv \frac{P_t - P^*}{t} = \frac{d}{(b + 2d)}$$

此一 α 將小於或等於 $\frac{1}{2}$，且也比完全競爭市場的分攤比例小。

接著，利用圖形來說明課徵從量稅對於 Y^*、P^* 及社會福利的影響。在圖 9–2 中，多畫了一條 MC_t 曲線，以表示含稅在內的邊際成本曲線，由其與 MR 曲線的交點 M，得知課稅後的產量為 Y_t 及價格為 P_t。同時，由圖 9–2 亦知，在課稅前，消費者剩餘為 △AFP^* 面積所示，生產者剩餘為 ▱P^*FEB 面積所示，而無謂損失為 △FGE 面積所示；在課稅後，(1)消費者剩餘減少了 ▱P_tNFP^* 面積；(2)生產者剩餘變成為 ▱P_tNMR，即增加了 ▱P_tNVP^* 與減少了 ▱VFEK 及 ▱RMKB；(3)政府稅收為 ▱RMKB。也就是說，社會福利的無謂損失由 △FGE，增加為 △NGK，即增加了 ▱NFEK；其中，△NFV 是來自消費者剩餘的淨減少，而

圖 9–2

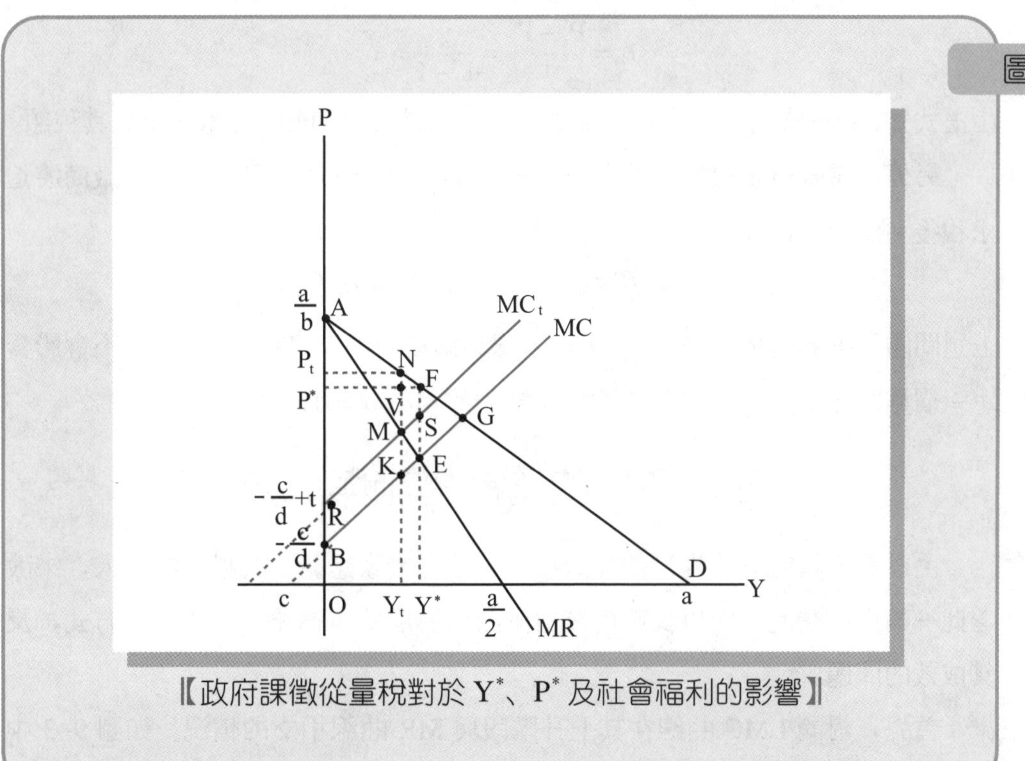

【政府課徵從量稅對於 Y^*、P^* 及社會福利的影響】

▱VFEK 是來自生產者剩餘的淨減少。換言之，對獨占廠商課稅，使得無謂損失更為嚴重，增加了 ▱NFEK 面積所示的部分。

另外，利用 $\triangle AFP^*$ 與 $\triangle AFE$ 兩者面積相等，且 $\triangle ANP_t$ 與 $\triangle ANM$ 的面積相等的關係，也可以推知獨占廠商在課稅後之利潤，是淨減少了 ▱RMEB 面積的部分。

在上述以直線型需求曲線為例的情況下，得知在從量稅下，消費者所分攤稅額的比例 α 是小於或等於 $\frac{1}{2}$；不過，在其他的需求曲線下，則 α 有可能會大於 $\frac{1}{2}$，甚至是大於 1。以 MC 曲線為一水平線，設 $MC(Y) = e$ 為一常數，且需求曲線為一具固定價格彈性 $E_d(Y) = -k < -1$（即 $k > 1$）為例，則在從量稅 t 下的價格 P_t 為

$$P_t = \frac{e+t}{1-\frac{1}{k}} = (\frac{k}{k-1})(e+t)$$

根據上述結果，可以求得 α 為

$$\alpha = \frac{P_t - P^*}{t} = \frac{k}{k-1} > 1$$

由上式知，獨占廠商不但會把全部的稅轉嫁由消費者負擔，且還會超過其稅額。

另外，當政府是對廠商的利潤課一固定比例 (β) 的稅時，則獨占廠商將追求稅後利潤最大，即

$$\max_{Y}\ (1-\beta)\pi(Y) = (1-\beta)[R(Y) - C(Y)]$$

上述問題所得到的最適產量 (Y_t) 與未課利潤稅時的 Y^* 完全一樣，故不會影響單一價格的水準，表示消費者不用分攤稅額，即 $\alpha = 0$。

四、政府的管制措施與成效

由於獨占具有上述提及的無效率性，使得大家想藉由公權力的介入，來改善此一情形；在此，僅以長期角度討論政府對於獨占價格的上限管制方式，及其成效的問題。

首先，討論 LMC 曲線在其上升階段與 MR 曲線相交的情況。如圖 9–3 中

的(A)圖所示，得知在政府沒有介入時，均衡的價格為 P^*，此時獨占廠商有 ▱P^*FMN 或 ▱P^*FEO 面積所示的利潤。當政府按其邊際成本把價格訂在 P_1 時，產量會提高到 Y_1；此時，消費者剩餘有所提高，生產者剩餘或利潤會降低，但社會福利會達到最大化。也就是說，按邊際成本定價為一最有效率的方式。

另一種方式，是按平均成本定價，將價格訂在 P_2 上；此時，政府是希望獨占廠商把產量提高至 Y_2；不過，如圖所示，獨占廠商將衹願意生產到 Y^* 為止，而導致市場出現 EK 的超額需求。當然在政府有其他的配套措施的情況下，例如給予廠商補貼的額度，至少達到 ▱P^*FEP_2 與 △RKE 兩面積的加總，則廠商會把產量由 Y^* 增加為 Y_2，導致消費者剩餘增加 ▱P^*FKP_2 面積，但終將出現 △RKG 面積的無謂損失。換言之，在此一種情況下，按平均成本定價將為一較不具效率的方式。

圖 9-3

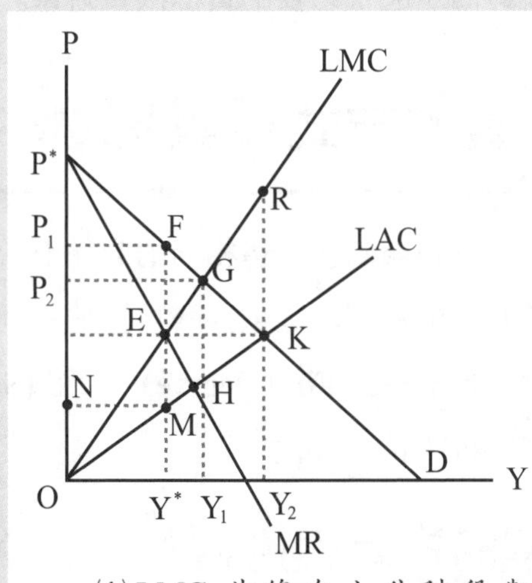

(A) LMC 曲線在上升階段與 MR 曲線相交的情況

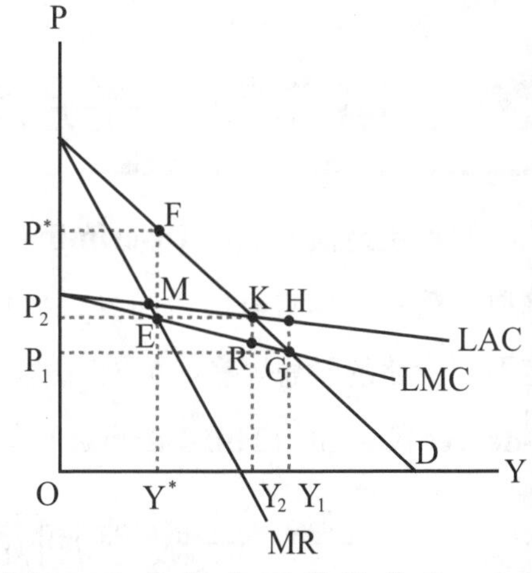

(B) LMC 曲線在下降階段與 MR 曲線相交的情況

【上限價格的訂定及其成效】

1. 在(A)情況下，以按邊際成本定價方式，將價格定在 P_1 上，為一最有效率的方式。
2. 在(B)情況下，以按平均成本定價方式，將價格定在 P_2 上，為一較具可行性的方式。

其次，討論 LMC 曲線在其下降階段與 MR 曲線相交的情況。如圖 9–3 中的(B)圖所示，在政府未介入時，獨占廠商會把價格訂為 P^*，高出其平均成本有 FM 之多，表示存在正的利潤。當政府按其邊際成本把價格訂在 P_1 時，將比其平均成本低 HG，表示廠商將會出現虧損的局面，除非政府有其他配套措施，例如全額補貼虧損，否則政府按邊際成本定價，將是一項不可行的管制方式。

當政府改按其平均成本將價格訂在 P_2 時，則廠商的利潤為零；如圖所示，在 P_2 下，獨占廠商將不至於把產量由 Y_2 降為 Y^*（此時的平均成本大於 P_2），否則將會出現虧損情形。

換言之，在此一種情況下，按平均成本定價，雖然此一價格仍大於邊際成本（如 KR 所示），而不符合效率的要求（出現 △KGR 面積的無謂損失），但仍不失為一折衷的可行方式。不過，當獨占廠商在認清政府將按平均成本定價時，將會進一步導致廠商出現高報成本的後遺症，甚至最終使其 P_2 會提高至 P^* 的水準上，而失去政府介入的美意，且因作假而引起不必要的資源浪費現象。

第二節　差別定價的方式及其影響

所謂差別定價 **(Price Discrimination)**，是指廠商在販售相同的商品上，卻是依據消費者所具有身份、特性、條件等方面的差別，或依據購買量的差別，訂定不同價格的意思。差別定價方式，一般分為一級 **(First-degree)**、二級 **(Second-degree)** 與三級 **(Third-degree)** 等三種，分別討論如後。

一、一級差別定價的意義與影響

一級差別定價，是指同時按消費者的特性以及按購買量的多寡區間，來訂定不同的價格；其中，最極端的情形是，依據每一個不同消費者的不同購買量，按其每一購買單位的保留價格或需求價格來定價。也就是說，廠商試圖把消費者的全部剩餘，都轉移到他的口袋裡；一般將此一極端的一級差別定價，稱為完全差別定價 **(Perfect Price Discrimination)**。

最常見的完全差別定價的例子，是逛街時所進行的議價購物方式。每一商家針對不同的客戶，總是希望每一件商品，都能以消費者所願意支付的最高價格（即消費者的保留價格）來成交；當然，每一客戶在貨比三家之後，也總是希望以商家能夠接受的最低價格（即商家的保留價格）來成交。此一例子所涉及的商家，並不一定是獨占廠商；不過，由此一例子也能了解到，採行一級差別定價方式的前提條件之一是，廠商對於消費者的保留價格要能夠充分掌握才行。

如圖 9–4 所示，假設獨占廠商不祇對於市場需求曲線 D 具有完全的訊息，且對於每一個消費者的個別需求曲線（沒有表現在圖上）亦完全了解；那麼，此一獨占廠商就可以採行完全差別定價方式。

如上所述，在完全差別定價方式下，獨占廠商銷售每一單位的商品，總是按消費者的保留價格或需求價格來收取，故此時的市場逆需求曲線就變成為邊

圖 9–4

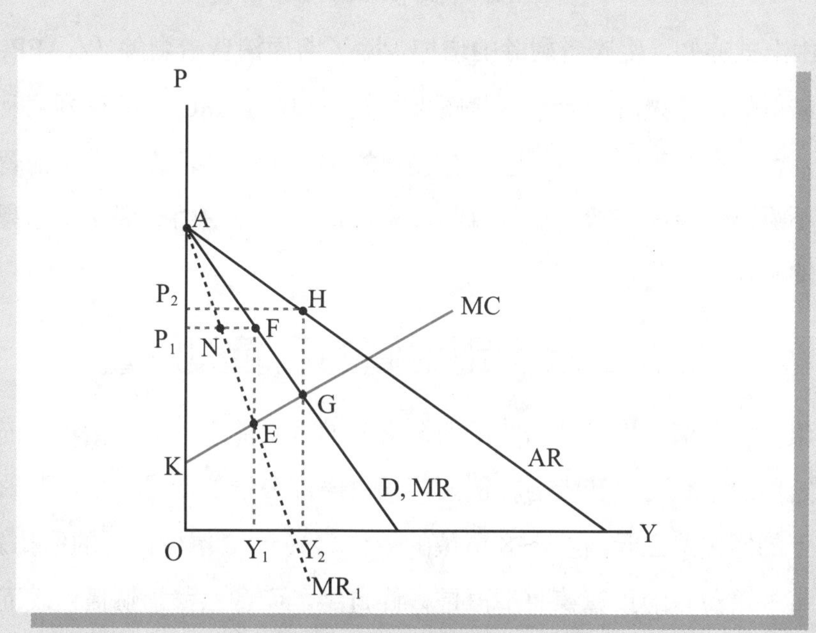

〖完全差別定價與單一定價〗

1.在完全差別定價下，市場逆需求曲線就等於獨占廠商的邊際收益線。

2.與單一定價方式相比，在完全差別定價下，獨占廠商的產量由 Y_1 增為 Y_2，平均收益由 P_1 調整為 P_2，且利潤會提高，如△AGE 面積所示。

際收益曲線，即 D 與 MR 為同一條曲線；其次，根據平均收益與邊際收益的關係，也可以畫出一條平均收益曲線 AR，其斜率為 D 曲線的一半；同時，在圖中亦畫出以單一價格定價下的邊際收益曲線 MR_1。在完全差別定價方式下，獨占廠商會在 MR 曲線與 MC 曲線的相交點 G，來決定其最適的產量 Y_2，此時其平均收益為 P_2，生產者剩餘（等於利潤與固定成本的加總）的大小如 △AGK 面積所示；而在單一定價時，其產量為 Y_1，價格或平均收益為 P_1，生產者剩餘如 △AEK 面積所示。

換言之，與單一定價方式相比，在完全差別定價方式下，消費者剩餘由原來的 $\triangle AFP_1$ 面積降為零，而生產者剩餘或利潤則增加 △AGE 面積，如下式所示：

$$\triangle AGK\ 面積 - \triangle AEK\ 面積 = \triangle AGE\ 面積 = \triangle AFE\ 面積 + \triangle FGE\ 面積$$
$$= \triangle AFP_1\ 面積 + \triangle FGE\ 面積$$

同時，由上式亦知，生產者剩餘的增加，除了將原消費者剩餘（$\triangle AFP_1$ 面積）接收過來以外，也來自於完全消除原來的無謂損失 (△FGE) 所得到的利益。也就是說，在完全差別定價下，已不存在無謂損失的情形，表示資源配置具有效率性；不過，此時的消費者剩餘為零，表示消費者無法由市場交易過程中，獲得額外的利益。

二、二級差別定價的意義與影響

二級差別定價，是指按購買量的多寡區間，來訂定不同的價格，而此一價目表是適用於所有的消費者的。例如，獨占廠商公告的價目表為：購買量在 4 單位以下的價格為三元，在 5～8 單位的價格為二元，8 單位以上的價格為一元。在此，每一消費者的預算線將不再是一條直線，而會根據這個價目表而有所變化，並得出其對應的購買量；同時，此一購買量將比在面對單一價格時來得少。

在圖 9–5 中，以一所得水準為二十五元的消費者為例，畫出其在 Y 及 Z 財貨的預算線；其中，Y 財貨為獨占廠商所生產的財貨，Z 財貨表示其他財貨且令其價格為一元。在圖中的 ABFG 線段，係在上述二級差別定價下的消費者預算線，而 AR、AS 及 AT 線段分別是在 Y 財貨價格為三元、二元及一元等單一

圖 9–5

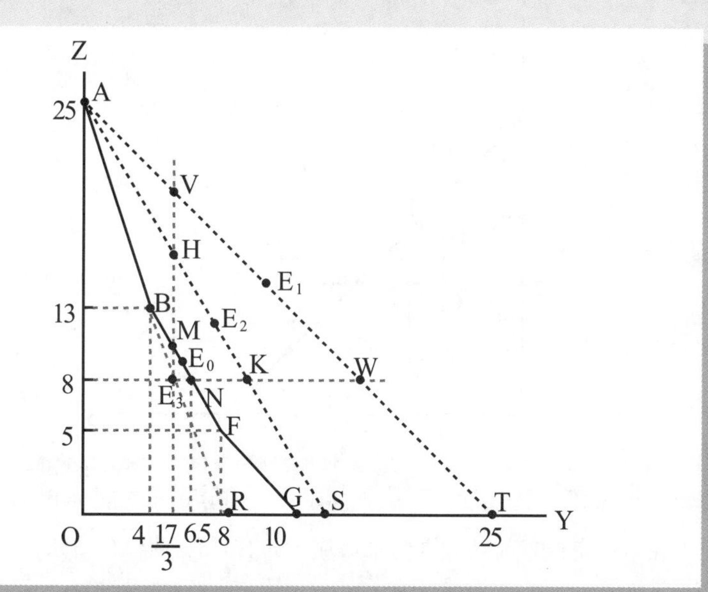

〖在單一定價及二級差別定價下的預算線與消費組合點〗

1. 在單一定價下，Y 財貨價格為三元、二元及一元的預算線分別為 AR、AS 及 AT 線，消費組合點分別為 E_3、E_2 及 E_1。
2. 在二級差別定價下的預算線為 ABFG 線段，消費組合點為 E_0。

定價下的消費者預算線。同時，令 Y 及 Z 均為正常財貨，其在價格為三元、二元及一元等單一定價下的最適組合點，分別是 E_3 點、HK 線段上的 E_2 點及 VW 線段上的 E_1 點；利用這三點可以得出此一消費者在單一定價下對於 Y 財貨的需求曲線，如圖 9–6 的 $E_3E_2E_1$ 線所示。至於在上述二級差別定價下，此一消費者的最適組合點，將會落在 MN 線段上的 E_0 點。由此推知，在二級差別定價下，此一消費者對於 Y 財貨的需求曲線，為一階梯狀的 $ABCE_0F$ 線所示。

在得到二級差別定價下的消費者個別需求曲線之後，經水平相加以後，亦可以得到市場的需求曲線。在圖 9–7 中，係以劃分四個購買量區間所訂出的三個不同價格 P_1、P_2 及 P_3 為例，其對應的市場需求曲線為 ABEFGHK，且此一市場需求曲線也是在此一情形下的邊際收益曲線。至於在單一定價下的需求曲線及邊際收益曲線，分別為 D_1 及 MR_1 線。

圖 9–6

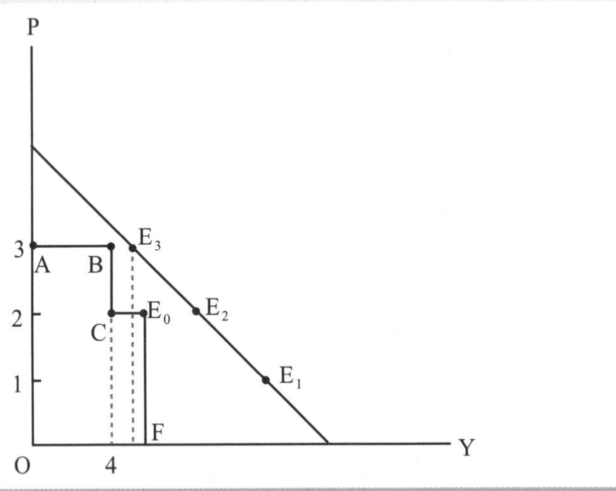

〖在單一定價及二級差別定價下的消費者需求曲線〗

*1.*在單一定價下的消費者需求曲線，如 $E_3E_2E_1$ 曲線段所示。

*2.*在二級差別定價下的消費者需求曲線，如階梯狀的 $ABCE_0F$ 線所示；同時，$ABCE_0F$ 線必然落在 $E_3E_2E_1$ 線的左下方。

圖 9–7

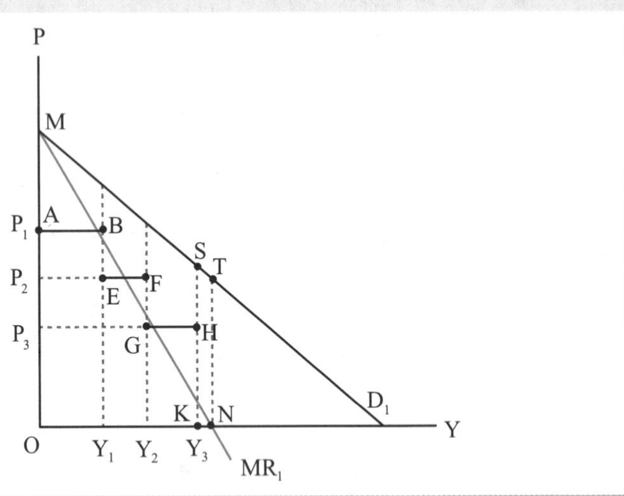

〖在單一定價及二級差別定價下的市場需求曲線〗

*1.*單一定價下的市場需求曲線及邊際收益曲線分別為 D_1 及 MR_1。

*2.*在二級差別定價下的市場需求曲線與邊際收益曲線一致，同為 ABEFGHK 線。

由上述說明，得知在二級差別定價下，獨占廠商如何決定購買量區間（含區間個數及區間的大小）以及如何研訂不同的價格，將會影響其所面對的市場需求曲線或邊際收益曲線，並進一步左右其最適產量的決定，以及其所能夠得到利潤的大小。因此，獨占廠商將會把這些問題，進行通盤地解決，以使得在二級差別定價下所能夠得到的利潤，高於或不小於在單一定價下的利潤。

以 MC = 0 為例，在圖 9–7 中，單一定價下的生產者剩餘為 △MNO 面積，而在二級差別定價下的生產者剩餘為多邊形 ABEFGHKO 面積；至於消費者剩餘，前者為 △MTN 面積，後者為多邊形 MSHGFEBA 面積。

三、三級差別定價的意義與影響

三級差別定價，是指按消費者的不同，訂定不同的單一價格；其中，最極端的情況是，對每一消費者訂定不同的價格。三級差別定價方式的落實，除了要掌握消費者的不同需求狀況之外，也要能有效避免消費者之間的二手轉讓套利問題。

一個較常施行的三級差別定價方式，是依據消費者的不同屬性或標準歸類，並形成可以分割開來的各類市場；然後，再就不同屬性市場的需求曲線，來訂出不同的價格。例如，可以憑身分證、學生證、護照等證件，來區隔不同的消費者。又如，廠商亦可以採用下述方法，來分別出不同的消費者：(1)顧客若持有廣告或傳單上的印花購物或用餐者，享有折扣優惠；(2)寄回商品包裝盒或盒上的截角，就可獲得部分退款；(3)看電影、聽歌劇、看球賽或搭飛機、火車等活動，都有不同的票價設計或採用一些手段，來區分不同屬性的消費者。

在下文中，可以了解到分隔出不同屬性的消費者市場，其能夠實施三級差別定價方式的關鍵，在於不同屬性市場須具有不同的需求彈性值；否則，將無法對不同市場，訂出不一樣的價格。

為方便討論起見，假設獨占廠商能夠將消費者分為兩類，且每一類消費者所形成的市場，其需求價格彈性是不一致的，一者較高，另一者較低。在此，可以將獨占廠商所面對的最適問題，利用下式來表現

$$\underset{\{Y_1, Y_2\}}{\text{Max}}\, P_1(Y_1)\cdot Y_1 + P_2(Y_2)\cdot Y_2 - C(Y_1 + Y_2)$$

上式中，$P_1(Y_1)$ 及 $P_2(Y_2)$ 分別表示兩市場之逆需求曲線，Y_1 及 Y_2 分別表示在兩市場的銷售量，$C(Y_1+Y_2)$ 表示成本函數。

從上述問題，可以解出最適的銷售量 Y_1^* 及 Y^*，須同時滿足下述兩式：

$$MR_1(Y_1^*) = MC(Y_1^* + Y_2^*)$$

$$MR_2(Y_2^*) = MC(Y_1^* + Y_2^*)$$

同時，利用各市場的價格與 MR 的關係，可以相應推出，兩市場在 Y_1^* 及 Y^* 的價格 P_1^* 及 P_2^*，將滿足下述關係：

$$P_1^*[1 - \frac{1}{|E_1(Y_1^*)|}] = MC(Y_1^* + Y_2^*) = P_2^*[1 - \frac{1}{|E_2(Y^*)|}]$$

上式中，$E_1(Y_1^*)$ 及 $E_2(Y_2^*)$ 分別是兩市場需求曲線在 Y_1^* 及 Y_2^* 的價格彈性值。因此，可以得出下述結果：當 $|E_1(Y_1^*)| \lessgtr |E_2(Y_2^*)|$ 時，$P_1^* \gtrless P_2^*$。此一結果，說明彈性係數絕對值較大的市場，其價格會訂得較低；反之，則訂得較高。

現在，利用作圖方式，來求解上述的在三級差別定價下的最適問題。在圖 9–8 中，分別畫出第一市場、第二市場及兩市場加總的需求曲線與邊際收益曲線；同時，亦畫出一條水平的 MC 曲線。在(C)圖中的 $MR_1 + MR_2$ 曲線，是 MR_1 及 MR_2 曲線的水平加總，並非對應於兩市場加總需求曲線 AEB 的邊際收益曲線 MR（在圖中未標出）；不過，$MR_1 + MR_2$ 曲線與 MR 曲線兩者有部分地方是重疊的。

首先，在(C)圖中，利用 $MR_1 + MR_2$ 曲線與 MC 曲線的交點 F，決定 Y^*，即 $Y_1^* + Y_2^*$ 的大小；其次，對應在(A)及(B)圖中的 F_1 及 F_2 點，分別得出 Y_1^* 及 Y_2^*，以及 P_1^* 及 P_2^*。其中，由於在 K_1 及 K_2 點上的價格彈性不同，前者較大，故得出其價格較低，即 $P_1^* < P_2^*$。至於在單一定價下的情形，由(C)圖中可以得到最適的價格為 P^*，是介於 P_1^* 與 P_2^* 之間。

接著，把圖 9–8 的例子，轉化為數學式子，並據以求出獨占廠商在三級差別定價下的最適問題。已知獨占廠商的 $MC = 1.5$，及其面對兩市場的需求曲線為

$$D_1(P_1) = 4 - P_1$$

$$D_2(P_2) = 3 - \frac{3}{7}P_2$$

圖 9-8

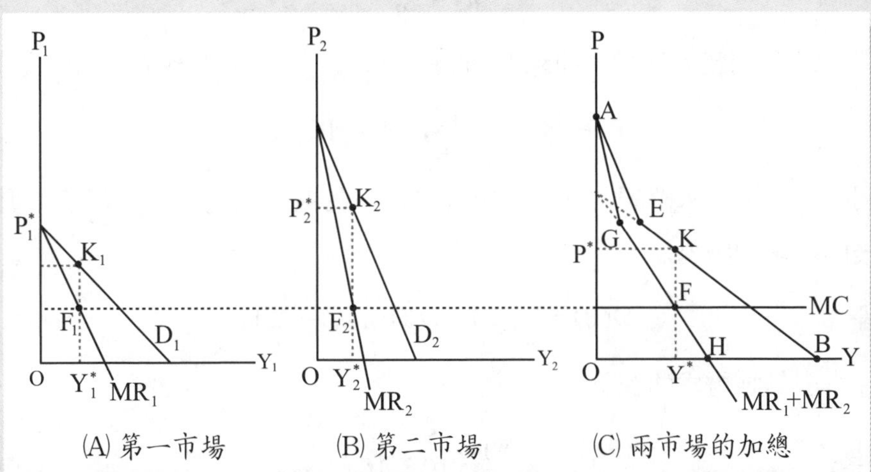

(A) 第一市場　(B) 第二市場　(C) 兩市場的加總

【三級差別定價下，兩市場價格的決定】

1. 首先，利用 MR_1 及 MR_2 水平相加，得出 MR_1+MR_2 曲線；其次，由 MR_1+MR_2 曲線與 MC 曲線的交點，得出 Y^*（即 $Y_1^*+Y_2^*$）以及 $MC(Y^*)$。
2. 在 MR_1 及 MR_2 均等於 $MC(Y^*)$ 的條件下，就可以得出 Y_1^* 及 Y_2^*，與 P_1^* 及 P_2^*。
3. 在單一定價下的最適價格為 P^*，是介於 P_1^* 及 P_2^* 之間。

首先，求出兩市場的逆需求曲線，分別為：

$$P_1(Y_1)=4-Y_1$$

$$P_2(Y_2)=7-\frac{7}{3}Y_2$$

其次，求出兩市場的邊際收益曲線，分別為：

$$MR_1(Y_1)=4-2Y_1$$

$$MR_2(Y_2)=7-\frac{14}{3}Y_2$$

最後，利用 $MR_1(Y_1^*)=MC$ 及 $MR_2(Y_2^*)=MC$ 的關係，可以得出 Y_1^* 及 Y_2^* 分別為：

$$Y_1^*=\frac{5}{4}$$

$$Y_2^* = \frac{33}{28}$$

將 Y_1^* 及 Y_2^* 分別代入逆需求曲線 $P_1(Y_1)$ 及 $P_2(Y_2)$，可以得到 P_1^* 及 P_2^* 為:

$$P_1^* = \frac{11}{4}, P_2^* = \frac{17}{4}，並知 P_2^* > P_1^*$$

同時，亦可以求解獨占廠商在單一定價下的最適問題。首先，求出兩市場加總後的需求曲線為:

$$D(P) = D_1(P) + D_2(P) = 7 - \frac{10}{7}P$$

其次，求出其逆需求曲線為

$$P(Y) = \frac{49}{10} - \frac{7}{10}Y$$

最後，利用 MR = MC 的條件，即

$$\frac{49}{10} - \frac{14}{10}Y_o^* = \frac{3}{2}$$

可以求解得出 $Y_o^* = \frac{17}{7}, P_o^* = \frac{16}{5}$。

由上述結果，得知在本例子中，$Y_o^* = Y_1^* + Y_2^*$，且 $P_1^* < P_o^* < P_2^*$。

在獨占廠商採取三級差別定價方式下，與單一定價相比，通常是會提高廠商的利潤；不過，是否一定會損及消費者剩餘，則難以確定回答。舉例而言，當獨占廠商（以偏遠地區的一個醫生為例）採取單一定價時，其售價可能無法回收其平均變動成本，因而不願意在此一偏遠地區開業；不過，如果允許其對貧富病人收取差別價格時，將提高其收益，就有可能留住該醫生。換言之，在留住醫生的情況下，對於偏遠地區的病人是有利的，即消費者剩餘大於零；此一情形，顯然比沒有醫生的情況有所改善。

第三節　其他供給與定價行為

在本節討論獨占廠商的其他供給與定價行為中，將依序介紹按時段不同的定價方式、兩段收費方式、包裹銷售方式以及最適廣告支出等四項內容。

一、按時段不同的定價方式

在考量消費者對於其產品的需求，將隨著時段的不同而有顯著差異時，獨占廠商亦可以利用此一商機，依時段訂定不同的價格，以獲取更高的利潤。此種按時段不同的定價方式，下文中將介紹兩種，一種是**跨時差別定價 (Intertemporal Price Discrimination)**，另一種是**尖離峰定價 (Peak-load Pricing)**。

首先，所謂跨時差別定價是指依商品推出的初期、中期及後期等時段不同，訂定不同的價格。一般是指當推出新的商品時，廠商通常會優先瞄準那些先睹為快或搶鮮的顧客群，例如推出精裝本的書籍、典藏版的光碟片或首輪放映的影片，並收取較高的價錢；然後，在經過一段時間以後，才推出平裝本、普及版的商品或由二輪戲院來放映影片，而收取較便宜的價錢。又如，常見在季節快結束時，百貨公司或服飾店總會推出換季折扣價，此一價格比在季初的價格低許多，亦可以視為是一種跨時差別定價的例子。

現在，利用圖形來說明跨時差別定價的運作方式。在圖 9–9 中，以新書為例，其面對的市場需求曲線為 D_1，其對應的邊際收益曲線為 MR_1，且假設其邊際成本曲線為一水平線 MC；因此，獨占廠商將首先以 P_1 的價格，來銷售 Y_1 數量的新書。當賣出 Y_1 的書以後，市場上對於該本新書的剩餘需求曲線為 AB 線段；也就是說，獨占廠商所面對的剩餘市場需求曲線，將如 D_2 所示；其中，D_2 線段是由 AB 線段平行左移而得。故可以根據 D_2 求出其邊際收益曲線 MR_2，並進而得出此時的獨占廠商，可以 P_2 的價格，來進一步出售 Y_2 的新書。

換言之，當獨占廠商採用跨時差別定價方式時，在其提高利潤的同時，也使得消費者剩餘有所增加，如 $\triangle P_1FP_2$ 面積所示；且最終導致無謂損失的降低，即由原來在單一定價下的 $\triangle AHE_1$ 面積，降為 $\triangle FGE_2$ 面積。

其次，介紹尖離峰定價。所謂尖離峰，是指消費者對於一項財貨的需求，存在需求極大的尖峰時段，以及存在需求較小的離峰時段。同時，此一尖離峰的需求差異，無法有效利用事先儲存的方式來克服，以致於使得為了應付尖峰時段的需求，於平時就得多裝置一些機器設備，以便預留一些產能，使得尖峰時段在高產量下所面對的邊際成本增加許多。例如，逢年過節對於旅客運輸的需求，在夏季對於用電的需求，以及在熱門時段對於電影、KTV、旅遊的需求，都比其他時段的需求高出很多。因此，獨占廠商將會依尖離峰時段的不同，訂

圖 9–9

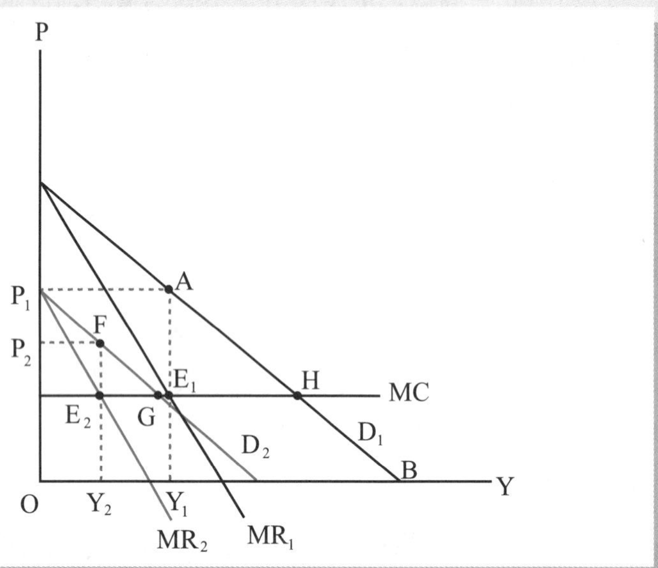

【跨時差別定價與單一定價】

1. 在跨時差別定價下，在前段時以 P_1 價格出售 Y_1 數量，在後段時，以 P_2 價格出售 Y_2 數量。
2. 跨時差別定價下的無謂損失為 $\triangle FGE_2$ 面積，小於單一定價下的無謂損失。

定不一樣的價格，而通常尖峰的價格會高於離峰的價格；此種定價方式，具有部分將尖峰需求疏導往離峰方向調整的功能。

以每半天對電力的需求為例，且假設尖離峰的時段各有半天，其離峰及尖峰時段的需求曲線，分別如圖 9–10 中的 D_1 及 D_2 曲線所示；在此，亦假設尖峰的需求量為離峰的三倍。同時，在半天時段內的電力邊際成本曲線為一條具正斜率的 MC 曲線。此一獨占的電力廠商可以分別求出離峰及尖峰時的邊際收益曲線 MR_1 及 MR_2，並得出將離峰及尖峰的價格定為 P_1 及 P_2，而銷售量分別為 Y_1 及 Y_2。此時，將分別出現 $\triangle GE_3E_1$ 及 $\triangle HFE_2$ 面積的無謂損失。

如果獨占廠商沒有採行上述的尖離峰定價時，假設其係依半天的電力平均需求曲線，如圖中的 D_3 線所示，來決定其單一價格，則可以由其對應的邊際收益曲線 MR_3（在此，MR_3 曲線有部份與 D_1 曲線重疊）與 MC 曲線的交點 E_3，得知會把價格定在 P_3，並供應 Y_3 的數量。在 P_3 的價格下，離峰及尖峰的需求量分別為 P_3R 及 P_3T；此一情形，表示在離峰會出現電力過剩，而在尖峰會出現電力短缺的現象。在此，假設在電力過剩時，廠商實際生產的電力可以即刻降為與實際需求量一致，而不致於出現過剩所導致的浪費情形；不過，在電力不足時，廠商由於沒有預留的產能可供使用，而無法提高其電力供應量。也就是說，在單一定價下，離峰及尖峰時將會分別出現 $\triangle RE_3E_0$ 及 $\triangle KFE_3$ 面積的無謂損失，均比採用尖離峰定價方式來得大。同時，由於廠商是按其利潤最大的作法，來決定尖離峰價格，必然表示比單一定價下能得到更大的利潤。至於消費者剩餘，亦可以從圖 9–10 中，得知在尖離峰價格下未必一定是增加的。

圖 9–10

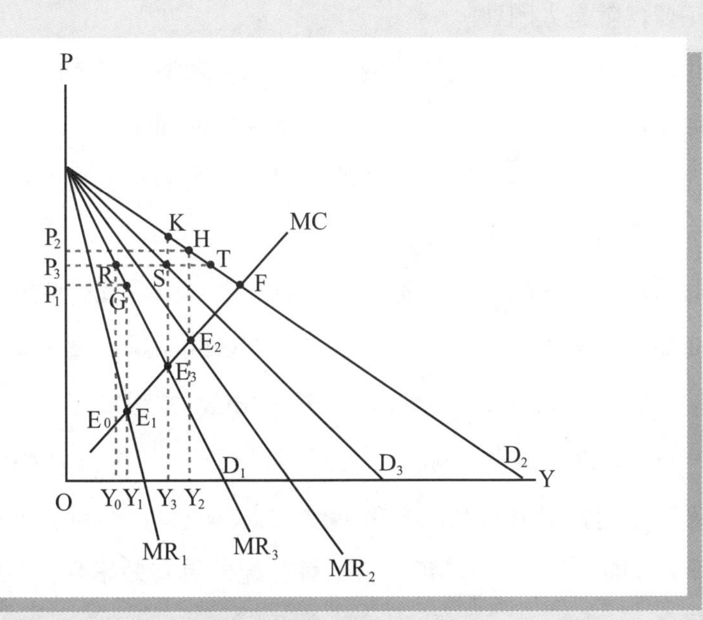

【尖離峰定價與單一定價】

1. 根據離峰及尖峰的需求曲線，分別得出其價格為 P_1 及 P_2。

2. 與單一定價下的價格 P_3 相比，尖離峰定價方式的無謂損失較小。

二、兩段收費方式

兩段收費 (Two-part Tariff) 是指兩階段收費，表示消費者從事此一消費活動時，須先後繳交**入門費 (Entry Fee)** 及**使用費 (Usage Fee)**；其中，入門費是按人頭給付的一個固定金額，而使用費則按消費量與價格的乘積來收取。在下文中，將了解到兩段收費方式，也是對獨占廠商有利的一種單一定價方式（在此，並不討論差別定價下的兩段收費）。

兩段收費方式，於日常生活中也常碰到。例如，要到俱樂部經營的場地打高爾夫球或網球，得先付費取得社員證，然後才能入場，並依規定之價錢從事消費；有些遊樂園的收費方式，除了門票以外，也會依消費項目另外收取使用費。有些商品的出售，也採兩段收費方式，如刮鬍刀具及與其搭配的刀片、照相機及與其搭配的軟片；其中，刮鬍刀具或照相機的購買，就如同付入門費一樣。有些自助餐的收費方式，也採兩段收費方式。例如，在可以單點沙拉吧時，則單點沙拉吧的費用，就是入門費；當不能單點沙拉吧時，則最低價格的餐點所需的花費，就是入門費。

在此，將分別在一種類型消費者及在二種類型消費者的情況下，討論廠商如何決定兩段收費方式下的入門費與使用價格的問題。

首先，就衹有一種類型消費者的情況，來說明獨占廠商對於入門費與使用價格的決定問題。如圖 9–11 所示，假設每一個消費者（以第 i 個來代表）對於獨占廠商所提供的商品，均具有完全一致的需求曲線 d_i；同時，令獨占廠商生產此一商品的邊際成本線，為一條水平的 MC 曲線。那麼，廠商一方面將會把使用價格 (P^*) 定為與 MC 一樣高，即 $P^* = MC$，並得知每一消費者的購買量為 Y_i^*；另一方面，以消費者剩餘來訂定入門費 (T^*)，即 $T^* = \triangle AEP^*$ 面積。如此，將使得廠商不但把消費者剩餘全部轉變成為其收益，而且也使得其利潤達到最高之水準；同時，由於 $P^* = MC$，表示資源配置具有效率性，不會出現所謂的無謂損失現象。

當 MC 曲線並非水平線時，則要由市場需求曲線 $D = \sum_{i=1}^{n} d_i(P)$（n 為消費者人數）與 MC 曲線的交點，來決定 P^*，而 T^* 對應定為個別消費者的剩餘水準。如圖 9–12 所示，在圖中除了畫有第 i 個消費者的需求曲線 d_i 以外，也畫出市場需求曲線 D；同時，由 D 曲線與 MC 曲線的交點 F，得知 P^* 及 Y^*。最後，在 P^* 下，可以對應由個別需求曲線 d_i 求出 $Y_i^* = \frac{Y^*}{n}$，以及 $T^* = \triangle AEP^*$ 面積 $= \frac{1}{n}$（$\triangle AFP^*$ 面積）。

其次，在具有兩種不同類型消費者的情況下，討論入門費與使用價格的決定問題。為簡化說明起見，在此僅就 MC 為固定常數以及兩種類型的消費者人數相當的情況，來進行探討。在圖 9–13 分別畫出兩種類型消費者，對於獨占廠商所生產商品的個別需求曲線 d_1 與 d_2。當入門費為 △GFB 面積，使用價格定

圖 9–11

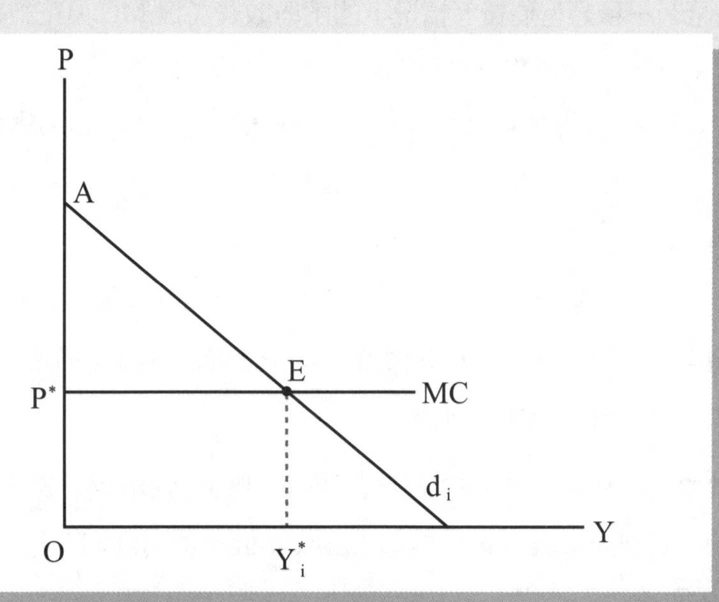

〖在祇有一種類型消費者情況下的兩段收費（以 MC 固定為例）〗

1. 獨占廠商將按 MC 來訂定使用價格 (P^*)，即 $P^* = MC$；按消費者剩餘來訂定入門費 (T^*)，即 $T^* = \triangle AEP^*$ 面積。
2. 在上述方式所訂定的兩段收費，且有效率性，即不會出現無謂損失的情形。

圖 9–12

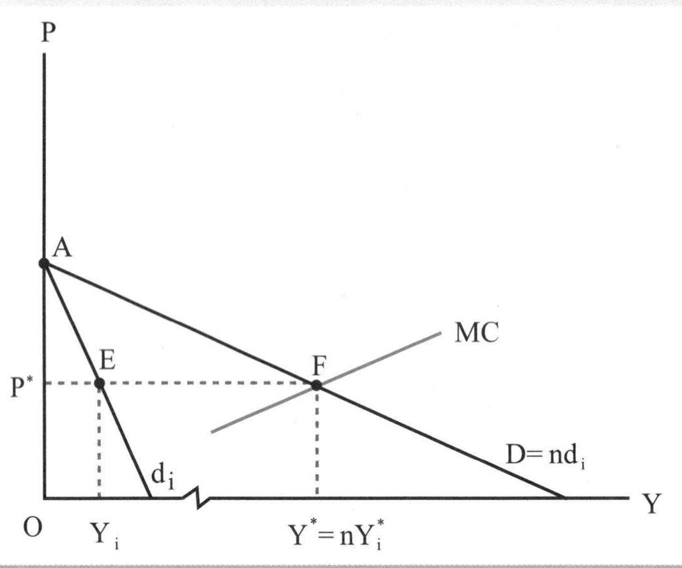

〖在祇有一種類型消費者情況下的兩段收費（以 MC 具正斜率為例）〗

*1.*由市場需求曲線 D 與 MC 曲線的交點，決定 P^* 及 Y^*。

*2.*在 P^* 下，可以由個別需求曲線 d_i 求出 $Y_i^* = \frac{Y^*}{n}$，以及 $T^* = \triangle AEP^*$ 面積 $= \frac{1}{n}$（$\triangle AFP^*$ 面積）。

為 OB 或 MC 時，將祇有第二種類型的消費者會從事消費，而廠商從第二種類型消費者身上，所獲得的平均利潤為 △GFB 面積（在此，不計其固定成本），即總利潤為 $\frac{n}{2}$ 倍的 △GFB 面積。

至於當入門費定為 △AEB 面積，使用價格定為 OB 時，廠商將從第一種及第二種類型消費者身上，平均各獲得 △AEB 面積的利潤，即全部的利潤為 n 倍的 △AEB 面積。

另外，若將使用價格提高為 P_0，且入門費降為 $\triangle AHP_0$ 面積時，廠商從第一種及第二種類型消費者，分別得到 $\frac{n}{2}$ 倍的 ▱AHSB 及多邊形 AHKRB 的面積的利潤；相較於將入門費定在 △AEB 面積的情形，利潤的變動為增加 ▱HKRE 面積，但減少 2 個 △HES 面積，即淨增加 ▱NKRE 面積。此一結果，表示獨占廠商還存在有將入門費調降以增加利潤的空間。

如果將入門費降至 △AVP$_1$ 面積，且把使用價格提高到 P$_1$ 時，總利潤變成為 $\frac{n}{2}$ 倍的 ▱AVUB 面積與 $\frac{n}{2}$ 倍的多邊形 AVWEB 面積的加總，剛好等於 n 倍的 △AEB 面積（由於 △VEU 與 △VWE 二者面積相等），即回到將入門費定在 △AEB 面積的情形。

經由上述說明，了解到最適的使用價格將定在 OB 與 P$_1$ 之間，而使得（以 P$_0$ 為例）所對應的 ▱NKRE 面積最大的所在；換言之，P* 將落在 P$_1$B 線段的中點，並把 T* 定為 △AH′P* 面積，如此利潤將比入門費定在 △AEB 面積的情況下，多出了 $\frac{n}{2}$ 倍的 ▱N′K′R′E 面積。不過，此時的總利潤，有可能比把入門費定在 △GFB 面積的情況來得小（就圖 9–13 的例子而言，是較小）。

圖 9–13

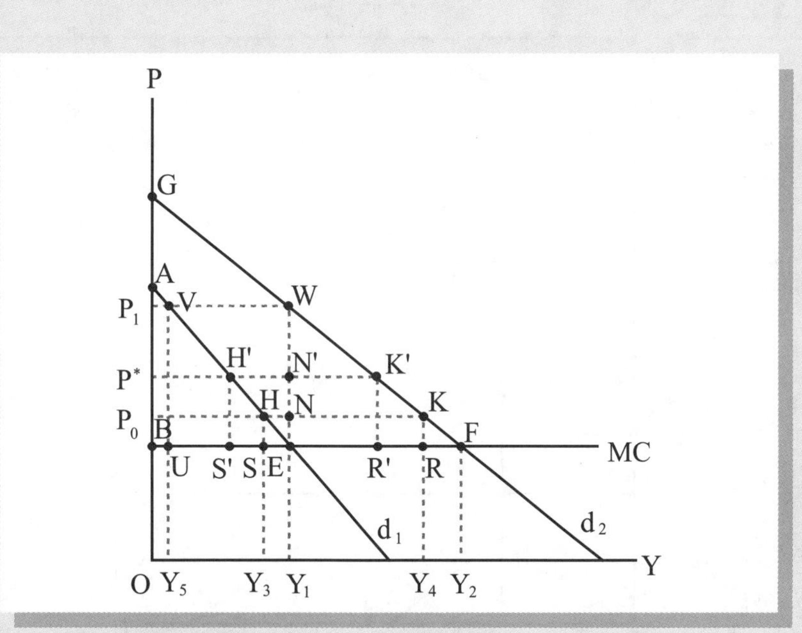

【在有兩種類型消費者情況下的兩段收費（以 MC 固定為例）】

1. 把使用價格 (P*) 定在 P$_1$B 的中點處時，而入門費 T* 定為 △AH′P* 面積，廠商會得到比價格定在 OB 或 P$_1$ 時更高的利潤。

2. 把入門費定在 △GFB 面積時，廠商亦得到 △GFB 面積之利潤，且此一利潤水準，可能高於把入門費定在 T* 所能得到的利潤。

三、包裹銷售方式

包裹銷售 **(Bundling)** 方式，是指廠商將兩種以上（含）的不同財貨包裝成一項商品，以進行銷售的方式。特別是當消費者對於包裝在一起的那些財貨具有不同的需求，且又無法採行三級差別定價時，包裹銷售方式對於獨占廠商利潤的提升，將具有正面意義。

現在以獨占廠商同時發行二種具有版權的音樂光碟片為例，且知消費者對於此二種音樂片的需求價格或保留價格 (r_1 及 r_2)，大致呈現具負斜率走勢的散佈圖，如圖 9–14 中的 ▱AEFB 區域；同時，亦知二種音樂片的邊際成本，分別為固定常數 MC_1 及 MC_2，如圖所示。

在單獨出售音樂片的時候，若其售價係以邊際成本來訂定時，表示落在 ▱AGHE 區塊的消費者，由於 $r_1 < MC_1$，故將無法購買到第一種音樂片；同理，

圖 9–14

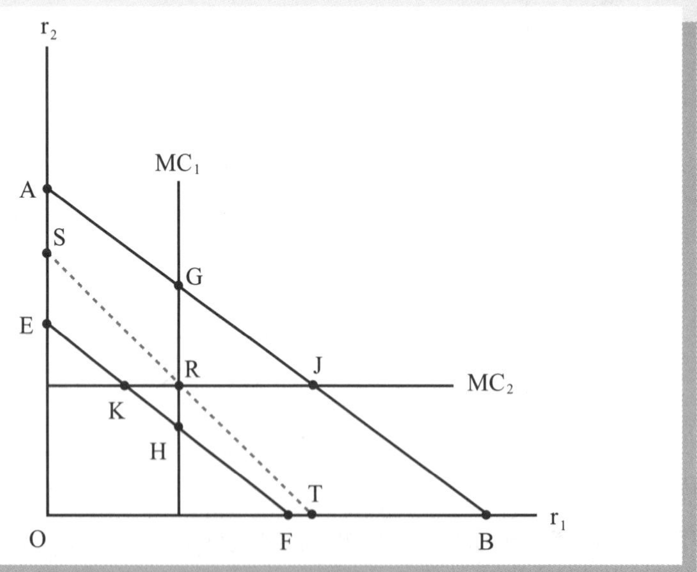

【包裹銷售方式與商品單獨銷售方式】

當商品可以採包裹銷售方式時，同時購買二種商品的消費者，將比祇能採單獨銷售方式時的消費者（如 △GJR 區塊所示）來得多，如 ▱ABTS 區塊所示。

落在 ▱KJBF 區塊的消費者，將不會購買第二種音樂片。同理，落在 △GJR 區塊的消費者，就有可能同時購買兩種音樂片。

現在，若獨占廠商把二種音樂片包裝在一起，在此稱為第三種商品，則其邊際成本 $MC_3 = MC_1 + MC_2$，而消費者對於第三種商品的保留價格 $r_3 = r_1 + r_2$。在此，過 R 點畫出一條負 45° 線 ST，為等 MC_3 線，表示其上各組合點的和，均等於 MC_3。若 P_3 的價格係以 MC_3 來訂定時，表示同時購買二種音樂片的消費者，多出了 ▱AGRS 及 ▱RJBT 等兩區塊的消費者（由於其 $r_3 > MC_3$）。同時，祇購買第一種音樂片的消費者，仍有 ▱RTFH 區塊所示的部分；而祇購買第二種音樂片的消費者，仍有 ▱SRKE 區塊所示的部分。

換言之，當獨占廠商能夠搭配採取包裹銷售方式時，當可能提高其銷售量，並進而增加其收益以及利潤。

在上述說明中，係以廠商按邊際成本來定價作為例子的；不過，誠如本章所述，獨占廠商基本上是以其利潤最大化的原則，來決定其價格的。也就是說，獨占廠商在面對如此的需求環境時，他將以利潤最大化的角度，來決定其最適的 P_1^*、P_2^* 及 P_3^*，而這些價格通常是會比邊際成本高的，表示仍存在無謂損失的無效率現象；不過，相對於不存在採取包裹銷售方式的情形而言，此時的效率將有所改善，而生產者剩餘將會是增加的。

四、最適廣告支出

獨占廠商除了可以利用上述介紹的定價或銷售方式，來提高其利潤以外，另一個較常被提到的作法，是經由**廣告 (Advertising)** 來促銷商品，以達到利潤提升的目的。在此，將討論獨占廠商廣告支出的最適決定問題。

一般而言，廣告對於消費者需求曲線的影響是正向的。在此，可以將此一廣告效果放入市場需求函數中，即以 Y(P, A) 來表示市場需求關係；其中，A 表示廣告支出，而 P 為該財貨的市場價格。因此，可以將獨占廠商此時所面對的最適問題，表示為：

$$\underset{\{Y,A\}}{\text{Max}}\ \pi(Y,A) \equiv R(Y,A) - C(Y) - A = P(Y,A)\cdot Y - C(Y) - A$$

$$\text{或 } P\cdot Y(P,A) - C(Y(P,A)) - A$$

在上式中，P(Y, A) 為需求曲線 Y(P, A) 的逆函數，即在一定 A 之下的逆需求曲線。

由上述問題，得知利潤最大化的最適產量 (Y^*) 及廣告支出 (A^*)，必將同時滿足下述兩式關係：

$$MR_Y(Y^*, A^*) = MC(Y^*)$$

$$MR_A(Y^*, A^*) = 1 + MC(Y^*)\cdot\frac{\Delta Y}{\Delta A}$$

上兩式中，MR_Y 及 MR_A 分別表示 Y 及 A 變動的邊際收益，而 MC 為 Y 變動的邊際成本；而 A 變動的邊際成本為 $1 + MC(Y^*)\cdot\frac{\Delta Y}{\Delta A}$。也就是說，當利潤最大時，必然是 Y 變動及 A 變動所引起的邊際收益，要剛好等於其邊際成本。

首先，在一定 A 之下，如第一節所述，均可以將 MR 與 P 的關係代入第一個關係式，並整理為：

$$\frac{P(Y^*, A^*) - MC(Y^*)}{P(Y^*, A^*)} = \frac{1}{|E_d(Y^*, A^*)|}$$

其次，可以根據 $MR_A(Y^*, A^*)$ 的定義，以及利用上式關係，將第二個關係式作如下之整理：

$$MR_A(Y^*, A^*) \equiv P(Y^*, A^*)\cdot\frac{\Delta Y}{\Delta A} = 1 + MC(Y^*)\cdot\frac{\Delta Y}{\Delta A}$$

移項整理為：

$$[P(Y^*, A^*) - MC(Y^*)]\cdot\frac{\Delta Y}{\Delta A} = 1$$

等號兩邊同乘 $\frac{A^*}{P(Y^*, A^*)\cdot Y^*}$，變成為：

$$\frac{[P(Y^*, A^*) - MC(Y^*)]}{P(Y^*, A^*)}\cdot\left(\frac{A^*}{Y^*}\cdot\frac{\Delta Y}{\Delta A}\right) = \frac{A^*}{P(Y^*, A^*)\cdot Y^*}$$

然後，利用需求的廣告彈性 E_A 的定義，以及價格彈性 E_d 與 P 及 MC 之間的關係，將等號右邊改為：

$$\frac{A^*}{P(Y^*, A^*)\cdot Y^*} = \frac{E_A(Y^*, A^*)}{|E_d(Y^*, A^*)|} \text{ 或 } A^* = \frac{E_A(Y^*, A^*)}{|E_d(Y^*, A^*)|}\cdot[P(Y^*, A^*)\cdot Y^*]$$

由上式關係，了解到最適的廣告支出 A^*，將與其總收益之間維持 $\frac{E_A}{|E_d|}$ 的比例關係。進而言之，當 E_A 越大時，表示廣告的促銷效果越大，故廣告支出占總收益的最適比例，將會越高；而當 $|E_d|$ 越大時，表示售價能夠高出邊際成本的比例越小，因而廣告促銷對於利潤的效果也越小，故廣告支出占總收益的最適比例，將變得越低。

本章摘要

1. 獨占是指實質上祇存在有一家廠商的一種市場。
2. 獨占廠商是一個可以完全自行決定市場價格的價格決定者，其供給與定價行為是多元化的。
3. 獨占廠商採行單一定價方式時，其最適產量 (Y^*) 必須滿足下述關係：

   $$P(Y^*)(1-\frac{1}{|E_d(Y^*)|}) = MC(Y^*)$$

   上式中，$P(Y^*)$ 為獨占廠商根據逆需求曲線的定價，$E_d(Y^*)$ 為需求的價格彈性，$MC(Y^*)$ 為邊際成本。
4. 由於獨占廠商採行單一定價方式所訂定的價格，高於其邊際成本，將導致資源配置的無效率性；此一無效率性的程度，可以利用無謂損失的大小來衡量。
5. 政府對於獨占廠商所採行的課稅方式不同時，其對於社會福利的影響，以及轉嫁給消費者的比例也會不一樣；其中，轉嫁給消費者的比例，有可能介於 0 與 1 之間（含 0、1），也可能大於 1。
6. 政府對於獨占廠商進行價格的上限管制時，若其長期邊際成本曲線在上升階段與邊際收益曲線相交時，則可以按邊際成本來定價；若其長期邊際成本曲線在下降階段與邊際收益曲線相交時，則按平均成本定價較為可行。
7. 差別定價，是指廠商在販賣相同的商品上，是依據消費者所具有屬性的差別，或依據購買量的差別，訂定不同的價格。
8. 一級差別定價，是指同時按消費者的特性以及按購買量的多寡區間，來訂定不同的價格；其中，最極端的情形，是所謂的完全差別定價。

9. 在完全差別定價下，獨占廠商所面對的市場逆需求曲線，就是其邊際收益曲線；此時，由於其最後一單位的售價與其邊際成本一致，故不會出現無謂損失，而消費者剩餘降為零。
10. 二級差別定價，是指按購買量的多寡區間，訂定不同的價格。
11. 在二級差別定價下，獨占廠商所面對的市場逆需求曲線，將呈現階梯狀，且位於在單一定價下的一般常見的市場逆需求曲線的左下方。該階梯狀的市場逆需求曲線，也是獨占廠商的邊際收益曲線。獨占廠商將在利潤最大化的目標下，來選擇其最適的購買量區間以及訂定價目表。
12. 三級差別定價，是指按消費者的不同，訂定不同的單一價格。較常見的作法，是依不同屬性將消費者分割成不同市場，並就不同市場訂定不一樣的價格；通常是需求價格彈性較低的市場，其價格較高。
13. 跨時差別定價，是指依商品推出的初期、中期及後期等時段不同，訂定不同之價格；通常是初期的價格較高，而後期價格較低。
14. 尖離峰定價，是指依尖峰及離峰時段的不同，訂定不同的價格；通常是尖峰時段的價格較高，而離峰的價格較低。
15. 跨時差別定價與尖離峰定價，均比單一定價的資源配置更有效率。
16. 兩段收費，是指分別按入門費及使用價格的方式，分兩階段收取費用；其中，一般是依消費者剩餘的大小，來訂定入門費的高低。
17. 包裹銷售方式，是指將兩種以上（含）的不同財貨包裝成一項商品，以進行銷售的方式。此一銷售方式，對於獨占廠商利潤的提升，將具有正面意義。
18. 獨占廠商的最適廣告支出 (A^*)，將與其總收益之間維持 $\frac{E_A}{|E_d|}$ 的比例關係；其中，E_A 及 E_d 分別為需求的廣告及價格彈性。

習　題

1. 試配合圖形，來說明獨占廠商在單一定價方式下，所可能出現的無效率性。
2. 政府對於獨占廠商的課稅，其轉嫁給消費者的比例，有可能為零或大於 1 嗎？試說明之。
3. 政府對於獨占廠商的上限價格管制，以哪一種方式較為有效？以哪一種方式較為可行?

4. 試以臺灣一家行動電話業者所訂定的費率方案及其結構為例，討論其屬於何種定價方式。

5. 當獨占廠商採取的是一種不完全的一級差別定價方式，請問此時的消費者個別需求曲線及市場需求曲線，將會呈現何種走勢? 請說明之。

6. 獨占廠商面對如下兩個獨立的市場，其需求曲線分別為: $Y_1 = 180 - 4P_1$ 及 $Y_2 = 55 - P_2$，而其邊際成本固定為 15 元，固定成本為 20 元; 請問其分別在單一定價下與在第三級差別定價下的價格、銷售量與利潤的大小。

7. 假設在甲及乙兩地的居民各有 10 人，且知各地每人對於上網的需求曲線均相同，分別為 $Y = 40 - \frac{1}{3}P$ 及 $Y = 90 - \frac{2}{3}P$; 而提供此一上網服務的獨占廠商，其邊際成本為 30 (元)。請問

(1) 在兩段收費下，其入門費與使用價格將如何訂定?

(2) 在第三級差別定價下 (此時，不另外訂定入門費)，其使用價格如何訂定?

(3) 比較上述兩種定價方式下，何者廠商的利潤較大? 為什麼?

8. 假設獨占廠商生產兩種產品，且可以將消費者依照對於這兩種產品的保留價格歸為 A、B、C 及 D 四類 (如下表所示)，每類人數也一樣; 同時，亦知每一種產品的邊際成本均為 13 元。請問，該廠商將會採取下述何種銷售策略呢? (1) 二種產品分別銷售，(2) 二種產品包裹在一起銷售，(3) 上述兩種銷售方式並行。

消費者類別	對第一種產品的保留價格（元）	對第二種產品的保留價格（元）
A	12	19
B	14	16
C	16	14
D	19	12

9. 當邊際成本由 13 元降為 10 元時，請重新回答第 8 題。若兩題的最適銷售策略不一樣的話，請說明其原因所在。

10. 已知獨占廠商面對的市場逆需求曲線為 $P = 100 - Y + 2A^{\frac{1}{2}}$，而其成本函數為 $C = 2Y^2 + 4Y + A$; 其中，A 為廣告支出，P 及 Y 為價格及產量。請問該獨占廠商的最適 A、Y 及 P 是多少?

第十章　獨占性競爭廠商與寡占廠商的價量決定

本章將分別討論**獨占性競爭 (Monopolistic Competition)** 廠商與**寡占 (Oligopoly)** 廠商的價格與產量決定問題。所謂獨占性競爭，是指一種兼具獨占與完全競爭性質的市場型態。首先，在獨占性方面，是表現在該市場中的每一廠商，由於彼此之間的產品並非同質，故無法完全相互替代，以致於均會面對一條具負斜率性質的市場需求曲線；其次，在完全競爭方面，是表現為廠商長期利潤的等於零，主要是因為進出該市場相當容易所致，故長期利潤不會大於零，也不會小於零。

所謂寡占，是指一種廠商家數不多的市場型態；換言之，寡占廠商之間，彼此的**相互依存性 (Mutual Interdependence)** 極高，表現為任何廠商的價格或產量的變化，一定會對其他廠商的利潤水準有所影響。本章將在不同的價量互動架構下，來了解寡占廠商的價量決定問題；至於寡占廠商的競爭策略選擇問題，則留待下一章再來探討。

第一節　獨占性競爭廠商的價量決定與分析

誠如上述，獨占性競爭廠商與獨占廠商一樣，將面對一條具負斜率性質的市場需求曲線；因此，獨占性競爭廠商的價格與產量決定，基本上與獨占廠商一樣。換言之，獨占性競爭廠商將依據其所面對的市場需求曲線，求出對應的邊際收益曲線，然後由邊際收益曲線與邊際成本曲線的交點就可以相應得到其利潤最大化下的最適產量水準以及從對應的市場需求曲線上來訂定其價格。

以直線型的市場需求曲線為例，如圖 10–1 的 d 線所示，可以對應求出邊際收益曲線 mr；其次，根據 mr 曲線與邊際成本曲線 MC 的交點 E，就可以求得獨占性競爭廠商的最適產量水準為 Y^*，而價格定在 P^* 上。

如果根據上述方法所求得的 P^*，不小於其平均變動成本的話，則 P^* 及 Y^* 就是獨占性競爭廠商在短期時所訂的價格及產量；反之，如果 P^* 小於其平均變動成本時，則廠商在短期的最適產量為零。

由於獨占性競爭市場的進入或退出均相當容易，因此在長期時，廠商的利潤不會大於零，也不會小於零，而將等於零。換言之，當 P^* 大於其平均成本，而有正的利潤時，將吸引其他廠商的加入，而現有廠商的市場需求將會減少，表現為需求曲線的往左下方移動；此一調整過程，將一直到 P^* 調降至等於其平均成本為止。同理，當 P^* 小於其平均成本時，表示短期存在虧損現象，將導致部分廠商退出市場，而留存下來廠商的市場需求曲線會往右上方移動，直到 P^* 提升到等於其平均成本為止。

換言之，獨占性競爭廠商的長期均衡，除了表現為邊際收益與邊際成本相

圖 10–1

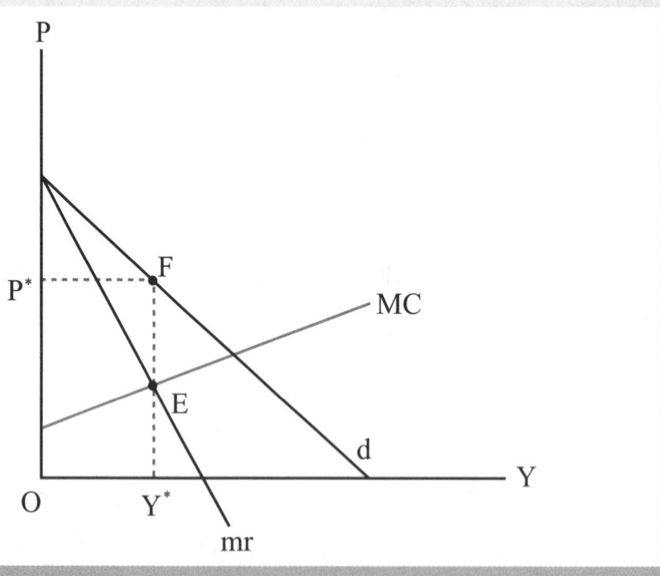

〖獨占性競爭廠商的短期價量決定〗

1. 依據其需求曲線 d，求出邊際收益曲線 mr。
2. 根據 mr 與邊際成本曲線 MC 的交點 E，就可以得到 Y^* 及 P^*。
3. 當 $P^* \geq$ 平均變動成本時，P^* 及 Y^* 就是最適解；否則，最適的產量為零。

等的條件以外，也須滿足利潤等於零的條件，或是價格剛好等於長期平均成本的條件。如圖 10–2 所示，當 mr 曲線與長期邊際成本曲線 LMC 的交點 E，其在需求曲線 d 上所對應的 P^*，剛好等於長期平均成本時（如 F 點所示），則 P^* 及 Y^* 為獨占性競爭廠商在長期均衡下的最適價格與產量。

與完全競爭廠商的長期均衡不同，獨占性競爭廠商的長期均衡產量水準 Y^*，小於 LAC 曲線最低點 G 所對應的最適規模 Y_0，也小於 LMC 曲線與 d 曲線交點 H 所對應的產量水準 Y_1，如圖 10–2 所示。此一結果，一方面表示獨占性競爭廠商在長期下，有多餘的產能閒置著，而未能利用；另一方面，表示社會資源配置效率仍有改善空間，主要是在 Y^* 時，P^* 大於 LMC，說明消費者對於增加產量所願意支付的價格，高於其生產成本。進而言之，當存在商機的情況下，相信廠商會想辦法採取一些方式（如差別定價、廣告），來獲取此一利益，

圖 10–2

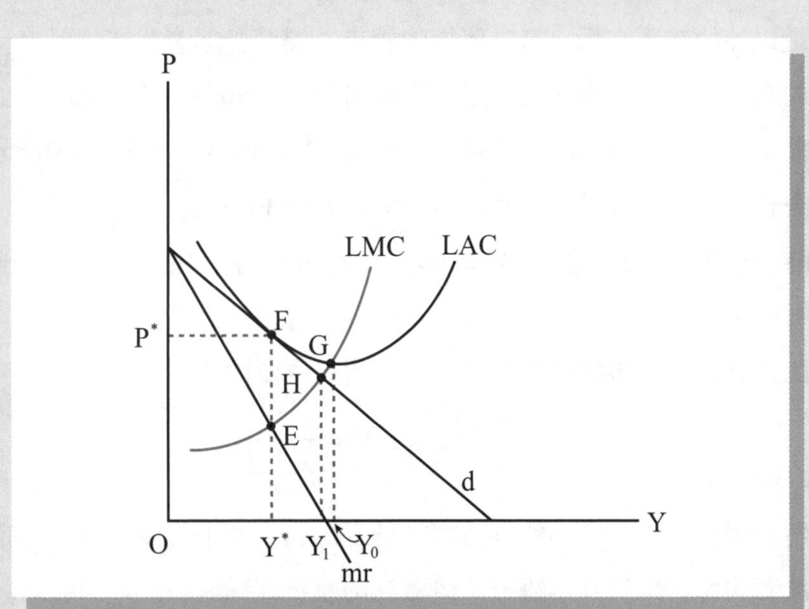

【獨占性競爭廠商的長期均衡】

1. 當 mr 曲線與 LMC 曲線的交點 E，所對應的 P^* 與 LAC 一樣時，表示達到長期均衡狀態。
2. 長期均衡下的 Y^*，小於 LAC 曲線最低點 G 所對應的產量 Y_0，也小於 LMC 與 d 兩線交點 H 所對應的產量 Y_1。

而使得產量逐漸接近 Y_1 或 Y_0 的水準。

第二節　寡占廠商的價量決定與分析

寡占廠商之間的競爭互動架構，在價格與數量方面，大致可以分為不競爭、不合作及掠奪等三種方式。不競爭的方式，又可以進一步分為價格或數量合作、價格領導及數量領導等運作模式；不合作的方式，也可以分為價格或數量的同時各自決定模式；至於掠奪方式，是指惡意訂定偏低的價格或生產超多的產量，以達到排除其他競爭廠商，強佔市場的目的。

至於在價量以外的競爭，也大致可以分為不競爭、不合作及掠奪等三種方式；在價量以外的競爭項目，包括開發新口味或新產品、進行研究發展、市場開拓、廣告、原料獲得、品質提升等方面。

本節將僅就在不同的價量互動架構下，來討論寡占廠商的價量決定問題；至於價量以外的競爭方面，請有興趣的讀者，繼續參閱產業經濟學等科目的相關教材內容。詳言之，本節將依序介紹**卡特爾 (Cartel)**、優勢廠商（或價格領導）及數量領導等三個不競爭的模型，**柯諾 (Cournot)** 與**柏爾淳 (Bertrand)** 等兩個不合作的模型，以及**掠奪式定價 (Predatory Pricing)** 模型。

同時，本節將主要以**雙占 (Duopoly)** 的寡占市場作為討論對象。所謂雙占，是指祇有兩家廠商的一種市場型態。至於兩家廠商的產品，除非特別說明是具異質性的以外，在大多數的模型下，都假設是同質的。

一、卡特爾模型

卡特爾模型是指，全部的寡占廠商結合成為一家卡特爾，統一訂定市場的價格與總銷售量，以及安排每一成員廠商的產量配額。因此，卡特爾就相當於一家獨占廠商，以追求成員廠商聯合利潤的最大化為目標。

以市場中存在兩家寡占廠商為例，可以將卡特爾所面對的最適問題表示為

$$\underset{Y_1,Y_2}{\text{Max}}\, P(Y_1+Y_2)\cdot(Y_1+Y_2)-C_1(Y_1)-C_2(Y_2)$$

上式中，$P(Y_1+Y_2)$ 表示逆需求曲線，Y_1 及 Y_2 分別為兩家廠商的產量，Y_1+Y_2

為總產量或總銷售量，$C_1(Y_1)$ 及 $C_2(Y_2)$ 分別為兩家廠商的成本函數。

上述問題的最適解 (Y_1^*, Y_2^*)，必須同時滿足下述兩條關係式：

$$MR(Y^*) = MC_1(Y_1^*)$$

$$MR(Y^*) = MC_2(Y_2^*)$$

其中，$Y^* = Y_1^* + Y_2^*$，而 $MR(Y)$ 為卡特爾利用市場需求曲線所求得的邊際收益曲線（即 $MR(Y) = P(Y) + Y \cdot \frac{\Delta P}{\Delta Y}$；其中，$\frac{\Delta P}{\Delta Y}$ 為逆需求曲線的斜率，為一負值），Y 為總產量。由上述兩個卡特爾最適解的條件，可以進一步推知 $MC_1(Y_1^*) = MC_2(Y_2^*)$；此一結果說明，卡特爾將 Y^* 在兩廠商之間的最適安排 Y_1^* 及 Y_2^*，必然使得兩廠商的邊際成本都一樣。

接著，以作圖的方式，來呈現上述卡特爾最適解的求導過程。在圖 10–3 中，首先，利用(A)圖及(B)圖中的邊際成本曲線 MC_1 及 MC_2，經水平相加以後，得出(C)圖中的卡特爾邊際成本曲線 MC；其次，由卡特爾所面對的市場需求曲線 D，求得其對應的邊際收益曲線 MR；最後，由 MR 及 MC 曲線的交點 E，就可以得到卡特爾的最適總產量 Y^* 及將價格訂為 P^*，以及相應由 MC_1 及 MC_2 曲線來求出 Y_1^* 與 Y_2^*。

同時，利用圖 10–3，亦可以得知，在卡特爾所訂定的價格 P^* 之下，若不考慮增產的降價效果的話，每一家廠商都會傾向於把產量提高，如第一廠商由 Y_1^* 增加為 Y_1^e，第二廠商由 Y_2^* 增加為 Y_2^e，而使得總產量由 Y^* 大幅增加為 Y^e；此時，市場的價格將無法維持在 P^* 的水準上，如(C)圖所示，價格將介於 G 點及 H 點之間。

另外，即使是考慮增產的降價效果，每一廠商也還是存在偷偷地提高產量的傾向。以第一廠商為例，如果第二廠商如實的依照卡特爾給定的產量配額 Y_2^* 來生產的話，那麼，第一廠商利潤最大化的問題，可以表示為：

$$\underset{Y_1}{Max} P(Y_1 + Y_2^*) \cdot Y_1 - C_1(Y_1)Y_1$$

其最適解 (Y_1^{**}) 須滿足下述條件：

$$MR_1(Y_1^{**}) = MC_1(Y_1^{**})$$

上式中的 MR_1，是根據第一廠商所面對的扣除 Y_2^* 之後的剩餘需求曲線求得的，

圖 10-3

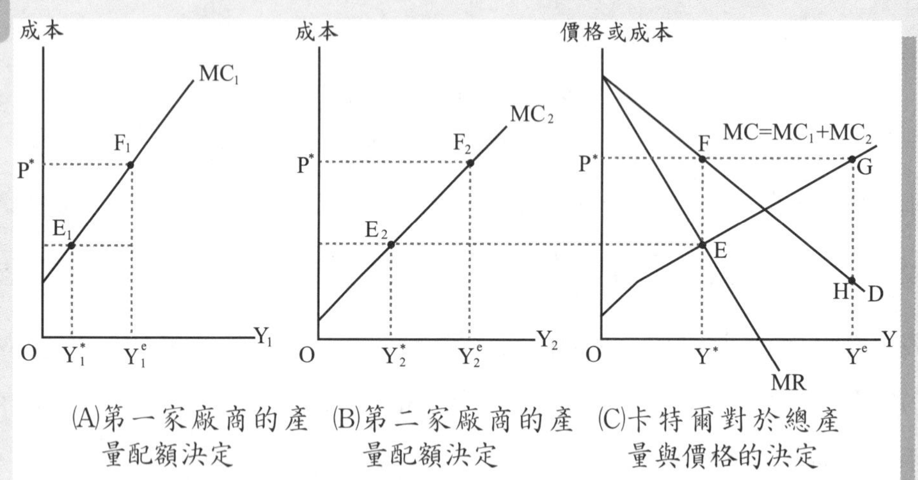

(A)第一家廠商的產量配額決定 (B)第二家廠商的產量配額決定 (C)卡特爾對於總產量與價格的決定

【卡特爾模型】

1. 首先，由 MC_1 及 MC_2 水平相加，得出卡特爾的 MC 曲線。
2. 其次，由市場需求曲線 D，求出對應的卡特爾的 MR 曲線。
3. 最後，由 MR 及 MC 曲線的交點 E，可以求得 Y^* 及 P^*，以及對應由(A)及(B)圖得出 Y_1^* 及 Y_2^*。
4. 個別廠商在 P^* 的價格下，均會傾向於把產量提高，如 Y_1^e 及 Y_2^e 所示。

可以表示為：

$$MR_1(Y_1) = P(Y_1 + Y_2^*) + \frac{\Delta P}{\Delta Y_1} \cdot Y_1$$

當 Y_1 以 Y_1^* 代入時，由下述運算得知 $MR_1(Y_1^*) - MC_1(Y_1^*) > 0$：

$$MR_1(Y_1^*) - MC_1(Y_1^*) = P(Y_1^* + Y_2^*) + \frac{\Delta P}{\Delta Y_1} \cdot Y_1^* - MC_1(Y_1^*)$$

$$= P(Y_1^* + Y_2^*) + \frac{\Delta P}{\Delta Y} \cdot Y_1^* - MC_1(Y_1^*) \text{（因為} \frac{\Delta P}{\Delta Y_1} = \frac{\Delta P}{\Delta Y}\text{）}$$

$$= -\frac{\Delta P}{\Delta Y} \cdot Y_2^* > 0$$

（利用 $MR(Y^*) = MC_1(Y_1^*)$ 以及逆需求曲線斜率 $\frac{\Delta P}{\Delta Y}$ 小於零的關係）

此一結果說明，當第一廠商生產 Y_1^* 時，其利潤尚未達到最大，因為其邊際收益大於其邊際成本；因此，第一廠商利潤最大化的產量 Y_1^{**}，必然大於 Y_1^*，表示其有提高產量的傾向。

現在利用圖 10–4，來呈現 Y_1^{**} 大於 Y_1^* 的結果。在圖 10–4 中，首先把圖 10–3 的三個圖結合起來，可以得知卡特爾對於 Y^*、P^* 及 Y_1^*、Y_2^* 等變數值的決定。其次，將 D 曲線往左移動 Y_2^*，得到第一廠商在已知 Y_2^* 下所面對的剩餘需求曲線 D_1；然後，根據 D_1 求出其對應的邊際收益曲線 MR_1；最後，利用 MR_1 與 MC_1 的交點 K，得出 Y_1^{**} 及此時的市場價格將降為 P^{**}。同時，在圖形中，得知在 Y_1^* 時的 $MR_1(Y_1^*)$ 與 $MC_1(Y_1^*)$ 之間的差距，可以利用 RS 的長度來表現，為前者大於後者。

根據上述說明，了解到兩個寡占廠商若能真心誠意地結合成為一家卡特爾的話，將可以提高兩者的聯合利潤；不過，仍須考量聯合利潤的分配，監督防止廠商私自增加產量，以及其他新廠商的可能進入等問題。

圖 10–4

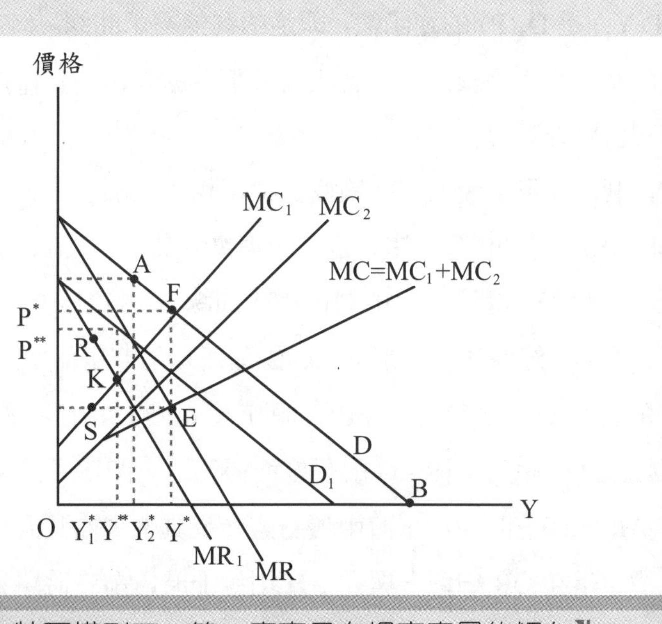

【卡特爾模型下，第一廠商具有提高產量的傾向】

1. 卡特爾根據 MC 與 MR 的交點 E，決定 Y^*、P^* 及 Y_1^*、Y_2^*；
2. 第一廠商在 Y_2^* 之下所面對的剩餘需求曲線為 D_1，其根據 D_1 求得 MR_1，並由 MR_1 與 MC_1 的交點 K，得到其利潤最大化之下的 Y_1^{**}，此時由於 $Y_1^{**} > Y_1^*$，將把價格由 P^* 壓低至 P^{**}。

二、價格領導模型

價格領導 (**Price Leadership**) 模型是指，寡占市場的價格是由其中的一家廠商決定的，而其他廠商則是價格的跟隨者。該家決定市場價格的廠商，稱為價格領導者或**優勢廠商** (Dominant Firm)，而其他廠商就相當於扮演完全競爭廠商的角色。首先，該優勢廠商（在此稱其為第一家廠商）將考量其他廠商的供給以及整個市場的需求狀況，來了解他自己所面對的需求曲線；該曲線為一條**剩餘需求曲線 (Residual Demand Curve)** $D_1(P)$，其與市場需求曲線 $D(P)$ 及其他廠商的供給曲線 $S_{-1}(P)$ 之間的關係，如下式所示：

$$D_1(P) = D(P) - S_{-1}(P)$$

其次，可以將優勢廠商所面對的最適問題，表示為：

$$\underset{Y_1}{Max}\ P(Y_1)\cdot Y_1 - C_1(Y_1)$$

上式中，$P(Y_1)$ 是 $D_1(P)$ 的逆函數，即逆的剩餘需求曲線。換言之，優勢廠商在其所面對的剩餘需求曲線之下，就相當於獨占廠商，故其產量與價格的最適決定，也與獨占廠商類似。

現在，利用圖形來說明優勢廠商對於市場價格的決定，以及其產量與其他廠商產量的決定。在圖 10–5 中，畫有市場需求曲線 HK，其他廠商的供給曲線 S_{-1}，進而求出優勢廠商所面對的剩餘需求曲線 ABK；其中，AB 線段是在對應的價格下，由 GB 線段往左分別移 RG 線段所示的產量而得。例如，在 P^* 時，ST 與 FL 的長度（或產量）是一樣的，即 F 點是由 L 點往左移 ST 或 FL 的長度而得；A 點是由 G 點往左移 AG 的長度而得。此一 ABK 剩餘需求曲線說明，當價格落在 AR 線段上時，市場將由優勢廠商及其他廠商共同供應市場所需的產量；而當價格落在 OR 線段上與在 AH 射線上時，前者將單獨由優勢廠商來供應產量，後者將單獨由其他廠商來供應市場所需。

在得出優勢廠商所面對的需求曲線 ABK 之後，可以進一步得出其對應的邊際收益曲線 MR_1；然後，由其邊際成本曲線 MC_1 與 MR_1 的交點 E，就可以得出優勢廠商的最適產量 Y_1^*，及市場價格 P^*，其他廠商的供應量 Y_{-1}^*。

到底要具備什麼條件，才會成為優勢廠商呢？一般認為，應該是一個產量

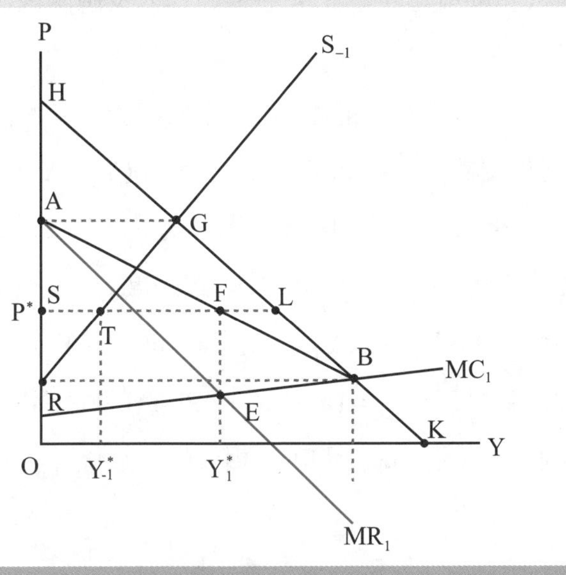

【價格領導模型】

1.HK 為市場需求曲線，S_{-1} 為其他廠商的供給曲線；ABK 為優勢廠商所面對的需求曲線，MR_1 為其對應的邊際收益曲線。

2.對應於 MR_1 與邊際成本曲線 MC_1 的交點 E，就決定了 Y_1^* 及 P^*、Y_{-1}^*。

規模相當大的，生產成本具有相對優勢的，或成立歷史比較悠久的，才可能成為優勢廠商。當有二家（或以上）的廠商，都以為自己是優勢廠商時，則此一價格領導模型將無法運作下去。

三、數量領導模型

數量領導 (Quantity Leadership) 模型（亦稱為**史達克柏格模型，Stackelberg Model**）是指，寡占市場的總銷售量是由其中的一家廠商主導決定的。詳言之，在雙占的情形下，令第一家廠商為先行決定其產量的領導廠商，而第二家廠商為第二順位決定其產量的跟隨廠商；因而，跟隨廠商存在有一條**反應函數 (Reaction Function)** $R(Y_1)$，用以描述在不同的 Y_1 下，其利潤最大化的最適

產量 Y_2^*，即 $Y_2^* = R(Y_1)$。同時，領導廠商將在充分掌握此一反應函數的前提下，求出令其利潤最大化的最適產量 Y_1^*；並進而代入反應函數，得到 $Y_2^{**} = R(Y_1^*)$，以及市場的總銷售量 $Y^{**} = Y_1^* + Y_2^{**}$。

現在，以直線型的市場需求曲線為例，來說明數量領導模型決定市場銷售量的運作方式。令逆市場需求曲線 $P(Y_1 + Y_2) = a - b(Y_1 + Y_2)$，$C_1(Y_1) = e_1 + d_1Y_1$，$C_2(Y_2) = e_2 + d_2Y_2$，且 $a > d_2$ 及 $a > 2d_1 - d_2$（為了確保 Y_1 及 Y_2 均為正值）。首先，求出跟隨廠商的反應函數 $Y_2^* = R(Y_1)$。跟隨廠商在一定的 Y_1 之下，其面對的逆剩餘需求曲線為 $P_2(Y_2) \equiv P(Y_1 + Y_2) = a - b(Y_1 + Y_2) = (a - bY_1) - bY_2$，故知其邊際收益曲線 $MR_2(Y_2) = (a - bY_1) - 2bY_2$；同時，知其邊際成本曲線 $MC_2(Y_2) = d_2$。因此，利用 MR_2 與 MC_2 相等的最適條件，就可以得出如下之反應函數：

$$Y_2^* = R(Y_1) = \frac{a - d_2}{2b} - \frac{1}{2}Y_1$$

（此一反應函數可以直接對第二廠商的利潤函數 $\pi_2(Y_2)$ 求其導數，並令其為零而求得；其中，

$$\pi_2(Y_2) \equiv P(Y_1 + Y_2) \cdot Y_2 - C_2(Y_2)$$

其次，可以將領導廠商所面對的最適化問題，表示為：

$$\underset{Y_1}{\text{Max}}\ \pi_1(Y_1) \equiv P(Y_1 + Y_2^*) \cdot Y_1 - C_1(Y_1)$$

且須滿足 $Y_2^* = R(Y_1) = \dfrac{a - d_2}{2b} - \dfrac{1}{2}Y_1$ 的關係。

上式中，$\pi_1(Y_1)$ 為第一廠商的利潤函數。通常，可以把逆需求函數、成本函數以及反應函數代入 $\pi_1(Y_1)$ 中，求其導數，並令其為零，而解出 Y_1^* 的值。在此，將比照上述求解 Y_2^* 的方式，先求出第一廠商的邊際收益曲線 $MR_1(Y_1)$ 及邊際成本曲線 $MC_1(Y_1)$，再來求解 Y_1^*。把 $Y_2^* = R(Y_1)$ 的關係代入 $P(Y_1 + Y_2^*)$，可以得出第一廠商所面對的逆需求曲線 $P_1(Y_1) \equiv P(Y_1 + Y_2^*) = a - b(Y_1 + Y_2^*) = \dfrac{a + d_2}{2} - \dfrac{1}{2}bY_1$，故知 $MR_1(Y_1) = \dfrac{a + d_2}{2} - bY_1$；同時，知 $MC_1(Y_1) = d_1$。所以，在 $MR_1 = MC_1$ 的條件下，可以求解出 $Y_1^* = \dfrac{a + d_2 - 2d_1}{2b}$，以及代入 $R(Y_1)$ 得出

$Y_2^{**} = \frac{a-3d_2+2d_1}{4b}$, $Y^{**} = \frac{3a-d_2-2d_1}{4b}$, $P^{**} = \frac{a+d_2+2d_1}{4}$, $\pi_1^* = \frac{b}{2}Y_1^{*2} - e_1$, $\pi_2^* = bY_2^{**^2} - e_2$；並知 $Y_1^* - Y_2^* = \frac{a+5d_2-6d_1}{4b}$。

就上述例子而言，若 $d_1 = d_2 = d$ 且 $e_1 = e_2 = e$，則可以推知 $Y_1^* = \frac{a-d}{2b}$, $Y_2^{**} = \frac{a-d}{4b}$, $Y^{**} = \frac{3(a-d)}{4b}$, $P^{**} = \frac{a+3d}{4}$, $\pi_1^* = \frac{(a-d)^2}{8b} - e$, $\pi_2^* = \frac{(a-d)^2}{16b} - e$, $Y_1^* - Y_2^* = \frac{a-d}{4b} > 0$, $\pi_1^* - \pi_2^* = \frac{(a-d)^2}{16b} > 0$；表示數量領導廠商的產量是跟隨廠商的兩倍，且前者生產者剩餘（利潤與固定成本的加總）也是後者的兩倍。不過，當第二廠商也想當數量領導廠商時，此一模型就不再能夠適用了（將變成為後文介紹的柯諾模型）。

四、柯諾模型

與數量領導模型不同的是，柯諾模型是指，每一個寡占廠商均同時來決定其最適的產量水準，而無先後之分；且此一產量決定，是在預期其他廠商將維持其產量水準的設想下所進行的。以兩個廠商為例，第一個廠商所面對的最適化問題，可以表示為

$$\underset{Y_1}{\text{Max}}\ P(Y_1 + Y_2^e) \cdot Y_1 - C_1(Y_1)$$

上式中，Y_2^e 為第一廠商對於第二廠商的預期產量，$P(Y_1 + Y_2^e)$ 為兩廠商所共同面對的逆市場需求曲線，$C_1(Y_1)$ 為第一廠商的成本函數。

如同在數量領導模型下的跟隨廠商一樣，根據上述問題，可以利用 $MR_1 = MC_1$ 的條件，求得第一廠商的最適產量 Y_1^* 與 Y_2^e 之間所具有關係，即第一廠商的反應函數 $Y_1^* = R_1(Y_2^e)$。同理，也可以求得第二廠商的反應函數 $Y_2^* = R_2(Y_1^e)$；其中，Y_1^e 是第二廠商對於第一廠商的預期產量。當每一廠商的預期產量均與其最適產量一致時（即 $Y_1^e = Y_1^* = Y_1^{**}$, $Y_2^e = Y_2^* = Y_2^{**}$），則稱此時的最適產量組合 (Y_1^{**}, Y_2^{**}) 為**柯諾均衡 (Cournot Equilibrium)**；換言之，所謂柯諾均衡 (Y_1^{**}, Y_2^{**})，是表示能同時滿足兩個反應函數的最適產量組合，即

$$Y_1^{**} = R_1(Y_2^{**})$$

$$Y_2^{**} = R_2(Y_1^{**})$$

現在，沿用上述數量領導模型的例子，來說明柯諾模型的求解過程。首先，得到兩廠商的反應函數分別為：

$$Y_1^* = \frac{a - d_1}{2b} - \frac{1}{2}Y_2^e$$

$$Y_2^* = \frac{a - d_2}{2b} - \frac{1}{2}Y_1^e$$

其次，令 $Y_1^e = Y_1^* = Y_1^{**}$ 及 $Y_2^e = Y_2^* = Y_2^{**}$，則可以求出 Y_1^{**} 及 Y_2^{**}（均假設為正值），分別為：

$$Y_1^{**} = \frac{a + d_2 - 2d_1}{3b}$$

$$Y_2^{**} = \frac{a + d_1 - 2d_2}{3b}$$

接著，利用圖形，來說明柯諾均衡的意義。在圖 10–6 中，R_1 及 R_2 線分別表示第一廠商及第二廠商的反應函數，而兩線的交點 E，其所對應的產量組合 (Y_1^{**}, Y_2^{**}) 就是柯諾均衡。現在說明柯諾均衡的定義。首先，當 $Y_1^e > Y_1^{**}$ 時，Y_2^* 將落在 EK 線段上（不含 E 點），以 Y_{10}^e 所對應的 F 點為例，F 點位於 R_1 線的右方，表示 Y_1^* 在 $Y_2^e = Y_{20}^*$ 時，將小於 Y_{10}^e，如 H 點所示；因此，第二廠商將會降低其對於第一廠商的預期產量。同理，當 $Y_1^e < Y_1^{**}$ 時，第二廠商則會提高其對於第一廠商的預期產量。

其次，當 $Y_2^e < Y_2^{**}$ 時，Y_1^* 將落在 EM 線段上（不含 E 點），以 Y_{21}^e 所對應的 G 點為例，G 點位於 R_2 線的下方，表示 Y_2^* 在 $Y_1^e = Y_{11}^*$ 時，將大於 Y_{21}^e，如 T 點所示；因此，第一廠商將會提高其對於第二廠商的預期產量。同理，當 $Y_2^e > Y_2^{**}$ 時，第一廠商將會降低其對於第二廠商的預期產量。

換言之，祇有當 $Y_1^e = Y_1^{**}$ 及 $Y_2^e = Y_2^{**}$ 時，兩廠商對於另一廠商的預期產量，才不會改變，而達到均衡狀態，也就是所謂的柯諾均衡；同時，在此一均衡時，兩廠商也都在其所處的環境條件下，達到其利潤的最大化，故不會改變其產量，也呈現另一種意義的均衡狀態。

五、柏爾淳模型

與價格領導模型不同的是，柏爾淳模型是指，每一個寡占廠商均同時來決定其最適的價格，而無先後之分。同時，廠商在決定其產品的最適價格，是在預期其他廠商將維持他們自己價格水準的設想下所進行的。

在此，仍以雙占下的兩廠商為例，來介紹柏爾淳模型。首先，討論兩廠商生產同質產品的情形。為簡化說明起見，假設兩廠商的邊際成本均同為 C 元，且均無固定成本。同時，假設兩廠商的售價一樣時，將平分整個市場；但當兩廠商的售價不一致時，則消費者將全部移轉至向低價廠商購買產品。

根據上述假設，得知第一廠商將會按下述原則，來決定其最適價格 P_1^*：

圖 10-6

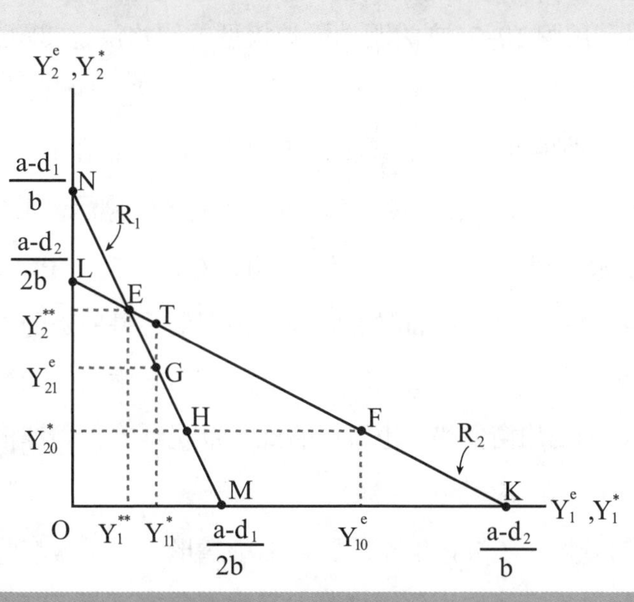

【柯諾均衡的意義】

1. R_1 及 R_2 線分別表示第一及第二廠商的反應函數，兩線的交點 E，其產量組合 (Y_1^{**}, Y_2^{**}) 就表示柯諾均衡。

2. 當 $Y_1^e \neq Y_1^{**}$ 或 $Y_2^e \neq Y_2^{**}$ 時，廠商均會進一步往 Y_1^{**} 或 Y_2^{**} 的方向，來調整 Y_1^e 或 Y_2^e，且 Y_1^* 與 Y_2^* 也跟著往 Y_1^{**} 與 Y_2^{**} 的方向調整，一直到達 E 點為止。

⑴ $P_1^* \geq C$，表示價格不會低於平均變動成本；否則，其最適產量 $Y_1^* = 0$。

⑵當 $P_2^e > C$ 時，$P_1^* = P_2^e - \varepsilon_1$；其中，$P_2^e$ 表示第一廠商對於第二廠商的預期價格，ε_1 為一極小的正數。此一反應函數關係，說明第一廠商將會把其最適價格定得比對方低一點點，以便把整個市場搶過來，如此將可以使其利潤最大化。

⑶當 $P_2^e = C$ 時，$P_1^* = P_2^e = C$；表示在 $P_2^e = C$ 時，第一廠商會將其最適價格亦定為 C，以便與第二廠商平分市場。

同理，第二廠商對於其最適價格 P_2^* 的訂定，亦會按照下述原則：

⑴ $P_2^* \geq C$；否則，其最適產量 $Y_2^* = 0$。

⑵當 $P_1^e > C$ 時，$P_2^* = P_1^e - \varepsilon_2$；其中，$P_1^e$ 表示第二廠商對於第一廠商的預期價格，ε_2 為一極小的正數。

⑶當 $P_1^e = C$ 時，$P_2^* = P_1^e = C$。

在此，可以利用圖 10–7，來說明柏爾淳模型的價格決定問題。在圖 10–7 中，R_1 線是表示第一廠商在對應不同的 P_2^e 水準下，其最適價格 P_1^* 的反應，也就是第一廠商的反應函數曲線。以 R_1 線上的 F 點為例，表示在 P_{20}^e 水準下，其最適價格 P_{10}^* 比 P_{20}^e 小一點點。同理，R_2 線是第二廠商的反應函數曲線。由圖亦知，R_1 及 R_2 線相交於 E 點，表示在 P_1^{**} 及 P_2^{**} 均為 C 時，$P_1^{**} = P_1^e$，且 $P_2^{**} = P_2^e$，即每一廠商的最適價格與另一廠商對該廠商的預期價格是一致的，故此一最適價格將維持在該水準上，而不會改變；此一狀況說明 E 點為一均衡點，而其所對應的 P_1^{**} 及 P_2^{**}，稱為均衡價格，也可以將此一狀況稱為柏爾淳模型的**耐許均衡**（**Nash Equilibrium**，請參閱下一章）。

經由上面的分析，了解在生產同質產品的情形下，兩廠商同時進行價格競爭的結果，將使得其最後的均衡價格等於其邊際成本；此一結果，相當於完全競爭廠商的售價等於其邊際成本的結果，表示寡占廠商將無法獲得超額的利潤，故預期生產同質產品的寡占廠商，將比較不會採取此一模型所設想的競爭方式。

其次，討論兩廠商生產異質產品的情形。假設兩廠商的邊際成本均同為 C 元，且均無固定成本。同時，假設產品本身價格的變化，對於銷售量的影響，其絕對值大於其他產品價格變化對於銷售量的影響；明言之，將兩廠商所面對的需求函數，分別設定為：

$$Y_1 = a_1 - b_1P_1 + k_1P_2^e,\ b_1 > k_1 > 0$$
$$Y_2 = a_2 - b_2P_2 + k_2P_1^e,\ b_2 > k_2 > 0$$

上兩式中，Y_1 及 Y_2 分別為兩廠商所面對的需求量，P_1 及 P_2 為兩產品的價格，P_1^e 及 P_2^e 為另一廠商對於第一廠商及第二廠商產品的預期價格。k_1 及 k_2 均大於零，表示兩產品在消費者心目中，均互為替代品；即當 P_1^e 或 P_2^e 提高時，會使第二廠商或第一廠商所面對的需求曲線向右移動。

根據上述訊息，可以將第一廠商及第二廠商的利潤 π_1 及 π_2，分別表示為：

$$\pi_1 = (P_1 - C)Y_1 = (P_1 - C)(a_1 - b_1P_1 + k_1P_2^e)$$
$$\pi_2 = (P_2 - C)Y_2 = (P_2 - C)(a_2 - b_2P_2 + k_2P_1^e)$$

接著，分別求出利潤極大化的最適價格 P_1^* 及 P_2^*，其所必須滿足的一階條件式分

圖 10–7

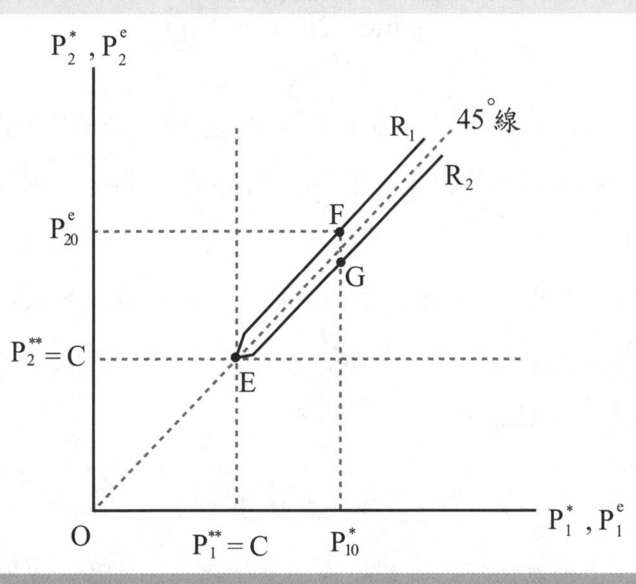

【在同質產品下的柏爾淳模型及其均衡的意義】

1. R_1 線為第一廠商的反應函數，R_2 線為第二廠商的反應函數，分別落在 45° 線的左上方與右下方（除了 E 點以外）。
2. R_1 及 R_2 線相交於 E 點，此時 $P_1^{**} = P_1^e$ 且 $P_2^{**} = P_2^e$，表示 $P_1^{**} = P_2^{**} = C$ 為均衡價格，E 為均衡點。

別為：

$$\frac{d\pi_1}{dP_1} = a_1 - 2b_1P_1^* + k_1P_2^e + b_1C = 0$$

$$\frac{d\pi_2}{dP_2} = a_2 - 2b_2P_2^* + k_2P_1^e + b_2C = 0$$

經整理後，可以分別得到第一廠商及第二廠商的反應函數為：

$$P_1^* = \frac{a_1 + b_1C}{2b_1} + \frac{k_1}{2b_1}P_2^e$$

$$P_2^* = \frac{a_2 + b_2C}{2b_2} + \frac{k_2}{2b_2}P_1^e$$

在均衡時，$P_1^* = P_1^e = P_1^{**}$，且 $P_2^* = P_2^e = P_2^{**}$。現在，將此一關係代入兩個反應函數中，聯立求得均衡解 P_1^{**} 及 P_2^{**}，分別為：

$$P_1^{**} = \frac{(a_1 + b_1C)\cdot 2b_2 + (a_2 + b_2C)\cdot k_1}{4b_1b_2 - k_1k_2}$$

$$P_2^{**} = \frac{(a_2 + b_2C)\cdot 2b_1 + (a_1 + b_1C)\cdot k_2}{4b_1b_2 - k_1k_2}$$

上述求解過程，可以利用圖 10–8 來說明。在圖中，分別畫出第一廠商及第二廠商的反應函數曲線 R_1 及 R_2，並由兩線的交點 E，得出在異質產品下的柏爾淳模型均衡解 P_1^{**} 及 P_2^{**}。

最後，值得一提的是，在本模型中，除了 $b_1 > k_1$ 且 $b_2 > k_2$ 的條件以外，對於 C 的大小，仍必須要在符合一些限制下，才能求得均衡產量 Y_1^{**} 及 Y_2^{**} 的為正值，以及滿足 $P_1^{**} \geq C$ 且 $P_2^{**} \geq C$ 的要求。

六、掠奪式定價模型

掠奪式定價模型是指，一具有生產成本較低或擁有資金較多等項優勢的寡占廠商，基於長期利潤的考量，於短期下將產品價格設定在比對手廠商的平均變動成本還要低的水準上，企圖使得對手廠商在受不了虧損的情勢下退出市場，以達到占有其市場，並成就其追求長期利潤最大化的目的。

以兩廠商為例，並令其邊際成本或平均變動成本均等於 C 元；假設第一廠

圖 10-8

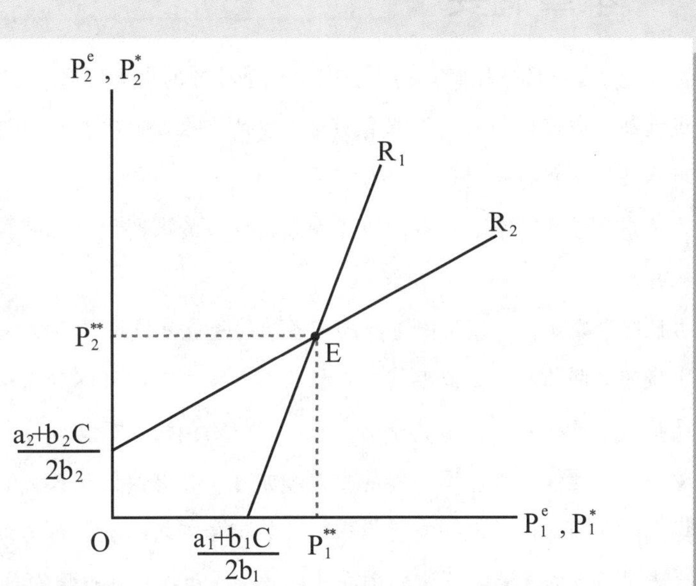

【在異質產品下的柏爾淳模型及其均衡】

1. R_1 及 R_2 線分別表示第一廠商及第二廠商的反應函數，兩線的交點 E，其所對應的 P_1^{**} 及 P_2^{**} 就是均衡解。

2. 在均衡時，$P_1^{**}=P_1^e$ 且 $P_2^{**}=P_2^e$。

商擁有較雄厚的資金，可以忍受更長時間的虧損，其所採取的掠奪式定價，為將價格 P 定為 $P=C-\varepsilon, \varepsilon>0$。此時，第二廠商的產量 Y_2 為零，其虧損等於固定成本；而第一廠商的產量 $Y_1=D(P-\varepsilon)$，其中，D(P) 為市場的需求曲線。第一廠商的虧損除了其固定成本以外，尚多出來 $\varepsilon \cdot Y_1$ 那麼多。

如上所述，等待第二廠商退出市場之後，第一廠商將成為真正的獨占廠商，並勢必會調升其價格與調降其產量水準，以改善其獲利情況。在考量新廠商進入的可能性問題下，第一廠商或許不會單純地按獨占廠商的作法，來決定其價格與產量。

本章摘要

1. 獨占性競爭，是指一種兼具獨占與完全競爭性質的市場型態。在獨占性方面，表現為每一廠商均面對一條具負斜率性質的需求曲線；在完全競爭性方面，表現為每一廠商的長期利潤均為零。
2. 寡占是指一種廠商家數不多的市場型態，以致於廠商彼此之間具有極高的相互依存性。
3. 獨占性競爭廠商在長期均衡下，尚有多餘的產能未使用。
4. 寡占廠商之間的競爭互動架構，在價格與數量方面，可以分為不競爭、不合作及掠奪等三種方式。不競爭的方式，可分為價格或數量合作、價格領導及數量領導等運作模式；不合作的方式，亦可以分為價格或數量的同時各自決定模式，即柯諾模式或柏爾淳模式；至於掠奪方式，是指惡意訂定偏低的價格或生產超多的產量，以達到排除其他競爭廠商，強佔市場的目的。
5. 卡特爾模型是指，全部的寡占廠商結合成為一家卡特爾，統一訂定市場的價格與總銷售量，以及安排每一成員廠商的產量配額。
6. 價格領導模型是指，寡占市場的價格是由其中的一家廠商決定的，而其他廠商則是價格的跟隨者。
7. 數量領導模型（亦稱為史達克柏格模型）是指，寡占市場的總銷售量是由其中的一家廠商主導決定的。
8. 柯諾模型是指，每一個寡占廠商均同時來決定其最適的產量水準；同時，此一最適產量決定，是在預期其他廠商不會改變其產量的設想下所進行的。
9. 柏爾淳模型是指，每一個寡占廠商均同時來決定其最適的價格水準；同時，此一最適價格的決定，是在預期其他廠商價格維持不變的設想下所進行的。
10. 掠奪式定價模型是指，一具有競爭優勢的寡占廠商，在短期下，將其產品價格設定在比對手廠商的平均變動成本還要低的水準上，以達到排擠對手廠商，並追求其長期利潤的目的。

習　題

1. 試說明獨占性競爭廠商是如何決定其短期的最適價格與數量水準的。
2. 獨占性競爭廠商的長期均衡是如何決定的？請配合圖形說明之。
3. 何謂卡特爾模型？何以卡特爾的成員廠商均有增產的動機？請配合圖形說明之。
4. 當市場的逆需求函數為 $P = 8 - Y$ 時，且知兩廠商的邊際成本分別為 $MC_1 = 1$ 及 $MC_2 = 3$；請在柯諾模型架構下，分別求出兩廠商的反應函數，並據以得出其均衡解。
5. 當市場的逆需求函數為 $P = 11 - Y$ 時，且知兩廠商的邊際成本分別為 $MC_1 = 1$ 及 $MC_2 = 3$；請在數量領導模型架構下，且知第一廠商為領導廠商，分別求出兩廠商的最適產量與市場價格水準。
6. 設兩個廠商共同面對的市場逆需求函數為 $P = a - Y$，且知其邊際成本分別為 $MC_1 = \frac{1}{2}Y_1$ 及 $MC_2 = \frac{1}{3}Y_1$；其中，Y_1 及 Y_2 為兩廠商的產量，而 $Y = Y_1 + Y_2$。請問兩廠商在結合成卡特爾的情況下，其最適的 Y_1、Y_2 及 Y 分別是多少？
7. 設市場中有一家價格領導廠商以及 10 家跟隨廠商，每一家的邊際成本分別為 $\frac{1}{5}Y_0$ 以及 $5Y_i$；其中，Y_0 為領導廠商的產量，Y_i 為第 i 家跟隨廠商的產量。在市場逆需求曲線為 $P = 50 - \frac{1}{3}Y$，Y 為市場需求量；請問在此一情況下的市場價格及每一家廠商的產量各為多少？
8. 設兩個生產異質產品的廠商，其邊際成本均為零，而兩者所面對的市場需求曲線分別為 $Y_1 = 30 - 2P_1 + P_2$ 及 $Y_2 = 30 - 2P_2 + P_1$；其中，P_i 及 Y_i 分別表示價格及需求量。請求出兩廠商的價格反應函數及其均衡價格。

第十一章　賽局理論與競爭策略

在寡占市場中，誠如第十章所述，廠商之間的相互依存關係極為密切；同時，在該章中，也分別在不競爭、不合作及掠奪等三種互動架構方式之下，介紹了廠商在產量或價格決定上的六個模型。接下來，更令我們感興趣的問題是，這些寡占廠商最終會採取何種互動架構呢？或者說，這六個價量決定的模型中，哪一個模型最具有說服力，或獲得廠商的信賴，作為他們互動行為決定的思考依據呢？當然，除了上述問題以外，寡占廠商之間的競爭方向或項目，除了產量與價格以外，還有諸如廣告行銷、技術研發、新產品或新口味的開發、市場開拓、料源掌握、品質提升、規模擴充、市場進入障礙設置等方面。

對於上述互動模型或架構問題，以及競爭方向或項目的選定問題，均可以視為一個**競爭策略 (Competitive Strategies)** 的選擇問題。如何在每一個競爭者都必須預估對手行為的環境條件下，選定對自己最有利的競爭策略，是**賽局理論 (Game Theory)** 所探討的核心課題之一；因此，本章將應用賽局理論，來架構寡占廠商之間的互動模式，並利用其均衡策略的概念，來探討廠商最適策略選定的問題。

本章將分為四節。第一節介紹賽局的意義、架構與種類，第二節是同步賽局理論與應用，第三節是逐步賽局理論與應用，第四節是重複賽局理論與應用。

第一節　賽局的意義、架構與種類

所謂**賽局 (Game)** 或**策略性賽局 (Strategic Game)**，是指**參賽者 (Players**，個人或團體）之間，在一定的比賽規則規範下，從事競爭策略的選擇，以最大化個別或整體**報酬 (Payoffs)** 的一項活動。國家之間在軍事、經濟、外交、體育等方面的競爭，政黨之間在選舉或公共政策議題上的競爭，縣市政府之間在預算、公共工程項目或招商上的競爭，廠商之間在市場占有率、研究開發、訂單爭取、投標議價等方面的競爭，乃至一般常見的各類運動項目、歌唱、棋藝、武術、猜拳等方面的比賽，都是賽局的例子之一。

以寡占廠商之間的賽局而言，參賽者除了包括既有或現存廠商與潛在或可能進入市場的廠商以外，在某些課題上，甚至也包括政府官員與消費者在內。至於比賽規則，基本上是泛指規範商業行為的有關法規；因此，在不違法的前提下，廠商將就其可供選擇的**舉動或動作 (Actions)**，組合成各種**策略 (Strategies)**。例如，A 及 B 兩個寡占廠商正在思考是否進行廣告促銷的問題；此時，兩廠商所可能採取的舉動或動作有兩種，即廣告與不廣告。當兩廠商必須在同一時間來決定是否廣告的問題時，則此時兩廠商所可能採取的策略亦有兩種，即廣告與不廣告；但當 A 廠商決定在先，而 B 廠商決定在後時，則此時兩廠商所可能採取的策略就會不一樣，其中 A 廠商仍維持有廣告與不廣告等兩種策略，而 B 廠商將變成有四種策略，分別為 (不廣告，不廣告)、(不廣告，廣告)、(廣告，不廣告) 及 (廣告，廣告)。在此，(不廣告，廣告) 的策略，是指「當 A 廠商不廣告時，B 廠商也不廣告；當 A 廠商廣告時，B 廠商也廣告」的策略；而 (廣告，不廣告) 的策略，是指「當 A 廠商不廣告時，B 廠商會廣告；當 A 廠商廣告時，B 廠商不廣告」的策略；另兩個策略的意義，依此類推。簡單地說，策略是指舉動的規劃或出招的安排，而舉動是指一個動作或招式而已。

所謂報酬，是指在每一策略組合之下，所呈現出來對於參賽者的獎懲額度。以上述 A 及 B 兩個寡占廠商為例，其對應在每一策略組合之下的報酬，可以利用表 11–1 的**報酬矩陣** (Payoff Matrix) 來呈現；如表所示，在對應不同策略組合之下，左邊代號 a、b、c、d，表示 A 廠商的報酬，右邊代號表示 B 廠商的報酬，

表 11–1

【A 及 B 兩廠商的策略與報酬矩陣（或以標準形式所表現的廣告賽局）】

		B 廠商	
		不廣告	廣　告
A 廠商	不廣告	a, e	c, f
	廣　告	b, g	d, h

如 e～h。通常，對於廠商而言，最有意義的報酬指標，可以說就是利潤或利潤的變動量了。

如上所述，當兩廠商必須同時決定其策略時，則兩廠商也剛好都有廣告與不廣告等兩種策略，故亦可以將此兩廠商所進行的廣告賽局，以表 11–1 的形式來表示；此一形式，一般稱為標準形式 **(Normal Form)** 或表列、矩陣形式。另一種表現賽局的形式，是如圖 11–1 所示的樹枝狀圖或**賽局樹 (Game Tree)**，一般稱為展開形式 **(Extensive Form)**。在圖中，表示 A 及 B 廠商均分別有兩個策略，且 A 及 B 廠商在選擇其策略時，均未能事先確知對方的策略，此一狀況是利用在圖中的橢圓形虛線，把 B 廠商的決策點圈起來，來加以呈現；至於在圖中最右邊的代號，則是表示在對應的策略組合下，A 及 B 廠商所分別得到的報酬。例如 (a, e) 是指在對應 A 廠商不廣告及 B 廠商也不廣告的策略組合下，A 廠商的報酬是 a，而 B 廠商的報酬是 e。

圖 11–1

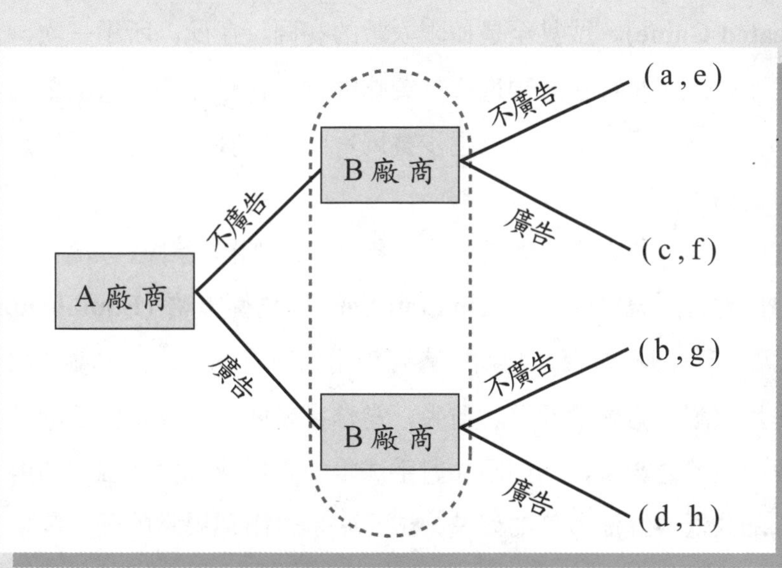

【以展開形式所表現的廣告賽局】

1.(a, e) 分別表示對應在 A 廠商不廣告及 B 廠商也不廣告的策略組合下，A 廠商及 B 廠商的報酬分別為 a 及 e；其餘類推。

2.橢圓形虛線將 B 廠商的決策點包圍起來，是表示 B 廠商在進行其策略選擇時，並未確知 A 廠商是採何種策略的意思。

就賽局的這二種表現形式而言，若是**同步賽局 (Simultaneous Game)** 的話，比較適合利用如表 11–1 的標準形式來呈現；若是**逐步賽局 (Sequential Game)** 的話，比較適合利用如圖 11–1 的展開形式來呈現。首先，所謂同步賽局，是指參賽者在同一時點上，同步地進行各自策略選擇的一種賽局；例如，上述的 A 及 B 兩廠商，有可能同時決定其廣告或不廣告的策略；或一般常見的兩人玩猜拳的遊戲，也是一種同步賽局。其次，所謂逐步賽局，是指參賽者在選定其策略的時點上，有先後分別的一種賽局，而通常後者在輪到其作決策時，是可以觀察得到前者在上一時點所選定的策略。例如，在上述的 A 及 B 兩廠商的廣告賽局，有可能 A 廠商決定在前，而 B 廠商決定在後，如圖 11–1 所示；不過，此時在圖中就不必畫上橢圓形虛線，以明白表示在 B 廠商的決策時點上，B 廠商是清楚知道在上一時點 A 廠商所選定的廣告策略為何。

賽局除了按參賽者決策時點或出賽**順序 (Order)** 分為同步賽局與逐步（或序列）賽局以外，也可以按其賽局進行的次數，分為單次賽局與**多次或重複賽局 (Repeated Game)**，或甚至是無限次數的賽局。在此，所謂一次，也就是進行一輪的比賽，即參賽者分別進行其策略的選定，且獲得一次結果的意思。單次賽局，有可能是單次的同步或逐步賽局；而重複賽局，也有可能是重複的同步或逐步賽局。

在賽局的構成要素中，除了上述的參賽者、動作、策略、報酬、出賽順序、次數以外，還有**訊息集合 (Information Set)** 與**均衡策略 (Equilibrium Strategies)** 等項。所謂訊息集合，是指與賽局相關的所有訊息，如參賽者的特性、策略、動作及報酬等方面的訊息。首先，當參賽者並無法確定對手的某些特性或其他重要的環境變數時，例如不知對手成本的高低或其面對風險的態度，不知市場需求的高低或經濟景氣的好壞，或不知是否出現異常的天候等；此時的賽局，是為一具不完整訊息 **(Incomplete Information)** 的一種賽局。其次，當參賽者在其時點上進行策略的選定時，若尚未能觀察到對手在以前時點或同一時點上的動作或策略的話，此種賽局是屬於一種具不完全訊息 **(Inperfect Information)** 的賽局；例如，同步賽局是一種不完全訊息的賽局。

均衡策略是指在一定的均衡概念下，參賽者雙方所共同決定的策略組合；

且在該組合下，能夠令參賽者雙方均處於不會再調整或改變其策略的均衡狀態。換言之，均衡策略正是賽局所要求得的解；而由該解，可以進一步來了解此一賽局的可能**結果 (Outcomes)**。

至於賽局的種類，除了上述的同步與逐步賽局、單次與重複賽局、不完整訊息與不完全訊息賽局以外，也有根據報酬或均衡策略的特性，來加以命名者。例如**零和賽局 (Zero-sum Game)**，是指每一策略組合下的雙方報酬，其加總均等於零（或均為同一常數）的賽局；又如，**囚犯兩難 (Prisoner's Dilemma)** 的賽局，是指在均衡策略下的雙方報酬，均比另一非均衡策略組合下的報酬來得差的一種賽局。顯然，囚犯兩難的賽局並不是一個零和賽局。

雖然賽局理論的發展，是從**合作賽局 (Cooperative Game)** 理論開始的，但由於其在廠商競爭策略選擇的應用上有其侷限性，故本章將主要說明及應用**非合作賽局 (Noncooperative Game)** 的理論。合作賽局理論主要是分析參賽者之間，可以利用勾結、額外補償、達成協議及互通價格、利潤或成本等訊息的方式，促進整體及個別利益提升的問題，但由於這些方式可能違反法律（反托拉斯法或公平交易法），故合作賽局理論的概念，較少應用於分析廠商之間的策略競爭問題。前一章所討論的卡特爾模型，是合作賽局的一個例子。

相反地，非合作賽局是指具有下述特性的一種賽局：參賽者彼此之間無法事先達成勾結、額外補償等合作約定，或經由第三者的監督來達成具有約束力的協議；因此，非合作賽局將祇能依靠參賽者的自行約束及其對於對方行為的預測，來獲致賽局的均衡。故非合作賽局理論的概念，更適合用於分析廠商在商場上競爭策略選擇的問題。前一章所介紹的柯諾模型、柏爾淳模型等，都是非合作賽局的例子。

第二節　同步賽局理論與應用

本節將以單次的同步賽局為對象，來說明求其均衡解的方法；其次，討論同步賽局的困境及其破解方法。至於重複的同步賽局，其求解方法，則留在第四節說明。

一、優勢策略均衡

以表 11–1 所呈現的 A 及 B 兩廠商的廣告賽局為例，來說明**優勢策略均衡 (Dominant Strategy Equilibrium)** 的意義。首先，就 A 廠商來看，若 $a \geq b$，且 $c \geq d$，則表示「不廣告」是 A 廠商的**優勢策略 (Dominant Strategy)**；也就是說，不管 B 廠商採取何種策略，A 廠商採取「不廣告」策略時，其報酬均不會少於採取「廣告」策略的報酬。反之，若 $b \geq a$，且 $d \geq c$，則表示「廣告」是 A 廠商的優勢策略。同理，亦可以定義**劣勢策略 (Dominated Strategy)**。若 $b < a$，且 $d < c$，則表示「廣告」是 A 廠商的劣勢策略；反之，若 $a < b$，且 $c < d$，則表示「不廣告」是 A 廠商的劣勢策略。根據上述定義，若 $a = b$，且 $c = d$，則「不廣告」及「廣告」均同為 A 廠商的優勢策略。

其次，就 B 廠商而言，亦可以比較 e 與 f，及 g 與 h 的大小，來了解「不廣告」或「廣告」中，何者是 B 廠商的優勢策略或劣勢策略。

基於每一參賽者均以追求最大報酬為目標的考量，得知若存在優勢策略時，則此一優勢策略將是參賽者會採行的最適策略；同時，亦知若存在劣勢策略時，則此一劣勢策略必將是參賽者不會採行的策略。

進而言之，當兩廠商都有優勢策略時，則兩廠商都會採行其各自的優勢策略，而使賽局達到均衡，此一均衡就稱為優勢策略均衡。當祇有一廠商有優勢策略時，以 A 廠商具有「不廣告」的優勢策略為例，則 B 廠商將在 A 廠商必會採行「不廣告」策略的情況下，比較 e 及 f 的大小，以作為其選定最適策略的依據。如此，也可以容易得到賽局的均衡策略解。

另外，若參賽者中，存在劣勢策略時，則可以將此一策略去掉，以簡化賽局，便於下一步的求解工作。以表 11–2 的廣告賽局為例，說明如下。兩廠商均分別有三個策略，且均無優勢策略，但均有一劣勢策略，即「不廣告」。在此，可以將此一「不廣告」的劣勢策略先行去掉，而使得賽局變成為祇有兩個策略，分別為「少量廣告」與「大量廣告」的賽局；接著，就可以根據此一縮減後的賽局，來繼續進行求解的工作，並得到「少量廣告」均為兩廠商之優勢策略。表 11–2 的求解方式，與上述祇有一廠商有優勢策略的情形一樣，均可以得到反覆求取的優勢策略 (**Iterated Dominant Strategy**) 均衡。

表 11-2

〖A 及 B 廠商的廣告賽局〗

		B 廠商		
		不廣告	少量廣告	大量廣告
A 廠商	不廣告	20, 20	15, 30	10, 40
	少量廣告	30, 15	50, 50	40, 25
	大量廣告	40, 10	25, 40	30, 30

二、耐許均衡

接著，同樣以表 11–1 所呈現的 A 及 B 兩廠商的廣告賽局為例，來說明**耐許均衡 (Nash Equilibrium)** 的意義。當兩廠商均不具有優勢策略或劣勢策略時，就無法得到優勢策略均衡。此時，就 A 廠商而言，其報酬的比較，將可能出現二種情況，即(1) $a>b$，但 $c<d$；(2) $a<b$，但 $c>d$。就 $a>b$ 及 $c<d$ 的情況來看，表示當 B 廠商採行「不廣告」策略時，A 廠商的最適策略也是「不廣告」；但當 B 廠商採行「廣告」策略時，A 廠商的最適策略也是「廣告」。同理，就 $a<b$ 及 $c>d$ 的情況來看，表示 A 廠商的最適策略，剛好與 B 廠商所採行的策略相反。

就 B 廠商而言，其報酬的比較，也可能出現二種情形，即(1) $e>f$，但 $g<h$；(2) $e<f$，但 $g>h$。就 $e>f$ 及 $g<h$ 的情況來看，表示當 A 廠商採行「不廣告」策略時，B 廠商的最適策略也是「不廣告」；但當 A 廠商採行「廣告」策略時，B 廠商的最適策略也是「廣告」。同理，就 $e<f$ 及 $g>h$ 的情況來看，表示 B 廠商的最適策略，剛好與 A 廠商所採行的策略相反。

進而言之，兩廠商報酬的比較，有可能出現如下四種情形：(1) $a>b$、$c<d$ 及 $e>f$、$g<h$，(2) $a<b$、$c>d$ 及 $e<f$、$g>h$，(3) $a>b$、$c<d$ 及 $e<f$、$g>h$，(4) $a<b$、$c>d$ 及 $e>f$、$g<h$。如上所述，就第(1)種情形來看，可以得出兩個相互呼應的最適策略組合，其中一個是兩廠商同時採行「廣告」的最適策略，另一

個是兩廠商同時採行「不廣告」的最適策略；至於就第(2)種情形來看，亦可以得出兩個相互呼應的最適策略組合，其中一個是（廣告，不廣告）（前者表示 A 廠商的最適策略，後者表示 B 廠商的最適策略），另一個是（不廣告，廣告）。第(3)種及第(4)種情形，就無法得到相互呼應的最適組合，下文將會進一步討論。

上述在第(1)或第(2)種情形下，所得出相互呼應的最適策略組合，就稱為**耐許均衡策略 (Nash Equilibrium Strategy)**；而當兩廠商採行此一策略時，賽局將達到耐許均衡狀態。詳言之，可以將耐許均衡策略定義為：當在給定對方的策略下，每一參賽者均採行其最適策略，且這些最適策略亦能相互呼應，以得到一個策略組合，則此一組合就稱為耐許均衡策略。

從上述討論得知，優勢策略均衡也是一種耐許均衡；同時，亦知賽局有可能有一個或一個以上的耐許均衡，也可能沒有耐許均衡，如上述第(3)及第(4)種情形下的賽局。

接下來，以表 11–3 的例子，來說明第(3)種情形下的賽局（至於第(4)種情形下的賽局，極為相似，請讀者自行比照下文的討論方式去了解），以了解此一賽局不存在上述的**單純策略 (Pure Strategy)** 均衡，但卻存在**混合策略 (Mixed Strategy)** 均衡。單純策略是指參賽者的最適策略均為單一的策略，而不是兩個或兩個以上策略的混合，後者稱為混合策略。如表 11–3 所示，當 A 廠商採行「不廣告」策略時，B 廠商的最適策略是「廣告」；當 B 廠商採行「廣告」策略時，A 廠商的最適策略是「廣告」；當 A 廠商採行「廣告」策略時，B 廠商的最適策略是「不廣告」；當 B 廠商採行「不廣告」策略時，A 廠商的最適策略是「不廣告」；如此好像繞圈子一樣，找不到一個相互呼應的單純策略耐許均衡。

表 11–3

【A 及 B 廠商的廣告賽局】

		B 廠商	
		不廣告	廣　告
A 廠商	不廣告	30, 20	15, 30
	廣　告	20, 15	25, 10

為了避免出現上述繞圈子的問題，則每一廠商均將可以嘗試找出一個隨機的混合策略，例如 A 廠商以 p 的機率採行「不廣告」策略，並搭配以 (1–p) 的機率採行「廣告」的策略；那麼，此一機率 p 的大小，要如何來決定呢？答案在於此一 p 的大小，必須使得 B 廠商覺得其不管採行「不廣告」、「廣告」的單一策略或兩者混合的策略，都是一樣的，即均能得到相同的**預期報酬 (Expected Payoff)**。換言之，p 必須滿足下述關係：

$$p \times 20 + (1 - p) \times 15 = p \times 30 + (1 - p) \times 10$$

上式等號左邊及右邊，分別表示 B 廠商採行「不廣告」及「廣告」策略下的預期報酬。根據上式，可求得 $p = \frac{1}{3}$，而 B 的預期報酬為 $\frac{50}{3}$。

同理，B 廠商以 q 的機率採行「不廣告」策略，並搭配以 (1 – q) 的機率採行「廣告」的策略；此一 q 的大小，必須滿足如下條件，即 A 廠商採行「不廣告」或「廣告」策略的預期報酬為等值：

$$q \times 30 + (1 - q) \times 15 = q \times 20 + (1 - q) \times 25$$

根據上式，可以得出 $q = \frac{1}{2}$，而 A 廠商的預期報酬為 $\frac{45}{2}$。

經由上述說明，得知表 11–3 的廣告賽局，雖然不存在單純的耐許均衡策略，但卻存在 A 廠商以 $\frac{1}{3}$ 的機率採行「不廣告」，B 廠商以 $\frac{1}{2}$ 的機率採行「不廣告」的策略組合，亦即為一個**混合的耐許均衡策略 (Mixed Nash Equilibrium Strategy)**。同時，從上述求算 p 及 q 的預期報酬相等式子，由於均為 p 或 q 的一次式，且為單變數，故必均能得出 p 及 q 的大小；因此，可以推知每一個賽局均存在混合的耐許均衡策略。

關於上述的單純及混合耐許均衡，其求解過程，亦可以利用下述的預期報酬及**最佳因應曲線 (Best Response Curve)** 的概念來進行。首先，如同上述，令 p 及 q 分別是 A 廠商及 B 廠商採取「不廣告」策略的機率；因此，在預知 B 廠商採取上述混合策略的情形下，A 廠商「不廣告」、「廣告」及兩者的混合等三策略，所得到的預期報酬，分別如下三式所示的 E_{A1}、E_{A2} 及 E_{A3}：

$$E_{A1} = q \times 30 + (1 - q) \times 15$$

$$E_{A2} = q \times 20 + (1 - q) \times 25$$

$$E_{A3} = p \times E_{A1} + (1 - p) \times E_{A2}$$

因此，可以在預知 B 廠商採行「不廣告」策略的機率為 q 的情形下，得到 A 廠商將具有下述的最佳因應策略：(1)當 $E_{A1} > E_{A2}$ 或 $q > \frac{1}{2}$ 時，則 A 廠商將採行「不廣告」策略，即 $p^* = 1$；(2)當 $E_{A1} < E_{A2}$ 或 $q < \frac{1}{2}$ 時，則 A 廠商將採行「廣告」策略，即 $p^* = 0$；(3)當 $E_{A1} = E_{A2} = E_{A3}$ 或 $q = \frac{1}{2}$ 時，則 A 廠商可以採行任何單純或混合策略，即 $0 \leq p^* \leq 1$。

在此，可以將上述 A 廠商的最適因應策略或採行「不廣告」策略的最適機率 p^*，與 q 之間的對應關係 $p^*(q)$，表現如圖 11-2 中的最佳因應曲線 OABC。其中，在 $q < \frac{1}{2}$ 時，$p^* = 0$，表示 A 廠商將採行「廣告」策略，表現在 OA 線段上（不含 A 點）；在 $q > \frac{1}{2}$ 時，$p^* = 1$，表示 A 廠商將採行「不廣告」策略，表

圖 11-2

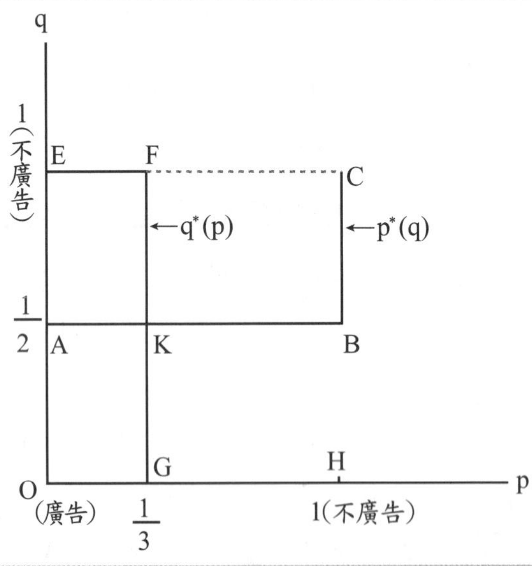

【最佳因應曲線與混合的耐許均衡策略】

1. A 及 B 廠商的最佳因應曲線，分別為 OABC 及 EFGH，均表示在預知對方的混合或單純策略下，其自己的最佳因應策略。
2. 兩條最佳因應曲線的交點 K，就是混合的耐許均衡策略。

現在 BC 線段上（不含 B 點）；在 $q=\frac{1}{2}$ 時，$0\leq p^{*}\leq 1$，表示 A 廠商可以採行任何的單純或混合策略，表現在 AB 水平線段上。

同理，在預知 A 廠商採取「不廣告」策略的機率為 p 的情形下，B 廠商「不廣告」、「廣告」及兩者的混合等三種情況，所得到的預期報酬，分別為如下三式所示的 E_{B1}、E_{B2} 及 E_{B3}：

$$E_{B1}=p\times 20+(1-p)\times 15$$
$$E_{B2}=p\times 30+(1-p)\times 10$$
$$E_{B3}=q\times E_{B1}+(1-q)E_{B2}$$

因此，亦可以比照得出 B 廠商具有下述的最佳因應策略：(1)當 $E_{B1}>E_{B2}$ 或 $p<\frac{1}{3}$ 時，則 B 廠商將採行「不廣告」策略，即 $q^{*}=1$；(2)當 $E_{B1}<E_{B2}$ 或 $p>\frac{1}{3}$ 時，則 B 廠商將採行「廣告」策略，即 $q^{*}=0$；(3)當 $E_{B1}=E_{B2}=E_{B3}$ 或 $p=\frac{1}{3}$ 時，則 B 廠商不論採行何種單純或混合策略均可，即 $0\leq q^{*}\leq 1$。

上述 B 廠商的最佳因應策略或 q^{*}，與 p 之間的對應關係 $q^{*}(p)$，亦可以表現為在圖 11–2 中的最佳因應曲線 EFGH；其中，在 $p<\frac{1}{3}$ 時，$q^{*}=1$，表示 B 廠商將採行「不廣告」策略，表現在 EF 線段上（不含 F 點）；在 $p>\frac{1}{3}$ 時，$q^{*}=0$，表示 B 廠商將採行「廣告」策略，表現在 GH 線段上（不含 G 點）；在 $p=\frac{1}{3}$ 時，$0\leq q^{*}\leq 1$，表示 B 廠商可以採行任何的單純或混合策略，表現在 FG 垂直線段上。

最後，則可以由兩條最佳因應曲線的交點 K，得到混合的耐許均衡策略，如前文所述，其均衡的 $p^{*}=\frac{1}{3}, q^{*}=\frac{1}{2}$。

三、同步賽局的困境及其破解的方法

在同步賽局下，由於參賽者在選定其最適策略時，均無法獲知對方在同一時點上所將採行的策略為何，故為一具不完全訊息的賽局；因此，雖然可以利用上述優勢策略均衡或耐許均衡的概念，來求得同步賽局的均衡策略，但是此一均衡策略卻可能出現如下的兩種困境：(1)在存在優勢策略均衡的情況下，此一均衡的報酬，對雙方而言，有可能均比非均衡下的一個策略組合來得低。(2)在存在兩個單純耐許均衡的情況下，其中一個均衡的報酬，對雙方而言，有可能均比另一個均衡的報酬來得高。

首先，說明第(1)種困境，此一困境一般稱為囚犯兩難的困境。其名稱的由來，是因兩名嫌疑罪犯，在隔離偵訊下，其「承認」犯罪的策略，如表 11–4 所示，均為雙方之優勢策略（因為其處罰較輕），故此一賽局的均衡策略為（承認，承認），而雙方均得到 −3 的報酬；不過，對兩者更為有利的策略組合應為（否認，否認），如此的報酬均為 −1，高於 −3。當兩廠商採取低價競爭策略時，就可能雙方均比在高價策略下所得到的報酬低，而出現類似囚犯兩難的困境。

表 11–4

【囚犯兩難的賽局】

		B 囚犯	
		承　認	否　認
A 囚犯	承　認	−3, −3	−0.5, −9
	否　認	−9, −0.5	−1, −1

其次，說明第(2)種困境，此一困境是來自於雙方無法確保達到一個對於兩者均更為有利的耐許均衡。以表 11–5 中 A 及 B 廠商的廣告賽局為例，該賽局有兩個單純的耐許均衡策略，分別為（少量廣告，少量廣告）及（大量廣告，大量廣告）；其中，以（少量廣告，少量廣告）所得到的報酬較高。如上所述，在同步賽局下，無法確保一定會達到此一對兩者均較為有利的耐許均衡。

關於同步賽局所遭遇到的上述兩種困境，其破解的方法，大致可以朝下述方向來進行：(1)改變參賽者的競爭策略方式，(2)改變參賽者的人數，(3)改變參賽者的報酬，(4)改為重複的同步賽局，(5)放棄同步賽局，例如變成為逐步賽局。首先，就改變廠商之間的競爭策略方式而言，除了廣告以外，尚有許許多多方式可供採行，例如價格、技術研發、投資規模、廠址、新產品、新口味、品質、

表 11-5

〖A 及 B 廠商的廣告賽局〗

		B 廠商	
		少量廣告	大量廣告
A 廠商	少量廣告	50, 50	30, 40
	大量廣告	40, 30	45, 45

售後服務等方式。其次，就改變參賽者的人數而言，可以利用併購、聯盟等方式，以減少參賽者的人數，或設立新企業、引進外商、開放進口等方式，以增加參賽者的人數。第三，就改變參賽者的報酬來看，政府或同業可以從增減廠商的成本或收益的方向，來影響參賽者的報酬，例如政府的增訂勞工安全規定、調整環保標準、改變外勞的僱用方式、限制進口，以及同業共同訂定產品規格、設備標準等方面；參賽者本身也可以自行改變報酬，例如提高生產效率、組織重整、改變獎懲制度等方面。至於改為重複賽局或逐步賽局，無非是給予參賽者有更多的時間或更寬廣的策略空間，以利於解決上述的困境問題；至於如何利用逐步賽局與重複賽局，來克服這個困境問題，請參閱第三及第四節的討論。

第三節　逐步賽局理論與應用

如同前述，逐步賽局是指參賽者的策略選定，在時點上有先後之分，即有一個為先行者 **(First Mover)**，另一個為後動者 **(Second Mover)**。逐步賽局可以應用在許多實際的商業環境中，例如上下游廠商之間、製造與零售廠商之間、新進（或潛在進入）與舊有（或既存）廠商之間、大小廠商之間、跟隨與領導廠商之間等方面，彼此先後選定競爭策略的問題。本節將以單次的逐步賽局為對象，首先說明逐步賽局的求解方法，其次討論逐步賽局的困境及其破解方法；至於重複的逐步賽局，其求解方法，亦留在第四節說明。

一、優勢策略均衡、耐許均衡與子賽局完美均衡

本節將主要以製造商 M 及零售商 R 的逐步賽局為例，來說明逐步賽局的求解方法。現在，將此一賽局以標準形式加以呈現，如表 11–6 所示；其中，M 廠商有「廣告」及「不廣告」二種策略，並假設其是先行者。另一方面，R 廠商為後動者，有 (N, N)、(N, S)、(S, N) 及 (S, S) 四個策略，N 表示「不提供售後服務」的動作，S 表示「提供售後服務」的動作；在此四個策略中，(N, S) 是表示「若 M 廠商採取第一個策略（不廣告）時，R 廠商會採取 N 的動作；若 M 採取第二個策略（廣告）時，R 會採取 S 的動作」的策略，至於另三個策略的意義，則可以比照來了解。讀者亦可以了解到表 11–6 的例子，實際上是將表 11–1 的同步賽局改變成逐步賽局而得到的；其中，將 A 廠商變成 M 廠商，B 廠商變成 R 廠商，且在逐步賽局架構下，將 B 廠商的策略改變成上述四種策略。

表 11–6

【M 及 R 廠商的逐步賽局】

		R 廠商			
		(N, N)	(N, S)	(S, N)	(S, S)
M 廠商	不廣告	a, e	a, e	c, f	c, f
	廣　告	b, g	d, h	b, g	d, h

首先，就 R 廠商來看，有可能出現如下兩種存在優勢策略的情形：⑴若 $e \geq f$，且 $g \geq h$，則表示 (N, N) 是 R 廠商的優勢策略；同理，⑵若 $e \leq f$，且 $g \leq h$，則表示 (S, S) 是 R 廠商的優勢策略。換言之，就第⑴種情形而言，若 $e > f$ 且 $g > h$ 的話，則表示 (N, S)、(S, N) 及 (S, S) 這三種策略，均為劣勢策略或為一不具**可信性 (Credibility)** 的策略。所謂可信性的策略，是表示當事人基於自利的考量，會自願去執行的一種策略。因此，在第⑴種情形下，(N, S)、(S, N) 及 (S, S) 這三種策略，在實際上就會被 R 廠商排除在外，而不能算是 R 廠商的策略，也就是 R 廠商將祇剩下 (N, N) 這一種策略而已。同理，亦可以比照了解在

第(2)種情形下，若 e<f 且 g<h 的話，則 R 廠商將祇剩下 (S, S) 這一種策略。綜合言之，不管在哪一種優勢策略的情形下，(N, S) 及 (S, N) 這二種策略都會被排除在外，而報酬矩陣將回復如表 11–1 所示的情況。如此，將可以仿照在同步賽局下，求得優勢策略均衡或耐許均衡。

如表 11–6 所示，在 R 廠商不存在優勢策略的情形下，以 e≥f，但 g<h 為例，來說明求解方法。首先，由於 g<h，故可以推知 (N, N) 相對於 (N, S)，(S, N) 相對於 (S, S) 而言，均是一個不具可信性的策略；然後，由於 e≥f，故知 (N, S) 相對於 (S, S)，為一優勢策略。也就是說，在此一例子中，R 廠商將祇剩下一個相對的優勢策略 (N, S)。同理，若 e≤f，但 g>h 時，則可以推知 R 廠商將祇剩下一個相對的優勢策略 (S, N)。綜合言之，在 R 廠商不存在優勢策略的情形下，(N, N) 及 (S, S) 這二種策略都會被排除掉，而報酬矩陣亦將變成兩策略對兩策略的情況。如此，將可以仿照同步賽局的求解方式，來求得相對的優勢策略均衡或耐許均衡。

由上述說明，得知 R 廠商為一後動者，總是存在（絕對的或相對的）優勢策略，而使得逐步賽局都可以找到一單純的耐許均衡策略，且此一策略亦具有可信性；此種具有可信性策略的耐許均衡，又稱為完美均衡 **(Perfect Equilibrium)** 或子賽局完美均衡 **(Subgame Perfect Equilibrium)**。

二、倒解法

對於逐步賽局的完美均衡策略的求解，除了如上述利用標準形式表現賽局的方式以外，亦可以利用以展開形式表現賽局的方式來求。如圖 11–3 所示，是將 M 及 R 廠商的逐步賽局表現成展開形式。在圖中，M 廠商是先行者，即先選定其策略；而 R 廠商為後動者，即後選定其策略。同時，由於 R 廠商將處於兩個決策點上的其中一個，要看 M 廠商如何選定其策略而定。在逐步賽局下，每一參賽者在進行其策略的選定時，均具有完全的訊息，即清楚對手在該決策點及其以前所採行的策略或動作；因此，每一參賽者將會在充分使用其所掌握的訊息下，來進行其最適策略的選定。

如圖 11–3 所示，若 M 廠商具有優勢策略時，以 a≥b，且 c≥d 為例，表示

M 廠商有「不廣告」的優勢策略；同時，若 R 廠商亦具有優勢策略時，以 f≥e，且 h≥g 為例，表示 R 廠商具有 (S, S) 的優勢策略。那麼，此一逐步賽局將有一個優勢策略均衡，即 M 廠商採行「不廣告」的優勢策略，R 廠商採行 (S, S) 的優勢策略；而此一賽局的結果，是 M 及 R 廠商各得 c 及 f 的報酬。

其次，如果祇有 M 廠商具有優勢策略時，亦以「不廣告」為其優勢策略為例；在已知 M 廠商將採行「不廣告」的優勢策略下，R 廠商將會比較 e 與 f 及 g 與 h 的大小，以決定其最適策略。當 e≥f，且 g<h 時，R 廠商的相對優勢策略或最適策略為 (N, S)；當 e<f，且 g≥h 時，R 廠商的相對優勢策略或最適策略為 (S, N)。因此，在祇有 M 廠商具有優勢策略的情形下，也容易按上述方式，求得逐步賽局的耐許均衡策略，即 M 廠商採行「不廣告」的優勢策略，R 廠商採行其相對優勢策略 (N, S) 或 (S, N)，而得到 (a, e) 或 (c, f) 的結果。

第三，如果祇有 R 廠商具有優勢策略，在此亦以 f≥e 且 h≥g 為例，表示

圖 11-3

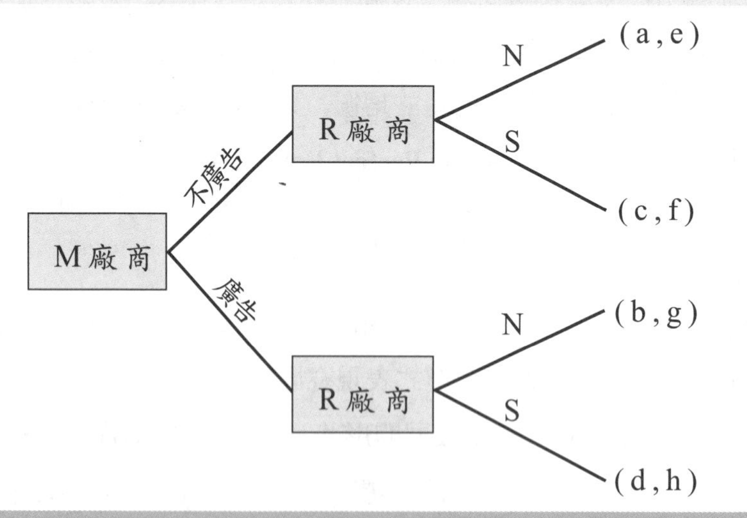

【M 及 R 廠商的逐步賽局】

1.M 及 R 廠商分別為先行者及後動者；其中，R 廠商有四個策略，分別為 (N, N)、(N, S)、(S, N) 與 (S, S)。N 表示「不提供售後服務」，S 表示「提供售後服務」的動作。

2.a、b、c、d 表示 M 廠商的報酬，e、f、g、h 表示 R 廠商的報酬。

R 廠商的優勢策略為 (S, S)；因此，在已知 R 廠商具有 (S, S) 優勢策略之下，M 廠商將祇能比較 c 與 d 的大小，來決定其最適策略為何？在此，當 c > d 時，「不廣告」是 M 廠商的最適策略；當 c < d 時，「廣告」是 M 廠商的最適策略。換言之，在祇有 R 廠商具有優勢策略的情形下，將可以按上述方式，求得賽局的耐許均衡策略，即 R 廠商採行 (S, S) 的優勢策略，M 廠商採其最適策略「廣告」或「不廣告」，而得到 (d, h) 或 (c, f) 的結果。

第四，當兩廠商均不存在優勢策略時，如同上一小節所述，可以先討論 R 廠商的最適策略，其次再討論 M 廠商的最適策略；此一作法，相當於 M 廠商是領導者，故其在進行決策時，會將跟隨著 R 廠商的最適反應方式一併納入考量，以求取其最適策略。同時，也由於 R 廠商是按其最適反應方式在選定策略，故必然會排除掉那一些不具可信性的策略。此種求解逐步賽局均衡策略的方法，稱為倒解法 **(Backward Induction)**；也就是說，採取一個從賽局的最後決策點或子賽局開始，往前一決策點或子賽局推進，一直到第一個決策點或整個賽局為止的一種倒過來的求解程序。

如圖 11–3 所示，首先就 R 廠商的最適策略來看。首先，當 M 廠商採取「不廣告」策略時，R 廠商的最適動作是 N 或 S，就看 e 與 f 的大小而定，以 e > f 為例，表示 R 廠商的最適動作為 N；其次，當 M 廠商採取「廣告」策略時，R 廠商的最適動作是 N 或 S，就要看 g 與 h 的大小而定，以 g < h 為例，表示 R 廠商的最適動作為 S。綜合而言，R 廠商的最適策略為 (N, S)。

其次，在預知 R 廠商的最適策略為 (N, S) 的前提下，M 廠商將比較 a 與 d 的大小，來決定其最適策略，以 a > d 為例，表示 M 廠商的最適策略為「不廣告」。那麼，到此為止，就可以得出此一逐步賽局的完美均衡策略為 M 廠商採行「不廣告」的最適策略，R 廠商採行 (N, S) 的最適策略，而得到兩者分別報酬 a 與 e 的結果。此一完美均衡概念，是逐次由子賽局或部分賽局的方式，所推導出來的，故亦稱為子賽局完美均衡；而「完美」的意思，一方面是強調係在完全訊息下所得到的均衡概念，另一方面是強調此一均衡策略，均具有可信性。

三、逐步賽局的困境及其破解方法

在上一節曾提及可以經由放棄同步賽局，並改為逐步賽局的方式，來解決同步賽局的困境。以表 11–5 所示的困境為例說明如下，現在若將此一賽局改為如圖 11–4 的逐步賽局，表示 A 廠商為先行者，而 B 廠商為後動者。首先，就 B 廠商的最適策略來看，此時變成為「當 A 廠商少量廣告時，我（即 B 廠商）也少量廣告；當 A 廠商大量廣告時，我也大量廣告」；其次，就 A 廠商的最適策略來看，在預知 B 廠商將採行上述策略的前提下，A 廠商的最適策略為採行「少量廣告」。換言之，圖 11–4 的逐步賽局，就可以確定得到一個對兩廠商而言，均為最有利的完美均衡策略，即 A 採取「少量廣告」的策略，而 B 亦跟著採取「少量廣告」的動作；如此，當可以化解原來在同步賽局下的困境，並使得兩廠商均獲得報酬為 50 的結果。

不過，利用逐步賽局，仍無法將同步賽局所出現的囚犯兩難困境加以破解。

圖 11–4

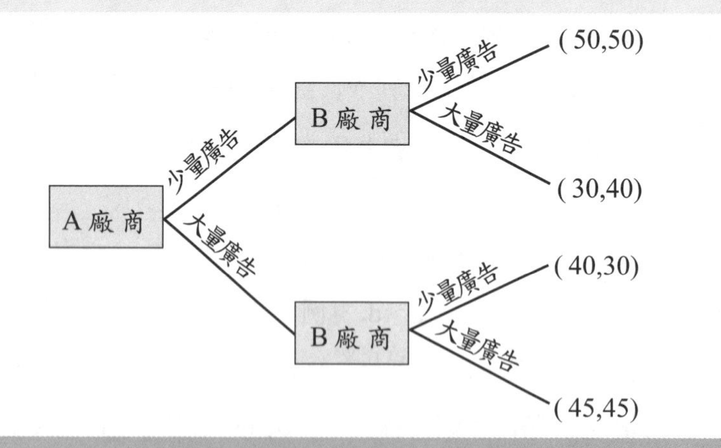

【A 及 B 廠商廣告的逐步賽局】

1. 就 B 廠商而言，其最適策略為「當 A 廠商少量廣告時，我也少量廣告；當 A 廠商大量廣告時，我也大量廣告」。
2. 就 A 廠商而言，其在預知 B 廠商將採行上述最適策略的前提下，其最適策略為採行「少量廣告」。

現將表 11–4 囚犯兩難的例子，轉換成圖 11–5 的逐步賽局。在圖 11–5 中，假設 A 囚犯為先行者，B 囚犯為後動者。首先，就 B 囚犯的最適策略來看，同樣存在如下之優勢策略，即不管 A 囚犯承認或否認罪行，B 囚犯的最適策略均為「承認」；其次，就 A 囚犯的最適策略來看，在預知 B 囚犯一定會採行「承認」罪行的策略之下，A 囚犯的最適策略亦為「承認」罪行。換言之，在逐步賽局下，亦將得到與同步賽局相一致的結果，即兩囚犯均會採行「承認」罪行的策略，故知在逐步賽局下，仍然無法破解該困境，以便得到一個令雙方均更為有利的結果 (–1, –1)。也就是說，在逐步賽局下，仍無法逃避囚犯兩難的困境。

如何破解逐步賽局下的囚犯兩難困境呢？基本上與在同步賽局下的辦法相同，即可以朝改變參賽者的競爭策略、參賽者的人數、參賽者的報酬及改為重複賽局等方向去設法。關於重複賽局破解此一困境的問題，留待下一節討論。在此，將說明單次的逐步賽局常遭遇到的兩個問題，一是先行者未必一定占有優勢，二是先行者如何建立可信性的策略。

圖 11–5

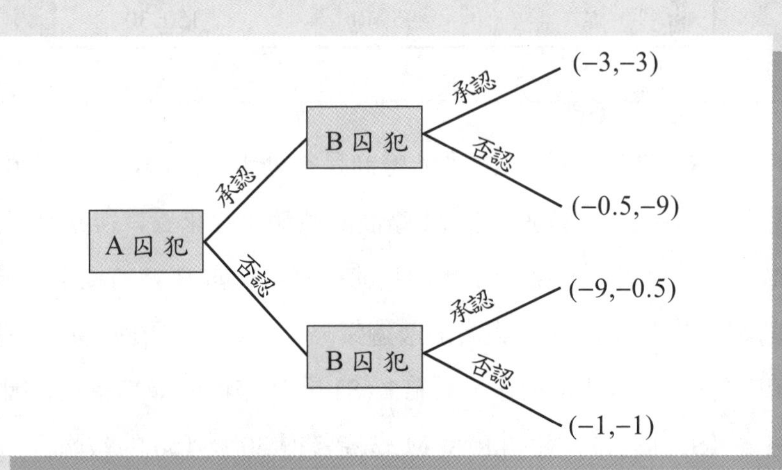

【囚犯兩難的逐步賽局】

1. 就 B 囚犯而言，其最適策略或優勢策略為「不管 A 囚犯承認或否認罪行，我都會承認罪行」。
2. 就 A 囚犯而言，在預知 B 囚犯將承認罪行的前提下，其最適策略也是「承認」罪行，故囚犯兩難的困境仍然存在。

在此，以表 11–7 所示的 M 及 R 廠商報酬矩陣為例，來說明上述兩個問題。現在，就 M 廠商是先行者，而 R 廠商是後動者的情形來討論，此時就可以將此一逐步賽局，以展開形式表現在圖 11–6 上。首先，就 R 廠商的最適策略來看，得知「不提供售後服務」(N) 是其優勢策略；其次，就 M 廠商的最適策略來看，其在預知 R 廠商會採行策略 N 的前提下，則「不廣告」將是 M 廠商的最適策略。因此，在本例中，將獲得 M 廠商採取「不廣告」，而 R 廠商採取「不提供售後服務」的均衡策略，並使得 M 及 R 廠商得到 100 及 20 的報酬。此一結果，兩廠商均比在（廣告，提供售後服務）的策略組合下所得到的報酬 (150, 30) 來得小，即出現囚犯兩難的困境。

表 11–7

【M 及 R 廠商的策略與報酬矩陣】

		R 廠商	
		不提供售後服務	提供售後服務
M 廠商	不廣告	100, 20	120, 10
	廣　告	95, 40	150, 30

接著，就 R 廠商是先行者，而 M 廠商是後動者來討論，則可以將此一逐步賽局呈現在圖 11–7 上。首先，就 M 廠商的最適策略來看，得知其最適策略為「當 R 廠商不提供售後服務 (N) 時，我就不廣告；當 R 廠商提供售後服務 (S) 時，我就廣告」；其次，就 R 廠商的最適策略來看，其在預知 M 廠商將採行上述最適策略的前提下，「提供售後服務」(S) 是 R 廠商的最適策略。因此，得知均衡策略為（S，廣告），並知 R 及 M 廠商各得 30 及 150 的報酬。

比較圖 11–6 及圖 11–7 兩賽局的結果，得知 M 廠商作為先行者時，其所得到的報酬 100，反而比其當後動者得到的 150 還少，表示 R 廠商並不具有先行者的優勢；至於 R 廠商作為先行者時，得到的報酬為 30，高於其當後動者的報酬 20，表示 R 廠商具有先行者的優勢。同時，在上述例子中，也說明參賽者在賽局中的決策先後順序的重要性。

圖 11–6

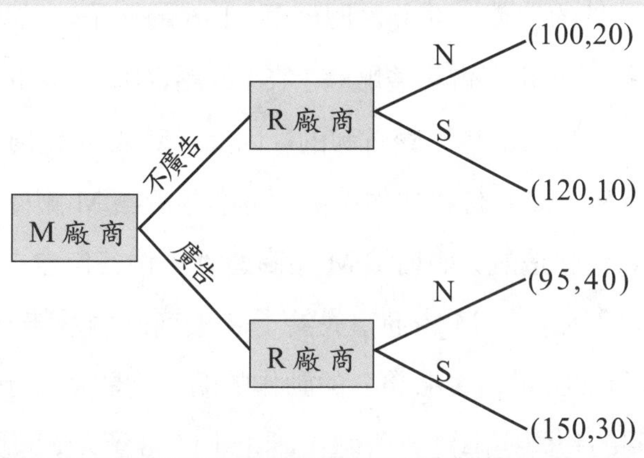

【M 及 R 廠商的逐步賽局】

1.N 及 S 分別表示「不提供售後服務」及「提供售後服務」的動作或策略。

2.此一賽局的均衡策略為 M 廠商採取「不廣告」策略，而 R 廠商採取「不提供售後服務」(N) 動作的組合。

圖 11–7

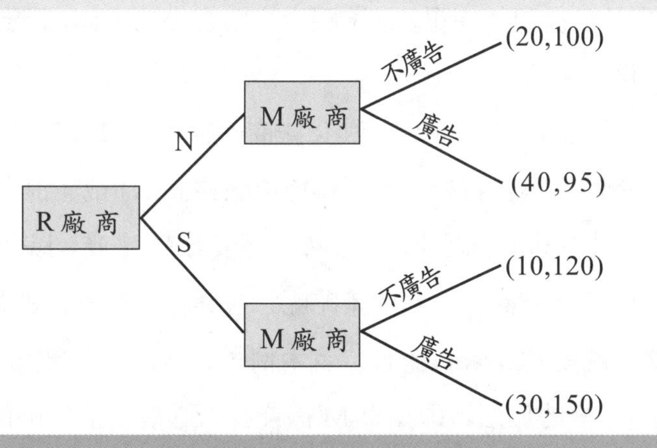

【R 及 M 廠商的逐步賽局】

1.N 及 S 分別表示「不提供售後服務」及「提供售後服務」的策略。

2.此一賽局的均衡策略為 (S，廣告)。

3.與圖 11–6 比較，得知 M 廠商不具有先行者優勢，而 R 廠商則具有先行者優勢。

當先行者不具有優勢時，除了可以考慮改為當後動者以外（如上所述），也可以考慮建立可信性的策略。在此，回到圖 11–6 的例子，首先，對 M 廠商而言，若 R 廠商能夠採行「提供售後服務」(S) 的話，則 M 廠商不管採行「不廣告」或「廣告」的策略，都是比較有利的；因此，M 廠商如何誘導 R 廠商，能夠採行一個對他（R 廠商）有利的作法呢？答案在於讓 M 廠商如何建立一個可信性策略的問題，也就是說，如何讓 M 廠商建立一個各自會在自利動機下，自願去執行的方案。例如，若 M 廠商事先給予 R 廠商一個承諾 **(Commitment)**，即如果 R 廠商採行「提供售後服務」的動作的話，他願意給予補貼 15（元）。如此，則此一賽局的報酬矩陣將有所變化，如圖 11–8 所示，即與圖 11–6 相較，當 R 廠商採行 S 動作時，其對應在 M 廠商「不廣告」以及「廣告」策略下的報酬，分別由 (120, 10) 變成為 (105, 25)，以及由 (150, 30) 變成為 (135, 45)。

就圖 11–8 的逐步賽局而言，其完美均衡策略為 M 廠商採行「廣告」策略，而 R 廠商採行「提供售後服務」(S) 的動作，而雙方分別得到 (135, 45) 的結果，均比在圖 11–6 的結果 (100, 20) 來得高。

在此，特別說明的是，上述 M 廠商對於 R 廠商的承諾之所以具有可信性，是由於 M 廠商基於自利的考量，他將願意去落實該項承諾，因此 R 廠商將會認為該項承諾是可以相信的。

其次，又回到圖 11–6 的情況，對 R 廠商而言，若 M 廠商能夠採行「廣告」策略的話，則 R 廠商不管採行「不提供售後服務」(N) 或「提供售後服務」(S) 的動作，都是比較有利的。因此，R 廠商如何威脅 M 廠商，以便使得 M 廠商能夠採行一個對他（M 廠商）有利的策略呢？答案也是在於，R 廠商如何建立一個可信的承諾或威脅 **(Threat)** 上面。就本例子而言，R 廠商也可以採行事先給予 M 廠商如下承諾的作法，即如果 M 廠商採行「廣告」策略的話，他願意給予補貼 10（元）。如此，圖 11–6 的賽局將變成為圖 11–9 的賽局，與圖 11–6 賽局的不同，就在於當 M 廠商採行「廣告」策略時，其對應的報酬組合，分別由 (95, 40) 變成為 (105, 30)，以及由 (150, 30) 變成為 (160, 20)。

就圖 11–9 的逐步賽局來看，其完美均衡策略為 M 廠商採行「廣告」策略，而 R 廠商採行「不提供售後服務」(N) 的動作，而雙方分別得到 (105, 30) 的結

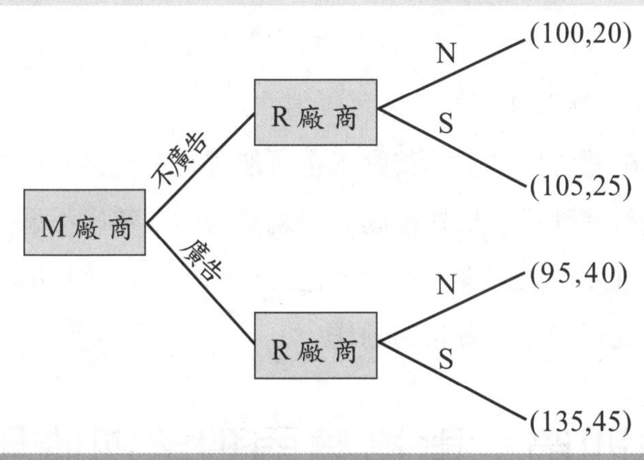

【M 及 R 廠商的逐步賽局】

1.此一賽局的完美均衡策略為，M 廠商採行「廣告」，而 R 廠商採行「提供售後服務」(S) 的策略。

2.此一賽局的結果為 (135, 45)，即兩參賽者的報酬，均比在圖 11-6 的結果 (100, 20) 更高。

圖 11-9

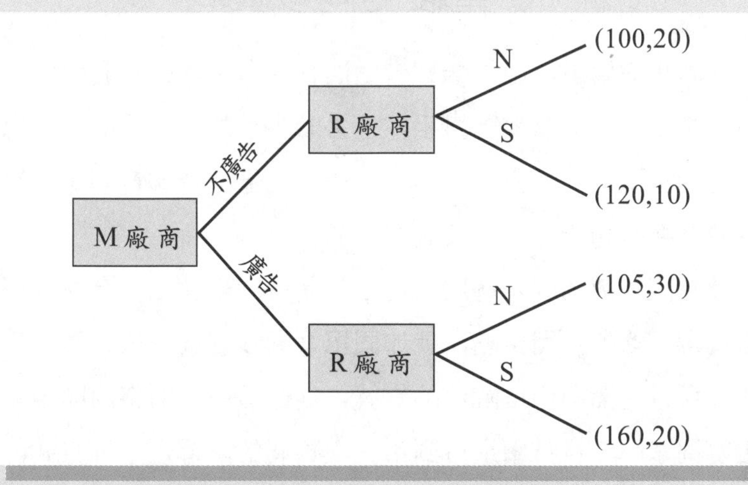

【R 及 M 廠商的逐步賽局】

1.此一賽局的完美均衡策略為，M 廠商採行「廣告」，而 R 廠商採行「不提供售後服務」(N) 的策略。

2.此一賽局的結果為 (105, 30)，即兩參賽者的報酬，均比在圖 11-6 的結果 (100, 20) 來得高。

果，均比在圖 11–6 的結果 (100, 20) 來得高。同時，亦知上述 R 廠商對於 M 廠商的承諾是可以相信的，因為 R 廠商基於自利的動機，他將自願去執行該項承諾，因此 M 廠商將認為該項承諾具有可信性。

在某些賽局的報酬架構下，後動者也可能採行一種自我克制或自殘的威脅方式，以逼迫先行者採行一個對後動者較為有利的策略；不過，此時仍須此一威脅要具有可信性才行。同理，先行者也可能採行具可信性的威脅，以迫使後動者採行一個對先行者較為有利的動作。

第四節　重複賽局理論與應用

重複賽局是指二次以上（含）的賽局，基本上是指每一參賽者均有二次以上的機會或決策時點，來選擇其最適的策略或動作，並得到二次以上的結果。本節將分別討論同步賽局與逐步賽局情況下的重複賽局，並亦分別在賽局重複次數為有限次數與無限次數的情形下，來說明賽局的均衡策略求解方式。

一、重複的同步賽局

在重複的同步賽局下，由於參賽者之間存在有多次的互動機會，因此，一方面使得每一參賽者能夠掌握到對手在過去時點上的動作，此一訊息將增進其對於對手特性的了解，例如對手的個性、成本高低或合作意願等；另一方面，也使得參賽者存在有建立可信性機制的空間。

首先，就有限次數的同步賽局而言。若此一同步賽局不存在囚犯兩難的困境，則該賽局每一次的均衡策略，就如同單次同步賽局一樣。當出現囚犯兩難的困境時，將可以比照利用倒解法的方式，從最後一次的賽局開始求解，逐步往前一次的賽局求解，且持續進行到第一次賽局的求解；這種方式，就相當於把有限次數的同步賽局，還原成單次的同步賽局一樣，即使是使用所謂的**扣扳機策略 (Trigger Strategy)** 仍無法脫離囚犯兩難的困境。

以兩個參賽者甲及乙為例，所謂甲的扣扳機策略，是指甲初次是採取一個對兩個參賽者都有利的策略，若對手乙亦採取相同策略，則甲在下一次將持續採取此一策略；但若對手乙採取的是另一個對其本身較為有利，而對甲較為不利的策略，則甲此後亦將永遠或跟著採取此一對大家都不利的策略，即將出現囚犯兩難困境的局面。其中，若是甲永遠（即到賽局結束為止）採行此一對大家都不利的策略的話，則此一改變策略的作法，就稱為嚴厲的扣扳機策略 **(Grim Trigger Strategy)**；若是甲馬上跟進採取對手上一次所採行策略的話，稱為**一報還一報**（或是以牙還牙，**Tit for Tat**）策略；若是非馬上（即在對手乙出現連續兩次或兩次以上，都採行此一對甲較為不利的策略之後，才）跟進採取此一對大家都不利的策略的話，則稱為寬容的扣扳機策略 **(Trembling Hand Trigger Strategy)**。

以表 11–8 所示的 A 及 B 廠商的價格賽局為例，得知 A 及 B 廠商均會採行其優勢策略，即均衡策略為（低價，低價），並得到報酬均為 80（萬元）的結果，相對於兩者均採行「高價」策略所能獲得的 100（萬元）結果，較為不利；此一結果，一者表示出現囚犯兩難的困境，二者表示在重複賽局下，似乎存在可以改善的空間，即存在朝向兩者都較為有利方向發展的可能性。

表 11–8

【A 及 B 廠商的價格賽局】

		B 廠商	
		高　價	低　價
A 廠商	高　價	100, 100	50, 140
	低　價	140, 50	80, 80

以賽局重複 20 次為例，來說明 A 廠商的嚴厲的扣扳機策略。該策略是指 A 廠商一開始即宣佈在第一次採行高價，此後祇要 B 廠商不採取低價，則其將持續維持高價；但 B 廠商若有一次採取低價，則其將在下一次起永遠改採低價。

在面對上述策略下，B 廠商是否會跟著採用高價呢？在直覺上，B 廠商將會採行一個使得其報酬現值較大的策略。也就是說，B 廠商若在第一次採用低價時，將會比其採用高價多出 40（萬元）(= 140 – 100)；不過，在第二次以後，兩者均將會採用低價，故 B 廠商在第二～二十次所得到的報酬，都會比其採用高價少了 20（萬元）(= 80 – 100)。因此，當這 19 次所減少的報酬現值 PV_{19}（$=\sum_{t=1}^{19}\frac{20}{(1+i)^t}$，其中 i 為貼現率；現值的概念，請參閱第十三章)，高於 40 時，B 廠商應會放棄其在第一次採用低價的作法，而改採高價策略；然而，當賽局進行到剩下最後 n 次時，B 廠商必然會採用低價策略，因為這 n 次所減少的報酬現值 PV_n $(=\sum_{t=19-n}^{19}\frac{20}{(1+i)^t})$ 小於 40。

當 A 廠商得知 B 廠商在最後 n 次會採用低價作法時，A 廠商的最適策略也是低價；換言之，原來是重複二十次的賽局，在最後 n 次已明朗為均會採取低價均衡策略的情形下；那麼，前 20 – n 次的賽局，是否仍會如前所述的，兩廠商均願意採用高價的策略呢？答案是不會；為什麼？因為現在的賽局，實際上已由原來的 20 次，縮減為 20 – n 次，而比照上述的推論方式，又可以將賽局再次縮減為 (20 – n) – n 次；依此類推，最後會把賽局縮減為 n 次之內，或甚至祇剩下單次的賽局。也就是說，除了最後 n 次的賽局，兩者會採取低價的均衡策略以外，其餘的前 20 – n 次，亦將會採用低價均衡策略，而始終無法脫離囚犯兩難的困境。上述賽局次數逐漸縮減的理由，在於兩者均會採行高價的策略，是不具有可信性的，即兩者在自利動機下，均不會主動去落實該項策略。

由上述說明，得知即使在嚴厲的扣扳機策略下，在有限次數的賽局下，仍無法克服囚犯兩難困境的問題；同理，在寬容的扣扳機策略，以及在以牙還牙或一報還一報的策略下，亦均無法脫離囚犯兩難困境。還好，當賽局的次數是無限大，或其次數並不確定時（即不知何時是最後一次），則扣扳機策略就可能打破囚犯兩難困境。

接著，仍以表 11–8 的囚犯兩難價格賽局為例，來討論無限次數的同步賽局，其在嚴厲的扣扳機策略下，脫離囚犯兩難困境的理由。當賽局無限次數持續進行下去時，將迫使參賽者無法利用倒解法的理念，由最後一次賽局開始，逐步往上一次賽局來推導求解，故此時的參賽者，將祇能以第一次賽局為起點，來思考其最適策略的選定問題。

如上所述，在 A 廠商宣佈其要採行嚴厲的扣扳機策略之下，B 廠商將會評估選擇哪一種價格策略，是最有利的方案。若 B 廠商採取低價，則如前所述，B 廠商在第一次的報酬，將會比其採取高價時多出 40；而其在第二次以後，每一次的報酬，則會比其當初就採取高價時減少 20，故總共減少的報酬現值為 $\frac{20}{i}$ ($=\sum_{t=1}^{\infty}\frac{20}{(1+i)^t}$)。換言之，當 B 廠商的貼現率 (i) 足夠小時，$\frac{20}{i}$ 將會比 40 來得大；那麼，B 廠商將會採取高價的策略。此一結果表示，A 廠商所採取的嚴厲的扣扳機策略，將有效的誘導 B 廠商採取高價策略。另一方面，在預見其策略即將奏效的情況下，A 廠商在基於自利的動機下，也會如實的採取高價策略；這說明 A 廠商所宣佈的會採行嚴厲的扣扳機策略，是一個具可信性的策略。

綜上所述，得知在無限次數的同步賽局下，若參賽者的貼現率足夠小時，則在單次賽局所採行的優勢策略，就不再是一個均衡策略；此一命題一般稱為通俗定理 **(Folk Theorem)**，即在無限次數的囚犯兩難賽局中，總是存在足夠小的貼現率，使得合作的均衡策略存在，而參賽者得以脫離囚犯兩難的困境。

嚴厲的扣扳機策略，雖然具有上述破解囚犯兩難困境的功能，但仍可能在實務上遭遇到一些困擾。第一，在現實的公平交易法規範下，並不允許廠商之間，採取此種聯合定高價的行為；第二，該策略的明顯缺點是，不允許合作的參賽者出現一次的偏差行為或失誤，也等於綁死自己。至於上述提及的一報還一報策略或寬容的扣扳機策略，則可以克服這些困擾，且亦能達到破解囚犯兩難困境的目的。

同理，當賽局何時終結不確定或持續進行下去的機率大於零時，上述的三個扣扳機策略，仍可能使得囚犯兩難賽局，產生合作的均衡解。

二、重複的逐步賽局

與同步賽局的情形一樣，重複的逐步賽局，亦大致得到相同的結果。在此，另外以一個開設連鎖店的既存廠商，重複面對競爭者進入的賽局為例來討論。令 A 廠商已分別在二十個地區設有連鎖店，且假設二十個地區的市場大小都一樣，B 廠商是一個潛在的連鎖店進入者。如圖 11–10 所示的最後兩次逐步賽局，得知在每一次的逐步賽局中，B 廠商為先行者，有進入與不進入等兩個動作可供選擇；而 A 廠商為後動者，有接受與抵制等兩個動作可供選擇。

僅就第二十次的單次逐步賽局而言，其均衡策略為（進入，接受），而 B 及 A 廠商分別得到 20 及 80 的報酬。雖然，就此一單次賽局而言，並非是囚犯兩難的賽局；不過，就既存的 A 廠商而言，他最想看到的結果是，B 廠商不要進入，那麼他也不用採取抵制的動作，而能得到 120 的報酬。A 廠商的此一願望，在單次賽局的情況下，如上所述是無法達成的；那麼，在重複有限次（二十次）的情況下，可否達成呢？答案是否定的。

圖 11–10

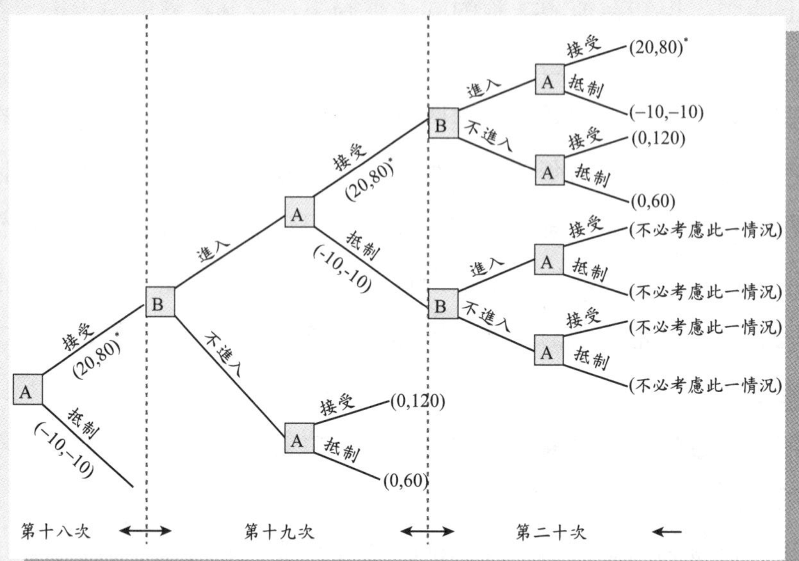

【A 廠商面對 B 廠商重複進入開設連鎖店的逐步賽局】

1. 在每一次的逐步賽局中，B 廠商為先行者，A 廠商為後動者，且前者有進入與不進入等兩個動作，而後者有接受與抵制等兩個對策。
2. 括弧中的兩個數字，先後分別表示 B 及 A 廠商的報酬。
3. 利用倒解法，首先就第二十次的賽局，即在第二十個地區開設連鎖店的賽局而言，其均衡策略為（進入，接受），得到如 * 所示的結果。
4. 同理，在第十九次的賽局，其均衡策略亦為（進入，接受）；依此類推，可以得出在此一有限次數（二十次）的重複逐步賽局，其均衡策略就相當於重複二十次的單次逐步賽局一樣。

或許A廠商在基於下述的考量，他會宣佈採取抵制的作法。相對於（進入，接受）所能得到的80，A廠商若在第一次賽局就按上述宣佈採取抵制作法時，其報酬變成 −10（此時，B廠商的報酬亦為 −10，而非20），即減少了90；如此，當在第二次以後，B廠商如果相信A廠商一定會採取抵制作法時，則A廠商的報酬就會提高為120，比80多出了40。進而言之，若A廠商的貼現率 (i) 足夠小時，則第二～二十次的計十九次的40的現值加總 PV_{19} $(=\sum_{t=1}^{19}\frac{40}{(1+i)^t})$，就有可能大於90；此一情形，表示A廠商基於其追求報酬現值最大的考量，他將會採取上述的抵制策略。

上述推論的關鍵，在於B廠商是否會相信A廠商所宣稱的抵制策略。比照一般求解逐步賽局的倒解法邏輯，先從最後一次的賽局來看，從上述討論得知，在第二十次賽局的均衡策略為（進入，接受）；然後，依次再往前一次賽局去看，亦知其均衡策略均為（進入，接受）。此一結果，說明在有限次數的逐步賽局，通俗定理是無法適用的，而有限次數的重複賽局將會還原成或退化成單次賽局。換言之，在有限次數的逐步賽局下，得到連鎖店矛盾 **(Chainstore Paradox)** 的結果，即既存的A廠商，自第一個地區（即在第一次賽局）市場開始，便不會抵制B廠商的進入。

當重複的次數變成無限大，或最後一次賽局在何時並不確定時，則無法再沿用從最後一次賽局的倒推方式，而祇能向前看，且每一次都是一個新的起點；此時，通俗定理仍將成立。以上述的連鎖店賽局為例，此時A廠商的抵制策略，將變成是一個具可信性的策略，故得知B廠商從第一個地區的市場開始，就不會進入。

本章摘要

1. 賽局是指參賽者之間，從事競爭策略選擇的一項活動。
2. 策略是指舉動的規劃或出招的安排，而舉動是指一個動作或招式而已。
3. 報酬是指在每一策略組合之下，所呈現出來對於參賽者的獎懲額度。
4. 賽局可以標準形式或展開形式，來加以呈現。
5. 同步賽局是指參賽者在同一時點上，同步地進行各自策略選擇的一種賽局；

此一賽局，比較適合利用標準形式來呈現。

6.逐步賽局是指參賽者在選定其策略的時點上，有先後分別的一種賽局；此一賽局，比較適合利用展開形式來加以呈現。

7.當參賽者並無法確定對手的特性或其他重要的環境變數時，此種賽局就稱為一具不完整訊息的賽局；當參賽者在其時點上進行策略的選定時，若尚未能完全掌握到對手在以前時點或同一時點上的動作或策略的話，此種賽局就稱為一具不完全訊息的賽局。

8.均衡策略是指在一定的均衡概念下，參賽者雙方所共同決定的策略組合；且在該組合下，參賽者雙方均處於不會再調整其策略的均衡狀態。

9.零和賽局是指每一策略組合下的雙方報酬，其加總均等於零或均為同一常數的賽局；囚犯兩難賽局是指在均衡策略下的雙方報酬，均比另一非均衡策略組合下的報酬，來得差的賽局。

10.合作賽局理論，是探討參賽者之間，如何利用種種合作方式，以促進整體及個別利益的問題。

11.非合作賽局理論，是探討參賽者之間，在無法利用合作方式的前提下，如何依靠參賽者的自行約束及其對於對方行為的預測，來獲致個別利益最大化的問題。

12.優勢策略均衡是指，兩參賽者均採取其優勢策略所達到的均衡。

13.耐許均衡是指，當在給定對方的策略下，每一參賽者均採行其最適策略時，此一最適策略組合所達到的均衡。

14.每一同步賽局未必有純策略的耐許均衡，但必然存在混合策略下的耐許均衡。

15.存在優勢策略均衡的同步賽局，有可能出現囚犯兩難的困境；存在兩個耐許均衡的同步賽局，並無法確保一定出現其中一個（若有的話）對兩參賽者均更為有利的耐許均衡。

16.可信性策略是指，當事人基於自利的考量，會自願去執行的一種策略。

17.子賽局完美均衡，為一具有可信性策略的耐許均衡。

18.逐步賽局的子賽局完美均衡，可以利用倒解法來求算。

19.在逐步賽局下，仍有可能出現囚犯兩難的困境。

20.在逐步賽局下，先行者未必一定占有優勢，且存在建立可信性策略的問題。

21.在逐步賽局下，參賽者的決策先後不同，將會影響賽局的結果。

22.在有限次數下的同步賽局或逐步賽局，均無法借助扣扳機策略，以破解囚犯兩難的困境；但在無限次數或最後一次賽局何時出現並不確定之下，就有可能借助扣扳機策略，以克服囚犯兩難困境，因為此時的通俗定理是成立的。

習　題

1. 有 A 及 B 兩家生產汽車的廠商，正從事價格競爭，其報酬矩陣如下表所示：

		B 廠商	
		高　價	低　價
A 廠商	高　價	100, 80	c, d
	低　價	a, b	30, 40

請問：(1) a 及 c 在何值時，表示低價是 A 廠商的優勢策略？
(2) b 及 d 在何值時，表示低價是 B 廠商的優勢策略？
(3)在結合(1)及(2)的情況下，是否存在囚犯兩難困境？

2. 同第 1 題的報酬矩陣，請問在同步賽局的架構下，a、b、c 及 d 在何值時，才會出現（高價，高價）及（低價，低價）均為純策略的耐許均衡，試求一組解。

3. 令 p 及 q 分別為 A 及 B 廠商採行高價的機率，且 p 及 q 均大於零，請利用第 1 題的報酬矩陣，試求出一組 a、b、c 及 d 的解，使得在此一同步賽局不但不存在純策略的耐許均衡，且其混合耐許均衡策略的最適機率 p^* 為 0.5，q^* 為 0.4。

4. 請將第 1 題，改為 A 廠商為先行者的逐步賽局，並利用展開形式來表現該賽局。

5. 就第 4 題所示的逐步賽局，試求一組 a、b、c 及 d 的解，以使得子賽局完美均衡的策略組合為（高價，高價）。

6. 在第 5 題的報酬矩陣下，若 A 廠商變成為後動者時，此時的子賽局完美均衡策略組合，是否仍為（高價，高價）？

7. 試以第 1 題的囚犯困境賽局為例，說明在無限次數下，何以通俗定理可以成立。

第三篇

其他主要議題

第十二章　生產要素的需求與勞動市場

截至目前，本書是以消費品或最終財貨為對象，了解其消費者與廠商在該市場上的購買與供應行為；接著，將利用兩章的篇幅，來分析生產要素市場的供給、需求及其價格訂定等方面的問題。本章將主要討論生產要素的需求、勞動的供給及工資的決定等三個議題，下一章則是討論資本市場。

本章將分為四節。第一節及第二節分別討論在產品市場是完全競爭的廠商及具獨占力的廠商，其對於生產要素的個別需求曲線；第三節探討消費者的個別勞動供給曲線；第四節分別在完全競爭及不完全競爭的勞動市場下，討論工資的訂定問題。

第一節　完全競爭廠商對於生產要素的需求

本章將在兩要素分別是勞動 (L) 及資本 (K) 的情況下，以勞動的需求為例，來討論廠商對於生產要素的需求問題。勞動的報酬為工資 (w)，資本的報酬或使用價格為利率 (r)；同時，在短期時，資本投入量固定為 $\overline{K}$。

一、完全競爭廠商對於勞動的短期需求曲線

首先，討論在短期下，完全競爭廠商對於變動生產要素（勞動）的需求曲線。令完全競爭廠商所面對的市場價格為 P，則可以將其短期的利潤最大化問題，表示為：

$$\underset{L}{Max}\ \pi(L, \overline{K}) = P \cdot Y - wL - r\overline{K}，受限於\ Y = f(L, \overline{K})$$

根據上述問題，可以得出最適的勞動投入量 L^*，必須滿足下式關係：

$$P \cdot MP_1(L^*, \overline{K}) = w$$

上式等號左邊表示多投入一單位勞動，所能帶給廠商的收益，相當於勞動的邊際產量 MP_1 在市場上售出的所得，一般稱為邊際（勞動）產值 **(Value of Marginal Product)**，可以表示為 VMP_L；而等號右邊為多投入一單位勞動，所需的花費，即其工資水準 w。

當勞動投入量 (L) 未達 L^* 時，即 $L<L^*$，則根據邊際報酬遞減法則，知 $MP_1(L,\bar{K})>MP_1(L^*,\bar{K})$；也就是說，此時的 $P\cdot MP_1(L,\bar{K})$ 將大於 w，表示廠商若持續增加勞動的投入量時，其收益的增加幅度將大於其成本的增加幅度，故有助於利潤的進一步提升，說明此時的 L 並非是其利潤最大化下的最適投入量；同理，當 $L>L^*$ 時，也非是其利潤最大化下的最適投入量，因為此時若減少勞動投入量，反而有助於利潤的提升。

上述最適勞動投入量 L^* 所須滿足的條件式，也可以利用圖形來說明。在圖 12–1 中 M_1 直線，為一條等利潤 (π_1) 線，說明在不同的勞動投入量與產出量的組合 (L, Y) 之下，均能夠得到 π_1 水準的利潤；根據利潤的定義，可以將等利潤線 M_1 的數學式子表示為

$$\pi_1=PY-wL-r\bar{K}，或\ Y=\frac{\pi_1+r\bar{K}}{P}+\frac{w}{P}L$$

換言之，M_1 線的縱軸截距 OA，其長度為 $\frac{\pi_1+r\bar{K}}{P}$，正可以用來說明利潤 π_1 及固定成本 $r\bar{K}$ 加總的大小；且知，當利潤越大時，等利潤線的截距也會越長。同時，亦知等利潤線的斜率為 $\frac{w}{P}$，與 π_1 及 $r\bar{K}$ 的大小無關。也就是說，當 $\pi_2>\pi_1$ 時，其等利潤線 M_2 與 M_1 線相互平行，且將位於 M_1 線的左上方，如圖所示。

同時，在圖 12–1 中，亦畫有生產函數曲線 Y。Y 曲線均落在 M_2 線的右下方，表示就目前的技術而言，廠商無法得到 M_2 線所示的利潤 π_2。亦知 Y 曲線在勞動投入量大於 L_1 以後，均位於 M_1 線的左上方，表示若生產是落在 EF 曲線段時（不含 F 點），廠商均可以得到比 π_1 高的利潤；其中，以 E 點座標所示的投入產出組合 (L^*, Y^*)，是表示廠商利潤最大化之下的短期最適勞動投入量 L^*，及其對應的產量水準 Y^*。

由於 E 點是等利潤線 M^* 與生產曲線 Y 的相切點，故兩者的斜率相等，即

$$\frac{w}{P} = MP_1(L^*, \overline{K})$$（根據定義，生產曲線的斜率就表示 MP_1）

此式所描述的關係，與上述提及的 $P \cdot MP_1(L^*, \overline{K}) = w$ 是完全一致的。

圖 12-1

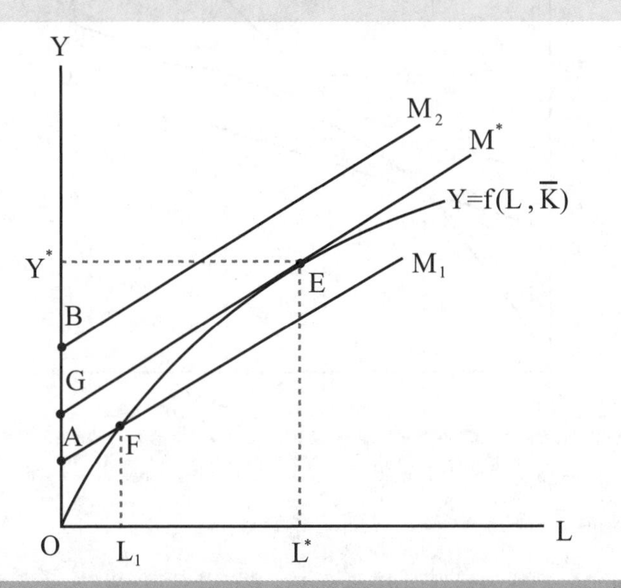

【完全競爭廠商勞動最適投入量的短期決定】

1. M_1、M_2 及 M^* 均為等利潤線，其斜率均為 $\frac{w}{P}$，截距為 $\frac{\pi + r\overline{K}}{P}$。
2. 在生產函數曲線 Y 上的 E 點，是一條等利潤線 M^* 與 Y 曲線的相切點，由該點的座標，就可以對應得出最適的 L^* 及 Y^*。同時，由等利潤線 M^* 的截距，也可以相應得出 π^*。

現在，利用圖形來說明 w 及 P 的變動，對於最適勞動投入量或需求量 L^* 的影響。如圖 12–2 所示，當 w 由 w_1 降為 w_2 時，等利潤線的斜率 $(\frac{w}{P})$ 將變小了，如 M_2 線變得比 M_1^* 線更為平坦所示；因此，在 w_2 下，E 點已不再是等利潤線 M_2 與 Y 曲線的相切點，而 F 點才是新的相切點。由圖知，在 F 點所對應得到的 L_2^* 及 Y_2^*，均高於 L_1^* 及 Y_1^*；且由對應的截距 OG 大於 OA，亦知 π_2^* 高於 π_1^*。

從上述說明，了解到 w 的降低為 w_2，將使得原勞動投入量的邊際產值 $P \cdot MP_1(L_1^*, \overline{K}) > w_2$，故廠商將會增加勞動的投入量，一直到 L_2^* 為止，使得其邊際

圖 12–2

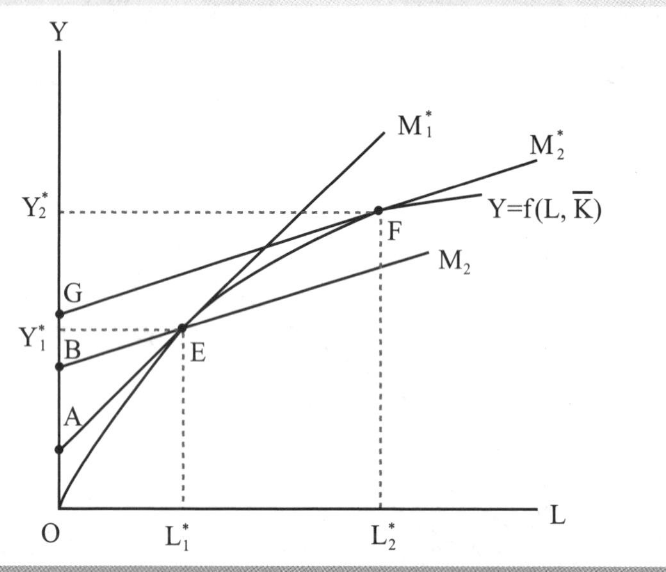

【w 的變動對於 L^* 的負向影響】

1. 當 w 由 w_1 降為 w_2 時，等利潤線的斜率 ($\frac{w}{P}$) 變小了，如 M_1^* 及 M_2 線所示；此時的切點由 E 移至 F，表示最適勞動投入量或需求量由 L_1^* 增加為 L_2^*，產量由 Y_1^* 增為 Y_2^*。

2. 從截距的由 OA 增為 OG，亦知利潤將由 π_1^* 增加為 π_2^*。

產值 $P \cdot MP_1(L_2^*, \overline{K})$ 又能等於 w_2，以滿足上述提及的必要條件式。

此一 w 與 L^* 之間的負向關係，若表現在圖形上，就得出此一完全競爭廠商對於勞動的短期個別需求曲線 $L^d(w; P, r, \overline{K})$，如圖 12–3 所示。在圖 12–3 的縱軸表示工資，其 E 點表現對應在 w_1 下的勞動需求量為 L_1（省去其星號 *），而 F 點是表現在 w_2 下的勞動需求量 L_2；因此，可以連接對應不同工資水準之下的勞動需求量，就可以得到此一完全競爭廠商短期的個別勞動需求曲線，亦具有負斜率的性質。

另外，亦可以從勞動投入量的角度，來了解圖 12–3 的勞動需求關係，此時稱為**逆勞動需求曲線 (Inverse Labor Demand Curve)**，是指對應於不同的勞動僱用量，廠商所願意支付的需求價格 w^d。同樣地，完全競爭廠商對於多僱用最後一單位勞動，其所願意支付的最高價格或保留價格，為勞動的邊際產值 VMP_L $(=P\cdot MP_1(L, \overline{K}))$，故需求價格 $w^d = P\cdot MP_1(L, \overline{K})$。以圖 12–3 的 L_3 為例，其需求價格為 $GH = P\cdot MP_1(L_3, \overline{K})$；因此，當勞動市場的工資為 w_3 時，此時完全競爭廠商所面對的勞動供給曲線為一條水平線（因為該廠商在勞動市場為一價格接受者），故此時廠商的勞動僱用量為 L_3。換言之，當工資為 w_3 時，完全競爭廠商的最適勞動需求量，亦會滿足條件式 $w_3 = w^d = P\cdot MP_1(L_3, \overline{K})$ 的要求。總之，完全競爭廠商短期個別的逆勞動需求曲線，就等於其勞動的邊際產值曲線，即 $w^d(L; P, \overline{K}) = P\cdot MP_1(L, \overline{K})$。

圖 12–3

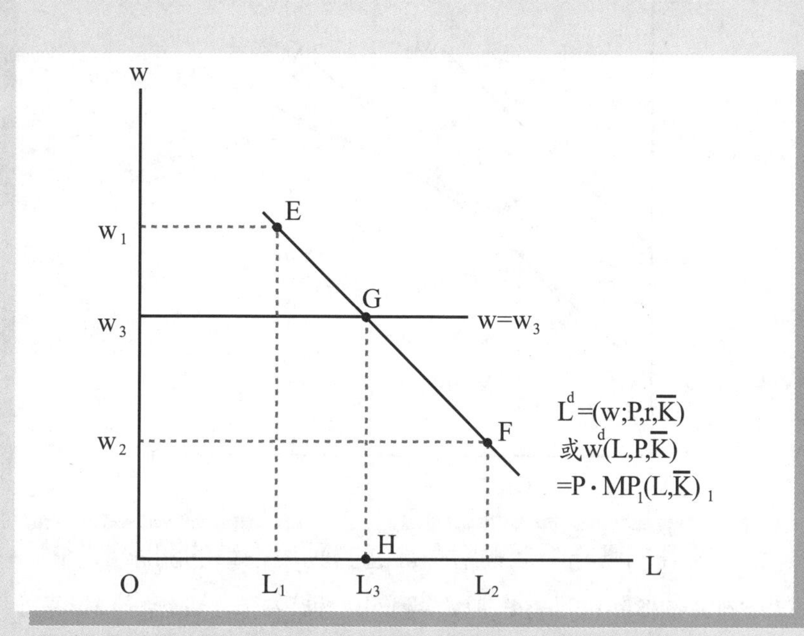

〖完全競爭廠商對於勞動的短期個別需求曲線〗

1. 對應圖 12–2 中的 E 與 F 點，在本圖中的 E 及 F 點，分別表現在 w_1 及 w_2 下，廠商對於勞動的需求量為 L_1 及 L_2。
2. 廠商的短期勞動個別需求曲線，是連接這些 E 及 F 點而成，並具有負斜率的性質。

接下來，討論商品價格 P 的變動，對於 L^d 曲線的影響；在此，以 P 的由 P_1 降低至 P_2 為例來說明。由等利潤線的數學式子，了解到 P 的降低，將使得等利潤線的截距及其斜率均增加，如圖 12–4 中 M_1^* 線往左上方移至 M_1 線所示，其截距由 OA 增長為 OB，且其斜率也提高了 ($\frac{w}{P_2} > \frac{w}{P_1}$)。同時，由圖 12–4 亦知，此時的最適勞動需求量將由 L_1^* 降低為 L_4^*。此一結果說明，當 P 降低時，將會導致廠商的 L^d 曲線往左移動，表示勞動需求的減少。

同理，若以勞動需求價格或邊際產值來看時，P 的降低，也會導致勞動邊際產值的減少，故將使得勞動的逆需求曲線往下移動。

圖 12–4

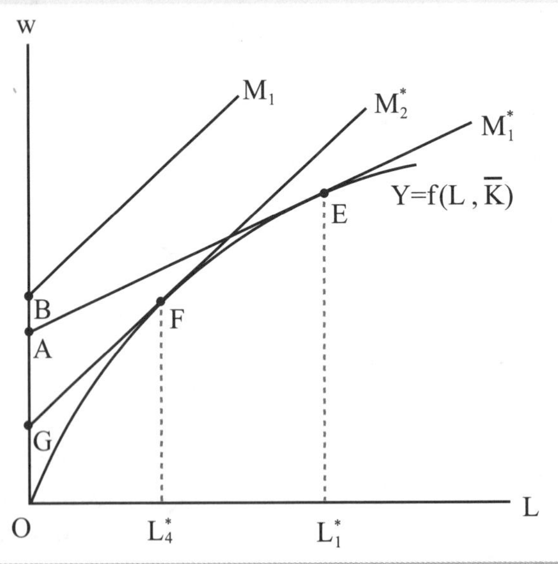

【商品價格降低與廠商最適勞動投入量的關係】

1. 當商品價格由 P_1 降為 P_2 時，等利潤線會往左上方移動，如 M_1^* 線將變成 M_1 線。
2. 當 P_1 降為 P_2 時，廠商的最適勞動投入量將由 L_1^* 降為 L_4^*。

商品價格由 P_1 降為 P_2，所導致勞動需求曲線的移動情形，可以用圖 12–5 來說明。在 w_1 之下，P_1 降為 P_2，將使得勞動需求量由 L_1 降為 L_4，如 G 點所示；另一方面，在 L_1 之下，P_1 降為 P_2，將使得勞動邊際產值或需求價格由 ER 降為 HR，如 H 點所示。因此，得知 P_1 降為 P_2 時，將導致整條勞動需求曲線的向左下方移動，但 N 點維持不動；此一結果，表示當商品價格降低時，除了在 $w=0$ 以外，廠商對於勞動的需求將出現同步減少的變動。同理，當商品價格提高時，廠商的勞動需求曲線將會往右上方移動（除了 N 點以外）。

圖 12–5

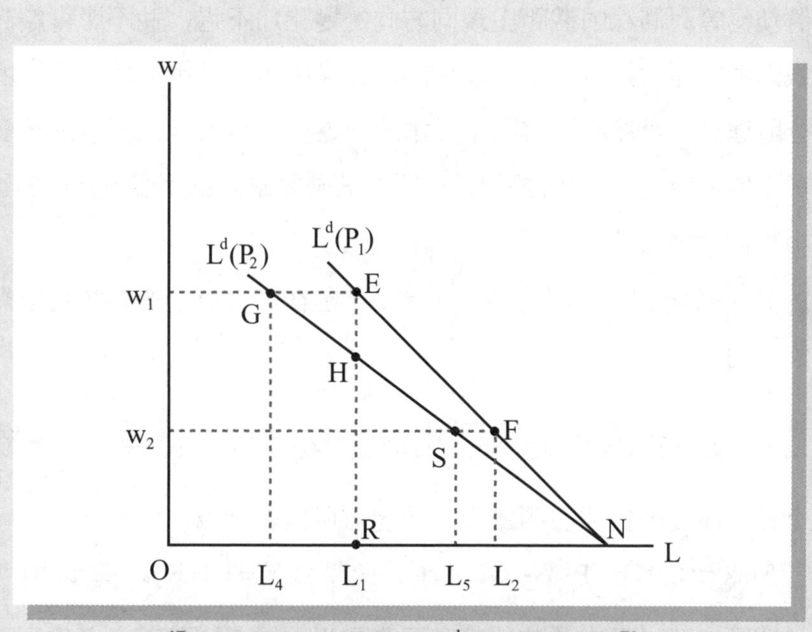

【商品價格改變對於 L^d 曲線的影響】

1. 當商品價格由 P_1 降為 P_2 時，勞動需求曲線會往左下方移動，由 $L^d(P_1)$ 曲線變成 $L^d(P_2)$ 曲線，但 N 點不動。

2. 例如在 w_1 下，勞動需求量由 L_1 降為 L_4；或是在 L_1 下，其需求價格由 ER 降為 HR。

現在，回過頭來重新檢視廠商對於勞動的短期需求曲線。在圖 12–3 所畫出的 L^d 曲線，是在假設商品價格維持不變的情況下，所得到的。想問的問題是，當工資由 w_1 降為 w_2 時，商品價格是否仍可以保持不變呢？答案是，通常商品價格將會由於每一廠商產量的提高，導致供給的增加，而使得價格往下降。在此，若價格由原來的 P_1 降為 P_2 時，則如圖 12–5 所示，當工資在 w_1，且商品價格在 P_1 時，廠商的勞動需求量為 L_1，如 E 點所示；但當工資降為 w_2，且商品價格亦降為 P_2 時，則廠商的勞動需求量，將如 S 點所示的 L_5，而不再是 F 點的

L_2。也就是說，當一併考量商品價格的變動時，完全競爭廠商的短期勞動個別需求曲線 $L^d(w; r, \overline{K})$，將由圖 12–5 中的 E 及 S 等點所串連而成，基本上仍具有負斜率之性質，而其逆需求曲線也不再是單純的一條在 P 不變下的勞動產值曲線。

至於 r 的改變，是否會影響 L^d 曲線呢？由等利潤線的數學式子知，當 r 變化時，將使得等利潤線的截距出現同方向的變化；不過，並不影響廠商對於最適勞動投入量的短期決定，如圖 12–1 的 E 點所示。祇不過此時廠商所得到的 π^*，將有所增減（雖然利潤與固定成本的加總並沒有改變，但 r 的改變，將使得固定成本跟著變化）。也就是說，短期的勞動需求曲線不受 r 變化的影響，故其函數中可以去掉 r，而成為 $L^d(w; \overline{K})$。

至於 $\overline{K}$ 的改變，對於 L^d 曲線的影響，將留在下文討論勞動的長期需求曲線時，再來說明。

二、完全競爭廠商對於勞動的長期需求曲線

完全競爭廠商的長期利潤最大化問題，可以表示為：

$$\underset{L,K}{\text{Max}}\ \pi(L, K) = P \cdot Y - wL - rK，\ \text{受限於}\ Y = f(L,K)，\ \text{且}\ \pi = 0$$

根據上述問題，可以得出最適的勞動及資本投入量 L^* 及 K^*，必須同時滿足下述二條關係式：

$$P \cdot MP_1(L^*, K^*) = w$$

$$P \cdot MP_2(L^*, K^*) = r$$

原則上，根據這二個關係式，可以解出最適的 L^* 及 K^*，以及 Y^*，但並不保證 $\pi^* = 0$，除非 $P = LAC(Y)$ 的最小值；換言之，完全競爭廠商長期對於勞動或資本的需求量，可以由其長期平均成本曲線最低點所對應的最適規模產量以及其長期平均成本的最小值來加以了解。其中，長期平均成本曲線，當然正是反映在一定的 w 及 r 之下，生產一定產量水準的最低成本。

利用上述兩個關係式，也可以進一步得出下述關係：

$$\frac{MP_1(L^*, K^*)}{MP_2(L^*, K^*)} = \frac{w}{r}$$

上式等號左邊表示邊際技術替代率 ($MRTS_{12}$)，即等產量曲線斜率的絕對值，而

等號右邊表示等成本線斜率的絕對值。換言之，當 L^* 及 K^* 滿足上述兩個關係式時，也必然是成本最低的要素投入組合。

首先，利用圖 12–6 及 12–7 來呈現廠商對於勞動最適投入量 L^* 的長期決定情形。在此，$P=$ 長期平均成本最小值 $(=(wL^*+rK^*)\div Y^*)$，(L^*, K^*) 為其對應在最適規模產量 Y^* 之下的要素投入組合；則在一定 w 及 r，且 $\pi^*=0$ 之下，在圖 12–6 中的等利潤線 M^*，與生產曲線 $f(L, K^*)$ 相切於 E 點，其所對應的勞動投入量為 L^*，且產出為 Y^*，剛好是最適規模產量。同時，利潤線的截距為 OA，也剛好是描述 rK^* 的大小；而 HA 的長度，也剛好是描述 wL^* 的大小（$\because \frac{w \cdot L^*}{P} = \frac{w}{P} \cdot L^* = \frac{EG}{AG} \cdot AG = EG = HA$）。

圖 12–6

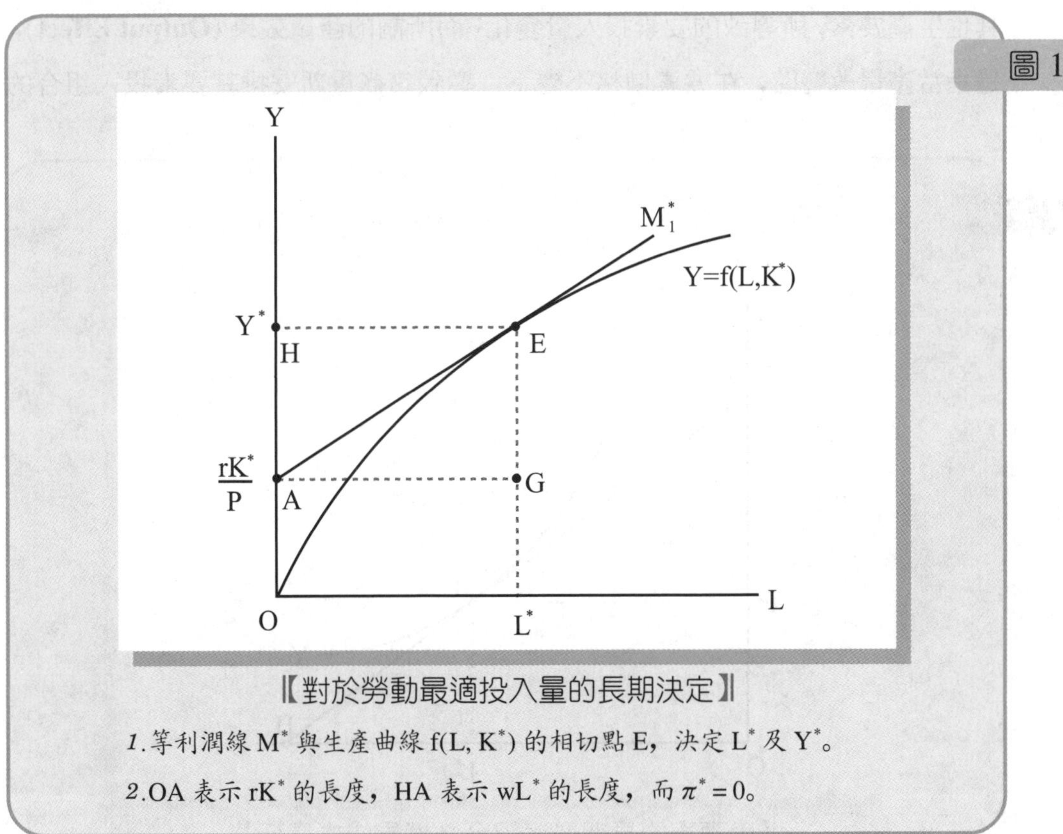

【對於勞動最適投入量的長期決定】

1.等利潤線 M^* 與生產曲線 $f(L, K^*)$ 的相切點 E，決定 L^* 及 Y^*。

2.OA 表示 rK^* 的長度，HA 表示 wL^* 的長度，而 $\pi^*=0$。

至於在圖 12–7 中，則是描述在等產量曲線 Y^* 下，其與在 w 及 r 之下的等成本線 GH，相切於 F 點，其座標即為最低成本要素組合 (L^*, K^*)。

接著，亦沿用圖 12–7 的方式，來描述 w 的由 w_1 降為 w_2 時，廠商對於勞動及資本需求量的影響。如上所述，當 w 下降時，假設長期平均成本的最小值或商品價格 P，由 P_1 降為 P_3，此一 P_3 通常是比短期的 P_2 來得低；同時，假設最適規模產量，亦由原來的 Y_1^* 變成 Y_2^*，通常 $Y_2^* \geq Y_1^*$。因此，由圖 12–8 來看，在 w_1 時，廠商的最適要素投入組合為 (L_1^*, K_1^*)，如 F_1 點所示；而當工資降為 w_2 時，則如 F_2 點所示，要素組合變成 (L_2^*, K_2^*)。就勞動投入或需求量的由 L_1^* 增加為 L_2^*，係包含了替代效果的由 L_1^* 提高為 L_{10}，如 F_1 點沿著等產量曲線 Y_1^*，往右下方移至 E 點所示，以及產量效果的由 L_{10} 提高為 L_2^*，如進一步移至較高的等產量曲線上的 F_2 點所示。在此，所謂的替代效果 **(Substitution Effect)**，是指當要素的相對價格改變時，在產量不變下，廠商以比較便宜的生產要素，來替代其他生產要素，所導致的要素投入量變化；而所謂的產量效果 **(Output Effect)**，是指當產量改變時，在要素價格不變下，導致廠商重新安排其要素投入組合的

圖 12–7

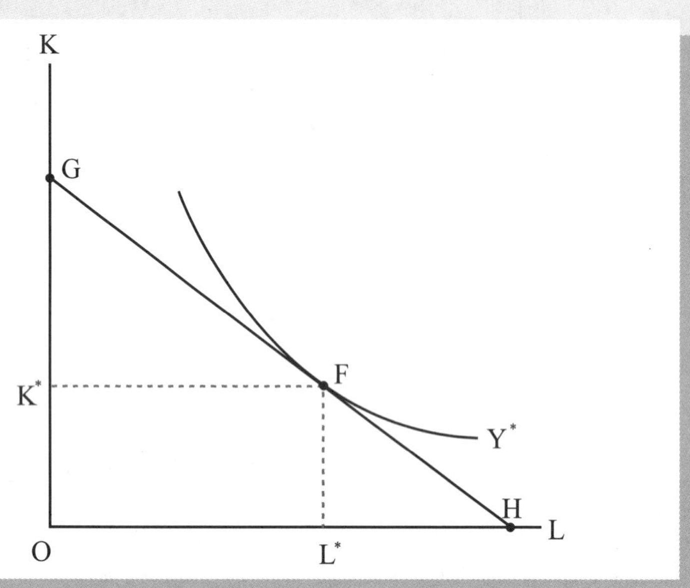

【兩要素的長期最適組合必然是成本最低】

1.等產量曲線 Y^* 與等成本線 GH 相切於 F 點。

2.(L^*, K^*) 為生產 Y^* 產量的最低成本的要素組合。

意思。

由圖 12–8 亦知，當工資下降時，對於資本的使用量，亦可能降低。如果產量的增加，未能超過 Y_3^*，則 K^* 會降低；而 K^* 的由 K_1^* 降為 K_2^*，主要是因為替代效果所導致的 K^* 下降幅度，遠超過其產量效果所提高的部分所致（在 $MP_{12} \geq 0$ 的前提下，產量效果必然為正）。

圖 12–8

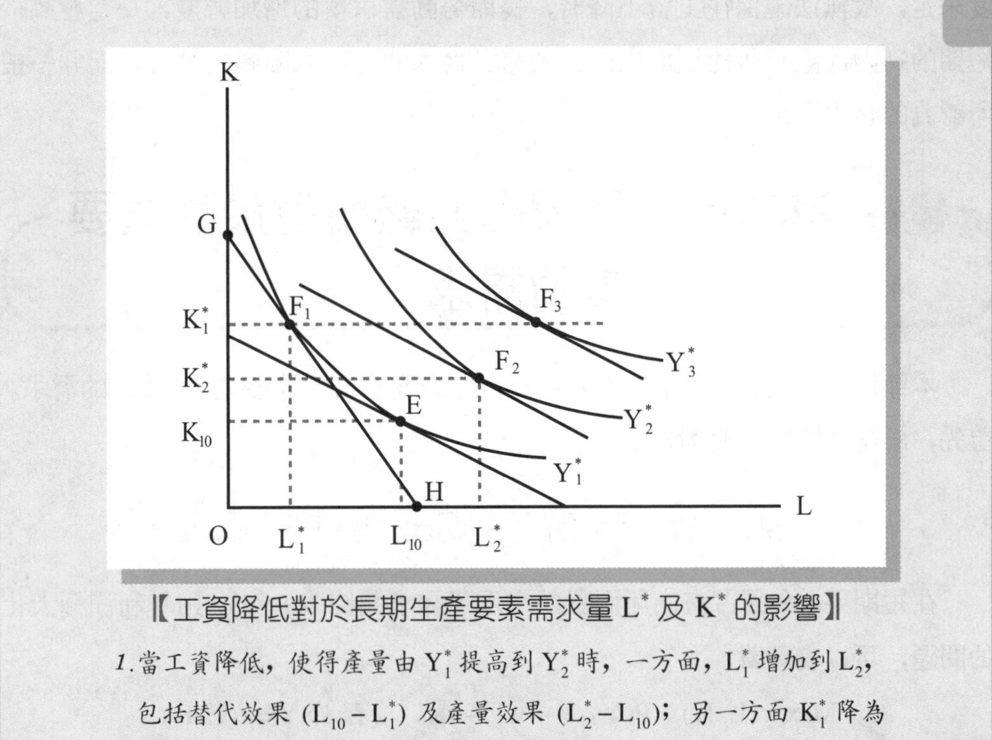

【工資降低對於長期生產要素需求量 L^* 及 K^* 的影響】

1. 當工資降低，使得產量由 Y_1^* 提高到 Y_2^* 時，一方面，L_1^* 增加到 L_2^*，包括替代效果 $(L_{10}-L_1^*)$ 及產量效果 $(L_2^*-L_{10})$；另一方面 K_1^* 降為 K_2^*，亦可以分解成替代效果及產量效果。
2. 除非產量超過 Y_3^*，否則 K^* 一定是降低的。

到此為止，得知當工資下降時，完全競爭廠商對於勞動的長期需求量，在最適規模產量不會變小的前提下，必然是會增加的，故知長期的勞動需求曲線具負斜率性質；至於其斜率絕對值的大小，則要看最適產量規模的變化、兩要素之間的替代性，以及商品價格（或長期平均成本最小值，與生產函數的規模經濟有關）的變化等方面而定。同時，由 w 的變化，將影響 K^* 的討論，得知

r 的變化，通常亦會導致長期勞動需求曲線，出現整條的移動；以 r 降低為例，將使長期勞動需求曲線往左下方移動，表示勞動需求的減少。根據以上討論，可以將勞動及資本的長期需求函數，表示為 $L^{Ld}(w; r)$ 及 $K^{Ld}(r; w)$。

另外，至於長期勞動需求曲線是否一定較短期勞動需求曲線，更為平坦的問題。雖然得知在長期時，工資的降低，將導致商品價格作較大幅度的降低，且出現多僱用勞動以替代資本的情形，但由於長期下的最適規模產量增加的幅度未定，故無法確保在工資下降時，長期勞動需求量的增加幅度，一定會高於短期的；因此，有可能反而出現長期勞動需求曲線更為陡峭的情形，而非一般所認為的較為平坦。

第二節　具獨占力廠商對於生產要素的需求

本節以獨占廠商為例，來說明具獨占力廠商對於生產要素（勞動）的需求。首先，討論短期的勞動需求。

一、獨占廠商對於勞動的短期需求曲線

在短期下，令獨占廠商所面對的市場逆需求曲線為 P(Y)，則其利潤極大化的問題，可以表示為：

$$\underset{L}{Max}\ \pi(L, \overline{K}) = P(Y)\cdot Y - wL - r\overline{K}，受限於\ Y = f(L, \overline{K})$$

根據此一問題，可以得知最適的勞動投入量 L^*，必須滿足下式關係：

$$MR\cdot MP_1(L^*, \overline{K}) = w$$

上式等號左邊表示多投入一單位勞動，所能帶給獨占廠商的收益，一般稱為勞動的邊際收益產量 **(Marginal Revenue Product)**，可以表示為 MRP_L；等號右邊為多投入一單位勞動，所需增加的花費，即其工資水準 w。

此一最適勞動投入量 L^* 所須滿足的條件式，也可以利用等利潤曲線與生產曲線的圖形來說明。首先，在利潤為 π_1 下，可以將其等利潤曲線 M_1 表示為，滿足下述關係的所有組合 (L, Y) 的式子：

$$\pi_1 = P(Y)\cdot Y - wL - r\overline{K}$$

對上式取全微分，加以運算整理，可以得知在一定的 w、r、$\overline{K}$ 及 π_1 下，M_1 曲線的斜率如下式所示：

$$\left.\frac{dY}{dL}\right|_{M_1} = \frac{w}{MR} > 0$$

由上式知，M_1 曲線的斜率表示，多投入一單位勞動時，為了維持 π_1 的不變，則必須增加 $\frac{w}{MR}$ 的銷售量（或產量）才行；而其大小與 w 有同向的變動關係，而與 MR 有反向關係。同時，亦知隨著 L 的增加，產量 Y 會上升，而為了銷售此一較高的產量，其 MR 將降低，而最終使得 M_1 曲線的斜率變得更陡，如圖 12–9 所示。

圖 12–9

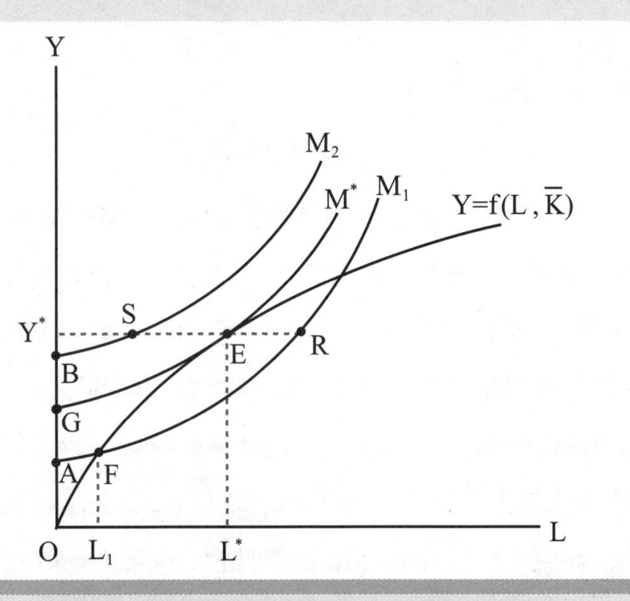

【獨占廠商勞動最適投入量的短期決定】

1. M_1、M_2 及 M^* 均為等利潤曲線，其斜率為 $\frac{w}{MR}$，截距與 $\pi + r\overline{K}$ 成正向關係。
2. 在生產曲線 Y 上的 E 點，與 M^* 曲線相切，就對應得出 L^* 及 Y^*，並可以由 OG 得到相應的 π^*。

至於 M_1 曲線在縱軸 Y 上的截距 OA 的大小，可以將 $L = 0$ 代入等利潤曲線的式子，運算而得。在此，以 $P(Y) = a - bY$ 為例，得出 OA 為：

$$OA = \frac{a - [a^2 - 4b(\pi_1 + r\overline{K})]^{\frac{1}{2}}}{2b}$$

由上述結果，知當 π_1、r 或 $\overline{K}$ 提高時，其對應的等利潤曲線截距也較長。簡單地說，當 $r\overline{K}$ 固定時，可以由等利潤曲線截距長度的長短，來反映該等利潤曲線所代表的利潤的高低。在圖 12–9 中，等利潤曲線 M_2 落在 M_1 曲線的左上方，其截距 OB 較 M_1 曲線的 OA 為長，表示 M_2 曲線所代表的利潤 π_2，高於 M_1 曲線的 π_1。同時，亦知 M_2 曲線由 M_1 曲線水平往左移動而得，使得在對應同一 Y 上的點，以在 Y^* 時的 R 及 S 點為例，兩者的斜率是一樣的。

在圖 12–9 中，得知等利潤曲線 M^* 與生產曲線 Y 相切於 E 點，表示該點所對應的 L^*，即為獨占廠商的短期最適投入量，而此時的產量為 Y^*，至於其 π^* 則可以由其截距求得。同時，此一切點 E，剛好說明在 E 點上，等利潤曲線的斜率 M^* 與生產曲線 Y 的斜率，即

$$\frac{w}{MR} = MP_1(L^*, \overline{K})$$

此一關係式，完全等同於上述提及的條件式 $MRP_L = MR \cdot MP_1(L^*, \overline{K}) = w$。

就圖中的 F 點來看，其在生產曲線 Y 上的斜率，較其在等利潤曲線上的斜率大，表示投入第 L_1 單位的勞動，所得到的邊際收益產量，大於其所需的花費，故仍存在多僱用勞動以提高利潤的空間，亦即 L_1 還不是最適的勞動量水準。

現在，利用圖形的方法，來進一步說明 w 的變動，對於勞動最適投入量或需求量 L^* 的影響。如上所述，以 w 由 w_1 降為 w_2 為例，將使得等利潤曲線的斜率變得較小，如圖 12–10 中的 M_1^* 曲線與 M_2 曲線的交點 E 所示，後者是在 w_2 下的等利潤曲線，其斜率較小；因此，在 w_2 下，E 點不再是等利潤曲線與生產曲線的切點，而 F 點才是切點。此一情形說明，當 w_1 降為 w_2 時，最適的勞動投入量反向由 L_1^* 增加為 L_2^*。也就是說，獨占廠商的勞動需求曲線 $L^d(w; r, \overline{K})$，也是一條具負斜率性質的曲線。或者說，其逆需求曲線為勞動的邊際收益產值或其需求價格為 $w^d = MRP_L = MR \cdot MP_1(L, \overline{K})$。

至於 r 的變動，是否會影響 L^* 呢? 如圖 12–9 所示，r 的變動並不會改變等利潤曲線 M^* 的斜率與截距，表示 L^* 及 Y^* 仍將維持不變；不過，此時的 π^* 將出現負向的變化，以維持 $\pi^* + r\overline{K}$ 的不變。以 r_1 提高為 r_2 為例，利潤將由 π_1^* 降為 π_2^*，即 $\pi_2^* + r_2\overline{K} = \pi_1^* + r_1\overline{K}$ 或 $\pi_2^* - \pi_1^* = (r_1 - r_2)\overline{K} < 0$。換句話說，可以將獨占廠商對於勞動的短期需求曲線由 $L^d(w; r, \overline{K})$ 改寫成 $L^d(w; \overline{K})$。有關 $\overline{K}$ 的變動，對於 L^* 的影響，則放在下一小節說明。

圖 12–10

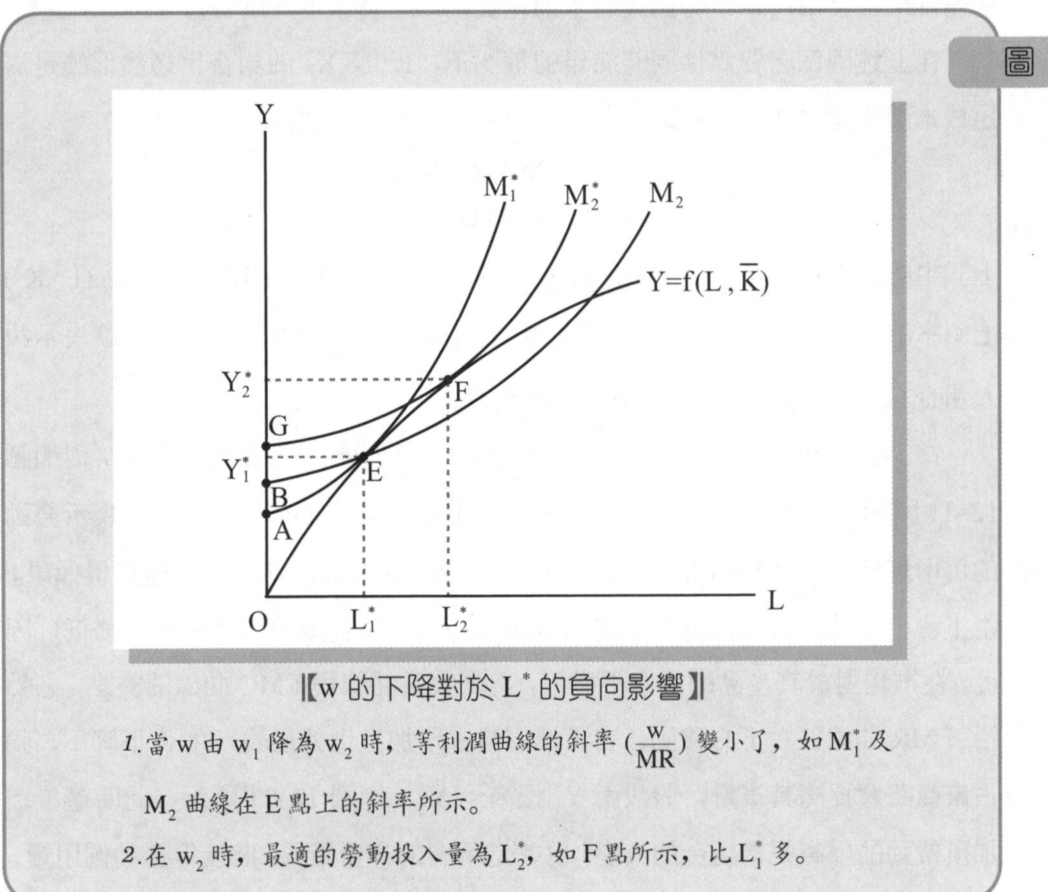

【w 的下降對於 L^* 的負向影響】

1. 當 w 由 w_1 降為 w_2 時，等利潤曲線的斜率 $(\frac{w}{MR})$ 變小了，如 M_1^* 及 M_2 曲線在 E 點上的斜率所示。

2. 在 w_2 時，最適的勞動投入量為 L_2^*，如 F 點所示，比 L_1^* 多。

二、獨占廠商對於勞動的長期需求曲線

與完全競爭廠商不同的是，獨占廠商的長期利潤有可能大於零或等於零，即不一定為零；故可以將獨占廠商的長期利潤最大化問題，表示如下：

$$\underset{L,K}{Max}\ \pi(L,K) = P(Y)\cdot Y - wL - rK，受限於\ Y = f(L,K)，且\ \pi \geq 0。$$

由上述問題，可以得出最適的勞動及資本投入量 L^* 及 K^*，必須同時滿足下述二個關係式：

$$MR\cdot MP_1(L^*, K^*) = w$$

$$MR\cdot MP_2(L^*, K^*) = r$$

上兩式等號左邊分別為勞動與資本的邊際收益產量 MRP_L 及 MRP_K，而右邊分別為僱用或使用一單位勞動與資本的花費，即工資 w 與利率 r。

在上述兩個必要條件同時滿足的情況下，L^* 及 K^* 的組合也必然保證是滿足成本最小化的要求；亦即，可以利用上兩式得出下述關係亦成立：

$$MRTS_{12} = \frac{MP_1(L^*, K^*)}{MP_2(L^*, K^*)} = \frac{w}{r}$$

上式中的邊際技術替代率 ($MRTS_{12}$)，是等產量曲線 $Y^* = f(L^*, K^*)$ 在點 (L^*,K^*) 上斜率的絕對值，而 $\frac{w}{r}$ 則是等成本線的斜率絕對值，當兩者相等時，就表示投入組合 (L^*, K^*) 是生產 Y^* 的最小成本組合。

當工資由 w_1 降為 w_2 時，首先，考慮在一定產量 Y_1^* 下的替代效果，則如圖 12–11 所示，要素組合會由 E 沿著等產量曲線 Y_1^*，向右下方移至 F，表示勞動的僱用量會由 L_1^* 增為 L_{10}，而資本投入量由 K_1^* 降為 K_{10}。其次，考慮產量效果。當工資下降時，將使得獨占廠商的長期平均成本及長期邊際成本跟著降低；因此，在市場對於其產品的需求不變下，邊際收益曲線與 LMC 曲線的交點，必然沿著 MR 曲線往右下方移動，表示銷售量會增加；也就是說，在 w 下降下，獨占廠商將會提高其產量，假設由 Y_1^* 提高到 Y_2^*。如圖 12–11 所示，此時產量增加所帶動的生產要素組合的改變，也就是所謂的產量效果，將使得勞動僱用量，由 L_{10} 進一步增加到 L_2^*，而資本的投入量也由 K_{10} 提高到 K_2^*；其中，K_2^* 是否會大於 K_1^*，則要看 Y_2^* 的水準以及生產函數的規模報酬等因素而定。

經由上述討論，了解到 w 的降低，在生產要素組合的改變上，將出現替代效果及產量效果，而兩個效果均使得對於勞動的需求量有所提高。對應於圖 12–11，在 $K_2^* < K_1^*$ 的情形下，也可以利用等利潤曲線與生產曲線的圖形，來描述工

圖 12–11

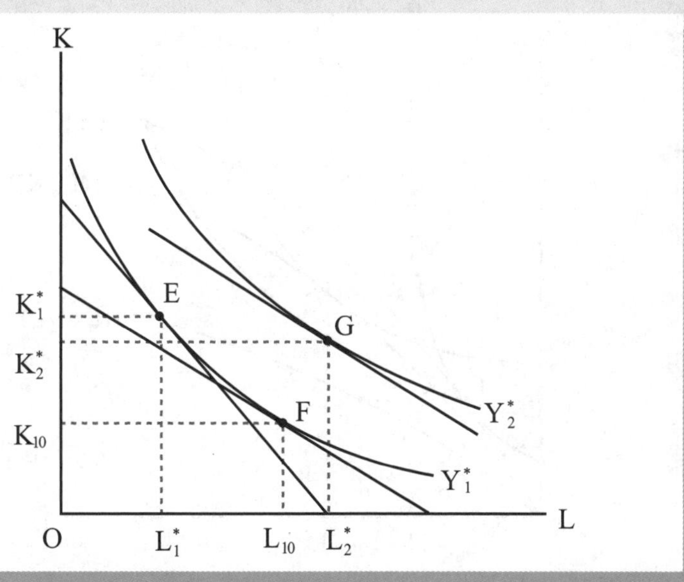

【w 下降對於長期生產要素需求量 L^* 及 K^* 的影響】

1. 令 w_1 下降為 w_2 時，產量會由 Y_1^* 提高到 Y_2^*，則最適的要素投入組合將由 E 點變成 G 點。
2. 勞動投入量的由 L_1^* 增為 L_2^*，可以分別由替代效果及產量效果來了解。

資由 w_1 降為 w_2 時，勞動投入量變化所出現的替代效果與產量效果，如圖 12–12 所示。在圖中，分別畫出在 K_1^*、K_2^* 及 K_{10} 下的生產函數曲線，在 w_1 下的等利潤曲線 M_1^* 與生產曲線 $f(L, K_1^*)$ 相切於 E 點，表示勞動需求量為 L_1^*；在 w_2 時，等利潤曲線 M_2^* 與生產曲線 $f(L, K_2^*)$ 相切於 G 點，表示勞動需求量為 L_2^*。同時，在生產曲線 $f(L, K_{10})$ 上的 F 點，是表示在 w_2 下，若要生產 Y_1^* 的產量時，其最適的勞動投入量為 L_{10}，而資本投入量為 K_{10}；不過，在 F 點上，由於並非表示在 w_2 下的最適投入量，故經過 F 點的與 M_2 曲線同樣類型的等利潤曲線（在圖中未畫出），將會與生產曲線 $f(L, K_{10})$ 相交，而不會相切。在描繪出 L_{10} 以後，就可以將 L_1^* 提高到 L_2^*，分解為替代效果的 L_1^* 增為 L_{10}，及產量效果的 L_{10} 再增為 L_2^*。

圖 12–12

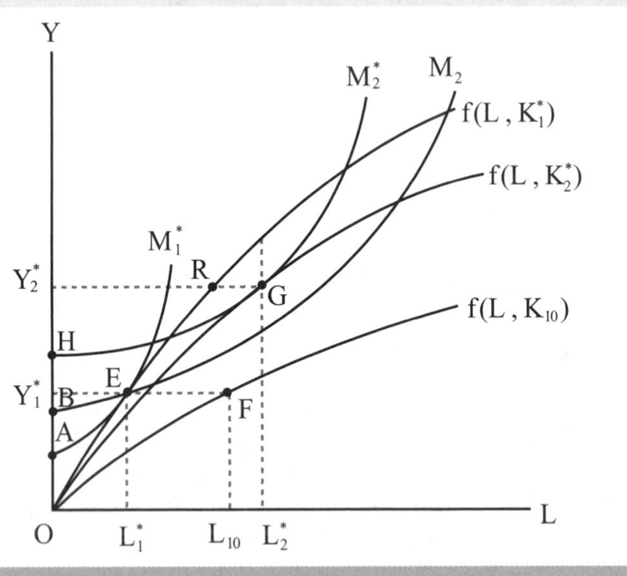

【w 下降對於勞動需求量的長期決定】

1. 當 w_1 下降為 w_2 時，產量由 Y_1^* 提高到 Y_2^*，而資本的投入量卻由 K_1^* 下降為 K_2^*；同時，在 Y_1^* 的產量下，成本最小的資本投入量為 K_{10}。
2. 等利潤曲線變得較平坦，如 M_1^* 曲線及 M_2 曲線所示。
3. w 下降的替代效果，使得 L_1^* 提高到 L_{10}；而其產量效果，進一步使得 L_{10} 增為 L_2^*。

在此，進一步利用圖 12–12，來討論 w 下降，所帶動的勞動需求量的長期增加量與短期增加量的相對大小。如圖所示，在短期時，M_2 曲線類型的等利潤曲線，將會與生產曲線 $f(L, K_1^*)$ 相切，來決定最適的勞動投入量；另一方面，亦知在短期下，由於 w 下降所帶動的邊際成本曲線降低，將比長期有限，故其產量的增加將較長期少，即小於 Y_2^*。也就是說，在短期下，等利潤曲線與生產曲線 $f(L,K_1^*)$ 的相切點，將落在 ER 曲線上；此一情形說明，w 下降所帶動的短期勞動需求量增加，將小於其長期的增加量。因此，可以確定的是，獨占廠商對於勞動的長期需求曲線，將比其短期需求曲線更為平坦。

同時，從上述的討論，亦知 w 的下降，通常是會使得資本投入量減少；但是，當產量效果大於替代效果時，也可能使得資本投入量增加。因此，亦可以推知 r 的變動，對於勞動投入量的影響，其方向也未定；也就是說，當產量效果不是很強時，r 的變動，極可能帶動勞動投入量出現同方向的變動。

經由上述說明，得知可以將獨占廠商對於勞動及資本的長期需求函數，表示為 $L^{Ld}(w; r)$ 及 $K^{Ld}(r; w)$。

第三節　消費者的個別勞動供給

本節討論消費者個人的勞動供給，至於資金或資本的供給，將放在下一章說明。消費者的勞動供給決定問題，與其所面對的消費財購買決定問題是相當的。在此，將利用一個最簡化的消費者選擇模型，來探討消費者如何決定其勞動供給量的問題。首先，介紹此一模型的消費者預算限制式。

一、預算限制式

消費者將同時面對勞動供給量與消費品購買量的決定問題，為簡化分析起見，在此先說明有關的假設。令消費者擁有非工作所得 m 及可供用於勞動 (L) 或休閒 (N) 的全部時間為 T，即 $L + N = T$；同時，消費品的購買量為 X，其價格為 P，而工資率為 w。因此，可以將消費者的預算限制式表示為：

$$PX = m + wL$$

上式中，等號左邊表示消費者的購買支出，等號右邊表示消費者的可用所得，包括非工作所得 m 與工作所得 wL。

現在，將 $L = T - N$ 的等式關係代入預算限制式，並整理為下式：

$PX + wN = P\overline{X} + wT$，其中 $P\overline{X} = m$（$\overline{X}$ 是利用 m 所能購買到消費品數量）。

上式中，等號左邊表示消費者購買消費品 (X) 以及休閒時間 (N) 的全部花費，等號右邊表示消費者的完整所得 **(Full Income)**，即包括其非工作所得 (m) 以及其全部時間 (T) 利用工資率所折算得到的金額。在上式中，相當於把工資率視為休閒時間或工作時間的機會成本，以便於可以將其全部時間利用同樣的工資率來加以折算。顯然，上式也是表現消費者預算限制式的另一個方式，下文中將利用此一式子，來討論消費者同時面對勞動或休閒時間與消費品購買的決定問題。

根據此一預算限制式，可以在以 N（或 L）及 X 為兩軸的平面上，畫出預算線，如圖 12–13 中的 AB 線所示。B 點是表示休閒時間為 T，即工作時間為零時，此一消費者用其所有的非工作所得 m，所能購買到的消費品數量為 $\overline{X}$ 或 OG；A 點是表示休閒時間為零，即工作時間為 T，此一消費者用其非工作所得 m，以及工作所得 wT，也就是其完整所得，所能購買到的商品數量為 OA。至於預算線 AB 中的任何一點，以 E 為例，是表示休閒時間為 N_1 或 OR，即工作時間為 $L_1 = T - N_1$ 或 RS，此一消費者用其非工作所得 m，以及工作所得 wL_1，所能購買到的商品數量 X_1 或 OF。

若將此一預算限制式，改寫成下式時，

$$X = (\overline{X} + \frac{wT}{P}) - \frac{w}{P} \cdot N$$

圖 12–13

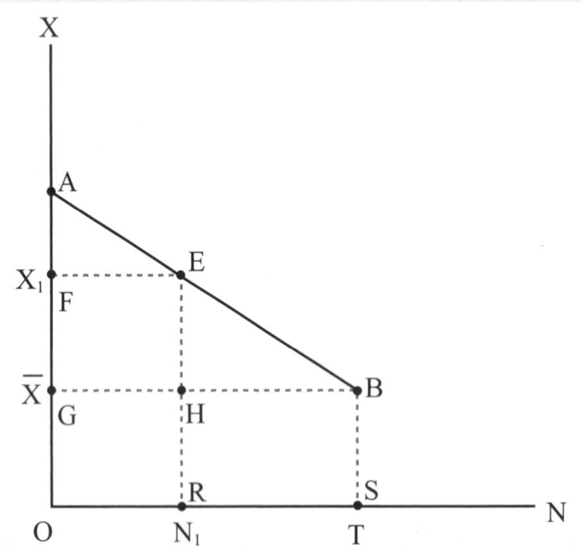

【消費者從事工作或休閒時間與消費品購買選擇時所面對的預算線】

1.T 為全部的時間，$\overline{X}$ 為非工作所得所能購買到的消費品數量，OA 為完整所得所能購買到的消費品數量。

2.AB 預算線的斜率為 $\frac{w}{P}$；其中 w 為工資率，P 為消費品價格。

就能夠清楚了解 AB 線的斜率為 $-\frac{w}{P}$，且其在縱軸（X 軸）上的截距 $OA=\overline{X}+\frac{wT}{P}$；此一斜率的絕對值，表示在市場上多工作一單位時間所能換得的消費品數量，或者表示多休閒一單位時間所必須放棄掉的消費品數量，為在市場中的消費品與時間兩者的交換比例。

同時，根據上式，也容易了解到 w、P、$\overline{X}$ 及 T 等項變數的變動，將會影響預算線的斜率、整條線的上下或左右移動。以 w 的上升或 P 的下降為例，將使得預算線變得更陡，但 B 點維持不變；以 m 或 $\overline{X}$ 增加為例，將使得預算線垂直平行上移；以 T 增加為例，將使得預算線往右平行移動。

二、勞動時間或勞動供給的決定

接著，引進消費者對於消費品及休閒的偏好關係，就可以在一定的預算限制式之下，得知消費者的最適消費組合 (N^*, X^*) 或 (L^*, X^*)。如圖 12–14 所示，

圖 12–14

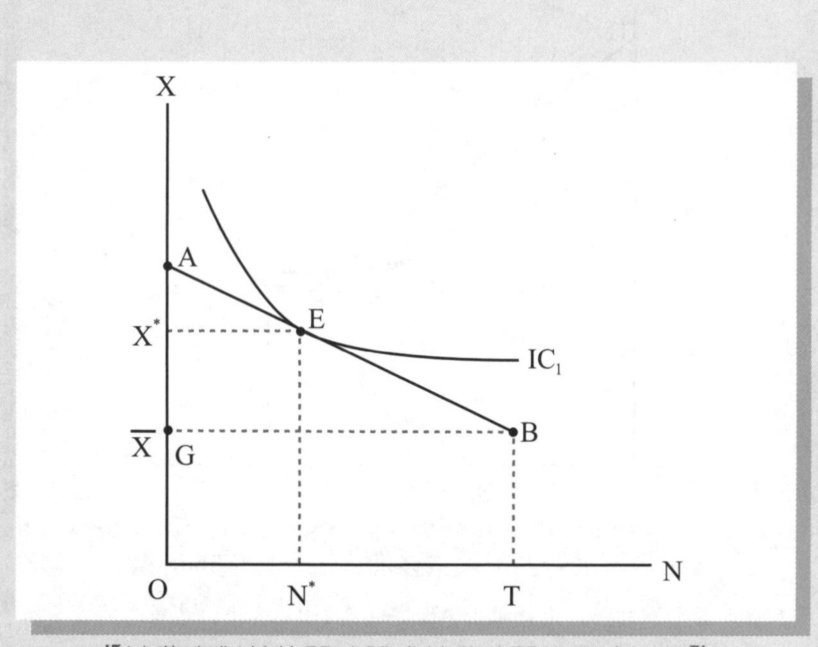

【消費者對於休閒時間或勞動時間的最適決定】

無異曲線 IC_1 與預算線相切於 E 點，表示消費者的最適休閒時間為 N^*，即工作時間為 $L^*=T-N^*$，而消費品購買量為 X^*。

無異曲線 IC_1 與預算線 AB 的相切點 E，表示其所對應的 N^* 及 X^*，是消費者的最適休閒時間及消費品數量；而休閒時間為 N^*，就等同於工作時間或勞動供給量為 $L^* = T - N^*$。

現在，考慮工資率 w 的變動，對於 N^* 或 L^* 的影響。以工資率由 w_1 提高至 w_2 為例，如圖 12–15 所示，預算線的斜率變得更陡，即由 AB 線變成 HB 線。此時，新的均衡點將不再是 E 點，因為在 E 點上的無異曲線 IC_1，與新的預算線 HB 已不再相切於 E 點，而與 IC_1 曲線相交於 S 與 T 點。因此，初步可以推知，新的均衡點將落在 ST 線段上。

接著，通常假設「休閒」財貨與消費品都是正常財貨，表示對於兩者，將隨著消費者所得的提高，均會增加其購買量的意思。在此，進一步把工資率的上升，對於 N^* 或 L^* 的影響，分為替代效果與所得效果來看。首先，經過 E 點

圖 12–15

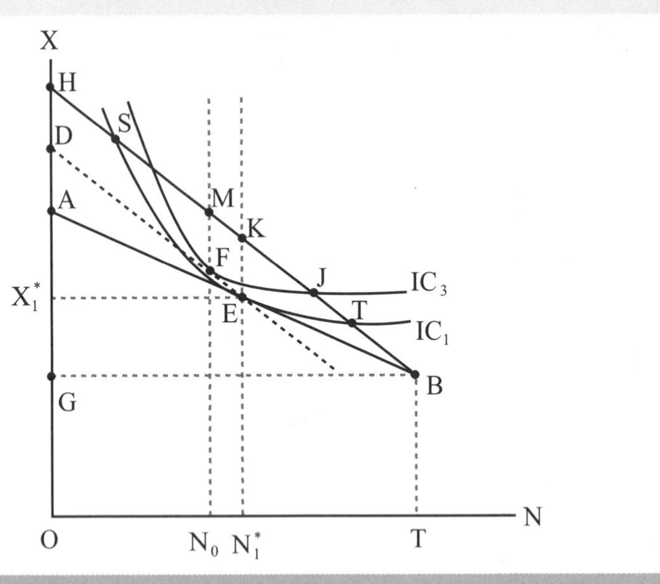

〖工資率上升對於最適休閒或工作時間的影響〗

1. 當工資率上升時，預算線由 AB 變成為 HB；其中，消費者的實質所得為淨增加，如 DH 線段所示。
2. 工資率上升的替代效果，表現為由 E 點變成 F 點；而所得效果，將表現為由 F 點進一步移至 MJ 線段上的一點。

畫出一條與 HB 線平行的 DE 線，由圖知 DE 線與 IC_3 無異曲線相切於 F 點；因此，得知工資率上升的替代效果，將呈現為均衡點的由 E 點變成 F 點，表示工資率的上升，休閒財貨的價格變得相對昂貴，故消費者在其實質所得不變下（表現為仍然可以買得起 E 點的財貨組合，即相當於有 OD 線段所表示的實質所得），將會增加消費品的購買，以替代或減少休閒財貨的購買，即休閒財貨或時間將由 N_1^* 降為 N_0，而工作時間或勞動供給量將由 L_1^* $(= T - N_1^*)$ 提高為 L_0^* $(= T - N_0)$。也就是說，就工資率上升的替代效果而言，將會提高勞動的供給量。

至於工資率上升的所得效果而言。一方面，由圖知消費者的完整所得，是由在 w_1 下的 OA 提高至在 w_2 下的 OH，即增加了 AH；另一方面，亦由於工資率的提高，使得購買 E 點所需的實質所得，即將減少或多支出 AD 那麼多。因此，工資率上升，將使得該消費者的實質所得祇增加 DH，而不是 AH，如下式所示；同時，由下式亦知所得的變動量為 $(w_2 - w_1)(T - N_1^*) = \Delta w \cdot (T - N_1^*)$：

在 w_2 下的完整所得 − 在 w_2 下購買 E 點組合的預算

$= (m + w_2T) - [m + w_1T + (w_2 - w_1)N_1^*]$

$= (OH \times P) - [OA \times P + AD \times P]$

$= DH \times P$

換言之，工資率的上升，將表現為消費者實質所得的淨增加，而使得預算線由 DE 往右上方移至 HB。同時，在休閒為一正常財貨的前提下，進一步得知新的均衡點將會落在 MJ 線段上，而使得工資率上升的所得效果，一定會增加休閒財貨的購買量，即減少工作時間或勞動的供給量。

由上述說明，了解到工資率的提高，消費者未必一定會增加其工作時間或勞動供給量，如 MK 線段所示。詳言之，當替代效果大於所得效果時，工資率的提高，消費者的勞動供給量跟著增加；反之，當所得效果大於替代效果時，工資率的提高，將會減少勞動供給量。如此，有可能得到一條**後彎的 (Backward Bending) 勞動供給曲線**，如圖 12–16 所示，該消費者在工資率高於 $\overline{w}$ 以上時，勞動供給曲線 $L^s(w)$ 變成負斜率，而非在 $\overline{w}$ 之下的正斜率；且工資率低於 $\underline{w}$ 之下時，其供給量為零。

圖 12–16

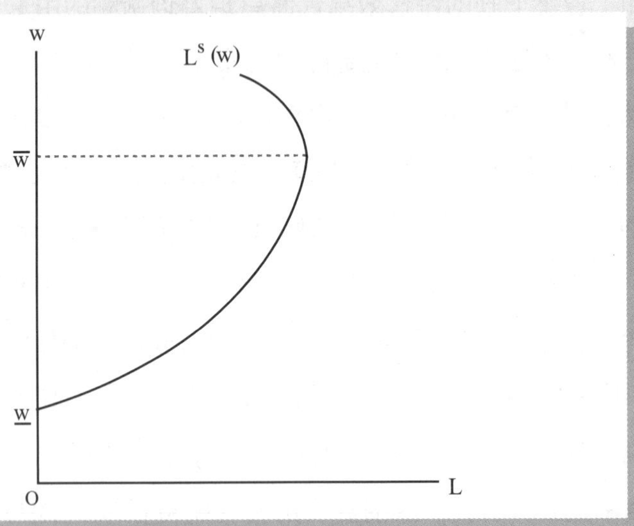

〖後彎的勞動供給曲線〗

1. 在 $\overline{w}$ 以上時，由於所得效果大於替代效果，使得工資率的上升，導致工作時間或勞動供給量的減少。
2. 在 $\underline{w}$ 及 $\overline{w}$ 之間，替代效果大於所得效果，使得勞動供給曲線具有正斜率性質。

第四節　勞動市場與工資的決定

在說明個別廠商對於勞動的需求，以及個別消費者對於勞動的供給之後，本節將進一步討論整個勞動市場的需求與供給，以及工資（率）決定的相關課題；首先，探討完全競爭的勞動市場及其工資水準的決定問題。

一、完全競爭的勞動市場

與完全競爭的消費品市場一樣，在完全競爭的勞動市場，其價格或工資率的決定，將由市場的供給與需求來共同決定。首先，就勞動的市場需求曲線而言，是由分散在各行各業的所有廠商，其對於勞動的個別需求曲線，水平加總而得。由於各行各業的短期或長期所對應的期間並不一致，因此，較難以得出整個勞動市場的所謂短期或長期需求曲線；不過，大致仍可以得知勞動市場的需求曲線，將具有負斜率的性質，且在較長的期間來看時，其斜率絕對值將可能較小。

其次，就勞動的市場供給曲線而言，基本上是由每一消費者的個別勞動供給曲線，經水平加總而得。雖然有部分的消費者，在工資率高於一定水準以上時，其勞動供給曲線是後彎的；但是，在可以想見的或有討論意義的工資率範圍內，整個勞動市場的供給曲線，將具有正斜率的性質。

在不同的年代，具工作能力的勞動人口數並不一樣；同時，在不同的移民政策下，隨著人口的移入或移出，也會影響本國或一個地區的勞動人口數。勞動人口數的變動，自然會左右整個勞動市場的供給曲線。同理，隨著經濟的發展，其產業結構將跟著調整，而在不同的產業結構下，其所需求勞動所應具備的能力，也不一致，將會進一步影響整個勞動市場的需求曲線。同時，為了擁有工作所需的能力，也要在進入勞動市場之前及之後，不斷地投入相當的時間與經費，去就學或接受訓練。簡單地說，每一消費者所具有的勞動品質或能力，是不盡相同的；而各行各業所需的人力，其要求也有相當差異。

在完全競爭的勞動市場下，祇強調每一消費者或廠商均為一個價格（即工資率）的接受者，至於上述的影響勞動供需及有關其品質或能力的種種因素，均暫不予考慮。在圖 12–17 中，分別畫出勞動市場的需求曲線 D(w) 及供給曲線 S(w)，並由其交點 E，得知均衡的工資率為 w^*，勞動量為 L^*。由圖亦知，全部的勞動提供者或消費者共得到 ▱OAEG 面積所示的勞動所得，或者說全部的廠商僱用勞動的總支出，而對應於生產者剩餘的概念，將 △AEB 面積稱為經濟租 **(Economic Rent)**，用以描述生產要素提供者所得到的實際所得，高出其保留所得或其能夠接受的最低所得的部分。

圖 12–17

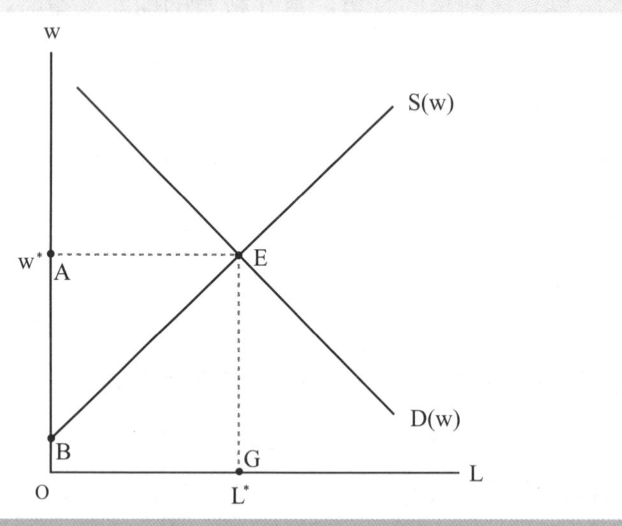

【完全競爭勞動市場的均衡】

1. 勞動市場的需求曲線 D(w) 與供給曲線 S(w) 的交點 E，為一均衡點，對應得出均衡的工資率 w^* 及勞動量 L^*。

2. 經濟租的大小，如 △AEB 面積所示。

二、不完全競爭的勞動市場

在此，僅討論勞動的需求者或僱用者只有一個的情形，此一情形稱為**獨買 (Monopsony)** 市場。與獨占廠商決定消費品的價格一樣，在獨買下，工資率基本上是由此一獨買廠商來決定的；同時，與獨占廠商面對其產品的市場需求曲線相似，此一獨買者所面對的是整個市場的勞動供給曲線 S(w)。在此，令 w(L) 為逆的勞動供給函數，以便於將此一獨買者所面對的利潤最大化問題，表示為：

$$\underset{L}{Max}\,\pi(L) = P\cdot Y - w(L)\cdot L，受限於\ Y = f(L)$$

上述問題，為簡化起見，並未考慮勞動 (L) 以外的其他生產要素；同時，亦假設此一獨買者的產品，其在市場上的價格為 P，與其產量的多寡無關。

就上述問題而言，其最適的勞動僱用量 (L^*)，必須滿足下述必要條件：

$$VMP_L = MC_L$$

上式等號左邊為勞動的邊際產值，其大小為 $P \cdot MP_L$；等號右邊為僱用勞動的邊際成本，表示平均多僱用一單位勞動，所導致廠商僱用勞動總支出或總成本 (TC_L) 的增加。嚴謹地說，可以利用下式來定義 MC_L：$MC_L \equiv \frac{\Delta TC_L}{\Delta L}$；在此，$TC_L \equiv w(L) \cdot L$, ΔTC_L 及 ΔL 分別表示 TC_L 及 L 的變動量。

根據 TC_L 的定義，亦知僱用勞動的平均成本 (AC_L)，如下式所示，等於勞動的逆供給曲線：$AC_L \equiv \frac{TC_L}{L} = w(L)$；同時，根據下述運算，可以利用 AC_L 及勞動供給彈性 (E_L^S) 來表示 MC_L 的大小：

$$MC_L \equiv \frac{\Delta TC_L}{\Delta L} = \frac{w \cdot \Delta L + \Delta w \cdot L}{\Delta L}$$

$$= w(1 + \frac{L}{w} \cdot \frac{\Delta w}{\Delta L})$$

$$= AC_L(1 + \frac{1}{E_L^S})\text{；其中，} E_L^S \equiv \frac{\Delta L}{\Delta w} \cdot \frac{w}{L}$$

利用上述關係，得知 $MC_L \geq AC_L$。

在此，以 $w(L) = a + bL$ 為例，來說明 TC_L、AC_L 及 MC_L 的大小及關係。首先，得出 TC_L 及 AC_L 分別為

$$TC_L = w(L) \cdot L = aL + bL^2, AC_L = a + bL = w(L)$$

其次，根據 TC_L，可以得出 MC_L 為

$$MC_L = a + 2bL$$

由上式知，MC_L 曲線的斜率是 AC_L 曲線或勞動逆供給曲線斜率的兩倍，且兩者在縱軸上有相同的截距；如圖 12–18 所示，AC_L 曲線為勞動的逆供給曲線，其截距 OA = a，其斜率為 $b = \frac{EB}{AB}$。而 MC_L 曲線（在此為直線）的斜率是 2b，故對應在 L_0 下，取 FE = EB，並連接 A 及 F 點，就可以得到 MC_L 曲線；至於在 L_0 下的 TC_L，亦可以利用 ▱OGER 的面積，或 ▱OAFR 的面積來表現。

由於 △AGH 與 △FEH 相似且面積完全相等，並知 FE = EB = GA，故知 GH = HE。因此，利用此一關係，也可以對應在 w_0 下，取 GE 的中點 H；然後，連接 A 及 H 點，即可以得到 MC_L 曲線。

圖 12–18

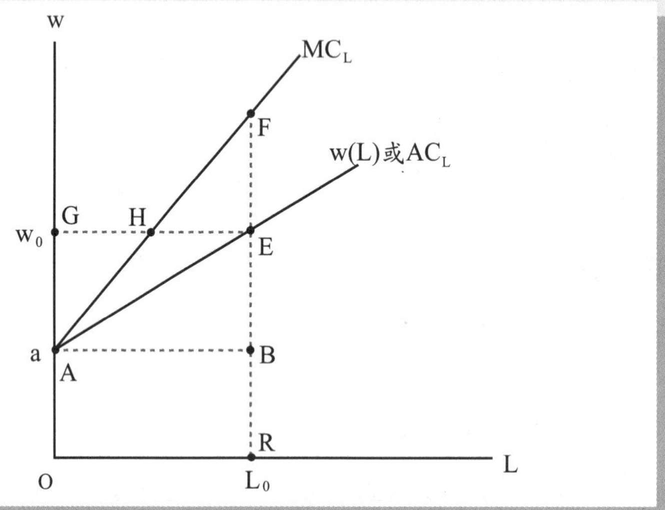

【TC_L、AC_L 及 MC_L 等三曲線的關係】

1. 以 $w(L)=a+bL$ 為例，就 L_0 時之 AC_L 為 ER，而 $a=OA=BR$，$b=\frac{EB}{AB}$。
2. 令 $FE=EB$，則連接 A 及 F 點，就可以得到 MC_L 曲線；或取 GE 線的中點 H，連接 A 及 H 點，也可以得到 MC_L 曲線。
3. TC_L 的大小，可以 □OGER 或 □OAFR 的面積來表現。

接著，求算 E 點的供給彈性

$$E_L^S=\frac{\Delta L}{\Delta w}\cdot\frac{w}{L}=\frac{AB}{EB}\cdot\frac{ER}{AB}=\frac{ER}{EB}=\frac{ER}{FE}=\frac{ER}{GA}$$

就本例子的任何 L 而言，其 E_L^S 為

$$E_L^S=\frac{1}{b}\cdot\frac{w(L)}{L}=\frac{a+bL}{bL}$$

利用上述結果，亦可以印證 MC_L 與 AC_L 及 E_L^S 之間的關係，如下述運算所示：

$$AC_L(1+\frac{1}{E_L^S})=(a+bL)(1+\frac{bL}{a+bL})=a+2bL=MC_L$$

根據 MC_L 與 AC_L 及 E_L^S 的關係，得出另一個畫出 MC_L 的方法。以圖 12–18 中的 E 點為例，取 $FE=GA$，然後連接 A 及 F 兩點，就可以得到 MC_L。

上述找到 MC_L 曲線中的 F 點的方法，不祇是在 AC_L 是直線時可以適用，當 AC_L 是曲線時，亦可以比照辦理。如圖 12–19 所示，AC_L 為一曲線，在 L_0 所對應的 MC_L（根據 $MC_L = AC_L(1+\frac{1}{E_L^S})$ 的關係，得知

$$MC_L - AC_L = \frac{AC_L}{E_L^S} = AC_L(\frac{L}{w}\cdot\frac{\Delta w}{\Delta L}) = \frac{\Delta w}{\Delta L}\cdot L \quad (\because w = AC_L)$$

上式表示，在 AC_L 之上，加上 $\frac{\Delta w}{\Delta L}\cdot L$ 就可以得到 MC_L），可以根據下述方法求得。首先，經過 E 點畫出切線 HE，與縱軸交於 H 點，則如圖所示，取 FE = EB 或 FE = GH，則 F 點就是對應在 L_0 上的 MC_L，即 $FR = ER + FE = AC_L + \frac{EB}{HB}\cdot L_0$（$\because HB = L_0, EB = FE$）。其次，對應在 AC_L 上的任何一點，均可以對應求得 MC_L 上的點，而 MC_L 曲線就是這些點所連接而成的，如 AF 曲線所示。

在了解 MC_L 的意義及其曲線的畫法之後，接著利用圖形來說明獨買廠商，

圖 12–19

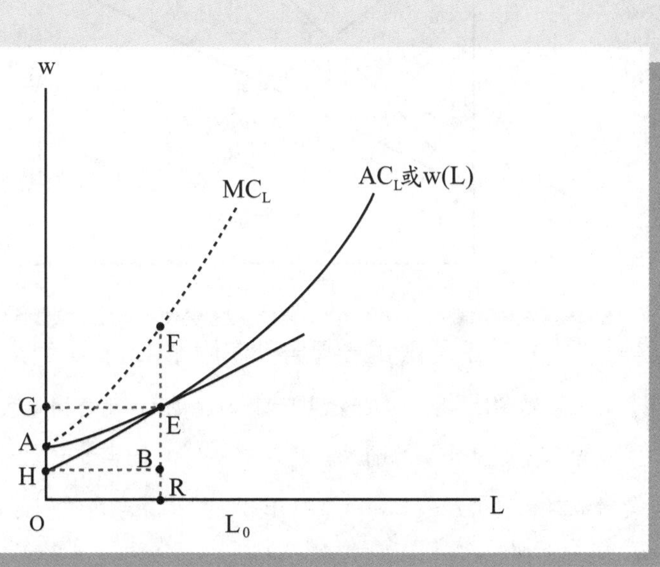

〖MC_L 與 AC_L 兩曲線之間的關係〗

1.以 E 點為例，首先畫出其切線 HE，取 FE = GH 或 FE = EB，則 F 點為對應在 L_0 上的 MC_L。

2.依此類推，可以對應在 AC_L 上的不同點，求出 MC_L 上的點。

如何根據 $VMP_L = MC_L$ 的條件，以求出其最適的勞動僱用量。在圖 12–20 中，VMP_L 曲線或由該概念所得到的勞動需求曲線 L^d，與 MC_L 曲線相交於 F 點，表示獨買廠商的最適勞動僱用量為 L^*，且由逆的勞動供給曲線 w(L)，得知獨買廠商所支付的工資率為 w^*，而勞動提供者或消費者得到的經濟租，其大小如 △AGE 面積所示；至於獨買廠商因僱用勞動所得到的剩餘，其大小如 ▱GBFE 面積所示。同時，由圖亦知當勞動僱用量低於或高於 L^*，均會使得獨買廠商的剩餘（剩餘的變化等於利潤的變化）變小，故並非其利潤最大化之下的勞動僱用量水準。

圖 12–20

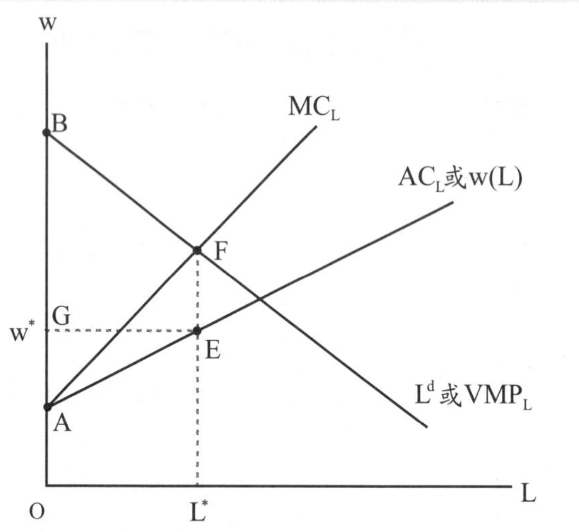

【獨買廠商最適勞動僱用量 L^* 的決定】

1. VMP_L 與 MC_L 兩曲線的交點 F，其對應的 L^* 就是獨買廠商的最適勞動僱用量，且由勞動的逆供給曲線得知工資率為 w^*。
2. 勞動提供者的經濟租，如 △AGE 所示；獨買廠商的剩餘，如 ▱GBFE 所示。

本章摘要

1. 完全競爭廠商的最適勞動投入量決定，必須滿足其勞動的邊際產值等於工資率的條件。
2. 完全競爭廠商短期的勞動需求曲線，具有負斜率性質。
3. 當要素的相對價格改變時，在產量不變下，廠商以比較便宜的生產要素，來替代其他生產要素，所導致的要素投入量變化，稱為替代效果；當產量改變時，在要素價格不變下，導致廠商重新安排其要素投入組合，此一變化稱為產量效果。
4. 在最適規模產量不會變小的前提下，完全競爭廠商的長期勞動需求曲線，亦具有負斜率性質。
5. 完全競爭廠商的長期勞動需求曲線，未必比其短期勞動需求曲線平坦。
6. 獨占廠商的最適勞動投入量決定，必須滿足其勞動的邊際收益產量等於工資率的條件。
7. 獨占廠商的短期與長期勞動需求曲線，亦均具有負斜率性質；同時，長期的勞動需求曲線會比短期的平坦。
8. 當工資率變動的替代效果大於所得效果時，消費者的勞動供給曲線具有正斜率性質；但當所得效果大於替代效果時，勞動供給曲線具有負斜率或後彎的性質。
9. 在完全競爭的勞動市場，其均衡工資率是由市場的勞動需求與供給曲線的交點所決定。
10. 在獨買的勞動市場，首先是在勞動的邊際產值與廠商僱用勞動的邊際成本相等的條件下，決定最適的勞動僱用量；其次，在此一最適勞動僱用量之下，利用勞動的逆供給曲線，求出其對應的工資率水準。

習　題

1. 何謂勞動的邊際產值？其大小受到哪些因素的影響？
2. 何謂勞動的邊際收益產量？其大小受到哪些因素的影響？
3. 當工資率上升時，完全競爭廠商的短期最適勞動投入量，有可能增加嗎？

請配合圖形來加以說明。

4. 當工資率上升時，完全競爭廠商的長期最適勞動投入量，有可能增加嗎？請配合圖形來說明。

5. 完全競爭廠商的短期勞動需求曲線，會受到利率變動的影響嗎？請配合圖形來說明。

6. 完全競爭廠商的長期勞動需求曲線，會受到利率變動的影響嗎？請配合圖形說明之。

7. 獨占廠商的長期勞動需求曲線，何以較其短期勞動需求曲線更為平坦？請配合圖形來說明。

8. 當工資率下降時，消費者的完整所得一定減少嗎？請利用預算線來說明。

9. 當工資率下降時，且知替代效果小於所得效果；請利用圖形，來說明此一變化對於消費者最適工作時間決定的影響。

10. 請利用僱用勞動的邊際成本 (MC_L) 與勞動逆供給曲線 w(L) 之間的關係，來說明獨買廠商的 MC_L 曲線，是如何畫出來的。

11. 在獨買的勞動市場，獨買廠商是如何訂定其工資率的？請利用圖形說明之。

12. 若一獨買廠商面對的勞動供給曲線 $L^S(w) = -5 + w$，且已知其對於勞動的需求曲線 $L^d(w) = 95 - w$。請問此一獨買廠商的最適勞動投入量及其工資率是多少？並請畫圖配合說明求解過程。

第十三章　消費者的跨期選擇與資金市場

本章主旨在於利用資金市場，說明利率水準的決定問題。由於資金的供給或需求，都可能來自消費者、廠商、政府等經濟的主體；同時，中央銀行亦可能通過市場的公開操作，來影響市場的利率水準，以及國際資金的移動，也會左右本國的利率水準。在此，本章將主要從個體經濟學的角度，針對消費者的**跨期選擇 (Intertemporal Choice)** 行為，分別在確定及不確定的情況下，討論資金市場的利率決定問題。

本章將分為四節。第一節是消費者的跨期選擇與資金的供需，第二節是消費者的人力資本投資與資金的供需，第三節是投資決定的準則及其對於資金的需求，第四節是風險性資產的選擇。

第一節　消費者的跨期選擇與資金的供需

首先，說明消費者的跨期選擇與利率的關係；其次，將根據此一關係，來導出消費者對於資金的供給或需求函數。

在此，為簡化說明起見，我們將在下述的情境下，來討論消費者的跨期選擇問題。假設消費者是面對一個兩期的消費問題；也就是說，已知其在第一期及第二期各有 m_1 及 m_2 的所得，且知借款或存款的市場利率為 r，那麼，消費者的問題是，如何決定其在第一期及第二期的消費額 C_1 及 C_2（或消費量；在此，亦令消費品的價格為 1（元），故消費量的大小與消費額一樣）。

根據上述問題，可以將 C_2 與 C_1、m_1、m_2 及 r 的關係，表示如下式所示：

$$C_2 = m_2 + (1 + r)(m_1 - C_1)$$

上式表示，第二期的消費額 C_2，將等於第二期的所得與第一期儲蓄本利和（當

$m_1 > C_1$，或 $m_1 - C_1 > 0$ 時）的加總，或是第二期所得扣除第一期借款（當 $m_1 < C_1$ 時）所須返還本金與利息後，所剩下的餘額。

經移項之後，可以將上式，改寫成下列二式：

(1) $(1+r)C_1 + C_2 = (1+r)m_1 + m_2$

(2) $C_1 + (\frac{1}{1+r})C_2 = m_1 + (\frac{1}{1+r})m_2$

在第(1)式中，稱為以未來值 **(Future Value)** 表示的預算線；而第(2)式，則稱為以現值 **(Present Value)** 表示的預算線。為什麼呢？因為在第(1)式中，等號左邊及右邊都是以第二期的貨幣（元）所表示的總消費額與總所得。由於存在利率 r，故若以第二期的一塊錢來看時，第一期的一塊錢就相當於第二期的 $1+r$ 塊錢；而若以第一期的一塊錢來看時，第二期的一塊錢就相當於第一期的 $\frac{1}{1+r}$ 塊錢。由此可知，當 $r > 0$ 時，第一期的一塊錢，其在市場的價值是高於第二期的一塊錢（即若以第二期的貨幣來看時，$1+r > 1$；或以第一期的貨幣來看時，$1 > \frac{1}{1+r}$）。由此亦知，第(2)式的左邊及右邊，是以第一期的貨幣（元）所表示的總消費額及總所得。直言之，所謂未來值，是以未來（即第二期）的貨幣所表示的金額；而所謂現值，是以現在（即第一期）的貨幣所表示的金額。

現在，利用圖形來表現消費者的預算線。在圖 13–1 中，橫軸及縱軸分別表示第一期及第二期的消費量 C_1 及 C_2，E 點的座標為 (m_1, m_2)，表示消費者利用其原始所得 (m_1, m_2) 所能夠獲得的原始消費組合點；A 點（或 B 點）表示全部所得用於購買第二期（或第一期）財貨，所能得到的消費量是 $(1+r)m_1 + m_2$（或 $m_1 + (\frac{1}{1+r})m_2$）。同時，亦知 AE 線段上的各點，是指消費者在第一期有儲蓄時 $(C_1 < m_1)$，所能得到的消費組合；而 EB 線段上的各點，則是指消費者在第一期有借款時 $(C_1 > m_1)$，所能得到的消費組合。

因此，預算線就如圖 13–1 中的 AB 線所示，其斜率為 $-(1+r)$，說明一單位的第一期財貨，其市場價值就等於 $1+r$ 單位的第二期財貨；或一單位的第一期財貨，在市場上可換得 $1+r$ 單位的第二期財貨。

當消費者的 m_1 或 m_2 不一樣時，其預算線有可能出現變化，而使得往右上方或左下方移動，表示消費者的總所得有所增加或減少。同時，當 r 不一樣時，預算線也會以 E 點為定點，隨著 r 的增加或減少，變得更陡峭或更平坦，表示消費者的總所得，若以現值表示時，是有所降低或提高；不過，若以未來值表示時，反而是有所提高或降低。

圖 13–1

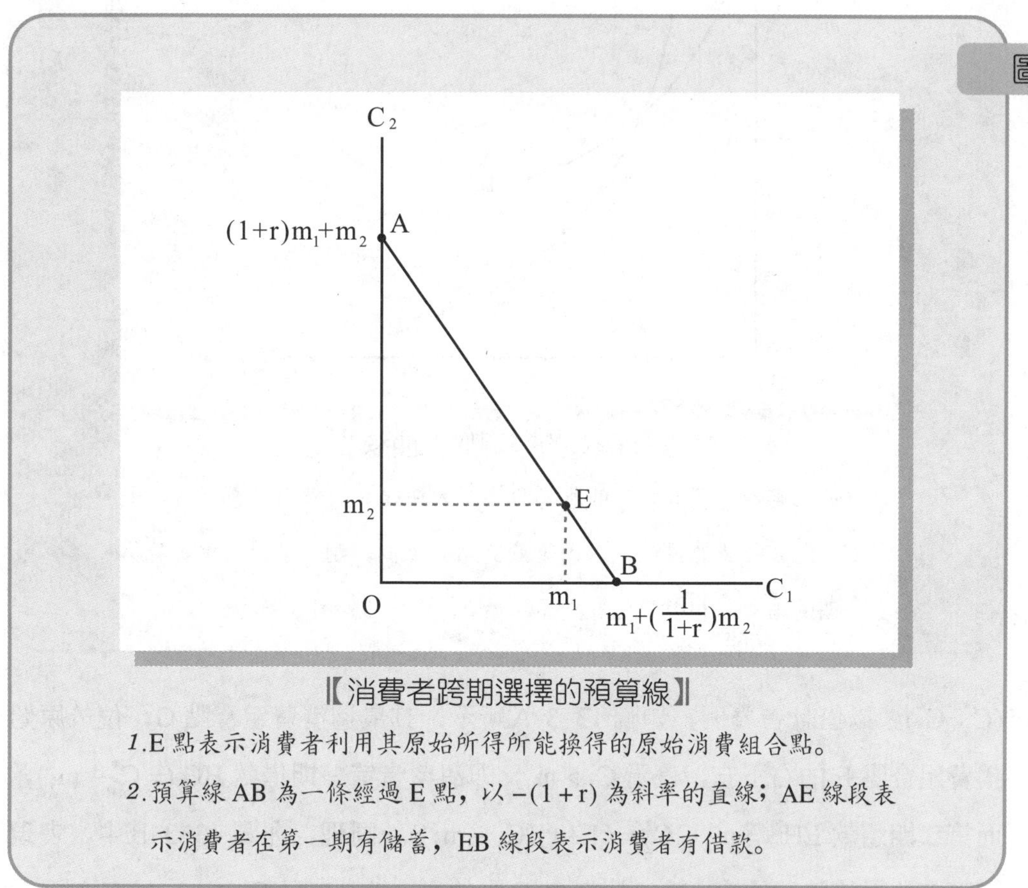

〖消費者跨期選擇的預算線〗

*1.*E 點表示消費者利用其原始所得所能換得的原始消費組合點。

*2.*預算線 AB 為一條經過 E 點，以 $-(1+r)$ 為斜率的直線；AE 線段表示消費者在第一期有儲蓄，EB 線段表示消費者有借款。

在介紹消費者的跨期預算線之後，接著說明消費者的跨期偏好結構。就一般情況而言，消費者的跨期偏好結構，可以乖巧的無異曲線圖來表示。如圖 13–2 所示，畫出兩個偏好結構不同的人；其中，甲的無異曲線 $IC_{甲}$，比乙的無異曲線 $IC_{乙}$ 更為陡峭，以交點 F 為例，剛好用來呈現甲對於第一期的消費有比較高的偏好，故相對於乙，甲願意以更多單位的第二期消費，來替換一單位的第一期消費。

接著，結合消費者的跨期預算線與無異曲線，就能夠得到最適的消費組合

圖 13–2

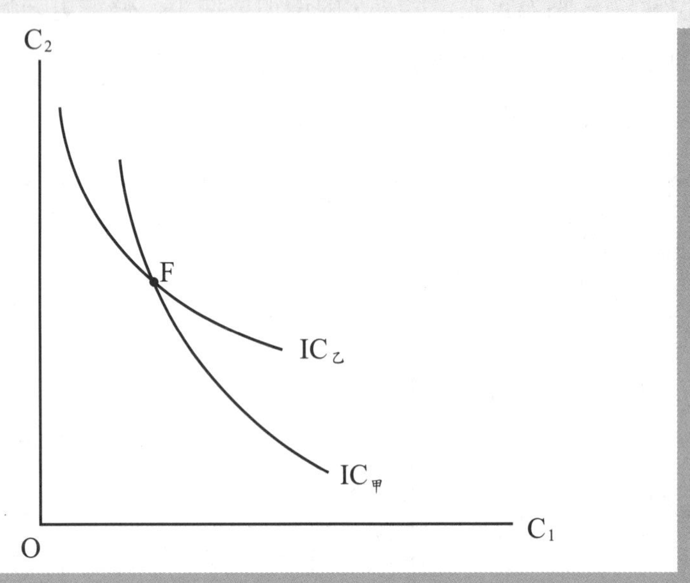

〖消費者的跨期無異曲線〗

1. 甲及乙兩人均具有乖巧的無異曲線，分別如 $IC_{甲}$ 及 $IC_{乙}$ 所示。

2. $IC_{甲}$ 比 $IC_{乙}$ 更為陡峭，以兩者的交點 F 為例，剛好呈現出甲對於第一期的消費，相對於乙有更高的偏好。

(C_1^*, C_2^*)。以借款者為例，如圖 13–3 (A)所示，其最適消費組合點 G，位於原始消費組合點 E 的右下方，表示 $C_1^* > m_1$，即消費者第一期借款 HG $(= C_1^* - m_1)$，而第二期還款 EH $(= m_2 - C_2^* = (1 + r)(C_1^* - m_1))$。同理，在圖 13–3 (B)中，表現儲蓄者的最適消費決定，其 G 點落在 E 點的左上方，表示 $C_1^* < m_1$，且 $C_2^* > m_2$。

由圖 13–3 中的 E 點與 G 點之相對位置，得知在一定的利率 r 之下，消費者是否為一儲蓄者或借款者，將主要看其原始組合點 E 的落點與 IC 曲線的走勢而定。首先，當 E 點比較接近 A 點時，則 G 點比較有可能落在 EB 線段上，而為一借款者；反之，當 E 點比較接近 B 點時，則 G 點落在 AE 線段上的可能性較高，而為一儲蓄者。前者如剛進入職場的年輕人，後者如即將退休者。其次，當 IC 曲線的走勢較為陡峭時，如圖 13–2 的 $IC_{甲}$，相對於 $IC_{乙}$ 的情況，則更有可能是借款者；反之，當 IC 曲線的走勢較為平坦時，則成為儲蓄者的機會較大。

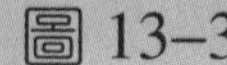

圖 13–3

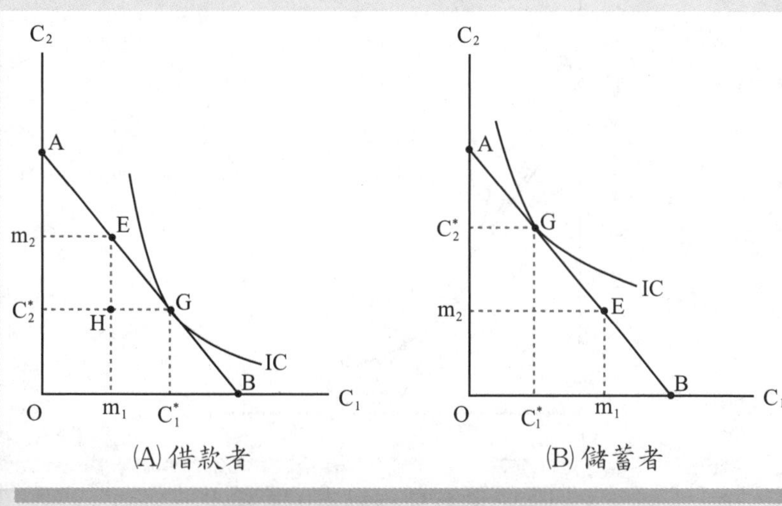

(A) 借款者　(B) 儲蓄者

【消費者的跨期最適決定】

1. 當最適消費組合點 G，落在原始點 E 的右下方時，此一消費者為一借款者，如(A)圖所示；反之，(B)圖表示儲蓄者。
2. 消費者是否為一借款者或儲蓄者，要看其 E 點的位置、IC 曲線的走勢以及利率的大小等因素而定。

最後，討論利率 r 的變動，對於最適消費組合的影響。首先，以 r 的降低為例，分別就借款者與儲蓄者來說明。就借款者而言，r 的降低，其預算線將變得更為平坦，如圖 13–4 中的 AB 線變成 A′B′ 線所示，而新的最適消費組合點 G′（在圖中並未標示出來）將會落在 EB′ 線段中的 RS 線段上；其中，R 及 S 點是過 G 點的 IC 曲線與 EB′ 線段的交點。此一情形說明，r 的降低，借款者將會還是借款者；不過，其借款的金額卻未必一定增加。

就儲蓄者而言，r 的降低，其預算線也是變得更加平坦，如圖 13–5 中的 AB 線變為 A′B′ 線所示。此時，新的最適消費組合點 G′，其落點位置有可能出現三種情況：第一種是 G′ 落在 A′E 線段上（不含 E 點），表示消費者仍持續為一儲蓄者，且其福利有所降低了；第二種是 G′ 落在 E 點上，表示消費者變成既非儲蓄者，亦非借款者，此時其福利有所提高；第三種是 G′ 落在 EB′ 線段上（不含 E 點），表示消費者變成為借款者，如圖中的落在 RS 線段上所示（在圖中未

圖 13-4

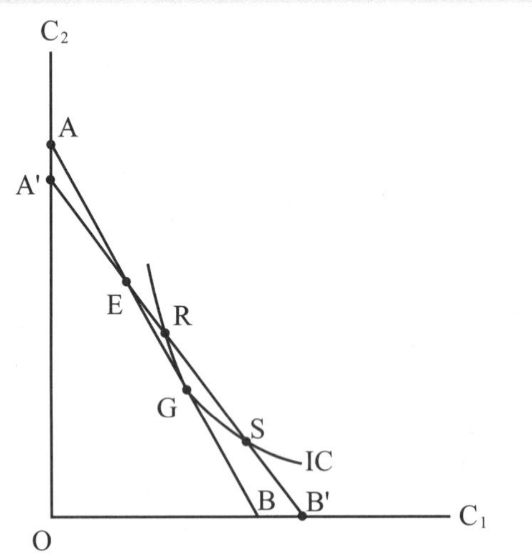

【利率降低對於借款者的影響】

1.利率降低，將使得預算線變得更為平坦，如由 AB 線變成為 A′B′ 線所示。

2.新的最適消費組合點，將落在 RS 線段上；一者表示此一消費者仍持續為一借款者，二者表示其借款的金額未必一定提高。

圖 13-5

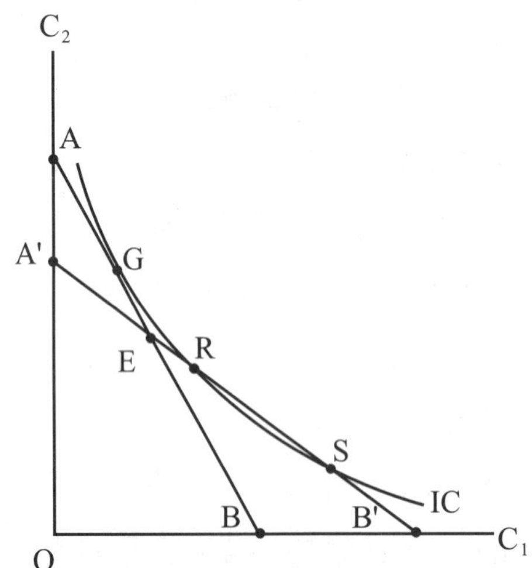

【利率降低對於儲蓄者的影響：以變成為借款者為例】

1.利率降低，使得預算線由 AB 線變成為 A′B′ 線。

2.新的最適消費組合點，可能落在 A′E 線段上、E 點上或 EB′ 線段上（如圖中所示）。

標示出 G′)，此時其福利亦有所提高。就後兩種情況而言，可以確定在 r 降低下，此一消費者的資金供給量是減少到等於零，甚至反而變成資金的需求者；至於第一種情況，資金的供給量則未必一定減少。

其次，以 r 的提高為例，亦可以分別就借款者與儲蓄者，來說明其最適消費組合點所受到的影響。就借款者而言，利率的提高，亦有可能出現三種情況；即仍維持為借款者，變成為非借款者且非儲蓄者，或變成為儲蓄者。就儲蓄者而言，利率的提高，將仍然維持為一儲蓄者；不過，其資金的供給量卻未必一定增加。

由上述說明，了解到個別消費者若為儲蓄者，表示是市場資金的供應者；若為借款者，則是市場資金的需求者。同時，亦知利率的變化，影響儲蓄者或借款者對於市場資金的供需方向，未必確定。不過，若就全部的消費者而言，仍然大致可以得到利率水準與資金供給量同方向，而與資金需求量反方向變動的結果；也就是說，資金的供給曲線為具正斜率性質，而需求曲線為具負斜率性質。至於，從投資角度來討論資金的供需，則請參閱下二節。

第二節　消費者的人力資本投資與資金的供需

與在上一節中，假設消費者有一固定的原始消費組合為 (m_1, m_2) 不同的是，在本節中，消費者除了在面對資金市場下，考量其跨期的最適消費組合問題以外，尚可以將其對於**人力資本 (Human Capital)** 的最適投資決定，一併納入考量。所謂人力資本，是指消費者所具有的生產技能或知識，也是消費者賴以提供其勞動，賺取所得的技能或知識；消費者人力資本的累積，除了從花時間受教育的方式來獲取之外，也可以從在職的學習與利用下班時間，到校進修、接受專業機構的訓練及自身經驗的累積中獲得。總之，消費者可以經由人力資本的投資，累積更多的人力資本，將有助於未來所得的提升。當然，人力資本的投資，除了投入時間以外，也必須投入一些金錢。

現在，以生產函數的概念，來描述消費者在第一期對於人力資本的投資大小，對於消費者第二期所得的影響。在圖 13–6 中，E 點表示消費者不再進行其人力資本投資時，其在第一期與第二期所能得到的固定所得或消費為 m_1 與 m_2。而 EK 曲線，則是描述消費者進行人力資本投資時，其在第一期與第二期所能達到的所得組合軌跡，以線上的 G 點為例，表示在第一期投入 EH 的所得，其將導致其人力資本的提高，並使得第二期的所得增加 GH 的水準，而由 m_2 增加為 m_2'，至於第一期的所得，則由 m_1 降為 m_1'。簡單地說，可以將 EK 曲線視為人力資本投資對於第二期所得的生產曲線。同時，為了使得討論有意義，E 點的斜率絕對值將大於一，才表示存在有人力資本投資的價值；同時，假設人力資本投資亦具有邊際報酬遞減現象，使得 EK 曲線凹向原點，如圖所示。

首先，說明在沒有資金市場下，消費者的最適消費及投資的決定問題。如圖 13–7 所示，消費者將在所具有的人力資本投資生產曲線 EK 的限制下，找出令其滿

圖 13–6

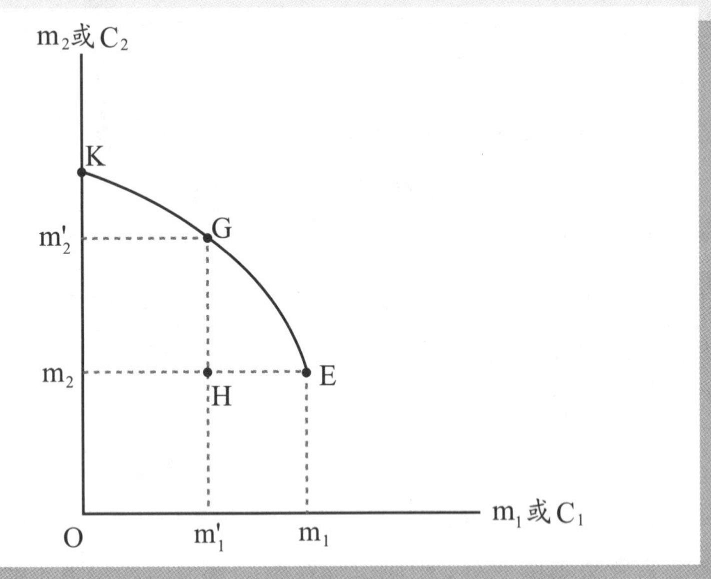

〖消費者人力資本投資的生產曲線〗

1. 消費者不再進行人力資本投資時，其所具有的消費組合點。
2. EK 曲線表示消費者人力資本投資，對於第二期所得的生產曲線；以 G 點為例，表示第一期投資 EH 的所得，會使得第二期的所得增加 GH。

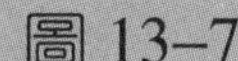

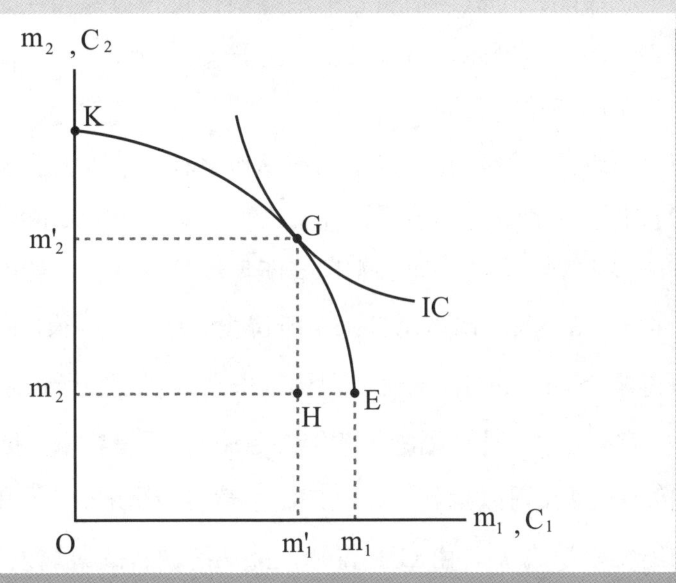

【消費者兩期消費與人力資本投資的最適決定】

1.EK 曲線為消費者的人力資本投資生產曲線，與一條 IC 曲線相切於 G 點。

2.由 G 點得知，消費者的最適消費為 $C_1^*=m_1'$, $C_2^*=m_2'$，最適人力資本投資為 EH。

足程度最大化之下的最適消費組合點，如圖中的 G 點，為一條 IC 曲線與 EK 曲線的相切點，其座標為 (m_1' , m_2')，表示消費者兩期的最適消費分別為 $C_1^*=m_1'$, $C_2^*=m_2'$，且亦知此一消費者的最適人力資本投資額為 EH ($=m_1-m_1'$)。

其次，在考量有資本市場的情況下，討論消費者的最適消費、人力資本投資及資金供需等項決定的問題。當消費者進行其人力資本投資時，表示其對於資金有需求；此時，消費者可以由兩個管道來取得該項投資所需的資金，一者是消費者自行供應，二者是由資金市場取得借款來支應。當消費者自行供應其投資所需的資金時，他就要放棄將這些資金在市場上借給他人的機會；也就是說，消費者自行供應投資所需的資金，是有機會成本的，即少賺取利息。換言之，消費者進行人力資本投資，其所需資金，不管來自何處，總是以市場利率作為其核算機會成本的依據。

根據上述說明，可以將消費者的最適消費及投資等項決定的問題，分為二個層次來看。首先，考慮在資本市場下的最適人力資本投資問題；其次，考慮在資本市場下的最適消費問題。

在資本市場下，消費者將以市場利率作為其評估人力資本投資的依據。此時，消費者將面對如下的問題，即在其人力資本投資生產曲線的限制下，生產出最高的所得水準。在此，可以利用等所得線的概念，來說明求解的過程。令 $(1+r)m_1+m_2=k$，為一條表示等未來所得為 l 的等所得線；即該線上每一點所表示的所得組合 (m_1, m_2)，均可以得到以未來值表示的所得水準 k。如圖 13–8 所示，在一定 r 之下，過 E 點的等所得線 AB，表示其等未來所得水準為 k $(=(1+r)m_1+m_2)$；在此，可以找到一條與 EK 生產曲線相切於 G 點的等所得線 A′B′，其等未來所得水準為 k'。由 G 點得知，此一消費者的最適人力資本投資為 EH $(=m_1-m_1')$；如此，將使得其第二期所得由 m_2 增加為 m_2'。因此，可以稱 A′B′ 線，為此一消費者在資本市場及進行人力資本投資下的跨期預算線。

接著，消費者將在此一跨期預算線下，來決定其最適的消費組合 (C_1^*, C_2^*)，如圖中的 F 點所示。由 F 點得知，此一消費者在第一期有 HN $(=m_1'-C_1^*)$ 的儲蓄，可以來供應資本市場。同理，亦可以比照圖 13–8，來呈現消費者對於資金的需求情形；也就是說，當 F 點落在 GB′ 線段上時，則此一消費者將會有借款，而為一資金的需求者。

根據本節的上述討論，將不難瞭解影響消費者對於資金供需的因素，有 m_1 及 m_2 的大小，EK 曲線的走勢，IC 曲線的位置與走勢，以及利率水準的高低等項。現在，以 r 的提高為例，將使得 A′B′ 線變得更陡，其與 EK 曲線的切點 G，將往 E 點移動，表示人力資本投資的額度會減少；如此，將進一步導致 C_1^* 及 C_2^* 的變動，此時對於儲蓄者而言，其福利會提高，不過其儲蓄額可能未必一定會提高。至於借款者，若變成為儲蓄者的話，福利會提高；但若仍為借款者，則福利會減少，且其借款額度一定會下降。

至於 r 的降低，對於消費者資金供需的影響，亦可以比照利用圖 13–8 來瞭解。

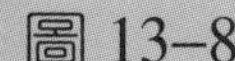

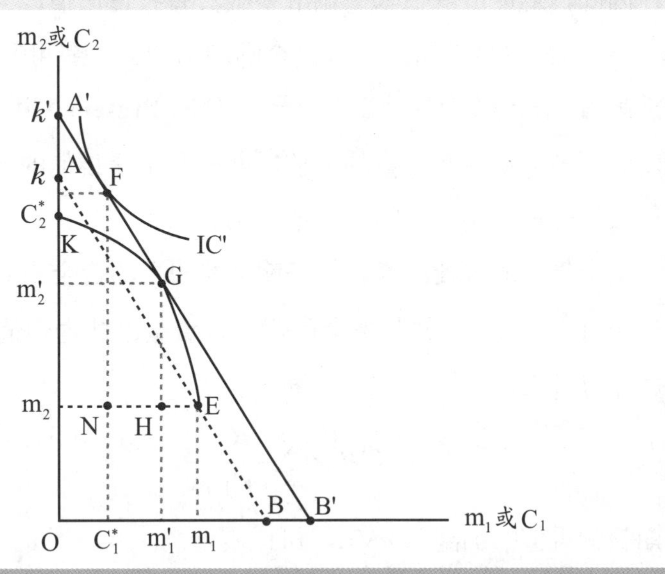

【在資本市場下，消費者兩期消費與人力資本投資的最適決定】

1.A′B′ 線為消費者的預算線，其與 EK 曲線的切點 G，決定了消費者的最適人力資本投資為 EH。

2.A′B′ 線與 IC′ 曲線的切點 F，決定了二期的最適消費為 C_1^* 及 C_2^*。

3.此一消費者提供 HN 的儲蓄，為一資金的供應者。

第三節　投資決定的準則及其對於資金的需求

除了上一節提及的消費者人力資本投資需要資金以外，消費者的其他金融性投資或房地產投資與自用購置，廠商的投資或資產購置，以及政府的公共建設等方面，也都會對於資金有所需求。本節將以廠商的投資為例，來說明投資決定的準則，以及投資額或資金需求量與利率之間的關係。

從上一節消費者人力資本投資的討論中，得知投資的最終目的在於使得消費者的等未來所得最大化；同理，廠商或消費者的任何投資，其目的均在求得其等未來所得的最大化，也就等同於求取等現在所得的最大化。

由於許多投資計畫，其所需投入的資金，以及其得到的報酬，有可能延續二期以上；因此，為便於評估哪一個計畫較具有投資價值，大多利用現值的概念，來表現該投資計畫各期所需投入資金的現值，以及各期所獲致報酬的現值，若後者大於前者，表示該投資計畫的淨現值（**Net Present Value**，以 NPV 表示）大於零，就說明該計畫具有投資的價值；此一利用淨現值的概念，來評斷投資計畫的可行性，一般稱為投資的淨現值準則。

設有一項十年期的投資計畫，其各期所需投入的資金為 C_i，而所得到的報酬為 R_i，$i = 0, 1, \cdots, 9$；故知其各期所需投入資金的成本現值為 PVC，可以由下述式子來加以計算：

$$PVC = \sum_{i=1}^{9} \frac{C_i}{(1+r)^i}$$

同理，各期報酬現值的加總為 PVR，可以表示為：

$$PVR = \sum_{i=0}^{9} \frac{R_i}{(1+r)^i}$$

在求得該計畫的 PVC 及 PVR 之後，就可以計算其淨現值，即

$$NPV = PVR - PVC$$

根據 NPV 的大小，廠商就可以了解該投資計畫的可行性，以及其優先順序。換言之，當 NPV 大於零時，表示此一投資值得去推動；當 NPV 愈大時，表示此一投資的順位愈優先。

就一般的投資計畫而言，其在早期所需投入的資金通常較為龐大，而後期所需的資金將較少；至於在各期所得到的報酬，其分布可能較為平均。因此，r 的高低，其影響 PVC 及 PVR 的程度不一樣。當 r 提高時，將使得 PVC 下降的程度，小於 PVR；如此，表示有些投資計畫，其 NPV 有可能由正轉為負，說明這些投資計畫在 r 提高之下，變成為不可行，即不具有投資價值。此一情形，說明 r 的提高，將使得有價值的投資計畫變少，導致廠商對於資金的需求量跟著減少。若廠商投資所需的資金，大於其自有資金時，就會向外借款；當 r 提高時，廠商的借款額度會降低。

就消費者的投資理財活動來看，其是否要投資，以及是否會向外借款，其

道理也跟上述廠商的思考方式一樣；即 r 的提高，將提高消費者的借款成本，或減少其投資報酬的現值，故消費者的借款金額會降低。

至於政府從事公共建設時，其所需資金若不足時，也會向民間借款；不過，政府的借款，通常較不受 r 變動的影響。

經由以上的討論，大致可以得到一條具負斜率性質的資金市場需求曲線，以及正斜率性質的資金市場供給曲線，而均衡利率水準，將由資金市場的供需曲線共同來決定。在圖 13–9 中，分別畫出資金的市場供給曲線 S 及需求曲線 D，前者具有正斜率性質，後者具有負斜率性質；同時，由供需曲線的交點 E，得到均衡的利率水準為 r^*，均衡的資金量為 Q^*。

圖 13–9

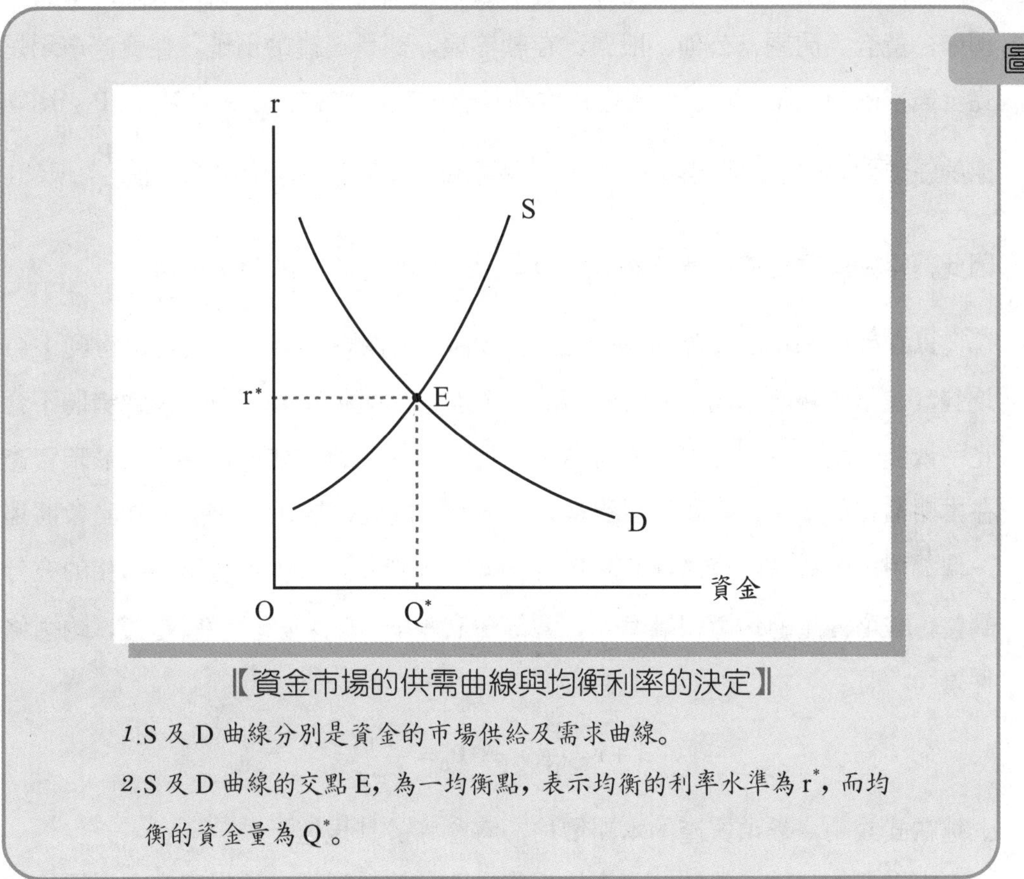

〖資金市場的供需曲線與均衡利率的決定〗

1.S 及 D 曲線分別是資金的市場供給及需求曲線。

2.S 及 D 曲線的交點 E，為一均衡點，表示均衡的利率水準為 r^*，而均衡的資金量為 Q^*。

第四節　風險性資產的選擇

本章截至目前的討論，基本上是在確定的情況下進行的，例如，投資的報酬是確定的，均衡的利率水準在各期中是保持不變的。實際上，消費者所購置的資產（作為投資標的物）或廠商所面對的投資計畫，其所能得到的報酬多是非確定的。本節將以消費者對於**風險性資產 (Risky Assets)** 的選擇為例，說明其報酬率的決定，及其與利率（為確定性資產的報酬率，詳下文）之間的關係。

首先，說明確定性資產的報酬率 **(Rate of Return)**。所謂資產，是指在一定期間內，具有增值性質，或是能夠提供服務，或是能夠獲得貨幣收入的財貨；例如，黃金、房屋、公債、股票、存款等項，都是資產的例子。在資產市場是完全競爭的前提下，若一項資產在本期及下一期的價格，分別為 P_0 及 P_1，則本期的一塊錢，就可以購買該項資產 $\frac{1}{P_0}$ 個單位，其在下一期的市價就值 $\frac{P_1}{P_0}$ 塊錢；因此，得知該項資產的報酬率 ρ 為 $\rho=\frac{P_1}{P_0}-1$ 也就是說，$1+\rho=\frac{P_1}{P_0}$。

以存款的利率 r 來看，消費者若把一塊錢存在銀行，其下一期可以得到 $1+r$ 塊錢，表示其報酬率為 r。那麼，當前述資產的報酬率 $\rho<r$ 時，消費者將不會花一塊錢去購買該項資產，而會將那一塊錢存在銀行；如此，將導致該項資產在本期價格的下跌，以及其報酬率 ρ 的上升。反之，當 $\rho>r$ 時，消費者會將那一塊錢用於購買該項資產，使得 P_0 上升，而 ρ 降低。經由資產市場價格的充分調整，該項資產的均衡報酬率 ρ^*，會等於利率 r，即 $\rho^*=r$。也就是說，均衡條件為

$$1+r=\frac{P_1}{P_0},\ \text{或}\ P_0=\frac{P_1}{1+r}$$

上述右式說明，該項資產的本期價格，將會等於其現值。

由以上的討論，得知在資產的報酬是確定的情況下，透過資產市場價格機能的運作，將能使每一資產的報酬率均等，基本上會等於市場利率。不過，由於每一項資產所提供給消費者的利益，除了增值（即 $P_1>P_0$）以外，有的也會

提供其他的價值（如住房提供的服務）；另外，有些資產的增值或貨幣收入要課稅（如土地或利息），有些則免稅（如公債利息）。因此，上述報酬率均等的說法，應由每一項資產淨報酬率的均等來看，而不能直接看其在市場上的毛報酬率。

同理，當考慮資產報酬的不確定性時，則由於每一項資產的不確定性程度並不一樣，故其在市場上的報酬率也會不一致。在說明風險性資產的報酬率與利率之間的關係之前，先來討論消費者對於風險性資產的最適選擇問題。

為簡化討論起見，假設消費者同時面對兩種資產：一種是確定性資產，其報酬率固定為 r（例如存款或公債的利率）；另一種是風險性資產（如股票、共同基金等），其報酬率並不固定。在此，假設該風險性資產的報酬率，其平均數與標準差分別為 ρ 與 σ；其中，$\rho > r, \sigma > 0$。σ 愈大，表示報酬率的分配愈分散，即資產的風險性愈高。

當消費者在其投資或資產購買的總額中，以 $1-\theta$ 的比例來購買確定性資產，以 θ 的比例來購買風險性資產時，則此一資產組合報酬率的預期值 (ρ_θ) 與標準差 (σ_θ) 分別為（推導過程省略）：

$$\rho_\theta = (1-\theta)r + \theta\rho, \sigma_\theta = \theta\sigma$$

上兩式的第一式說明，資產組合的預期報酬率，等於兩項資產報酬率的加權平均；第二式說明，資產組合的報酬率標準差，也等於兩項資產報酬率標準差的加權平均（確定性資產報酬率的標準差為零）。

利用上述兩式，可以得出消費者所面對的預算線：

$$\rho_\theta = r + (\frac{\rho - r}{\sigma})\sigma_\theta$$

上式說明，消費者可以在市場上購買到不同的資產組合；其中，由於 $\rho > r$，知 $\frac{\rho - r}{\sigma} > 0$，因而上式表示資產組合的預期報酬率，將與其標準差呈現正向關係。該預算線的斜率為 $\frac{\rho - r}{\sigma}$，表示在市場上，平均每增加一單位的標準差，可以折抵預期報酬率的增加量，稱為風險的價格 **(Price of Risk)**；也就是說，當消費者購買或承擔較大的風險(以標準差來衡量)，則市場上也會給予其較高的報酬率，以作為補償。此一預算線，剛好是描述風險與報酬兩者之間，在市場上的抵換關係。

在圖 13–10 中，AB 線表示消費者在市場上所面對的資產組合預算線；其中，A 點表示 $\theta = 0$ 的情形，即消費者全數購買無風險性資產，則此一資產組合的標準差為零，報酬率為 r。B 點表示 $\theta = 1$ 的情形，即消費者全數購買風險性資產，則此一資產組合的標準差為 σ，報酬率為 ρ。至於線上的 E 點，表示 $\theta = \frac{AE}{AB}$ 的情形，即消費者購買 θ 比例的風險性資產，則此一資產組合的標準差為 σ_θ，報酬率為 ρ_θ。

接著，引進消費者對於資產組合的無差異曲線，此一曲線將用來描述消費者對於風險的厭惡情形。假設消費者為風險趨避者，則為了抵消風險的增加，必須給予較高的報酬作為補償；因此，無差異曲線將呈現正斜率，其斜率表示消費者在主觀上的風險與報酬之間的邊際替代率。當消費者愈不喜歡風險時，

圖 13–10

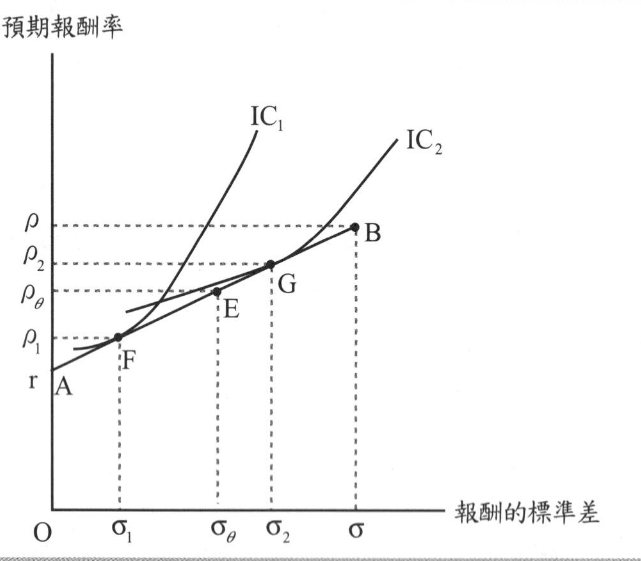

【消費者最適資產組合的決定】

1.AB 線為消費者的資產組合預算線，其斜率為風險價格 $\frac{\rho - r}{\sigma}$。

2.IC_1 及 IC_2 曲線分別表示不同消費者的無差異曲線，前者較不喜歡風險，其最適資產組合中的風險性資產比例較低，即 $\frac{AF}{AB} < \frac{AG}{AB}$。

其無差異曲線會愈陡峭，如圖 13–10 中的 IC_1 所示；反之，其無差異曲線較為平緩，如圖中的 IC_2 曲線所示。

由一條最高的無差異曲線與 AB 線的切點，就可以得到該消費者的最適資產組合；如圖 13–10 中，對 IC_1 曲線的消費者，其最適資產組合中的風險性資產比例為 $\frac{AF}{AB}$，如 F 點所示。至於 IC_2 曲線的消費者，其最適的風險性資產比例為 $\frac{AG}{AB}$，如 G 點所示；在此，亦知此一消費者會選擇較高風險 $(\sigma_2 > \sigma_1)$ 及較高報酬率 $(\rho_2 > \rho_1)$ 的資產組合，即 $\frac{AG}{AB} > \frac{AF}{AB}$。

在圖 13–10 中，得知消費者會選擇其最適的資產組合；亦即其在一定價格下，可以對應求得消費者對於確定性資產與風險性資產的需求量。當確定性資產的價格、風險性資產的標準差等項因素均不變下，若風險性資產的本期價格降低，表示其報酬率提高，則消費者的最適資產組合將會受到影響。以圖 13–11 來說明，在風險性資產的本期價格未變動之前，消費者的最適資產組合如 E 點所示，表示風險性資產的比例為 $\frac{AE}{AB}$，而該資產組合的預期報酬率為 ρ^*、標準差為 σ^*。當風險性資產的本期價格降低時，消費者所面對的資產組合預算線變成為 AB′ 線，表示 ρ 提高為 ρ'，而 σ 保持不變；因此，如圖所示，新的最適組合點 E′（在圖中未標明），將落在 RS 線段上。

當 E′ 落在 RK 線段上（不含 K 點）時，表示消費者調降其風險性資產的比例；當 E′ 落在 KS 線段上（不含 K 點）時，則表示消費者調高其風險性資產的比例；若 E′ 剛好在 K 點上時，說明消費者維持其風險性資產的比例。就個別的消費者而言，在風險性資產本期價格降低下，雖然未必確知消費者一定會提高其風險性資產的比例；但是，就全部的消費者而言，通常是會增加此一風險性資產的購買量。同時，將減少對於確定性資產的需求，進而導致該資產本期價格的下降，及其報酬率的上升；接著，又會使消費者所面對的預算線及其最適組合點產生變化。

由上述說明，了解到風險性資產與確定性資產在市場上的均衡報酬率，是透過兩市場的相互作用，來共同決定的；同時，由預算線的式子，也了解到風

圖 13–11

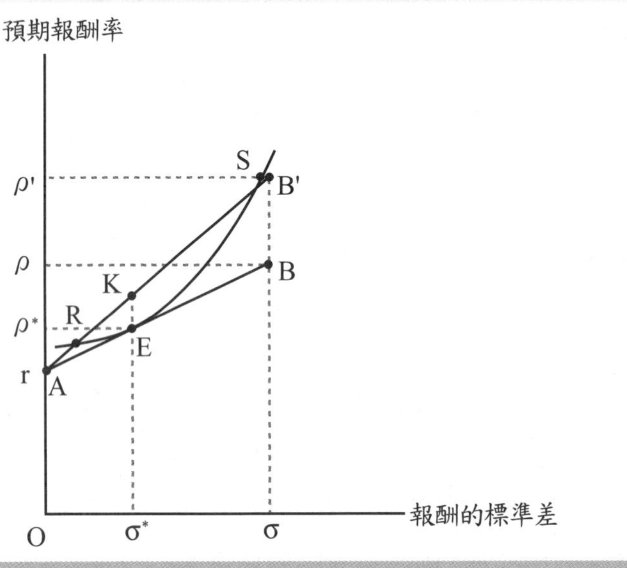

〖風險性資產本期價格降低對於最適資產組合點的影響〗

1. 風險性資產本期價格未改變前的最適資產組合為 E。

2. 當風險性資產本期價格下跌時，使得預算線變成為 AB′，而最適資產組合點 E′（在圖中未標出），將落在 RS 線段上。

險（以標準差來衡量）的價格為 $\frac{\rho - r}{\sigma}$。當消費者選擇的最適資產組合中，風險性資產的比例為 θ 時，則該資產組合的預期報酬率 ρ_θ，將比確定性資產的報酬率 r，高出 $(\frac{\rho - r}{\sigma})\cdot\sigma_\theta$；其中，$\sigma_\theta$ 是此一資產組合的風險，而一般將 $(\frac{\rho - r}{\sigma})\cdot\sigma_\theta$ 稱為風險貼水 **(Risk Premium)**，為風險趨避者購買風險性資產所得到補償性報酬率。換言之，可以將預算線上的每一組合點，表示為一種不同的風險性資產（除了 A 點之外，均為確定性資產與風險性資產的混合），而在市場中，消費者若選擇較高的 θ 時 $(0 \le \theta \le 1)$，則其得到的風險貼水也較多；不過，若將消費者所選擇之組合性資產，扣除掉其風險貼水的話，則其所能得到的淨報酬率，就等於確定性資產的報酬率。

接著，以股票市場為例，來說明不同股票均衡報酬率之間的關係。以市場中祇有 A、B 兩個公司所發行的股票為例，設其預期報酬率分別為 r_A、r_B，而標

準差分別為 σ_A、σ_B；同時，在一定的股票發行量之下，股票市場的預期報酬率為 r_m，標準差為 σ_m。進而言之，假設市場上存在三種風險性資產，即股票 A、股票 B 以及以**共同基金**（**Mutual Fund**，其運作方式是按一定比例同時購買兩種股票，假設其報酬率為 r_m，標準差為 σ_m）形式出現的金融性商品。當市場達到均衡時，則三種資產的報酬率與確定性資產報酬率 r 之間的關係為：

$$r_A - (\frac{r_m - r}{\sigma_m}) \cdot \sigma_A = r_B - (\frac{r_m - r}{\sigma_m}) \cdot \sigma_B = r$$

即三種資產在扣除掉風險貼水之後，均得到與確定性資產相同的報酬；其中，風險價格為 $\frac{r_m - r}{\sigma_m}$。

一般又將 σ_A 與 σ_m 的比值，稱為股票 A 的風險相對於股票市場風險的**貝塔**（**Beta**，以 β 表示）值，即 $\beta_A = \frac{\sigma_A}{\sigma_m}$；同理，$\beta_B = \frac{\sigma_B}{\sigma_m}$。因此，可以將各風險性資產的均衡報酬率，表示為 $r_i = r + \beta_i(r_m - r)$，i = A 或 B。上式中，$\beta_i(r_m - r)$ 表示股票 i 的風險貼水，作為消費者承擔風險所得到的額外補償。

以 σ_m 介於 σ_A 及 σ_B 之中間為例，在市場均衡時，則風險性資產的預期報酬率與其風險水準（以標準差來表示）之間的關係，必然會落在同一條直線上，如圖 13–12 的 AB 線所示；其中，A 點表示確定性資產，E 點表示股票 A，F 點表示股票 B，G 點表示共同基金的情形。AB 線稱為股票市場的**均衡線 (Equilibrium Line)**，用以描述風險性資產市場的均衡預期報酬率與風險水準之間的關係。

如同上述，當 E 或 F 的點不在 AB 線上或 AE、AG、AF 三條線不一致時，則股票 A 或 B 的本期價格必然會有所調整，並將最終達到如圖 13–12 所示的情形。以 $r_A - \beta_A(r_m - r) > r$ 為例，表示股票 A 的預期報酬率，相對於其風險而言，是較高；此時，將吸引消費者的購買，因而提高其本期價格，並導致 r_A 的下降，一直到等式成立時，才會停止下來，並達到均衡狀況。

在圖 13–12 的均衡線，相當於圖 13–10 所示的消費者資產組合預算線，兩者的斜率均為 $\frac{r_m - r}{\sigma_m}$ $(= \frac{\rho - r}{\sigma})$，表示風險的價格。當消費者所面對的風險性資產不祇是一種時，則其資產組合的預算線就變成圖 13–12 的均衡線；同時，在此一均衡線上的其他點，也可能表示另一個公司的股票，或是一種資產組合點。

圖 13–12

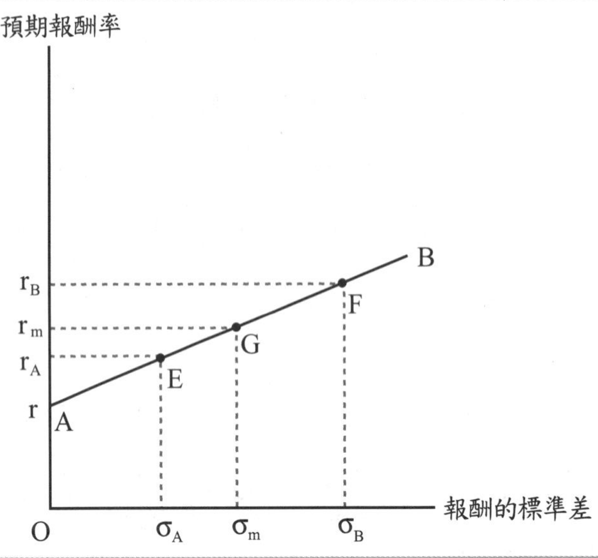

〖風險性資產市場的均衡報酬率與風險之間的關係〗

1.AB 線為股票市場的均衡線，表示在市場均衡時，各股票或風險性資產的預期報酬率與風險大小之間的關係。

2.E、F 及 G 點，分別呈現股票 A、B 及共同基金的報酬率與標準差。

本章摘要

1. 消費者的跨期選擇預算線，是一條通過其原始所得或消費組合點，且以 −(1+r) 為斜率的直線；其中，r 為市場利率。
2. 消費者在第一期有可能是儲蓄者或借款者，前者對資金有所供應，後者對資金有所需求。
3. 利率降低，借款者仍將是借款者；不過，其所借的金額未必一定增加。
4. 利率降低，儲蓄者有可能變成借款者；不過，當其仍為儲蓄者時，其供應的資金未必一定減少。
5. 在同時考量消費者進行人力資本投資的情形下，消費者將以等（未來或現在）所得線的概念，求算其最適的人力資本投資額；同時，以其能達到的最高等所得線為預算線，來求算其跨期的最適消費組合。最後，在綜合考量上述最適解的情況下，才能決定對於資金的供應或需求量的大小。

6. 消費者、廠商或政府均可以利用淨現值大於零的條件，作為是否推動一項投資計畫的準則。隨著利率的提高，淨現值為正的投資計畫，將會減少，導致對於資金需求量的降低；因此，投資性的資金需求量，與利率之間具有負向關係。
7. 均衡利率水準，由資金市場供需曲線的交點來決定。
8. 各風險性資產的均衡預期報酬率，扣除掉風險貼水之後，都會等於確定性資產的報酬率；其中，風險貼水的大小，等於該風險性資產的風險大小（以標準差來衡量）及風險價格的相乘積。

習　題

1. 請利用式子及圖形，來說明消費者的跨期預算線。
2. 影響消費者跨期預算線的因素有哪些？請配合圖形來說明。
3. 利率提高時，對於儲蓄者的影響如何？配合圖形說明之。
4. 利率提高時，對於借款者的影響如何？配合圖形說明之。
5. 在什麼情況下，消費者對於人力資本不願意進行投資？配合圖形說明之。
6. 何以年輕人相對於老年人，更有意願從事人力資本的投資工作？請配合圖形，加以比較說明。
7. 投資的淨現值準則是什麼？
8. 請利用式子及圖形，來說明消費者的資產組合預算線。
9. 何謂風險貼水？其大小如何決定？
10. 股票市場的均衡線是呈現什麼現象？請配合圖形說明之。
11. 以養雞為例，如何決定把雞賣掉的時間呢？
12. 已知確定性及風險性資產的報酬率，分別為 3% 及 6%，且知後者的標準差為 10%；請問消費者在選擇一資產組合的報酬標準差為 6% 之下，該組合的預期報酬率會是多少？該組合的風險性資產比例多大？
13. 已知一家公司股票的貝塔值（β）為 2，股票市場的預期報酬率 6%，銀行存款的利率為 3%，請問該股票的均衡預期報酬率是多少？若該股票在明年的市場價格，每股預計有 109 元；那麼，該股票的現在價格是多少？

第十四章　全面均衡與經濟效率

截至目前，對於一特定財貨市場價格決定因素的討論中，雖然有時也提及「其他相關財貨價格」這個因素的重要性，但是在實際進行比較分析中，基本上是假設其他相關財貨價格是固定不變的，而祇針對該一特定財貨市場均衡價格的水準及其變動的課題，加以探討而已。換言之，誠如在第一章提及的，此種分析模式一般稱為部分均衡模型；本章接著介紹將有關財貨市場一併納入分析的模式，即所謂的全面均衡模型，以及說明相關的效率概念。

本章將分為五節。第一節介紹全面均衡的意義；第二節至第四節分別討論消費面、生產面及整個經濟面的效率意義；第五節說明完全競爭市場的效率問題，以及出現市場失靈的可能情況。

第一節　全面均衡的意義

所謂全面均衡，是指在經濟體系中，所有的財貨市場與生產要素市場，均同時處於均衡狀態的意思。在此，擬利用存在兩個互為替代品的財貨市場，以及祇有一個生產要素市場為例，來說明全面均衡的意義，以及三個市場彼此間的互動關係。

一、三個市場均為完全競爭市場的情形

令兩財貨 X_1 及 X_2 互為替代品，其生產要素均為 Z，P_1 及 P_2 分別表示 X_1 及 X_2 財貨的價格，w 為要素 Z 的價格。在兩個財貨及一個生產要素均為完全競爭市場的情況下，表示每一市場均存在需求曲線與供給曲線，而每一市場的均衡價格與數量，則可以由該市場供需曲線的交點來呈現。在圖 14–1 中，(A)、(B)及(C)三圖分別表示 X_1、X_2 及 Z 市場的均衡狀況，如 E_1、E_2 及 E_3 點所示，均衡

價格為 P_1^*、P_2^* 及 w^*。同時，由圖亦知，決定每一市場均衡點的供給曲線與需求曲線，均剛好係對應在其他市場的均衡價格；以 X_1 財貨市場為例，其需求曲線 D_1 係在已知 P_2^* 之下所畫出來的，而供給曲線 S_1 曲線則係在已知 w^* 之下所畫出來的。在此，圖 14–1 中的 E_1、E_2 及 E_3 三點，為一描述三個市場同時處於均衡的全面均衡狀態。

值得一提的是，為簡化起見，在此假設生產要素 Z 的供給曲線 S_z，並不受 P_1 及 P_2 的影響；例如，勞動的供給量是由家計部門或消費者主觀決定的，基本

圖 14–1

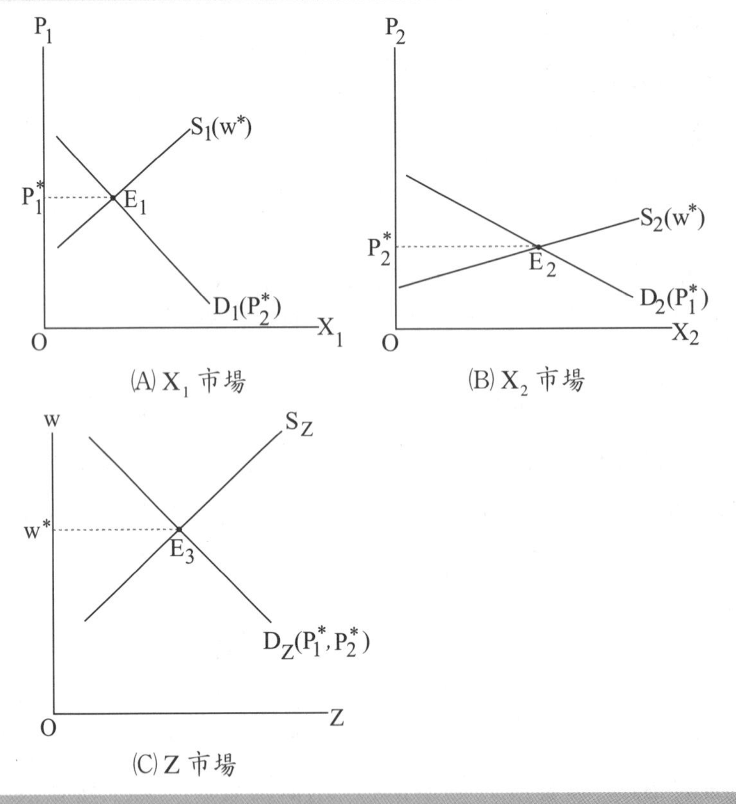

【在 X_1、X_2 及 Z 均為完全競爭市場下的全面均衡狀態】

1. 當 X_1、X_2 及 Z 市場均同時處於均衡狀況時，則稱此三市場達到全面均衡。
2. 換言之，當決定每一市場的均衡點，其供需曲線均係對應在其他市場均衡價格之下所畫出時，就可以呈現全面均衡的意義。

上與財貨價格的高低無關。同時，亦知生產要素需求曲線 D_z，是由 X_1、X_2 的生產廠商個別的生產要素曲線所加總而成的，故與 P_1、P_2 的大小有關。

接著，討論全面均衡的變動，以及說明其調整的過程。假設 X_1 財貨的生產技術有所改進，使得 X_1 財貨的供給曲線由 $S_1(w^*)$ 往右移至 $S_1'(w^*)$，如圖 14–2 中的(A)圖所示；此時，如圖所示，將導致三市場出現如下所述的連續變化：

圖 14–2

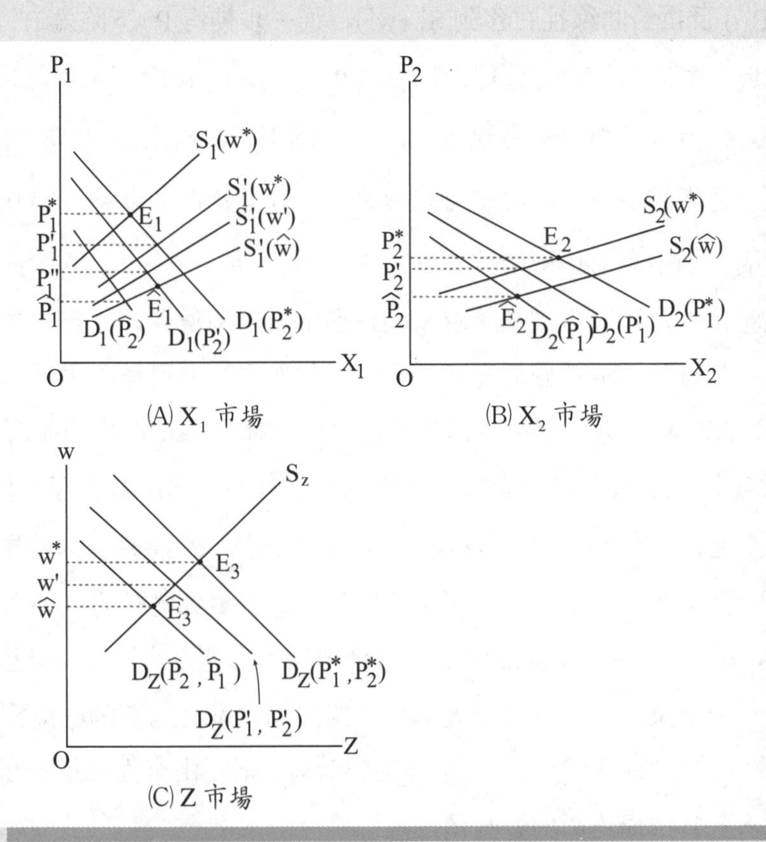

【X_1 生產技術的進步與全面均衡的變動】

1. X_1 生產技術的進步，使得 X_1 的供給曲線往右移至 $S_1'(w^*)$。
2. 首先，帶動 P_1 降為 P_1'，並引起 D_2 左移至 $D_2(P_1')$，進一步帶動 P_2 降為 P_2'；如此，也引起 D_z 左移至 $D_z(P_1', P_2')$，帶動 w 降為 w'。
3. 在 P_2' 及 w' 之下，又會促使 P_1 再向下調至 P_1''；如此重複進行下去，直到最終又回復全面均衡，如 $\hat{E}_1$、$\hat{E}_2$ 及 $\hat{E}_3$ 所示。

⑴ X_1 市場的均衡受到破壞，初步使得價格由 P_1^* 下降為 P_1'。

⑵由於兩財貨互為替代品，故知 X_2 市場的需求曲線往左移到 $D_2(P_1')$，也會使得價格由 P_2^* 下降為 P_2'。

⑶ Z 市場的需求曲線亦會往左移到 $D_Z(P_1', P_2')$，導致其價格由 w^* 下降為 w'。

⑷在 P_2^* 下降為 P_2' 及 w^* 下降為 w' 時，也會帶動 X_1 市場的需求曲線往左移到 $D_1(P_2')$ 及供給曲線往右移到 $S_1'(w')$，進一步使得 P_1 下降為 P_1''。

⑸如此，重複⑵～⑷的過程，將使得 P_2、w 及 P_1 再向下調整，其中，在第⑵過程時，$S_2(w^*)$ 也會往右移到 $S_2(w')$（在圖中並未畫出）；在當 P_1、P_2 及 w 的下降幅度逐漸縮小下，最終將可回復另一個全面均衡的狀態，如 $\hat{E}_1$、$\hat{E}_2$、$\hat{E}_3$ 點所示，而三個市場的均衡價格為 $\hat{P}_1$、$\hat{P}_2$ 及 $\hat{w}$。

由上述例子，可以更清楚了解全面均衡的意義與條件，以及其運作過程。全面均衡與部分均衡兩種分析方式，所得到的結果，有可能出現極大的差別。以圖 14–2 中的 X_1 市場為例，在部分均衡分析架構下，祇是說明到 P_1 價格將降至 P_1' 的情形，至於其後續的影響其他市場及受其他市場影響的互動情形，就沒有涉及；不過，就本例的結果而言，部分均衡所得到 P_1 將降低的結果，卻是與全面均衡一致，祇是降幅大小有所差異，但均衡數量的變化方向則有可能不一致。因此，當 X_1 市場的供需曲線受到其他市場的影響不大，而可以忽略時，部分均衡分析的結果，將可以表示大部分或用於描述全面均衡的結果；不過，當 X_1 市場的供需曲線容易受到其他市場的影響時，則要由全面均衡分析下手，才能真正掌握到其市場均衡的變動情形。

二、一財貨為獨占市場，而另一財貨及生產要素均為完全競爭市場的情形

在此，以 X_1 財貨為一獨占市場，而 X_2 及 Z 為完全競爭市場為例，來說明全面均衡的意義。在圖 14–3 中，同時利用三個圖形，來描述此三市場的全面均衡狀態；其中，與圖 14–1 不同的是，⒜圖中的 X_1 市場，其為一獨占市場，故

圖 14-3

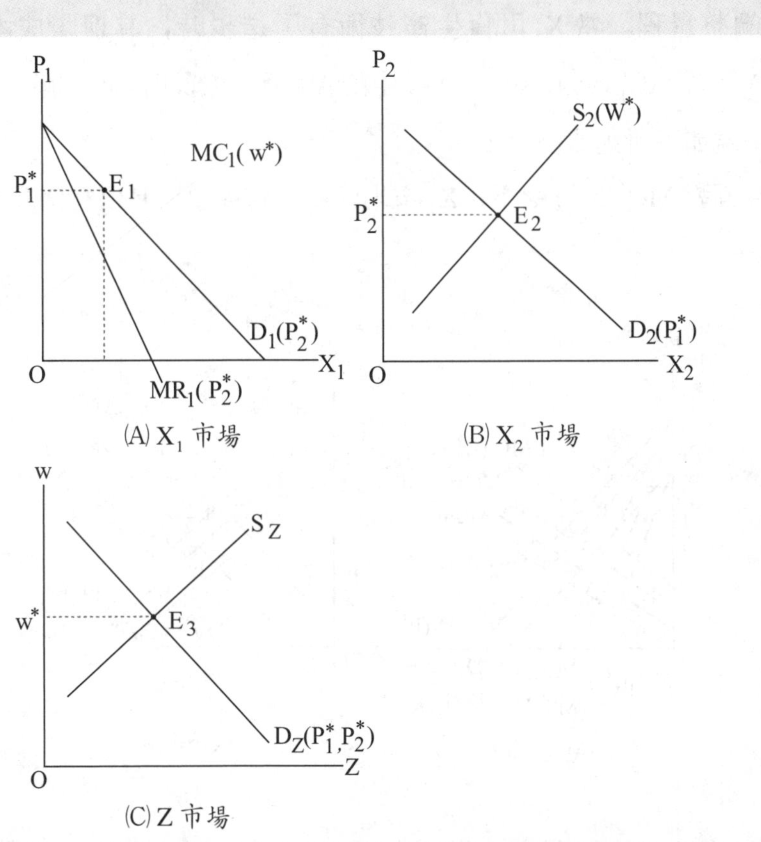

【在 X_1 為獨占、X_2 及 Z 為完全競爭市場下的全面均衡】

1. X_1 為獨占市場，其價格 P_1^* 是由獨占廠商依據其邊際成本曲線 MC_1 與所面對的市場需求曲線 D_1，單獨決定的。
2. 與圖 14-1 一樣，每一市場的均衡點，如 E_1、E_2、E_3 所示，均是對應在其他市場均衡價格下的供需曲線或 MC_1 曲線所得到的。

其市場價格 P_1^*，是完全由獨占廠商依據其邊際成本曲線 $MC_1(w^*)$，及其所面對的市場需求曲線 $D_1(P_2^*)$ 與邊際收益曲線 $MR_1(P_2^*)$，單獨決定的。與圖 14-1 的全面均衡一致的是，每一市場的均衡點，如 E_1、E_2 及 E_3 所示，其所依據的供需曲線或 MC_1 曲線，均是對應在其他市場均衡價格下所畫出來的；如此，才能保證三個市場的同時處於均衡狀況。

接著，亦以 X_1 財貨生產技術有所進步的變化情況，來說明全面均衡的變動，以及其調整過程。當 X_1 財貨生產技術有了進步時，其邊際成本曲線將由 $MC_1(w^*)$ 降為 $MC_1'(w^*)$，如圖 14–4 中的(A)圖所示；此時，如圖所示，將促使三個市場出現如下所述的變化：

(1)在面對 $MC_1'(w^*)$ 之下，X_1 市場的獨占廠商會將其價格降為 P_1'。

圖 14–4

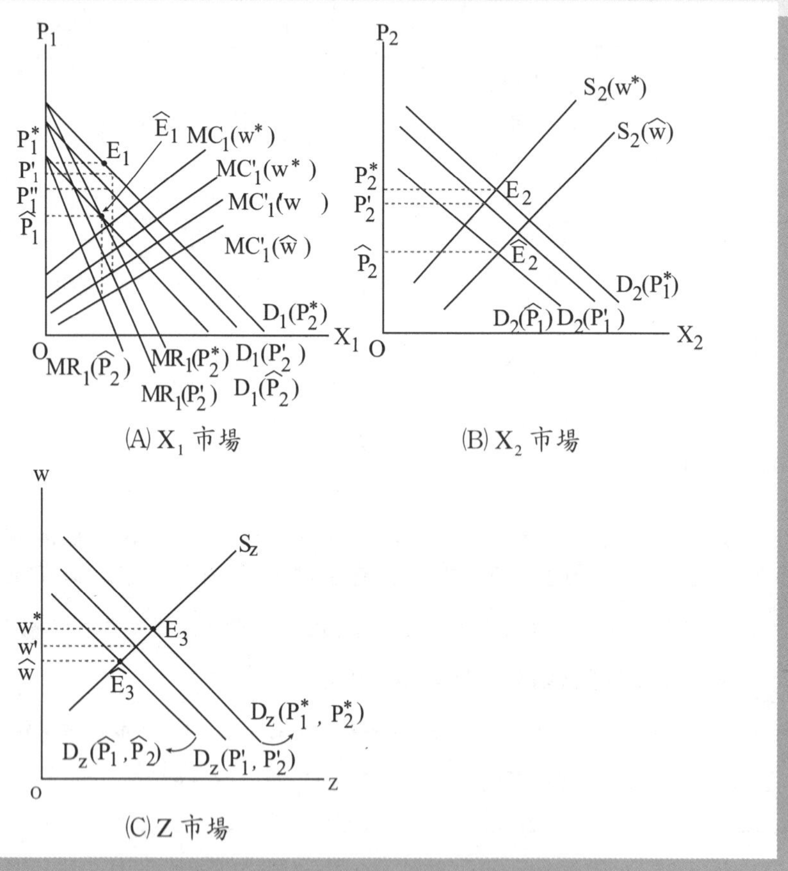

(A) X_1 市場　(B) X_2 市場　(C) Z 市場

〖X_1 生產技術的進步與全面均衡的變動〗

1. X_1 生產技術的進步，使得 $MC_1(w^*)$ 降為 $MC_1'(w^*)$ 及 P_1^* 降為 P_1'。

2. X_2 市場的需求曲線降為 $D_2(P_1')$，其均衡價格降為 P_2'。

3. Z 市場的需求曲線降為 $D_z(P_1', P_2')$，其均衡價格降為 w'。

4. P_1、P_2 及 w 將持續降至 $\hat{P}_1$、$\hat{P}_2$ 及 $\hat{w}$，而出現另一個全面均衡，如 $\hat{E}_1$、$\hat{E}_2$ 及 $\hat{E}_3$ 點所示。

(2) X_2 市場的需求曲線往左移到 $D_2(P_1')$，也會使其價格降為 P_2'。

(3)在 P_1' 及 P_2' 之下，Z 市場的需求曲線往左移到 $D_Z(P_1', P_2')$，導致其價格降為 w'。

(4)在 P_2' 及 w' 之下，X_1 市場的需求曲線將往左移到 $D_1(P_2')$，導致其邊際收益曲線亦往左移到 $MR_1(P_2')$，且其邊際成本曲線往右移至 $MC_1'(w')$，進一步促使獨占廠商將價格降為 P_1''。

(5)重複上述(2)～(4)的過程。

其中，在第(2)過程中，$S_2(w^*)$ 也會往右移到 $S_2(w')$（在圖中並未顯示出來）。如此，將使得 P_2、w 及 P_1 繼續向下調整，並最終回復到另一個全面均衡，如 $\hat{E}_1$、$\hat{E}_2$ 及 $\hat{E}_3$ 點所示，而三個市場的均衡價格為 $\hat{P}_1$、$\hat{P}_2$ 及 $\hat{w}$。

經由上述說明，得知此一情形下的全面均衡變動分析，大致與前述三個均為完全競爭市場的情形相當。至此，對於全面均衡的意義及其條件，以及其變動的調整過程，其與部分均衡的相異之處，相信大家已有更清楚的認識。接著，本章將繼續討論在全面均衡下的效率問題；而在進入此一問題之前，有必要先分別說明消費面與生產面的效率意涵。

第二節　消費效率的意義

消費效率 (**Consumption Efficiency**) 又稱為交易效率 (**Efficiency in Exchange**)，是指對於一定量的財貨而言，無法在有些人不會比現況差的前提下再做分配，以使得至少有一人比現況更好。或者說，一定量財貨的分配，達到如下之境界：即除非以某些人的滿足程度或福利水準的下降作為代價，否則無法增進任何一人的福利水準；此時的財貨分配情境，稱為消費效率或交易效率。

本節將利用艾吉渥斯箱形圖 (**Edgeworth Box Diagram**)，來描述消費效率的意義，以及說明其所具有的條件。以兩財貨 X_1 與 X_2，以及兩消費者 A 與 B 為例，假設兩人各自擁有的財貨組合分別為 (E_1^A, E_2^A) 及 (E_1^B, E_2^B)；因此，得知兩財貨的總量 $\overline{X_1}$ 與 $\overline{X_2}$，分別為 $\overline{X_1} = E_1^A + E_1^B$，$\overline{X_2} = E_2^A + E_2^B$。此一定量財貨組合

$(\overline{X_1}, \overline{X_2})$，及兩消費者的分配情形，可以用艾吉渥斯箱形圖來表示，如圖 14–5 所示。圖中的 O_A 及 O_B 分別表示消費者 A 及 B 的原點，而從 O_A 點往右上方的方向來看 E 點時，表示消費者 A 的財貨組合為 (E_1^A, E_2^B)。同理，從 O_B 點往左下方的方向來看 E 點時，表示消費者 B 的財貨組合為 (E_1^B, E_2^B)。而箱形圖的水平長度 O_AR 或 O_BS 為 $\overline{X_1}$，垂直長度 O_AS 或 O_BR 為 $\overline{X_2}$，分別表示兩財貨的固定總量。

就兩財貨總量固定為 $\overline{X_1}$ 及 $\overline{X_2}$ 之下，兩財貨在兩消費者之間的不同分配情形，就可利用圖 14–5 所示的艾吉渥斯箱形圖中的一點，來加以呈現出來。以 R 點為例，表示消費者 A 所有的財貨組合為 $(\overline{X_1}, 0)$，而消費者 B 所有的財貨組合為 $(0, \overline{X_2})$。

至於 E 點的財貨分配情形，是否具有消費效率呢？當 A 及 B 兩人的無異曲

圖 14–5

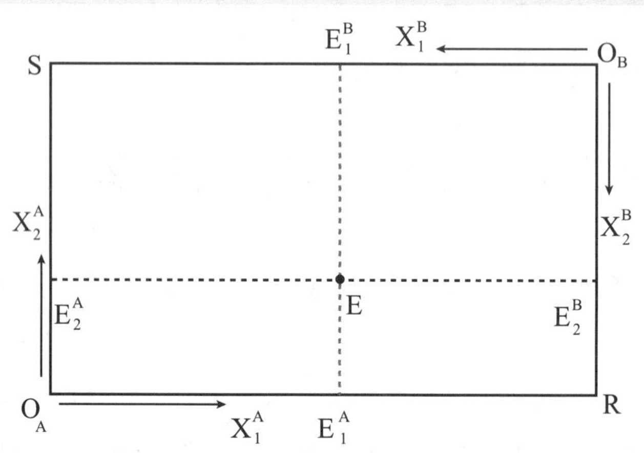

【艾吉渥斯箱形圖】

1. O_A 及 O_B 分別表示兩消費者 A 及 B 的原點。
2. 從 O_A 點往右上方來看 E 點時，表示 A 的財貨組合為 (E_1^A, E_2^A)。
3. 從 O_B 點往左下方來看 E 點時，表示 B 的財貨組合為 (E_1^B, E_2^B)。
4. 水平長度 O_AR 或 O_BS 為 $\overline{X_1}$，垂直長度 O_AS 或 O_BR 為 $\overline{X_2}$，表示兩財貨的固定總量。

線剛好相切於 E 點時，則 E 點將具有消費效率；否則，E 點將不具有消費效率。現在，過 E 點分別畫出兩人的無異曲線 IC^A 及 IC^B，而 IC^A 及 IC^B 兩者有可能在 E 點上相切或相交，如圖 14–6 所示為一相交的情形。由圖亦知，此時在不降低任何人福利水準的前提下，仍然存在改善一人或二人福利水準的其他分配點。就 IC^B 曲線而言，其 FGE 線段上的任何一點（不含 E 及 F 點在內），均表示消費者 B 的福利不受影響，但消費者 A 的滿足程度均比在 E 點來得高；同理，就 IC^A 曲線中的 FHE 線段而言，其上的任何一點（不含 E 及 F 點在內），均表示消費者 A 的福利不受影響，但卻可以提升消費者 B 的滿足程受；至於在兩曲線相交所圍起來範圍內的任何一點（如 M 所示），則表示為一讓兩消費者均獲得改善福利水準的分配點。由此可知，當兩消費者的無異曲線相交於 E 點時，E 點將不具有消費效率。

當財貨的分配尚未達消費效率境界時，表示消費者的福利仍有改善的地方；因此，當消費者之間財貨交易的成本相對不高或可以忽略時，可以想見消費者

圖 14–6

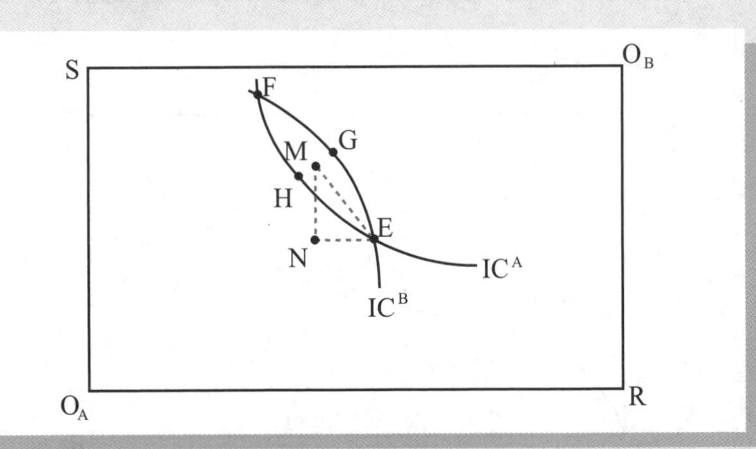

【E 點為一非消費效率點】

1. 在 FGE 曲線段上的任何一點（不含 E 及 F 在內），表示在不影響消費者 B 福利的前提下，消費者 A 的福利水準可以獲得改善；同理，在 FHE 曲線上，表示消費者 B 的福利可以改善。
2. 在兩無異曲線相交所圍起來範圍內的任何一點 (M)，表示可以同時讓兩消費者獲得改善福利水準的分配點。

之間將進行財貨的交易活動。以圖 14–6 中的 E 點換至 M 點為例，表示消費者 A 以 NE 單位的 X_1 財貨，從消費者 B 那裡換回來 MN 單位的 X_2 財貨，兩財貨的交換比例為 $\frac{MN}{NE}$，表示一單位的 X_1 財貨，交換 $\frac{MN}{NE}$ 單位的 X_2 財貨。同時，若 M 點還不是消費效率點時，則表示兩消費者之間仍有繼續進行交易的空間；當消費者之間的交易活動可以自由自願進行時，則最終的分配點將具有消費效率性質。一般將消費效率點的軌跡，稱為消費契約曲線 **(Consumption Contract Curve)**，用以描述消費者之間雙方合意的最終交易點或交易契約所述的財貨組合點，如圖 14–7 中的 O_AMO_B 曲線，線上每一點均為兩消費者無異曲線的相切點。

值得一提的是，消費契約曲線 O_AMO_B 的走向，基本上是決定於兩消費者的偏好結構，在圖 14–7 的走勢祇是其中的一種可能性而已。

從上述說明，了解到消費效率點，除了落在箱形圖的邊界上以外，都為兩消費者無差異曲線的相切點，即兩者的無差異曲線在消費效率點上的斜率相等，

圖 14–7

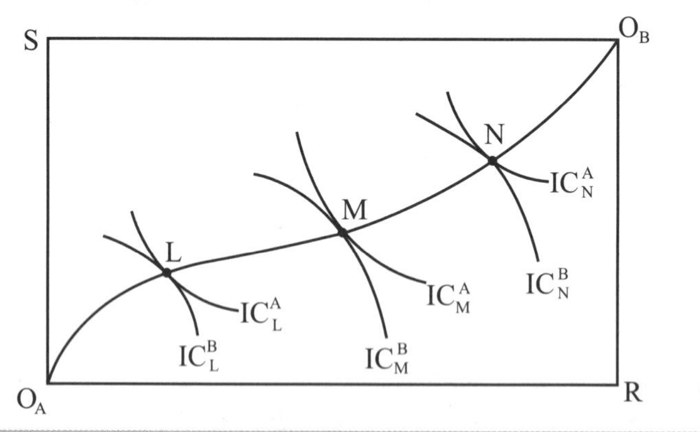

〖消費契約曲線〗

1. 消費契約曲線 O_AMO_B 是指所有消費效率點的軌跡，其上的任何一點，均為兩消費者無差異曲線 IC^A 及 IC^B 的相切點。
2. 消費契約曲線 O_AMO_B 的走向，基本上是決定於兩消費者的偏好結構，亦可能出現與本圖走勢不同的曲線。

故可以利用下式來陳述消費效率所具有的條件：

$$MRS_{12}^{A}=MRS_{12}^{B}$$

上式說明兩消費者的邊際替代率相等。也就是說，當兩消費者的邊際替代率不相等時，如圖 14–6 中的 E 點所示，則必然存在進行交易以互換財貨的空間，即存在改善效率的可能性，故此時為一非消費效率狀態。

在一固定量財貨之下的消費契約曲線上的各個消費效率點而言，兩消費者的滿足程度也不一樣。當效率點越接近 O_A 時，表示消費者 A 的滿足程度或效用水準越小，而消費者 B 的效用水準越大，如圖 14–7 中的 L 點所示；反之，當效率點越接近 O_B 時，表示消費者 A 的效用水準越大，而消費者 B 的效用水準越小，如圖 14–7 中的 N 點所示。因此，對應消費契約曲線的各個消費效率點，可以在以兩消費者的效用水準為兩軸的圖形上，描繪出兩消費者的效用水準點，然後將這些效用水準點串連起來，而成為一條具負斜率性質的效用可能邊界 **(Utility Possibilities Frontier)**，如圖 14–8 中的 O_BNMLO$_A$ 曲線所示；其中，O_B、N、M、L 及 O_A 各點的效用水準組合，分別對應於圖 14–7 中的消費效率點 O_B、N、M、L 及 O_A，所描述的消費者 A 及 B 的效用水準 U_A 及 U_B。

換言之，效用可能邊界為一對應在固定財貨總量之下，兩消費者經由交易所能達到的效用水準組合極限，而此一極限也祇有在消費效率的狀態下才能達到；反之，當處於非消費效率狀態時，兩消費者的效用水準組合點，將落在效用可能邊界之內，如 K 點所示。至於邊界外的點，如 H 點所示，是一個無法達到的效用組合點。

在一固定總量的財貨之下，可以由艾吉渥斯箱形圖中的消費契約曲線，來直接呈現消費效率的意義；也可以利用效用可能邊界，來間接表達消費效率的境界。當財貨的總量改變時，則消費契約曲線與效用可能邊界（或曲線）也會跟著變動。

圖 14–8

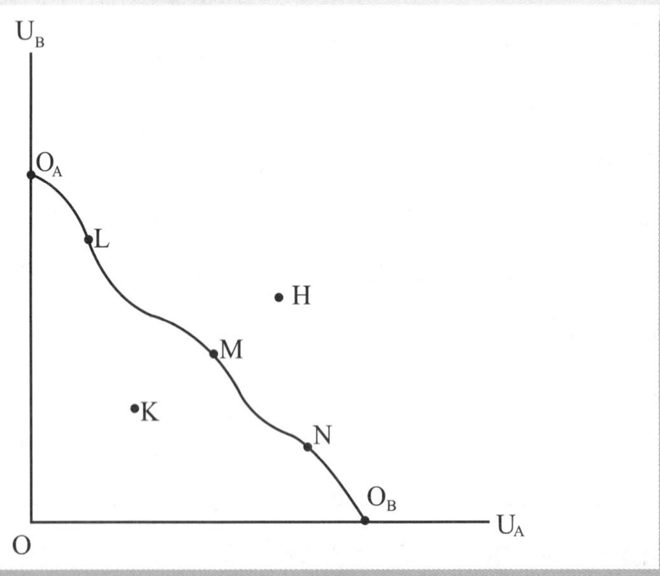

【效用可能邊界】

1. 對應於圖 14–7 中的消費效率點，可以得到一描述兩消費者效用水準組合點軌跡的效用可能邊界 O_BNMLO_A；其中，O_B 點表示 A 的效用水準最高，而 B 的效用水準最小（為零）。
2. 效用可能邊界具有負斜率性質。
3. 邊界內的點 (K)，表示為一非消費效率點所對應的效用組合點；邊界外的點 (H)，則為一達不到的效用組合點。

第三節　生產效率的意義

生產效率 (Production Efficiency) 是指對於一定量的生產要素而言，無法在不減少任何財貨產量的前提下再做配置，以使得至少有一項財貨能夠增加產量。或者說，一定量生產要素的配置，達到如下之境界：即除非以某些財貨的產量減少作為代價，否則無法增加任何一種財貨的產量；此時的生產要素配置情境，稱為生產效率。

本節亦將利用艾吉渥斯箱形圖，來描述生產效率的意義，以及說明其所具有的條件。以兩要素 Z_1 及 Z_2，以及兩財貨 X_1 及 X_2 的生產為例；假設兩要素的總量固定為 $\overline{Z_1}$ 及 $\overline{Z_2}$，因而兩財貨的生產所可以使用的任何要素投入組合 (Z_1^1, Z_2^1) 及 (Z_1^2, Z_2^2)，必將符合下述關係：

$$Z_1^1 + Z_1^2 = \overline{Z_1}, Z_2^1 + Z_2^2 = \overline{Z_2}$$

根據上述，亦可以利用艾吉渥斯箱形圖來描述一定量生產要素的配置情形，如圖 14–9 所示。圖中的 O_1 及 O_2，分別說明 X_1 及 X_2 財貨的原點，O_1J 或 O_2K 的長度表示 $\overline{Z_1}$，而 O_1K 或 O_2J 的長度表示 $\overline{Z_2}$。因此，此圖形上的任何一點，均表示將定量的 Z_1 及 Z_2 要素，配置於 X_1 及 X_2 財貨的生產；以 E 點為例，表示 X_1 所使用的要素組合為 (E_1^1, E_2^1)，而 X_2 為 (E_1^2, E_2^2)，且知 $E_1^1 + E_1^2 = \overline{Z_1}, E_2^1 + E_2^2 = \overline{Z_2}$，即剛好將要素完全投入用於兩財貨的生產上。

至於在 E 點上所對應的兩財貨產量，則可以由過 E 點的等產量曲線 Q_E^1 及 Q_E^2 得知其產量水準為 Q_E^1 及 Q_E^2。當等產量曲線 Q_E^1 及 Q_E^2 在 E 點上相交，而非

圖 14–9

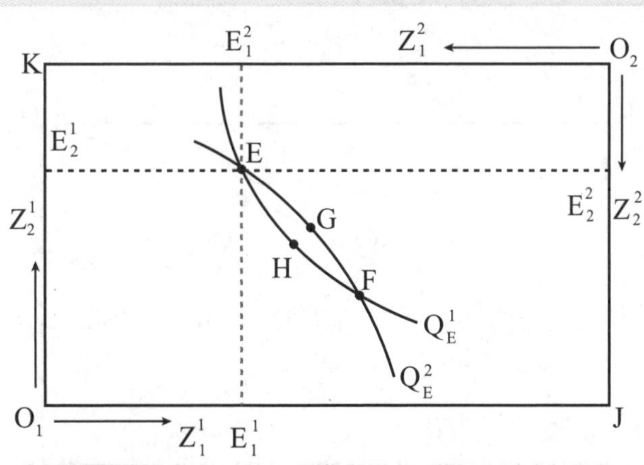

【一定量要素配置的艾吉渥斯箱形圖與不具生產效率的配置情形】

1. O_1 及 O_2 分別為 X_1 及 X_2 財貨的原點，O_1J 的長度為 $\overline{Z_1}$，O_1K 的長度為 $\overline{Z_2}$，兩要素配置在兩財貨的生產投入組合點，均可以圖上的任何一點來描述。
2. 當過 E 點的兩條等產量曲線 Q_E^1 及 Q_E^2 相交，而非相切時，表示 E 點不具生產效率性質。

相切時，如圖 14–9 所示；此時，表示 E 點並非生產效率點。為什麼呢？因為在兩等產量曲線所圍起來的範圍 EGFHE 中，除了 E 及 F 點以外，均能夠至少提高一項財貨的產量，故 E 點非為生產效率點。相反地，當兩財貨的等產量曲線 Q_E^1 及 Q_E^2，剛好相切於 E 點時，則 E 點為一生產效率點；因為此時若欲增加一項財貨的產量，必然導致另一項財貨的減少。

同樣地，在艾吉渥斯箱形圖上，可以將具生產效率的配置點串連起來，稱為生產契約曲線 **(Production Contract Curve)**，如圖 14–10 中的 O_1TUVO_2 曲線所示；在該曲線上的任何一點均具生產效率性質，故必為兩財貨等產量曲線的相切點。至於生產契約曲線的走勢，基本上是由兩財貨的生產技術或生產函數的性質來決定的，除了如圖 14–10 所示的為一凸向 K 點走勢以外，也可能出現凸向 J 點的走勢，或為一條對角線等其他類型的走勢。

經由上述討論，了解到生產效率點都是兩財貨等產量曲線的相切點，即兩財貨等產量曲線在生產效率點上的斜率相等，故可以利用下式來描述生產效率所具有的條件：

圖 14–10

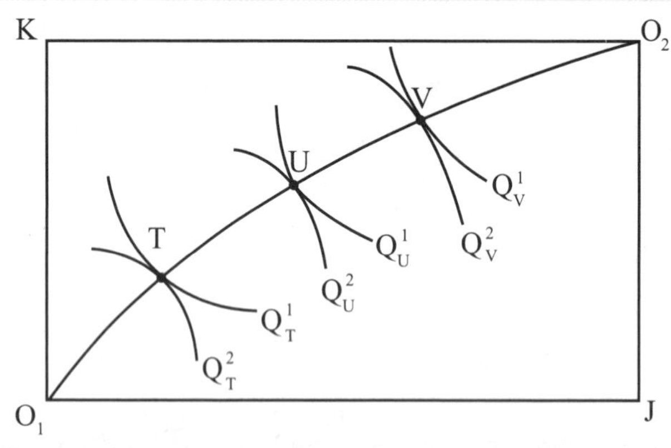

【生產契約曲線】

1. 生產契約曲線是所有具生產效率點或要素組合的軌跡，其上的任何一點，均為兩財貨等產量曲線的相切點。
2. 生產契約曲線的走勢，除了如圖中的凸向 K 點以外，也可能出現其他類型的走勢，其走勢基本上由兩財貨的生產技術來決定。

$$MRTS_{12}^{1} = MRTS_{12}^{2}$$

上式表示兩財貨的邊際技術替代率相等。換言之，當兩財貨的邊際技術替代率不相等時，如圖 14–9 中的 E 點或 F 點所示，則存在重新配置要素投入組合，以增加一項或二項財貨的空間，如此時的要素配置點為一非生產效率點。

就一固定量生產要素下所得到的生產契約曲線而言，其線上的各個生產效率點，所對應的 X_1 及 X_2 財貨的產量組合都不一樣。當效率點越接近 O_1 時，表示 X_2 財貨的產量水準越高，而 X_1 的產量水準越低，如圖 14–10 中的 T 點所示；反之，當效率點越接近 O_2 時，表示 X_2 財貨的產量水準越低，而 X_1 的產量水準越高，如圖 14–10 中的 V 點所示。現在，在以兩財貨的產量水準為兩軸的圖形上，將生產契約曲線上各點的產量水準組合描繪出來，就可以呈現出一條具負斜率性質的生產可能邊界或曲線，如圖 14–11 中的 O_2VUTO_1 曲線所示；其中，O_2、V、U、T 及 O_1 各點的產量水準組合，分別表示在圖 14–10 中的生產效率點 O_2、V、U、T 及 O_1，所對應的兩財貨的產量水準組合。

換言之，生產可能邊界為一在固定生產要素總量以及已知的生產技術之下，兩財貨的生產所能達到的產量組合極限。也就是說，當產量組合落在生產可能邊界之內時，如 W 點所示，表示此時對於生產要素的使用尚未達其效率境界，包括有些要素未能充分使用在內；而對於落在生產可能邊界之外的產量組合，如 D 點所示，均為一在目前技術與要素下所無法達到的地方。

至於生產可能邊界或曲線的走勢，除了一定具有負斜率之性質以外，是否亦將具有如圖 14–11 所示的凹向原點的性質呢？當兩財貨的生產函數均為規模報酬遞減時，是可以得到一凹向原點的生產可能邊界；否則，生產可能邊界並不保證一定凹向原點。

至此為止，了解到在一固定總量的生產要素以及現有技術水準之下，可以由艾吉渥斯箱形圖中的生產契約線，來直接呈現生產效率的意義；也可以利用生產可能邊界，來間接描述生產效率的境界。當要素的總量或生產技術改變時，則生產契約曲線與生產可能邊界（或曲線）也會跟著變動。

最後，說明生產可能邊界或曲線的斜率所具有的意義。該曲線的斜率說明在要素有效率配置前提下，為了改變一單位 X_1 財貨的產量，所必須變動 X_2 財

圖 14–11

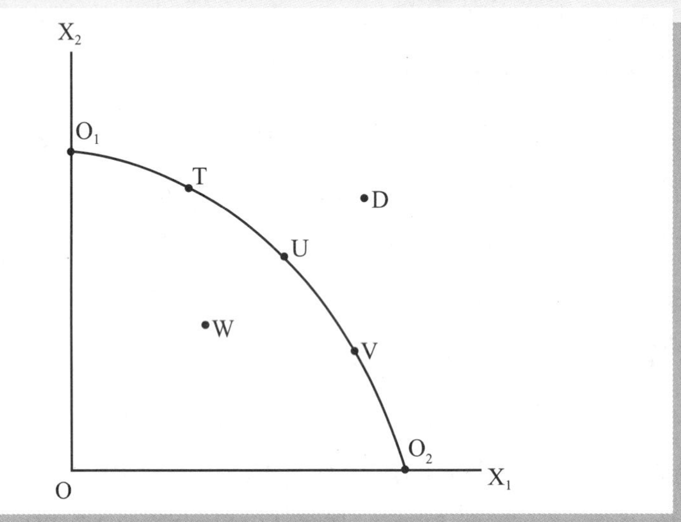

【生產可能邊界】

1. 對應於圖 14–10 中的生產效率點，可以畫出生產可能邊界，以描述在一定要素總量與技術之下，所能得到的最極限的產量組合。
2. 生產可能邊界一定具負斜率，但未必具凹向原點的性質。
3. 邊界內的點 (W)，表示為一非生產效率下的產量組合；邊界外的點 (D)，則為一目前達不到的產量組合。

貨的產量。進而言之，為了多增加一單位 X_1 財貨的生產，必將多使用一些生產要素，如此必然導致 X_2 財貨產量的降低；也就是說，生產可能邊界斜率的絕對值，正好可以用以表示多生產一單位 X_1 財貨的邊際成本（以 X_2 財貨減產的單位數來計算）。一般將生產可能邊界的斜率，稱為邊際轉換率 **(Marginal Rate of Transformation)**，簡稱為 MRT_{12}，用以說明在現有要素及技術的限制下，第一財貨與第二財貨在生產上相互轉換的比例；此一比例為一負值，表示一財貨的增加，必然是另一財貨的減少；反之，亦然。

令 MC_1 及 MC_2 分別為以貨幣來表示的 X_1 及 X_2 的邊際成本。也就是說，為了多生產一單位的 X_1 財貨，其所需增加要素數量的花費，就是所謂的 X_1 的邊際成本 MC_1；同理，為了少生產一單位 X_2 財貨，其所減少要素數量的花費，就是所謂的 X_2 的邊際成本 MC_2。因此，多生產一單位的 X_1 財貨，其所需減少

X_2 財貨的產量，就可以由 MC_1 與 MC_2 的相除所得到的商數來表示，即 $\frac{MC_1}{MC_2}$。換言之，可以將 MRT_{12} 利用 MC_1 及 MC_2 表示為：

$$MRT_{12} = -\frac{MC_1}{MC_2}$$

上式說明，MRT 的大小，可以由 MC_1 及 MC_2 的比值來加以求算。

第四節　經濟效率的意義

經濟效率 **(Economic Efficiency)** 或巴雷圖效率 **(Pareto Efficiency)** 是指利用一定總量的要素所生產出來的財貨，無法在有些人不會比現況差的前提下再重新分配，以使得至少有一人比現況更好。或者說，對於一定量生產要素的配置，其所生產出來的財貨，其分配情形達到如下之境界：即除非以某些人的滿足程度或福利水準的下降作為代價，否則無法增進任何一人的福利水準；此時的生產要素配置及所生產財貨的分配情境，稱為經濟效率或巴雷圖效率。

根據上述定義，了解到經濟效率除了要同時具有生產效率與消費效率以外，仍要滿足配置效率 **(Allocation Efficiency)** 或產出效率 **(Output Efficiency)** 的要求。所謂配置效率或產出效率，是指財貨的生產必然會與消費者對於兩財貨的偏好一致；否則，仍將存在調整產出結構或改變要素投入配置的空間，以增進消費者的福利水準，而為一非配置效率的情況。從消費效率的意義得知，由於消費者對於兩財貨的偏好可以利用 MRS 來呈現，故在消費效率下，每一消費者的 MRS 均相等，令其為 MRS_{12}^0。因此，所謂配置效率或產出效率，是指財貨的生產，其在生產可能邊界上的產量組合點，其斜率或 MRT_{12} 必然要等於 MRS_{12}^0，才稱得上是與消費者對於兩財貨的偏好一致；亦即配置效率點必須滿足下式關係：

$$MRT_{12} = MRS_{12}^0$$

當 $MRT_{12} \neq MRS_{12}^0$ 時，以 $MRT_{12} > MRS_{12}^0$ 為例，此時表示經濟社會多生產一單位 X_1 財貨的邊際成本為 MRT_{12} 單位的 X_2 財貨，高於消費者對於此一單位

X_1 財貨所願意支付的價格或消費者對於此一單位 X_1 財貨的主觀評價（其大小為 MRS_{12}^0 單位的 X_2 財貨）；因此，此時若能夠減少 X_1 財貨的生產，用於增加 X_2 財貨的生產，將可以提高消費者的福利水準。同理，當 $MRT_{12} < MRS_{12}^0$ 時，則會朝著增加 X_1 的產量及減少 X_2 的產量的方向進行調整，以提高消費者的福利水準。

茲利用生產可能邊界圖，來說明配置效率點的落點位置。在圖 14–12 中的生產可能邊界 O_2VUTO_1 上，在已知 MRS_{12}^0 大小的前提下，可以找到一點 U，其 MRT_{12} 剛好是 MRS_{12}^0；至於其他點，如 T 或 V，其 $MRT_{12} \neq MRS_{12}^0$。就 T 點而言，其 $MRT_{12} < MRS_{12}^0$；就 V 點而言，其 $MRT_{12} > MRS_{12}^0$。從上述說明，得知若產量組合由 T 或由 V 往 U 的方向移動時，將會縮小其 MRT_{12} 與 MRS_{12}^0 之間的差距，將有助於往消費者評價較高的產量組合點移動，故能提高消費者的福利水準，而 U 點才是配置效率點，其斜率或 MRT_{12} 剛好等於 MRS_{12}^0。

同時，亦知 U 點是在生產可能邊界上，故具有生產效率。其次，可以以 U 點及兩軸來建構一艾吉渥斯箱形圖，用來描述消費效率點之所在。箱形圖如 ▱ORUS 所示，以 O 及 U 作為兩消費者的原點，利用兩消費者無差異曲線的相切點，就可以得到消費契約曲線，如 OLMNU 曲線所示，而 L、M 及 N 等消費效率點的 MRS 值，如過該點的虛線所示；其中，M 點的 MRS 為 MRS_{12}^0，也就是與配置效率點 U 所對應的消費效率點。

至此，以兩財貨 X_1 及 X_2、兩消費者 A 及 B、兩生產要素 Z_1 及 Z_2 為例，可以將經濟效率所要具備的條件表示如下：

(1)消費效率：$MRS_{12}^A = MRS_{12}^B$（並令其為 MRS_{12}^0）。

(2)生產效率：$MRTS_{12}^1 = MRTS_{12}^2$。

(3)配置效率：$MRT_{12} = MRS_{12}^0$。

在上文中，先假設已知 MRS_{12}^0，然後利用圖 14–12 來說明配置效率與經濟效率的意義，至於 MRS_{12}^0 大小的決定問題，則未有交代。在消費契約曲線各點的 MRS_{12} 並不一致，兩消費者互動的結果，其最終的消費效率點落在何處或 MRS_{12}^0 之大小，與兩消費者所擁有的要素數量、要素價格、偏好結構，以及現有的生產技術、政府的分配手段或管制方式、要素及財貨的交易方式等項因素有關；同時，亦與社會的價值觀有關。在此，準備利用**社會福利函數 (Social Welfare Function)** 的概念，來間接描述 MRS_{12}^{0} 的決定。

首先，如圖 14–12 所示，對應在生產可能邊界上的每一點（以 U 為例），其背後就對應一個特定的 MRS_{12} 值，也對應有一消費效率點（即 M），而對應可以得到兩消費者的效用水準 (u_M^A, u_M^B)；因此，可以在以 u^A 及 u^B 為兩軸的平面上，將對應於生產可能邊界上的每一點，所對應的經濟效率下的消費效率點，帶給兩消費者的效用水準組合串連起來，而得到在經濟效率意義之下的效用可能邊界，如圖 14–13 的 GH 曲線所示，因而該邊界可以作為一種間接表現經濟效率的概念。

圖 14–12

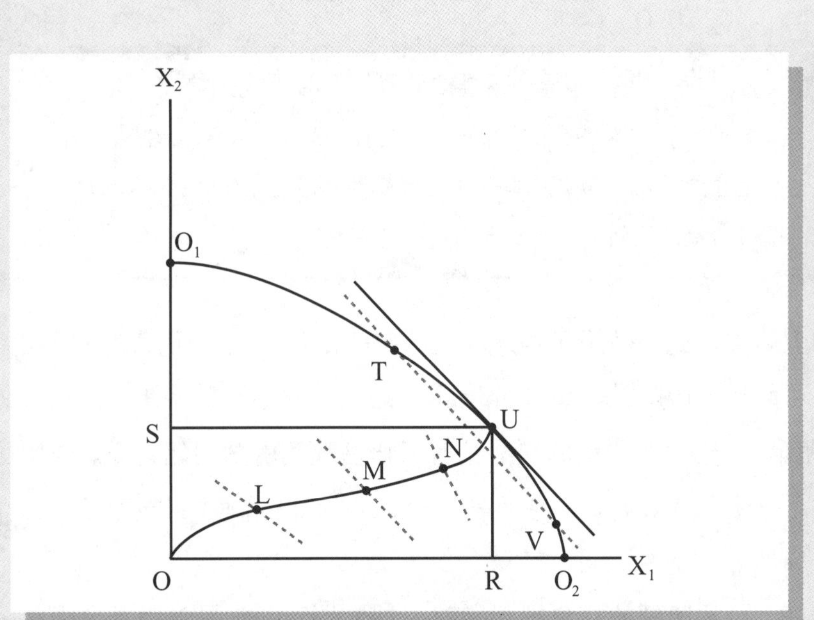

〖配置效率、消費效率、生產效率與經濟效率〗

1. 在已知 MRS_{12}^{0} 之下，可以在生產可能邊界上找到配置效率點 U，其 $MRT_{12} = MRS_{12}^{0}$。
2. 在艾吉渥斯箱形圖 ORUS 中，可以在消費契約曲線上，找到一點 M，其 MRS 為 MRS_{12}^{0}，故 M 為一對應在配置效率點 U 之下的消費效率點。

圖 14–13

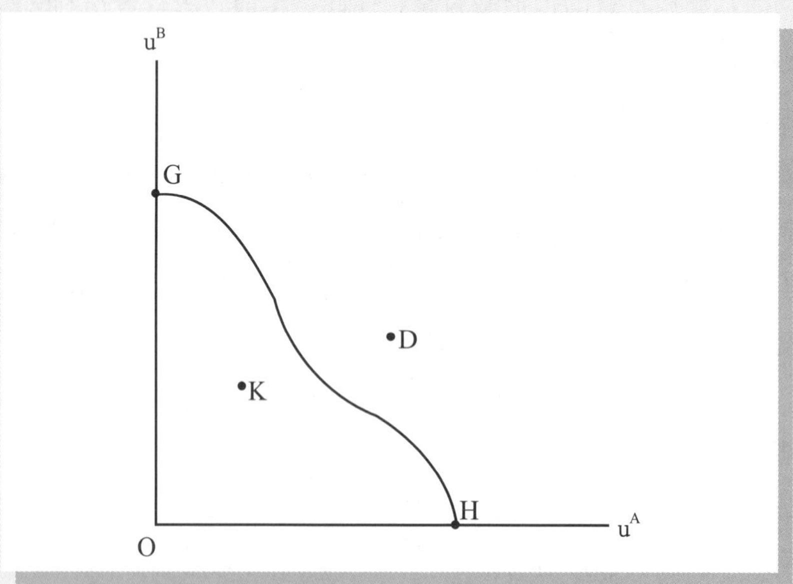

【在經濟效率意義下的效用可能邊界】

1. 效用可能邊界 GH 上的每一點，均與一經濟效率點相對應。
2. 邊界內的點（如 K）為一非經濟效率點，邊界外的點（如 D）為一目前無法達到的效用組合點。

如上所述，此一效用可能邊界上的每一點，均與一經濟效率點相對應。至於效用可能邊界內的點，如 K 點所示，必為一非經濟效率點；而邊界外的點，如 D 點所示，則為一目前的經濟社會所無法達到的效用組合點。效用可能邊界的走勢，基本上亦具有負斜率性質，但未必一定凸向或凹向原點，存在多種可能性。

接著，介紹所謂的社會福利函數。社會福利函數是針對社會中每一消費者的不同效用水準組合，所得到的用於描述社會偏好高低的一種對應關係。以社會中祇有兩個消費者 A 及 B 為例，其所分配到的兩財貨組合分別為 $X^A = (X^A_1, X^A_2)$ 及 $X^B = (X^B_1, X^B_2)$；同時，A 及 B 的效用函數分別為 $u^A(X^A; X^B)$ 及 $u^B(X^B; X^A)$。那麼，可以將社會福利函數 w 表示為 $w(u^A(X^A; X^B); u^B(X^B; X^A))$。一般而言，w 與 u^A 及 u^B 之間具有正向關係；即隨著 u^A 或 u^B 的增加，w 也會有所提高。如果 u^A 與 X^B 無關，且 u^B 與 X^A 無關，表示每一消費者祇關心其所能夠消費的財貨組合時，則此種社會福利函數就稱為**個人主義式的社會福利函數 (Individualistic Social Welfare Function)**。本章所使用 u^A 及 u^B 函數，也就是這種個人主義式的效用函數。

根據社會福利函數，也可以在平面圖形上畫出**社會無差異曲線 (Social Indifference Curve)** 或**等福利曲線 (Isowelfare Curve)**；在此亦假設等福利曲線亦具有凸向原點之性質，如圖 14–14 中的 IW 曲線所示。至於等福利曲線的斜率絕對值以及其走勢變化，則主要決定於整個社會的價值判斷；以 $w(u^A; u^B) = \alpha u^A + (1 - \alpha)u^B$ 為例，其等福利曲線為一條以 $-\dfrac{\alpha}{1-\alpha}$ 為斜率的直線，表示社會價值判斷的結果是，對於 u^A 及 u^B 分別給予 α 及 $1 - \alpha$ 的權重。

同時，由圖亦知社會福利最大的點是 M，而 M 為一經濟效率點，可進一步回溯到在圖 14–12 中的 M 及 U 點；如此，利用圖 14–14 的分析架構就可以間接來解決前述 MRS_{12}^0 大小的決定問題。

另外，在圖 14–14 中，亦可以了解到 E 及 F 點雖然均為經濟效率點，但比非經濟效率點 K 的福利水準更低；此一情形說明，經濟效率並不是評斷社會福利大小的惟一標準，尚有其他方面的考量因素會進入整個社會的價值判斷系統中，例如公平、機會均等、對弱勢族群的關懷等項。

圖 14–14

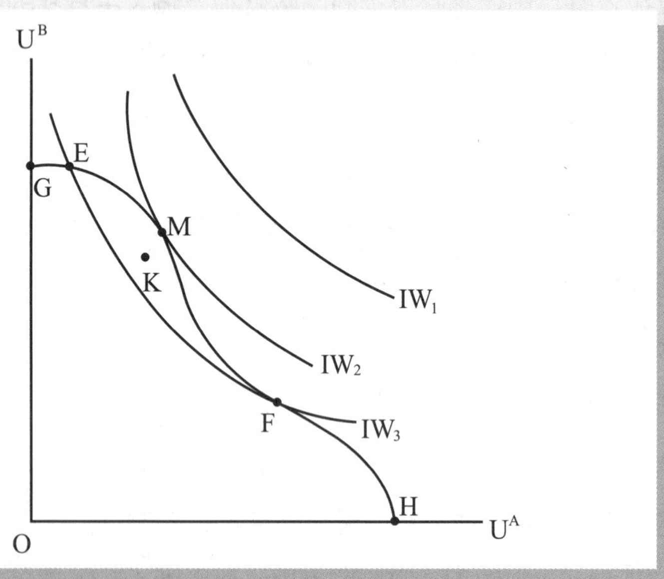

【等福利曲線與社會福利最大化】

1.三條等福利曲線 IW_1、IW_2 及 IW_3；其中，IW_1 是無法達到的福利水準，而 IW_2 才是所能達到的最大福利水準。

2.E 及 F 均為經濟效率點，K 為非經濟效率點，但後者的福利水準較高，表示社會福利大小的評斷標準，不僅是考慮經濟效率一個單項因素而已。

第五節　完全競爭市場的效率與市場的失靈

本節分為兩部分，首先說明完全競爭市場所具有的效率性質，其次討論市場無法達到效率的失靈現象。

一、完全競爭市場的效率性

當所有的財貨與要素市場均為完全競爭市場時，則每一消費者及廠商均為財貨價格的接受者，而每一要素供應者及需求者也均為要素價格的接受者。如

第一節的全面均衡所述，以兩個財貨 X_1 及 X_2、兩個要素 Z_1 及 Z_2 為例，其在全面均衡下的財貨價格為 P_1^* 及 P_2^*、要素價格為 w_1^* 及 w_2^*。因此，得知：(1)每一消費者的 MRS_{12} 的絕對值均等於 $\frac{P_1^*}{P_2^*}$，故符合消費效率的要求。(2)兩財貨的各個廠商均會追求其成本的最小化，故其在投入要素的組合上，均會使得 $MRTS_{12}=\frac{w_1^*}{w_2^*}$，故符合生產效率的條件。(3)在完全競爭下，廠商在短期追求利潤極大化的結果，必然會在邊際成本與價格一致的地方來決定其最適產量；同時，在長期的利潤為零，表示同一財貨各個廠商的邊際成本均會等於其長期平均成本的最小值，且均與該財貨的市場價格一致，即所有生產 X_1 財貨的廠商的邊際成本 MC_1 均等於 P_1^*，而所有生產 X_2 財貨的廠商的邊際成本 MC_2 均等於 P_2^*；故無論就短期或長期來看，均可以得知

$$MRT_{12}=-\frac{MC_1}{MC_2}=-\frac{P_1^*}{P_2^*}=MRS_{12}\text{，表示符合配置效率的條件}$$

換言之，在財貨及要素均為完全競爭市場的情形下，其全面均衡或經濟資源的均衡配置，將具有經濟效率或巴雷圖效率的性質；此一結論，一般又稱為第一福利定理 **(First Welfare Theorem)**。也就是說，在財貨及要素均為完全競爭市場，且價格機能均能充分運作下，其所得到全面均衡價格及資源均衡配置結果，必然會落在經濟效率意義下的效用可能邊界上。不過，如上所述，經濟效率點未必是社會福利最大的點，故如何達到社會福利最大的點呢？此一問題可以利用**第二福利定理 (Second Welfare Theorem)** 來說明。第二福利定理是指，當所有的無差異曲線與等產量曲線均凸向原點時，則每一個經濟效率點均可以在適當安排下，成為完全競爭市場架構下的一個全面均衡解；而所謂適當安排，是指將消費者所擁有的資源或其所得，加以適當重新分配的意思。

根據第二福利定理，得知在理論上可以將資源配置的經濟效率問題與所得分配的公平性問題分開處理；其中，效率問題可以靠完全競爭市場價格機能的充分發揮來解決，而分配問題則由其他的手段來解決，且這些手段應盡量避免對於市場價格機能有所傷害。

二、市場失靈

在某些情況下，市場價格機能可能無法充分發揮，如此將無法使得資源配置達到巴雷圖效率的境界，一般將此一現象稱市場失靈 **(Market Failure)**。這些情況常被提到的有下述幾種：

⑴當市場中的買方或賣方具有影響市場價格的能力 (Market Power) 時，則放任市場運作所得到的結果，並不保證具有經濟效率。

⑵當財貨的生產或消費具有**外部性 (Externality)** 時，市場的運作也不能保證具有經濟效率的結果；甚至，在有些情況下，連該種財貨的市場可能根本就不存在，更不用談在運作上的缺陷了。有關外部性與**公共財 (Public Good)** 的討論，請參閱第十五章。

⑶當買賣雙方握有的訊息不對稱時，也會使得市場的運作不順暢，甚至可能出現市場消失掉的情形，因此無法單獨藉由市場手段去有效率地配置資源。有關**訊息不對稱性 (Asymmetric Information)** 的討論，請參閱第十六章。

有關存在左右市場價格能力時，何以導致資源配置的無效率問題，在討論獨占、不完全競爭市場及獨買市場時，已利用出現無謂損失及低要素僱用量的結果，來加以說明。在此，將利用艾吉渥斯箱形圖，來補充說明存在獨占者時的消費效率問題。

誠如第二節討論消費效率時一樣，現在有兩個消費者 A 及 B，其最初的財貨分配點 E，且 E 為一非消費效率點，因而存在兩人相互交換財貨以增進滿足程度的空間；至於財貨的交換比例（或相對價格）如何決定的問題，則要靠兩人的議價能力而定。現在假設消費者 A 為一極端強勢的「獨占者」，表示他可以單方來決定交換比例；那麼，消費者 A 將如何來決定一個對其最有利的（即滿足程度最高的）交換比例呢？答案是，他將根據消費者 B 的**價格提供曲線 (Price Offer Curve)**，求取該曲線與其無差異曲線的相切點 (G)，作為其交換後的最適財貨組合；也就是說，連接 E 及 G 點所得到直線段的斜率絕對值，是對消費者 A 最有利的交換比例，如圖 14–15 所示。

首先，說明價格提供曲線的意義。所謂價格提供曲線，是指對應在不同的交換比例或條件下，消費者最適財貨組合點所串連形成的軌跡；而由這些最適財貨組合點與最初分配點 E 之間的財貨變動中，就可以了解在不同交換比例下，該消費者所願意拿出多少量的財貨，來交換回來多少量的財貨。在圖 14–15 中，消費者 B 的價格提供曲線為 ET，其上各點均為在一定交換比例（以從 E 點畫出的不同直線斜率來表示，該直線相當於 B 的預算線）之下，消費者 B 所面對預算線與其無差異曲線的相切點，如 N 點所示，為無差異曲線 IC_N^B 與預算線 NE 的相切點。同理，在 G 點上，亦是 B 的一條無差異曲線 IC_G^B 的切點（在圖中未畫出該條無差異曲線），而其斜率為 GE；至於 H、L、M 等各點的情形亦同。

如上所述，當消費者 A 為一獨占者時，將會根據消費者 B 的價格提供曲線，來找到一個對他最有利的財貨組合，如其 IC_G^A 曲線與 ET 曲線的相切點 G 所示，此時表示其設定的最適交換比例的大小，為 GE 直線斜率的絕對值。在 G 點上，IC_G^A 的斜率絕對值小於 IC_G^B 的（其大小如 GB 線的斜率絕對值所示），表示兩條

圖 14–15

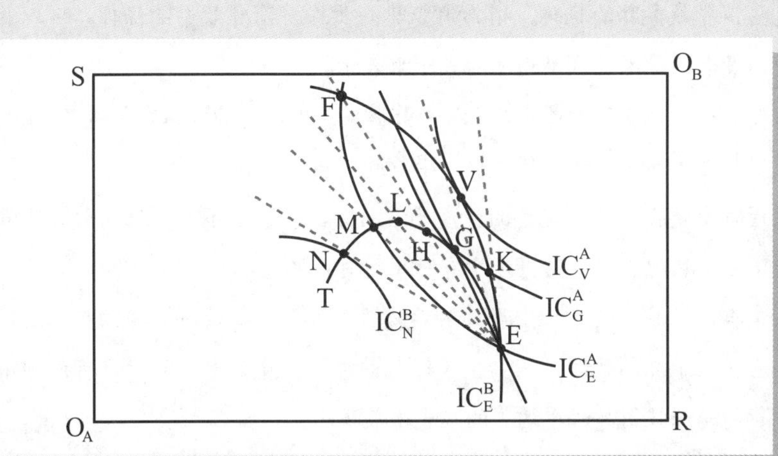

【存在左右市場價格能力下的消費均衡，未必具有消費效率】

1. 當消費者 A 為一獨占者時，將在 B 的提供曲線 ET 上找一消費點，以極大化其滿足程度，如 G 點所示，而 G 點並不是消費效率點。
2. 當消費者 A 採取完全差別定價方式時，則會在 IC_E^B 上找一點，以極大化其滿足程度，如 V 點所示，而 V 點為一消費效率點。

無差異曲線相交在 G 點，而非相切在 G 點，故 G 點非為一消費效率點。

不過，當此一獨占者，若採取完全差別定價的方式時，則表示此一獨占者將會根據消費者 B 的無差異曲線 IC_E^B，依據該曲線的斜率絕對值，來逐一訂定每個交換單位的交換比例，如圖 14–15 所示，最終的財貨均衡點為 V，而 V 點正好是消費者 A 的一條無差異曲線 IC_V^A 與 IC_E^B 的相切點，故 V 為一消費效率點。

經由上述例子的補充說明，可以更清楚地了解，在存在左右市場價格能力的情況下，市場的運作結果，並不保證具有消費效率或經濟效率。

本章摘要

1. 全面均衡是指在經濟體系中，所有的財貨市場與生產要素市場，均同時處於均衡狀態的意思。
2. 消費效率或交易效率是指對於一定量的財貨而言，無法在有些人不會比現況差的前提下再重新分配，以使得至少有一人比現況更好。
3. 在艾吉渥斯箱形圖中，消費效率點必然是兩消費者無差異曲線的相切點；而這些消費效率點的軌跡，稱為消費契約曲線。消費效率的條件，可以利用每一消費者的邊際替代率均等的式子來表示。
4. 對應每一條消費契約曲線，可以畫出具負斜率性質的效用可能邊界；換言之，效用可能邊界是一種表現消費效率點的間接方式。
5. 生產效率是指對於一定量的生產要素而言，無法在不減少任何財貨產量的前提下再重新配置，以使得至少有一項財貨能夠增加產量。
6. 在艾吉渥斯箱形圖中，生產效率點必然是兩財貨等產量曲線的相切點；而這些生產效率點的軌跡，稱為生產契約曲線。生產效率的條件，可以利用每一財貨的邊際技術替代率均等的式子來表現。
7. 對應每一條生產契約曲線，可以畫出具負斜率性質的生產可能邊界；也就是說，生產可能邊界是一種間接表示生產效率的方式。
8. 生產可能邊界的斜率，稱為邊際轉換率，用以說明多增產一單位財貨的邊際成本（以放棄生產另一財貨的單位數來表示）。同時，邊際轉換率的大小，也可以由兩財貨邊際成本（以貨幣表示）的比值來加以計算。
9. 經濟效率或巴雷圖效率是指利用一定總量的要素所生產出來的財貨，無法在有些人不會比現況差的前提下再重新分配，以使得至少有一人比現況更好。

10.配置效率或產出效率是指財貨的生產，必然會與消費者對於財貨的偏好一致；否則，將存在調整產出結構或改變要素投入配置的空間，以增進消費者的福利水準，而為一非配置效率的情形。配置效率的條件，可以利用邊際轉換率與消費效率下的邊際替代率相等的式子來表示。

11.經濟效率的條件有三，即必須同時滿足消費效率、生產效率及配置效率的要求。

12.經濟效率點，可以利用在經濟效率意義下的效用可能邊界來加以間接呈現出來；而處於經濟效率下的全面均衡，則可以由此一效用可能邊界與等福利曲線的相切點，來間接求得。

13.第一福利定理是指，在財貨及要素均為完全競爭市場的情況下，其全面均衡或經濟資源的均衡配置將具有經濟效率的性質。

14.第二福利定理是指，當所有的無差異曲線與等產量曲線均凸向原點時，則每一個經濟效率點均可以在適當安排下，成為完全競爭市場下的一個全面均衡解；所謂適當安排，是指將消費者所擁有的資源或其所得，進行適當的重新分配。

15.當市場價格機能無法充分發揮，如此將導致資源配置未能達到經濟效率的境界，一般將此一現象稱為市場失靈。

16.市場失靈有可能在下述三種情況下出現：⑴當市場中的一方或雙方具有左右市場價格的能力時；⑵當財貨的生產或消費具有外部性（含公共財在內）時；⑶當買賣雙方的訊息具有不對稱性時。

17.價格提供曲線是指對應在不同的交換比例之下，消費者最適財貨點所串連形成的軌跡。

習　題

1. 何謂消費效率？其條件是什麼？
2. 何謂生產效率？其條件是什麼？
3. 何謂配置效率？其條件是什麼？
4. 何謂經濟效率？其條件是什麼？
5. 何謂消費契約曲線？該曲線具有什麼性質？
6. 何謂生產契約曲線？該曲線具有什麼性質？

7. 何謂效用可能邊界? 該曲線具有什麼性質?
8. 何謂生產可能邊界? 該曲線具有什麼性質?
9. 如何利用圖形來描述經濟效率的意義呢?
10. 何謂第一福利定理? 試證之。
11. 何謂第二福利定理? 該定理有何種涵意呢?
12. 何謂全面均衡? 其與部分均衡有何不同?
13. 當兩消費者對於 X_1 及 X_2 財貨的邊際替代率分別為 4 與 5 時，請問兩消費者之間有何種交換的空間存在，以同時增進兩者的滿足程度?
14. 當 X_1 及 X_2 兩財貨的邊際技術替代率分別為 8 與 10 時，請問如何調整要素投入組合，才能促進生產效率的達成?
15. 試在圖 14–1 的架構下，若要素供給曲線 S_z 因外在因素出現而往右下方移動時，請比照圖 14–2 的方式，來說明其全面均衡的變動情形。
16. 何謂社會福利函數?
17. 何謂價格提供曲線? 請配合利用圖形來說明。
18. 何謂市場失靈? 在哪些情況下可能出現市場失靈現象呢?

第十五章　外部性與公共財

在上一章討論經濟效率與市場失靈的概念時，曾提及在外部性與公共財的情況下，經由市場的自由運作，並無法保證得出具經濟效率的結果，本章首先將繼續針對外部性與公共財等概念的意義，及其**缺乏效率**或**不具效率** (**Inefficiency**) 的問題，進行討論；其次是分別說明民間部門與政府部門克服此一缺乏效率問題的方式。詳言之，本章將分為五節，第一節是外部性的意義、種類與效率，第二節是民間部門面對外部性問題的解決方式，第三節是政府部門對於外部性問題的干預方法，第四節是公共財的意義與其最適供應量的決定，第五節是搭便車問題及其克服辦法。

第一節　外部性的意義、種類與效率

首先，說明外部性的意義。所謂外部性，是指一項消費或生產活動的進行，其所產生的利益或所涉及的成本，並未由該活動的主體全數納入其決策中，因而部分轉由其他主體來加以承受的一種情形。當有部分利益轉由其他主體承受時，這些利益稱為**外部利益** (**External Benefit**)，是屬於一種**正面的外部性** (**Positive Externality**)；而當有部分成本轉由其他主體承擔時，這些成本稱為**外部成本** (**External Cost**)，是屬於一種**負面的外部性** (**Negative Externality**)。前者的例子，如個人的施打疫苗、把自家環境打掃乾淨或接受良好教育等項；後者的例子，如工廠排放的廢水、廢氣或工地的噪音、飛塵等項。

除了上述按活動所引起的外部性，分為正面的外部性與負面的外部性以外，亦可以從承受者來看，分為**消費外部性** (**Consumption Externality**) 與**生產外部性** (**Production Externality**)。消費外部性是指一個消費者的效用或滿足程度，會直接受到其他主體從事消費或生產活動的影響；例如，鄰居音響吵到你的睡眠、同事抽煙使你不舒服、色情行業進入社區導致你居家環境的破壞或房價的下跌等項。生產外部性是指一個廠商的利潤或生產決策，會直接受到其他主體從事消費或生產活動的影響；例如，養殖業者會受到其他工業排放廢水的影響、果農與養蜂採蜜業者之間的互利關係、居民環保訴求對於附近工廠的衝擊等項。

接著，釐清外部性的效率問題。首先，在正面的外部性之下，討論市場運作的缺乏效率情形。以消費者庭園美化工程這種財貨為例，消費者對於該種財貨的市場需求曲線，如圖 15–1 中的需求曲線 D 所示，而其市場供給曲線為 S；因此，得知在市場運作之下，該種財貨的均衡價格與數量，分別為 P^* 與 X^*。其次，考量該種財貨的外部利益，以圖中的 MEB 曲線來表示其邊際外部利益 **(Marginal External Benefit)**，說明每多一單位財貨的提供，所能提高對於其他消費者的外部利益。由於需求曲線 D，其需求價格僅是表示消費者個人的邊際利益而已；因此，該種財貨的邊際社會利益 **(Marginal Social Benefit)**，就等於

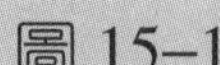
圖 15–1

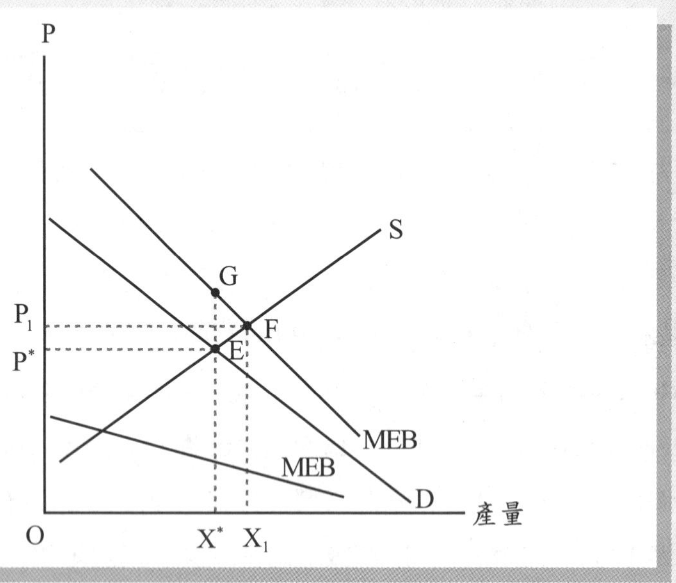

〖外部利益與缺乏效率〗

1.E 為市場均衡點，F 為社會最適點。

2.邊際社會利益曲線 MSB，是由需求曲線 D 與邊際外部利益曲線 MEB 兩者的垂直加總而得。

3.E 點的社會無謂損失，如 △GEF 面積所示。

消費者本身的邊際利益與帶給其他消費者的邊際外部利益兩者的和，可以由需求曲線 D 與 MEB 曲線所垂直加總而成的 MSB 曲線來表示。

利用 MSB 曲線與 S 曲線的交點 F，就可以得出社會最適的價格 P_1 及數量 X_1。所謂社會最適 **(Social Optimality)**，是指將外部性一併納入考量之後，從社會整體的角度切入，所得到的一個具經濟效率性質的狀態。在此，比較 E 點與 F 點兩種情況下的效率性，當數量由 X^* 提高到 X_1 時，帶給社會利益的增加部分，可以由 ▱GX^*X_1F 的面積來表示，而成本增加部分則可以 ▱EX^*X_1F 的面積來表示，利益比成本高出部出，如 △GEF 面積所示，稱為在 E 點的社會無謂損失；此一情形，說明 E 點所示的市場均衡結果，並未處於社會最適的狀態。同理，則可以推知 F 點為社會最適點。

從上述分析，了解到在外部利益的情況下，由市場運作所決定的產量，將低於社會最適的產量，表示資源的配置缺乏效率，尚存在有改善的空間。

其次，在負面的外部性之下，說明市場運作的缺乏效率情形。以養豬業者將污水直接排入河川為例，由於未考量養豬所產生的污水，對於污染河川、破壞環境等負面影響在內，故業者的供給曲線祇呈現其實際支付的生產成本，而未包括前述的外部成本在內。因此，在圖 15–2 中的市場供給曲線 S，其供給價格祇是表示養豬業者多養一頭豬的邊際成本；至於多養一頭豬的外部成本，則由邊際外部成本曲線 MEC 來表示。接著，由供給曲線 S 與 MEC 曲線的垂直加總，就可以得到多養一頭豬的邊際社會成本曲線 MSC。

在圖 15–2 中，市場的需求曲線 D，分別與供給曲線 S 及 MSC 曲線相交於 E 點及 F 點；其中，E 點表示在市場運作下所得到的均衡價格 P^* 及數量 X^*。接著，來比較 E 點及 F 點兩種情況下的效率性。當數量由 X^* 減少為 X_1 時，帶給消費者利益的減少部分，可以 ▱X_1FEX^* 面積來表示，而社會成本的節省部分，可以 ▱X_1FGX^* 面積來表示，得知兩者相抵之後，社會成本尚多節省如 △FGE 面積所示的大小；換言之，在 E 點上，亦會出現社會的無謂損失，即 E 點所示的市場均衡結果，亦非社會最適的狀態。同理，則可以推知 F 點為社會最適點。

經由上述分析，了解到在外部成本的情況下，由市場運作所決定的產量，將高於社會最適的產量，表示資源的配置效率仍有待改善。

圖 15-2

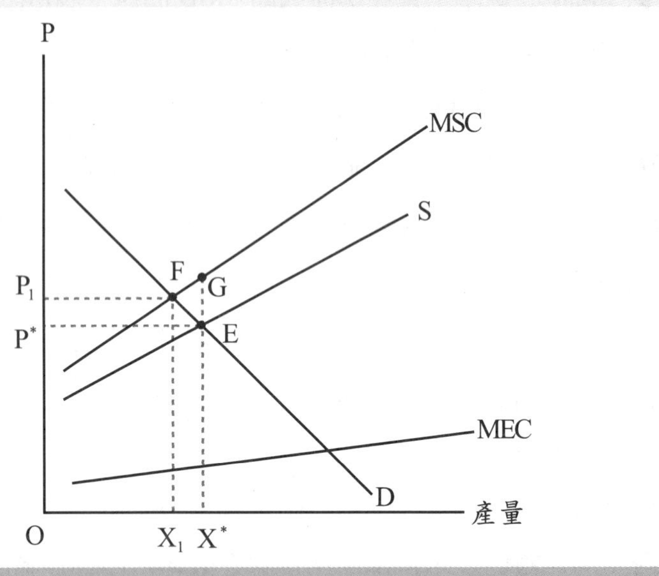

【外部成本與缺乏效率】

1.E 為市場均衡點，F 為社會最適點。

2.邊際社會成本曲線 MSC，是由供給曲線 S 與邊際外部成本曲線 MEC 兩者的垂直加總而得。

3.E 點的社會無謂損失，如 △FGE 面積所示。

第二節　民間部門面對外部性問題的解決方式

如上所述，當存在外部性時，表示資源的配置效率尚有改善的空間。就民間部門而言，其面對外部性問題的解決方式，大致有如下幾種：

⑴對於具正面外部性的消費或生產活動，給予獎勵、讚美或加以表揚等方式。

⑵對於具負面外部性的消費或生產活動，給予懲罰、警告、抵制或進行抗爭，以及利用道德規範、輿論壓力等方式。

⑶訂立公約與設置協商機制，以方便利用社區公權力，來克服外部性問題。

在此，將以協議方式如何克服負面外部性問題為例，進一步加以討論。當負面外部性所涉及的主體數目不多時，有關雙方較容易利用協議方式，來解決外部性問題，以提高資源的配置效率。若在河川上游的一家工廠，其所排放的廢水，會影響到下游的一家養殖業者，則雙方可以協商方式，來解決此一外部性問題。其中的一個辦法是，兩家業者合併成一家企業，如此將會把外部性問題內部化，而基本上就沒有所謂外部性問題了；為什麼呢？因為該合併企業在追求其利潤最大化的目標下，將會把工廠廢水排放量對於養殖生產的影響納入考量，而不會再跟未合併之前一樣，完全祇是單獨考慮工廠的生產而已。

另一個辦法是，以一方給予另一方補償的方式，來解決此一外部性問題。為簡化說明起見，在此假設雙方的協商成本 **(Bargaining Cost)** 為零，MEC 曲線為一水平線，工廠產品係在一完全競爭市場銷售，價格為 P^*；如此，當工廠有權將廢水排入河川時，由圖 15–3 得知，在雙方未協商之前，該工廠會生產 X^* 的產量，此時其 MC（如其供給曲線 S 所示）等於 P^*，而養殖業者所承受的邊際損失等於 MEC。

就工廠而言，其少生產一單位產量所減少的利潤（以 $\Delta\pi$ 表示），等於其邊際收益（在此等於 P^*）減掉其邊際成本 MC 後的差額，即 $\Delta\pi = P^* - MC$，如 $\Delta\pi$ 曲線所示。就養殖業者而言，當工廠少生產一單位產量時，他就會減少 MEC 的損失，如 MEC 曲線所示。因此，在 MEC 不小於 $\Delta\pi$ 的情況下，雙方就有協商的空間；其中，養殖業者將願意至多給予工廠每少生產一個單位的補償金為 MEC。當養殖業者提供的補償金為 MEC 時，工廠的最適產量，將根據下式來決定：

$$MEC = P^* - MC \text{ 或 } P^* = MC + MEC = MSC$$

即如圖 15–3 中的 H 點或 F 點所示，產量為 X_1。

根據上述分析，得知在養殖業者願意支付補償金的情況下，可以使得工廠的產量調降到社會最適的水準上，即由 X^* 降為 X_1。

另外，當工廠沒有權利將廢水排入河川，或養殖業者有權使用乾淨河水時，則工廠可以考慮兩種方式，來解決其廢水的排放問題。一種是加裝處理廢水的設備，將廢水處理到合乎乾淨的標準之後，才排入河川中；若此一種方式的成

圖 15–3

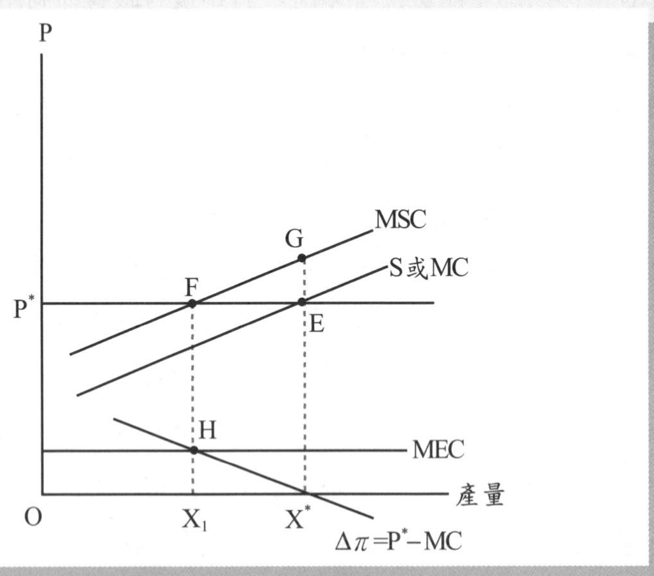

〖補償金與社會最適產量〗

*1.*在養殖業者願意付補償金的情況下，工廠將根據 $\Delta\pi = MEC$ 來決定其產量，如 H 點所示，產量為 X_1。

*2.*在工廠須付補償金的情況下，工廠將根據 $P^* = MSC$ 來決定其產量，如 F 點所示，產量亦為 X_1。

本太高，那麼就必須考量下述第二種方式，即與養殖業者協商，以取得其同意將廢水排入河川。由於工廠廢水的排放，將造成養殖業者的損失，其大小可以由 MEC 曲線來呈現；因此，養殖業者將至少要在獲得上述損失的賠償之下，才會同意工廠將廢水排入河川中。

至於工廠在面對排放廢水必須支付代價的情況下，他所面對的生產成本，就變成 MSC 曲線所示的，而不僅是未含此一代價在內的 MC 曲線；因此，如圖 15–3 中的 F 點所示，此時工廠的最適產量將變成 X_1，也是社會最適的產量。

經由以上討論，得知在協商成本等於零的情況下，雙方當事人將會在相互利害關係上取得平衡，並導致資源的有效配置；至於有**關權利或財產權 (Property Rights)** 的歸屬給哪一方並不重要，祇要有明確的歸屬即可。此一結論，稱

為寇斯定理 (**Coase Theorem**)。

在寇斯定理成立下，財產權的歸屬不同，將不影響資源配置的效率，即仍可以完全解決外部性問題；不過，財產權歸屬的不一樣，仍然會影響相關利益的分配情形。除此之外，有關 MEC 曲線的走勢、位置等相關訊息的掌握，若無法完全或雙方並不對等時，寇斯定理也就難以成立；另外，當協商成本不為零以及後續監督與執行合約等成本亦不為零，或當雙方均包括許多主體在內，而難以有效整合彼此之意見時，即使財產權歸屬已進行最妥適地安排，仍無法保證可以經由民間部門以協商方式來克服外部性的問題。換言之，也存在由政府部門的介入，來幫忙解決外部性問題的空間。

第三節　政府部門對於外部性問題的干預方法

首先，以公地或共用權的悲劇 (**Tragedy of the Commons**) 為例，來說明一塊公地或共同使用權，若沒有有效管理的話，將會被過度使用，而導致其價值或生產力喪失的悲劇結果；經由此一悲劇的認識，可以彰顯財產權必須明確歸屬的重要性，否則將造成資源使用的缺乏效率。

設想在一個公共的湖泊裡，任何人均不用經申請許可的手續，就可以自由地進行捕魚作業。就個別船隻而言，其最適的捕魚量，將在其多捕一單位（公斤）的邊際成本及其邊際收益相等的條件下決定的。如圖 15–4 所示，假設魚的單位售價固定為 P^*，如 MR 線所示，而該船隻捕魚的邊際成本曲線為 MC 曲線。同時，亦知其多捕一單位的魚，將使湖中的魚量減少，進而提高其他船隻捕魚的困難度；也就是說捕魚是有外部成本的，在圖中亦畫有該船隻捕魚的邊際社會成本曲線，如 MSC 曲線所示。因此，由圖得知，該船隻的最適捕魚量 X^*，大於社會最適的捕魚量 X_1。

進而言之，每一條船隻的捕魚量均將超過其社會的最適捕魚量。如果不對船隻數目、魚網規格及捕魚手段等方面加以任何限制的話，有可能導致湖中的魚源枯竭，而變成無魚可捕的局面。若是此一湖泊是私人所有的話，將不至於

圖 15-4

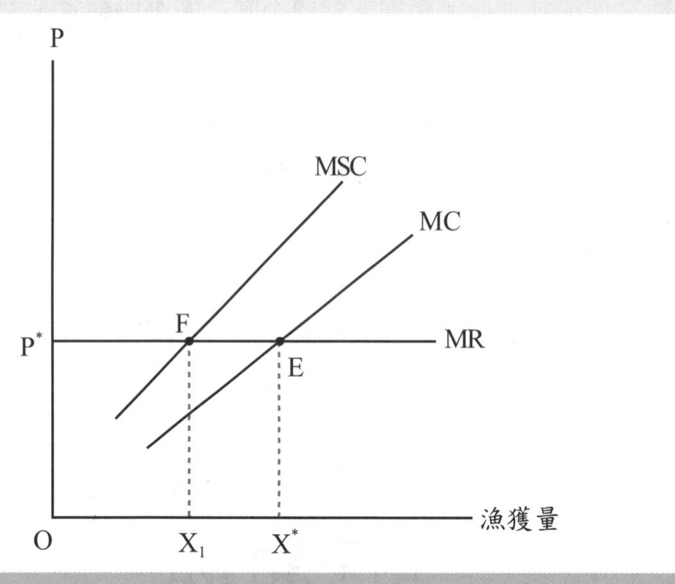

【在公共湖泊的捕魚量超過社會最適水準】

1.每一船隻依據其捕魚的邊際收益及邊際成本，來決定其最適的捕魚量 X^*。

2.社會最適的捕魚量為 X_1，小於 X^*。

出現上述的悲劇。另外，若政府部門能進行有效管理（含委託民間經營等在內）的話，也不至於使公共湖泊變成無魚可捕的結局。

在了解公地悲劇所涉及的外部性問題之後，大致能想像得出政府部門可以從下述幾個角度切入，來思考克服外部性問題的對策。

㈠財產權的妥適安排與落實

在日常的消費與生產活動中，都避免不了製造垃圾、廢棄物、廢水、污水，以及排放對人體健康有影響、對環境有破壞的物質等後果；因此，政府將在如何節約協商成本、監督成本與執行成本，以及如何分配利益等考量下，針對各種消費及生產活動過程中，所涉及到的或所衍生出來的那些具有外部性的物質或後果，妥適安排其所具有的財產權或權利義務關係，期望在明確、維護與落實財產權的前提下，經由協商方式，來解決或克服外部性的問題。同時，對於共同財產權，也要有效的管理。

㈡對於活動條件與財貨規格的規定

為了減緩負面的外部性，政府可能採取直接對於消費或生產活動設立限制條件，以及對於財貨規格訂定標準等方式。以機車為例，一方面針對其生產廠商，在安全、燃料及廢氣排放等方面訂定產品的規格；另一方面，也要求機車消費者定期接受排放廢氣的檢驗。又如，規定垃圾要加以分類，以方便資源的回收再利用；要求不可以在公共場所內抽煙，以維護他人的健康；禁止在國家公園內烤肉，以防止森林火災；規定工廠排放廢水、廢氣等方面的標準，以減少對於環境的污染或破壞；規範捕魚工具（含魚網）的使用，以維護漁業資源的生生不息。

㈢從教育著手，培養公德心

為了減緩負面的外部性及鼓勵正面的外部性，政府也可以從教育方面來著手，以培養民眾的公德心。例如，注意公共衛生，避免疾病的相互傳染，且做好個人的衛生工作；保持公共場所的安寧、秩序與整潔；待人要有禮貌與相互尊重；要有共同維護生態環境的情操。公德心將有助於協商、監督及執行成本的降低，促進彼此的合作意願，使得外部性問題更容易克服，進而創造一個美好的社會環境。

㈣利用經濟手段來解決外部性問題

政府可以採取對於負面外部性課稅，對於正面外部性補貼，以及建立具外部性財貨的市場機制等經濟手段，來克服外部性問題。

就課稅或補貼而言，首先要考量的是對象問題。以消費活動所引起的負面外部性為例，如亂丟垃圾、廢棄物、妨害鄰居安寧等方面，通常是直接針對這些活動或行為進行處罰，而不是間接對於製造出這些垃圾、廢棄物、噪音等購買行為加以約束，以減少其購買數量。至於為了免於抽煙所產生的煙味、廢氣等項具負面外部性物質的影響，通常也是直接從限制抽煙的場所著手，而不會去抑制購買或販售香煙的數量。另外，臺北市在未實施丟棄垃圾必須使用（先要花錢購買）垃圾專用袋之前，垃圾的處理費是採取隨用水量多少來收取的方式，由於用水量與垃圾量之間並無固定的關係，故無法誘導消費者減少垃圾量，並難以落實垃圾資源（含廚餘在內）的回收。

從上述例子中，初步了解到為了克服外部性問題，比較有效的方式是，要直接從那些具外部性的財貨著手，去加以設限或鼓勵；至於在課稅或補貼的對象上，比較有效的方式，也是要直接以那些具外部性的財貨為對象。

接下來，本節將以負面外部性為例，利用圖形來配合說明，以釐清上述提及的一些論點。現在，以產品的生產過程，會排放有害環境的污染物為例，如圖 15–5 所示，考量該污染物所造成的外部成本之後，社會最適的產量是 X_1，少於廠商在未考量外部成本之下的最適產量 X^*；因此，政府若對於該項產品的每一單位課徵 FH 的稅，則將使得廠商面對較高的銷售成本（含生產成本及應

圖 15–5

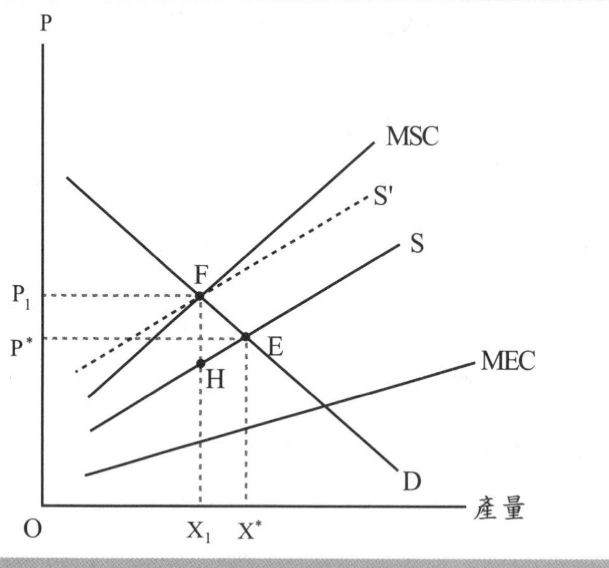

〖負面外部性問題與課稅〗

1. 社會最適的產量為 X_1，低於廠商在未考量外部成本之下的最適產量 X^*。
2. 當政府課徵 FH 的從量稅時，供給曲線變成 S′，則將誘使產量由 X^* 降為 X_1。

繳稅額在內)，導致該產品的市場供給曲線由 S 曲線水平上升至 S′ 曲線，進而誘使產量由 X^* 降至 X_1 的水準上。如此，似乎此一負面外部性問題，已獲致解決。

不過，政府採取上述對於產品課稅，而不是以其生產的副產品或污染物作為課稅對象，其是否能夠真正解決外部性問題，則仍值得懷疑。首先，即使政府能夠掌握該產品的市場供給與需求曲線的完整訊息，政府對於邊際外部成本曲線 MEC 的完整訊息，確是難以掌握的。一方面是因為該項產品的產量與其污染量之間的關係，未能充分了解；另一方面是因為該項產品所產生的污染量，其所引起外部成本的大小，可能與其他項產品的產量或其污染量有密切的關係，也可能與工廠的區位有關。換言之，政府若未能確實掌握有關 MEC 曲線的訊息，則無法確知最適的社會產量水準 X_1 在哪裡，也就無法利用課稅手段來克服負面外部性問題。

其次，由於政府是針對產品課稅，廠商仍將感受不到要認真面對其污染物所引起的外部成本問題；主要是因為對於廠商而言，其排放這些污染物的成本等於零。因此，對於產品課稅，而不是對於汙染物課稅的辦法，並不是一個克服外部性問題的有效途徑。

接著，考慮直接以污染物為對象的解決方案。為簡化說明起見，假設廠商的最適產量決定與其最適污染量決定兩者無關(即可以個別獨立來決定)；因此，在此僅單純考量廠商與整個社會的最適污染量問題。

當廠商完全不考慮污染物的排放問題時，其污染量為 Z_0；當廠商考慮降低其污染物的排放量時，其必須多投入一些設備與人力，來進行該項工作。因此，亦可以得其**降低污染量的邊際成本 (Marginal Cost of Abating Emissions)** 曲線 MCAE，如圖 15–6 所示；若從 Z_0 往原點方向移動，表示污染量的降低，隨著其降低量的提高或污染量的減少，其 MCAE 曲線呈遞增走勢。進而言之，MCAE 曲線也可以視為廠商對於污染量的需求價格曲線；以 E_1 的污染量為例，其最後一單位的處理成本為 P_1，而 P_1 也就是其不自行處理，而願意支付的最高價格。換言之，當廠商可以在市場上以 P_1 的價格來購買污染量的排放權利時，廠商會根據其 MCAE 曲線中的 E_1 點，來決定其購買量；也就是說，MCAE 曲線相當

圖 15–6

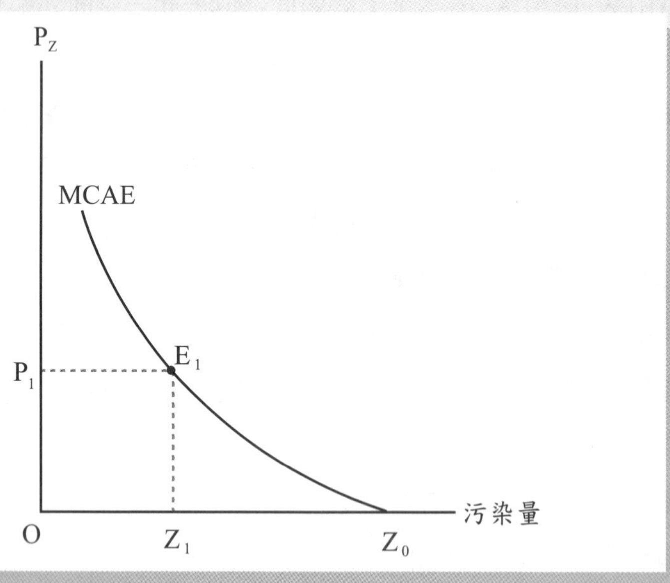

【降低污染量的邊際成本曲線】

1. 當廠商不用考慮污染物的排放問題時，其污染量為 Z_0；當廠商要降低污染量時，隨著降低量的增加或污染量的減少，降低污染量的邊際成本 (MCAE) 曲線呈遞增走勢。

2. MCAE 曲線為廠商對於污染量的需求曲線。

於廠商對於污染量的需求曲線。當價格等於零時，廠商的污染需求量為 Z_0。

接著，可以將所有廠商對於該污染物的 MCAE 曲線水平相加之後，得到整個社會的 MCAE 曲線，如圖 15–7 中的 ∑MCAE 曲線所示。至於該污染物的排放量對於社會成本或外部成本的影響，亦可以由該污染物的邊際社會成本曲線來加以描述，如圖中的 MSC 曲線為一呈現遞增走勢所示。最後，從 ∑MCAE 曲線與 MSC 曲線的相交點 E，得出該污染物的社會最適量為 Z^*，而對應該污染量之下的 MSC 或 MCAE 均為 P^*。同時，由圖 15–7 中亦知，當污染量高於或低於 Z^* 時，均非社會的最適情況，即均存在往 Z^* 調整以提高社會福利的空間。

那麼，如何落實將污染量控制在社會最適水準 Z^* 呢？可以有三種途逕：設定污染量的**排放標準 (Emissions Standard)** 或上限、徵收每一污染量的**排放費**

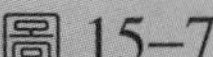
圖 15-7

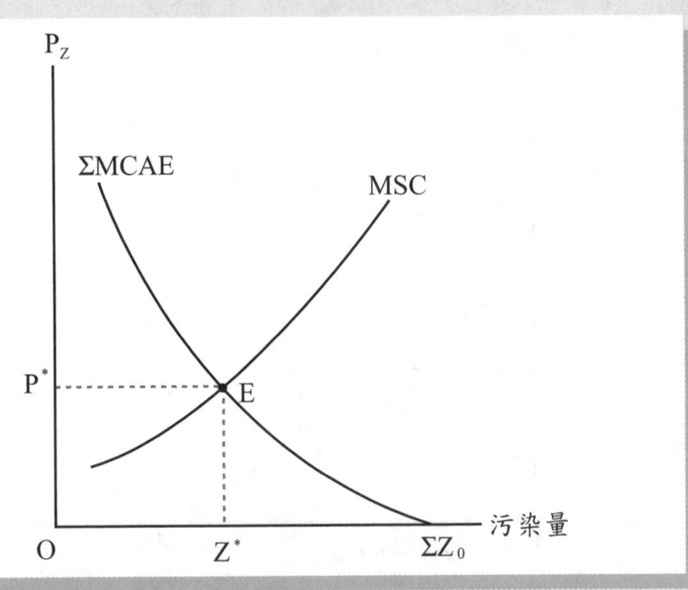

【社會最適污染量的決定】

1.ΣMCAE 曲線為所有廠商對於該污染物的 MCAE 曲線的水平加總，MSC 曲線則為該污染物的邊際社會或外部成本。

2.由兩曲線的交點 E，得知社會的最適污染量為 Z^*，此時的 MSC 或 MCAE 均為 P^*。

(Emissions Fee)，以及建立**可轉讓的排放許可 (Transferable Emissions Permits)** 市場。

排放標準是指規定每一家工廠的排放污染量上限；若超出此一標準量時，則訂定有罰款、刑責或關廠等方面的配套處罰措施。由於各廠的 MCAE 曲線不同，而有效的排放標準是按照等 MCAE 原則來訂定，如圖 15–8 中所示，A 與 B 兩家廠商的排放標準分別為 $\overline{Z_A}$ 與 $\overline{Z_B}$。不過，在實際上，為了公平及方便執行起見，通常是對於各廠規定同樣的標準 $\overline{Z}$，其大小大致是由 Z^* 除以廠商家數而得；如圖 15–8 所示，當 $\overline{Z}$ 與 $\overline{Z_A}$、$\overline{Z_B}$ 不一致時，將出現無效率的情況。就 A 廠商而言，在 $\overline{Z}$ 的標準下，其可以節省 $EG\overline{Z}\,\overline{Z_A}$ 的治理污染成本；就 B 廠商而言，在 $\overline{Z}$ 標準下，其要多花費 $HF\overline{Z_B}\,\overline{Z}$ 的治理污染成本；以 $\overline{Z}=(\overline{Z_A}+\overline{Z_B})\div 2$ 為

圖 15-8

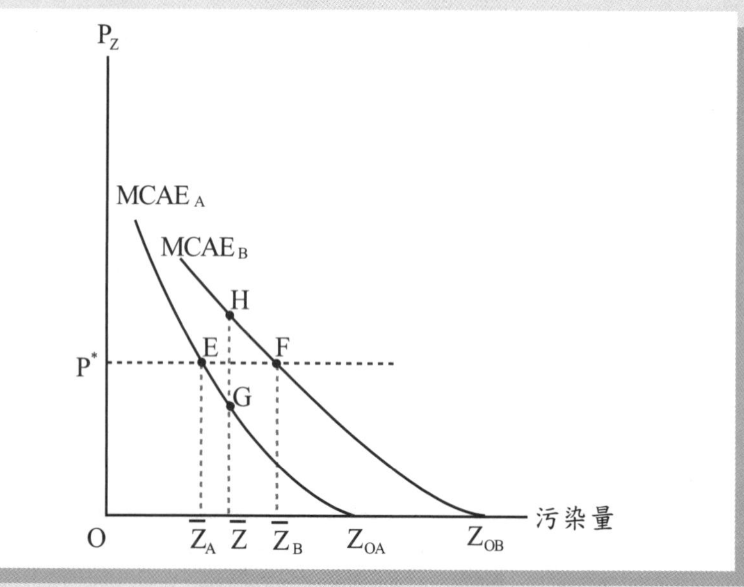

【排放標準的設定】

1.有效的排放標準是按照等 MCAE 原則來訂定，如對於 A 與 B 廠商分別訂出不同的標準 $\overline{Z_A}$ 與 $\overline{Z_B}$。

2.當訂定相同的標準 $\overline{Z}$ 時，則會出現無效率的情況。

例，後者所增加的治理成本將大於前者所減少的治理成本。而就社會而言，在 $\overline{Z}$ 標準下，A 廠商的 MCAE（如 $G\overline{Z}$ 所示）小於 P^*（表示 MSC），B 廠商的 MCAE（如 $H\overline{Z}$ 所示）大於 P^*，表示在不改變 Z^* 的前提下，A 廠商若減少污染量的標準或 B 廠商增加污染量的標準，均將有利於整體社會福利的提升。

經由上述，了解到試圖由訂定排放標準，來落實達到 Z^* 的困難；相反地，此一困難可以由按 P^* 來徵收排放費的方式，來解決。不過，此一排放費 P^* 的決定，是建立在圖 15-7 的架構上的，因而當此一架構中 ∑MCAE 曲線相對較為平坦，而 MSC 曲線相對較為陡峭，且有關這條曲線的位置或訊息亦無法完全掌握時，則所求得的 P^* 與 Z^* 均無法百分之百正確，而存在一定程度的誤差；此時，採取徵收排放費的方式，未必比設定排放標準來得有效。

以 Z^* 可能高估及 P^* 可能低估一定百分比為例，如圖 15-9 所示，正確的社

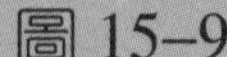

圖 15–9

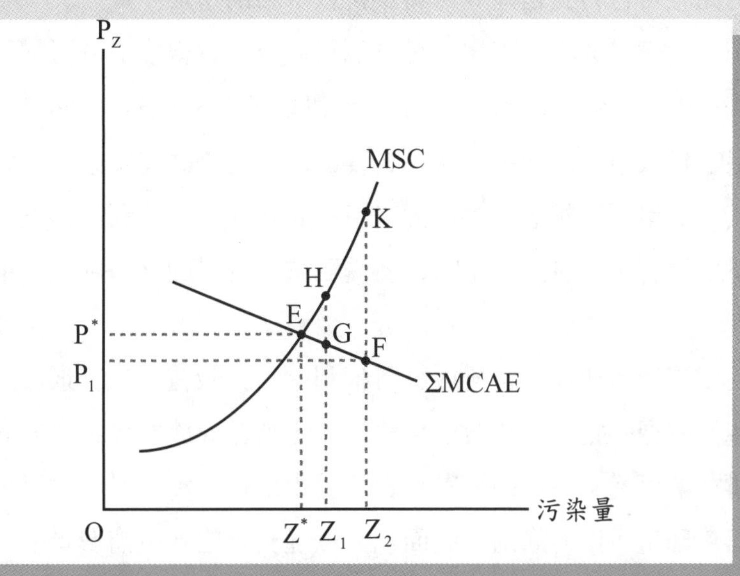

〖在無法充分掌握相關訊息下，設定排放標準的方式有可能優於徵收排放費的方式〗

1. 當 Z^* 高估為 Z_1，且 P^* 低估為 P_1 時，設定排放標準所造成的超額社會成本，如 △EGH 面積所示。
2. 在相同情況下，採取徵收排放費方式的超額社會成本，如 △EFK 面積所示，故知此一方式的代價較高。

會最適污染量為 Z^*，而其排放費為 P^*；當訊息掌握不完整時，導致最適污染量高估至 Z_1，或排放費低估至 P_1。若採取徵收排放費的方式，將出現如 △EFK 面積所示的超額社會成本；不過，若在設定排放標準下，則衹會出現如 △EGH 面積所示的超額社會成本。換言之，當 MCAE 及 MSC 曲線的有關訊息無法充分掌握時，則採取徵收排放費的方式，未必一定均比設定排放標準來得有效。

此外，設定排放標準與徵收排放費的水準一旦訂定之後，較難以因應經濟環境的變化而改變。MSC 曲線以及 ΣMCAE 曲線隨著經濟的發展、生產技術及治理污染技術的進步、廠商家數的增減等項變化的出現，也會跟著移動，因此社會最適的 Z^* 及 P^* 也隨時在調整，並非一成不變的。因而勢必無法單純依靠設定排放標準或徵收排放費的方式，來完滿的解決落實 Z^* 的問題，或許解決此一問題的比較可行方式是建立可轉讓排放許可的市場。

所謂可轉讓排放許可市場，是一個可以自由買賣排放許可權利的市場；至於排放許可權利的供給總量，是由政府相關部門將其設定在圖 15–7 中所決定的社會最適排放量。廠商或消費者若要排放該污染物時，必須先取得其許可權利，且其排放量不能超過其許可的數量；若在無許可權利的情況下排放該污染物，或排放量超出許可的水準時，將受到嚴厲的懲罰（如罰款、刑責或關廠等項）。

廠商或消費者如何取得排放許可權利呢？大致有三種管道：(1)向政府部門申請，免費取得一定量的排放許可權利；(2)當政府部門以拍賣方式出售全部或部分的排放許可權利時，由參與拍賣活動中取得所需的排放許可權利；(3)由於排放許可權利是可以轉讓的，因而也可以從其他廠商或消費者的手中，購買得到所不足的排放許可權利。

隨著技術或環境的變化，若社會最適排放量有所改變時，政府也可以介入該排放許可市場，以誘導將排放量調整到新的最適水準上。例如，當社會最適排放量降低時，政府就可以從市場上買回排放許可，使得排放許可的市場價格提高，誘導廠商或消費者以最有效的方式，去面對進一步減少排放量的問題。至於政府買回排放許可所需的資金，則可以從當初出售排放許可的收入中，由其所成立的相關基金來支應。

以臺北市所實施的垃圾專用袋為例，丟垃圾必須使用專用垃圾袋；而不同尺寸的垃圾袋，表示能丟的垃圾量不同，其價格也不一樣，這就等同於用錢去購買丟垃圾的權利一樣。因此，可以了解到垃圾專用袋的措施，相當於利用市場的機制來處理垃圾問題，是一個比較有效解決垃圾外部性問題的作法。

第四節　公共財的意義與其最適供應量的決定

公共財並不是泛指由公共部門或政府單位所提供的財貨，而是指其在消費上具有下述兩種性質的一種財貨，即(1)**非敵對性或非互斥性 (Nonrivalry)** 以及

⑵非排他性 (Nonexclusivity)。所謂非敵對性財貨，是指消費者對該項財貨的消費，所能得到的滿足程度或利益，並不會受到其他消費者消費該項財貨的影響；換言之，消費者在分享該項財貨時，並不會降低其他消費者在消費該項財貨所能得到的利益。也就是說，若增加提供給另一個消費者消費該項財貨，其邊際成本等於零。以國防為例，每一國民均獲得同樣水準的國防保護服務；又以無線電視廣播節目為例，每一個消費者均可以收看或收聽到相同的節目，不會受到他人的影響，也不會影響到別人。不過，像麵包、擁擠的馬路、熱門的科系等項，都是屬於敵對性的財貨，為什麼呢？因為多一個人吃麵包、使用馬路、進入熱門科系，就會影響其他人所能吃到的麵包數量、提高行車的時間、減少其他人進入該科系的名額。至於車輛很少的馬路，則仍屬於非敵對性財貨。同理，很少人使用的閱覽室或朝聖的廟宇，也屬於非敵對性財貨；但在考試期間的閱覽室或在廟會期間的廟宇，則是屬於敵對性財貨。因此，財貨是否具敵對性或非敵對性，有時是要看情況才能判定的，並非是可以完全固定的。

所謂非排他性財貨，是指該項一旦生產出來，就難以排除他人在不支付費用下或免費的消費；在此，所謂難以排除他人，是指要花極高的代價，以至於不值得去排除他人，也可以是指在技術上做不到的意思。以國防為例，不可能將那些不繳稅的人或任何人排除在外，而得不到國防的保護服務；又如難以對每一條馬路均設收費站，來排除一些人的使用。不過，像橋樑、高速公路、停車場等項設施所提供的服務，是屬於排他性財貨。至於宿舍房間的個人清潔打掃服務、社區的守望相助服務、無線廣播節目、撲滅蚊蟲的公共衛生服務等項，則是屬於非排他性財貨。同時，非排他性財貨的歸類也不是一成不變的，例如若有鎖碼或防複製的技術時，則許多視訊產品，都可能由非排他性財貨變成為排他性財貨；又如有些景觀非常優美的地點，則可能因交通不便，而由非排他性財貨變成排他性財貨。

如上所述，同時兼具非敵對性與非排他性的財貨，稱為公共財；國防、滅蚊計畫、司法、不擁擠的馬路、守望相助等項財貨，都是公共財的例子。

在了解公共財的意義之後，接著討論公共財的最適供應量決定問題。在此，以甲、乙兩位同學準備合租一間房子為例，對於不同坪數的房子，甲、乙兩人所願意支付的需求價格，分別如圖 15–10 中的 d_1 及 d_2 曲線所示；其中，橫軸表示房間的坪數大小 (X)，縱軸為每坪的租金 (P)。以 X_3 大小的房子為例，甲的需求價格為 P_1，而乙的需求價格為 P_2；因此，由於房子對於甲、乙二人而言為一非敵對性財貨，故二人合計對於房子所願意支付的保留價格或需求價格為 P_3 $(= P_1 + P_3)$，如 F 點所示。換言之，可以根據 d_1 及 d_2 曲線，在不同 X 之下，將其對應的需求價格相加（或所謂的垂直相加）之後，得到二人對於房子的需求價格曲線，如 ABC 線所示。

其次，假設二人所面對的租屋市場，對於不同大小房子的供給價格曲線，如 S 線所示，表示比較大面積的房子，其供給價格也較高。最後，由 ABC 線與 S 線的交點 E，得知二人租房的最適坪數為 X^*，而其租金為 X^*E，剛好等於兩人所願意支付價格的和。

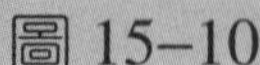
圖 15–10

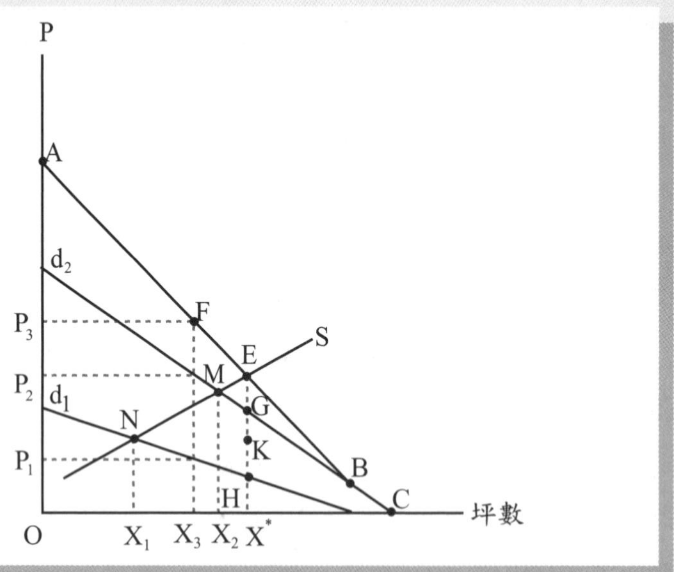

【公共財最適供應量的決定（以租屋大小為例）】

1. 二人對於租屋大小的需求價格曲線 ABC，是由二人個別的需求價格曲線 d_1 及 d_2，經垂直加總而得。
2. S 線為二人所面對的租屋供給價格曲線，由其與 ABC 曲線的交點 E，得知二人最適的租房坪數為 X^*，租金為 X^*E。

一旦租了房子之後，由於房子對於兩人而言為一公共財，若祇由 d_1 或 d_2 曲線來決定房子的最適坪數，顯然沒有計及房子可能提供乙或甲的好處，即未計入該房子帶給社會其他人的正面外部性，如此將出現如在討論外部性問題所述的低效率現象，即出現產量偏低的結果，如圖 15–10 中的 X_1 或 X_2 均小於 X^* 所示。

就同時具敵對性與排他性的**私人財貨 (Private Good)** 而言，利用市場機能所決定出來的社會最適數量，在不存在外部性的情況下，如第十四章所述，將滿足 $MRS_{12}^A = MRS_{12}^B = MRT_{12}$ 的條件；不過，誠如上述，若第一財貨為公共財時，則社會最適數量的決定，相當於要滿足 $MRS_{12}^A + MRS_{12}^B = MRT_{12}$ 的條件，為什麼呢？因為 MRS_{12}^A 或 MRS_{12}^B 可以視為消費者 A 或 B 對於第一財貨（公共財）的需求價格（以第二財貨的單位來表示），而 MRT_{12} 也就是社會提供或生產該公共財的邊際成本（亦以第二財貨的單位來表示）。可惜的是，在公共財的情況下，將會出現**搭便車問題 (Free-rider Problem)** 以及無法知曉個人對於公共財的偏好，進而難以確知社會對於公共財的偏好問題（詳下一節），因而無法利用市場機能，誘導資源的配置，在滿足 $MRS_{12}^A + MRS_{12}^B = MRT_{12}$ 的效率條件下，來提供社會最適的公共財數量。

第五節　搭便車問題及其克服辦法

所謂搭便車，是指對於非排他性財貨而言，由於有些人預期即使他們不用付出任何代價，另一些人也會將該項財貨生產或提供出來，這就表示前者在搭後者的便車；而搭便車的問題是指，當存在搭便車的情形時，資源的配置就將達不到經濟效率，而有低度生產的結果。

如圖 15–10 所示，若甲完全不支付房租，但又可以住房時，乙將僅願意租用 X_2 大小的房子，小於 X^* 的房子；同理，若乙完全不支付房租，亦可以住房時，甲最多僅會租用 X_1 大小的房子，小於 X^* 的房子。換言之，對於非排他性財貨的供應量將會偏低，即出現搭便車問題。

同時，由圖 15–10 亦知，若要使得公共財的供應量達到社會最適水準 X^*，其前提之一是二人均要誠實的將其所願意支付的價格或該公共財帶給他個人的價值（即 d_1 與 d_2 曲線）呈現出來，才能據以決定社會最適量的大小。可是一方面由於本人存在搭便車的心理，以及另一方面為了避免被別人搭便車的策略上考量，消費者均會傾向於低報公共財對他的價值，如此將使得不但無法掌握個人對於公共財的確實偏好或其需求價格曲線，而且更難以確知整個社會對於該項公共財的偏好順位，以及社會最適水準的大小。

那麼，如何克服此一搭便車問題以及低報或隱匿個人偏好的問題呢？首先，以一個村落計畫改建廟宇為例，來說明在決定此一廟宇的規模大小及其經費籌措方案時，是如何克服上述問題的。通常是由每一個成年的村民直接投票或由每一戶的家長直接投票，甚至是間接由村民委員會來開會決定。至於經費的籌措，除了原有廟宇所累積的香油錢以外，大致是按戶或按每一壯丁收取一定額的經費，同時配合發動村民以及移居他鄉的鄉親等信眾共同捐助善款，並訂定捐款的相關辦法。從各村落廟宇的宏偉程度的普遍性來看，可以想見在神明面前，低報或隱匿個人偏好的問題，應不至於太嚴重，信眾不但不會有搭便車的心理，且會誠實揭露廟宇對其個人的價值，進而在有求於神明保佑的考量下，還可能會超額捐助善款，以討好神明能夠多多的關照。

其次，就一般的公共財而言，通常也是採取強制收費方式，來解決財源問題；至於公共財的數量或如何收費等方案的選擇，也大多是採用投票來決定。不過，投票的最終決定，容易受到人為的操控，例如在方案表決程序的設計，或在方案之間的**條件交換 (Logrolling)** 等方面，均可能左右投票的結果；因此，利用民主的投票方式，亦非解決公共財最適量的最佳途徑。

除此之外，有些經濟學家也想嘗試設計出一個讓每一個人均能誠實表現其對於公共財需求價格的機制；不過，此一機制還有許多問題，有待進一步克服。

總之，公共財的搭便車問題或其最適供應量問題，目前尚無盡善盡美的解決辦法可供使用。

本章摘要

1. 外部性是指一項消費或生產活動的部分利益或成本，沒有納入該活動主體的決策中，因而轉由其他主體來加以承受的一種情形。

2. 外部性可以分為正面的與負面的外部性，分別是指出現外部利益與外部成本的一種情形；另外，亦可以從承受者來看，將外部性分為消費外部性與生產外部性。

3. 在外部利益的情況下，由市場運作所決定的產量（或消費量），將低於社會最適的產量，表示資源配置缺乏效率；同理，在外部成本的情況下，則是產量過多，也表示缺乏效率。

4. 當與外部性有關的雙方，其協商成本等於零時，則可以利用補償金的方式，來共同解決外部性問題。至於哪一方得到補償金的權利歸屬並不重要，即不影響資源的有效配置結果，此一結論稱為寇斯定理。

5. 公地悲劇的例子，是彰顯財產權明確歸屬的重要性，如此才不致於導致資源使用的缺乏效率。

6. 政府部門可以從下述角度切入，來思考克服外部性問題的對策：(1)財產權的妥適安排與落實；(2)對於生產或消費條件與財貨規格的規定；(3)從教育著手，培養公德心；(4)利用經濟手段來解決外部性問題。

7. 政府部門落實將污染量控制在社會最適水準的途徑，包括(1)設定污染量的排放標準，(2)徵收排放費，(3)建立可轉讓的排放許可市場。

8. 公共財是指一種兼具有(1)非敵對性與(2)非排他性的財貨，而不是指政府部門提供的財貨。

9. 非敵對性財貨，是指具有下述性質的財貨，即多提供給另一個消費者消費，其邊際成本等於零。邊際成本等於零，除了表示不用增加該財貨的數量以外，也表示多一個消費者的分享，均不影響原消費者的權益或滿足程度。

10. 非排他性財貨，是指該項財貨一旦生產出來，就難以排除他人免費的消費；在此，所謂難以排除他人，是指不值得去排除他人，或在技術上做不到的意思。

11. 公共財的社會最適量決定，由於其具有正面外部性（來自非敵對性），且無排他性，故將延伸出搭便車行為，而無法單純依賴市場機制來解決，尚有賴政治手段（如投票）或政府部門的介入，以及仍有待探索。

習　題

1. 何謂外部性？試舉正面外部性的例子，配合說明之。
2. 何謂消費外部性？
3. 試說明存在負面外部性時，由市場所決定的產量或消費量，會比社會最適量低嗎？請配合圖形說明之。
4. 何謂寇斯定理？
5. 何謂公地的悲劇？出現此一結局的原因為何？
6. 政府若準備以課稅或補貼方式來處理外部性問題時，比較有效的對象是什麼？
7. 在廠商的最適產量決定與最適污染量決定兩者無關的前提下，整個社會如何決定最適污染量呢？請配合圖形說明之。
8. 試比較(1)設定排放標準與(2)徵收排放費這二種方式，在落實最適污染量上的利弊是什麼？
9. 何謂可轉讓排放許可市場？
10. 公共財具有哪兩個性質？試詳細說明之。
11. 何謂搭便車？何謂搭便車問題？
12. 裝設路燈（以 X 表示）的邊際成本為 12 萬元，甲及乙兩人對於 X 的需求曲線，分別為 $X = 20 - p_x$ 及 $X = 16 - 2p_x$，其中 p_x 為路燈的價格（以萬元表示）；請問 X 的社會最適量是多少？

第十六章　不對稱訊息

每一個經濟主體在進行任何決策或選擇時，都會面臨有關的訊息問題。例如，消費者最想掌握的是，有關財貨的價格、品質及其安全性、售後服務等方面的訊息；廠商則除了想了解財貨生產有關的技術、原材料供應等方面的訊息以外，也會搜集財貨銷售有關的顧客需求及同行競爭情況等方面的訊息。至於政府各部門或民間的社團組織，在為其人民或成員提供服務時，也都需要以相關訊息作為決策的依據。

本章將包括三節。首先，第一節是說明訊息的重要性與**不對稱訊息 (Asymmetric Information)** 的類型；其次，第二節是討論**逆選擇 (Adverse Selection)** 問題及其克服之道；最後，第三節是探討**道德風險 (Moral Hazard)** 問題及其解決辦法。

第一節　訊息的重要性與不對稱訊息的類型

首先，說明訊息的重要性。本書在探討消費的選擇、生產的決策以及市場的運作等課題時，大多係在消費者或生產者均具有充分的或完全的訊息下進行的；不過，也有在一些課題的討論上，是與缺乏訊息或訊息不足有關的。例如，在第五章的消費者在不確定情況下的選擇，第九章的獨占廠商的二級差別定價行為，第十一章的賽局理論與競爭策略，第十五章的搭便車問題，在這些課題中，都與經濟相關主體不具有充分或完全的訊息有關。在此，將從促進交易，實現交易利得的角度，來了解訊息的重要性。

以消費者購買一輛二手車為例，在沒有花時間、精力等去搜集相關訊息的情況下可能買到好車及爛車的機率，分別為 α 與 $1-\alpha$，其中 $0<\alpha<1$。設此一

消費者為一風險趨避者，其原有所得為 m，而二手車的售價為 p。同時，令購買到好車的情況為第一種情況，而購買到爛車的情況為第二種情況。在此，可以利用圖 16–1，來說明此一消費者買車前後的或有消費組合 (C_1, C_2) 變化情形。

在 45° 線或確定線上的 E 點，表示未購車之前的消費組合，其 $C_1 = C_2 = m$；當花了 p 元買二手車之後，其消費組合變成 H 點，其 $C_1^* = m - p + q'$, $C_2^* = m - p + r$，其中 q′ 及 r 分別表示買到好車帶給消費者的正剩餘及買到爛車帶給消費者的剩餘（未必為負，但在本圖中令其為負）。EB 線與 EU_0 曲線相切於 E 點，EB 線的斜率絕對值為 $\frac{\alpha}{1-\alpha}$；另外，在第五章稱 EB 線為公平的勝算線，在此則用以說明消費者的預期所得等於零的一條或有消費預算線，如 EB 線上的 N

圖 16–1

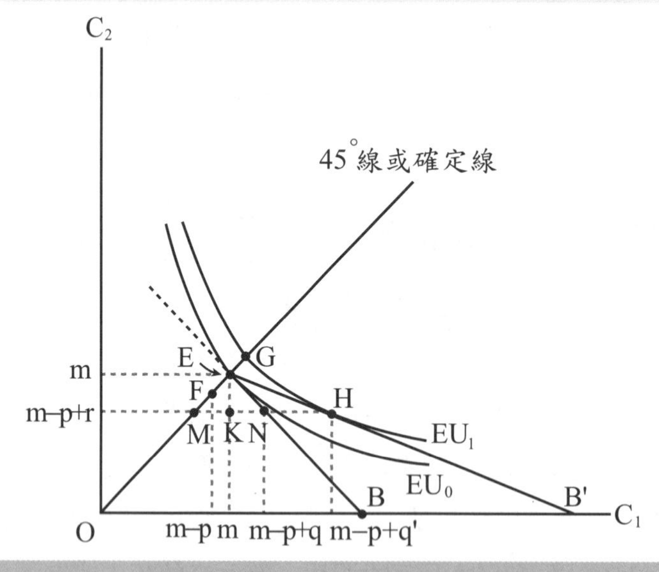

〖風險趨避者是否購買二手車〗

1. 買到好車與爛車的機率為 α 與 $1-\alpha$，E 為買車之前的確定所得或消費組合，EB 線為公平勝算線，斜率絕對值為 $\frac{\alpha}{1-\alpha}$。p 為二手車的價格，q（或 q′）與 r 分別為買到好車與爛車的消費者剩餘。
2. 面對 EB 線時，消費者選擇 E 點，表示不會買二手車；面對 EB′ 線時，消費者選擇 H 點，表示會買二手車。

點所示，表示在已知出現第一種情況的機率為 α 之下，若付出 EK 的賭注，而在出現第一種情況時，獲得 MN 的獎金，則此一消費者剛好不賺不賠，即預期所得 m^e $(\equiv \alpha(MN-EK)+(1-\alpha)(-EK)=\alpha\cdot KN-(1-\alpha)\cdot EK)$ 為零（因為 $\frac{\alpha}{1-\alpha}=\frac{EK}{KN}$）。換言之，在面對公平的勝算線或或有消費預算線時，風險趨避者將會選擇 E 點，表示其不會去冒險購買二手車。

不過，在 p 及 r 不變下，若 q（表示買到好車時的消費者剩餘）提高到 q' 時，如 N 點右移到 H 點時，則此一風險趨避者，在面對較為有利的或有預算線 EB' 時 $(m^e>0)$，則會選擇 H 點，表示該消費者會購買二手車，並使得其效用水準由 EU_0 提高到 EU_1，而 EU_1 曲線的確定所得 m^c 如 G 點所示，比 m 來得高，說明此一消費者以 p 的價格購買二手車時，其滿足程度或確定所得有所提高。

接著，討論在 H 點落在 EU_0 曲線左下方的情形，此時若消費者可以藉由搜集二手車的相關訊息，而使得其購買到好車的機率 α 有所提高，或者購買二手車的價格 p 有所降低時，則此一消費者仍可能會去購買二手車。在此，為簡化說明起見，假設搜集訊息的成本為零，並以 α 的提高為例（讀者亦可以比照下述分析方式，來討論 p 下降的情況），利用圖形來了解消費者可以藉由訊息的搜集，由不買二手車變成為會買二手車，以呈現訊息對於促進交易及實現交易利得的功能。

在圖 16–2 中，在一定的 p、q 及 r 之下，在未搜集訊息之前，消費者購買二手車的消費組合如 H 點所示，其所得到的滿足程度，低於 E 點所示的滿足程度 EU_0，表示此一消費者不會購買二手車。現在，在搜集訊息之後，使得其購買到好車的機率由 α 提高到 α'，在圖中表現為過 E 點的公平勝算線 EB，變為更陡峭的 EB' 線，而對應的 EU_0 曲線也變成 EU_0' 曲線；由圖知，此時的 H 點落在 EU_0' 曲線的右上方，表示購買二手車對於消費者有正面的利得存在，即其滿足程度會提高，故此一消費者在搜集訊息之後，將會購買二手車。

由上述例子，了解到藉由訊息的搜集，可以促進交易的進行。一般而言，訊息的搜集是要花代價的，包括其投入的時間與花費，也包括購買時間滯後的一些後果。基本上，消費者將會像購買財貨一樣，在考量訊息的利益與成本之

圖 16–2

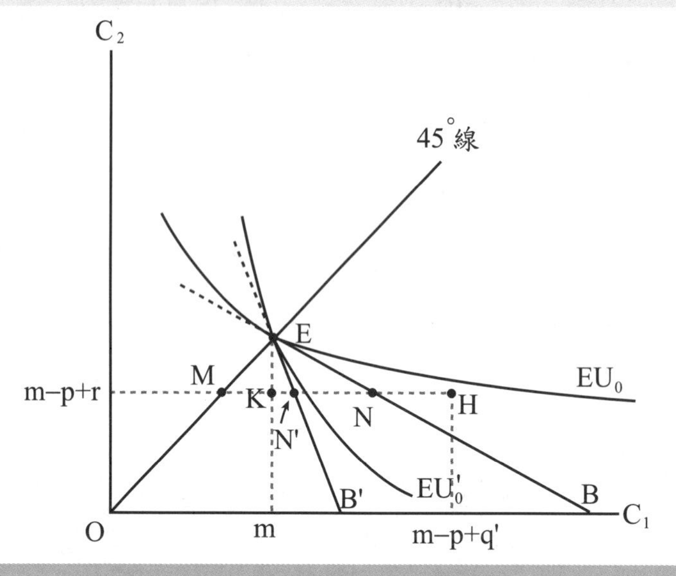

〖訊息促進二手車的購買〗

1.在訊息搜集成本為零的假設下，搜集較多的訊息之後，使得 α 提高到 α'，表現為消費者的 EB 線變成 EB′ 線。

2.H 點落在 EU_0 曲線的左下方，表示在搜集訊息之前，消費者不會購買二手車；在搜集訊息之後，H 點落在 EU_0' 曲線的右上方，表示消費者會買二手車。

下，取得最適量的訊息；換言之，消費者所掌握到的訊息量，將不是愈多愈好，衹能是適量而已。同時，由於消費者面對風險的態度不同（表現在 EU 曲線的彎曲度上），其 q 與 r 也不同，以及搜集訊息的成本也不同，因此消費者之間所掌握的最適訊息量也會不一樣。

同理，廠商之間，對於其競爭對手、其顧客以及對於整個經濟環境的訊息量，也有許多差異。至於訊息的重要性，除了如上述所說的可以促進交易以外，其對於社會資源的配置效率上，則在於強調一個無法避免的不對稱訊息課題。所謂不對稱訊息，是指相關經濟主體之間，在訊息掌握上的不對稱，即不具有相同的訊息量。例如，購買保險的消費者，對於自己的健康情況，了解得比保險公司多；勞動者的工作能力或努力程度多高，他自己最清楚；商品的品質或成分，廠商比消費者更明白。這些都是在日常生活中常見的不對稱訊息的例子。

其次，討論不對稱訊息的類型。一般是按交易契約在訂定之前及在執行中的訊息不對等情況，將不對稱訊息分為兩種類型；其中，在訂定交易契約之前的不對稱訊息，稱為隱藏特性 **(Hidden Characteristics)**，此一情形說明交易雙方在進行交易條件的協商時，其中有一方了解其本身的特性；但另一方卻無法窺知，就好像前者把其特性隱藏起來一樣。例如，購買保險的消費者對於自己的健康、對於自己的開車習性，均比保險公司更加清楚；又如，借款人對於借款的用途所具有的風險性大小，對於自己償債的意願與能力，均比銀行更加瞭解；再如，廠商的營運狀況、競爭能力以及對待員工的誠意，均比應徵員工更加清楚；同時，廠商對於其所生產出售的財貨，在品質及健康安全上的認識，均比消費者明白。

在隱藏特性的不對稱訊息下，將會出現逆選擇或反淘汰 **(Adverse Selection)** 問題，對於市場的運作效率，將產生不良的影響。這方面的討論，將留在第二節。

至於在交易契約執行中的不對稱訊息，一般稱為隱藏行動 **(Hidden Actions)**，此一情形說明在交易的進行過程中，其中有一方出現了一些動作，而這些動作是另一方難以防止的，但又會損及另一方的利益；這種不對稱訊息，就好像有一方把行動隱藏起來一樣。例如，在購買保險契約之後，消費者對於自己健康或對於車子的照顧，難免會比較疏忽；又如，專業經理人對於公司營運的關注程度，總是不如業主或股東；再如，員工的偷懶行為，廠商售後服務的不履行，醫生的誤診，老師教學的不盡責，包商對於工程（或建商對於預售屋）的偷工減料等，也都是屬於隱藏行動的不對稱訊息的例子。

在隱藏行動的不對稱訊息下，將會出現道德風險 **(Moral Hazard)** 問題或委託人與代理人之間的問題 **(Principal-Agent Problem)**，此時對於市場的運作效率，也會有負面的影響。這方面的討論，則留在第三節。

第二節 逆選擇問題及其克服之道

首先，以甲、乙兩人購買汽車的竊盜險為例，來說明逆選擇問題。令甲、乙兩人的汽車沒有被偷走的機率分別為 α_1、α_2，且知由於甲更為謹慎，即 $\alpha_1 > \alpha_2$。同時，為簡化說明起見，令兩人未投保之前的消費組合點相同，如圖 16–3 的 E 點所示，表示在出現第一種狀況（即車子沒有被偷）時，$C_1 = m_1$；而在出現第二種狀況（即車子被偷）時，$C_2 = m_2$，且知 $m_2 < m_1$。同時，亦知甲、乙兩人的確定性所得或消費組合點，分別如 A、B 點所示，而過 A、B 兩點的等預期效用曲線如 EU_0^A、EU_0^B 所示，其在 A、B 點的斜率絕對值分別為 $\frac{\alpha_1}{1-\alpha_1}$、$\frac{\alpha_2}{1-\alpha_2}$，

圖 16–3

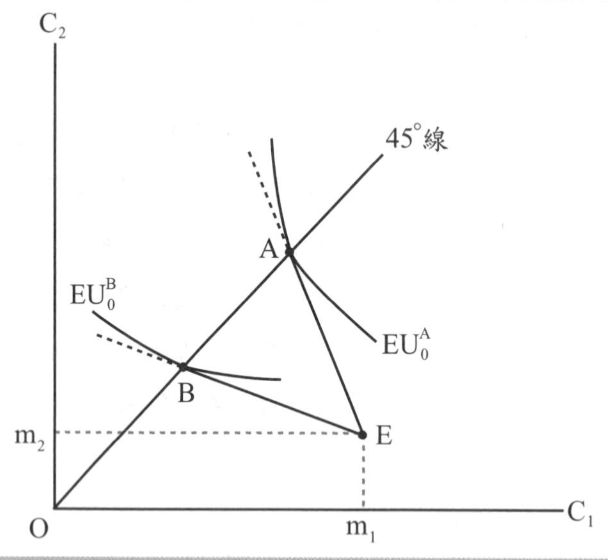

【在充分訊息下，甲、乙兩人均會購買全額保險的公平保單】

1. 甲、乙兩人面對汽車被盜的機率分別為 $1-\alpha_1$ 及 $1-\alpha_2$，在公平保單下的或有消費預算線分別為 AE 及 BE 線，其斜率分別為負的 $\frac{\alpha_1}{1-\alpha_1}$ 及 $\frac{\alpha_2}{1-\alpha_2}$，且知 $\alpha_1 > \alpha_2$。
2. 在公平保單下，兩人均會購買全額保險，如 45° 線的 A 及 B 點所示。

如 AE 及 BE 切線所示。此時，若保險公司在完全確知二人汽車不會被偷的機率分別為 α_1 及 α_2 之下，就可以分別設計出兩人的公平保單；因而在面對公平保單下，甲、乙兩人所面對的或有消費預算線，分別為 AE、BE 線所示，後者較為平坦，表示其保費較高。由圖亦知，在面對公平保單下，兩人均會購買全額保險，以使得不管出現哪一種狀況，均可以得到確定性所得，分別如在 45° 線上的 A、B 點所示。此時的保險公司，剛好也是損益平衡，即利潤為零。

現在，當保險公司不知道兩人汽車被偷機率的確實訊息，但知道其平均機率為 $1-\alpha$，其中 $\alpha_2<\alpha<\alpha_1$。此時，若保險公司設計一個以 α 為準的「公平」保單，則兩人將同樣面對一條相同的或有消費預算線，如圖 16–4 中的 DE 線所示。同時，甲、乙兩人過 D 點的等預期效用曲線如 EU_1^A、EU_1^B 所示；其中，EU_1^A 曲線在 D 點的斜率為負的 $\frac{\alpha_1}{1-\alpha_1}$，而 EU_1^B 曲線為負的 $\frac{\alpha_2}{1-\alpha_2}$。因此，得知在保險公司最多祇能接受購買全額保險的情況（如 D 點所示）下，首先就乙而言，由於其現在所面對的保費（如 DE 線所示），比其在公平保單（如 BE 所示）便宜，故乙也會購買全額保險，如 D 點所示；不過，此時保險公司賣給乙的保單，其預期利潤是負的。

其次就甲而言，雖然其在面對較不公平的保單（如 DE 線較 AE 線更為平坦所示）下，不會購買全額保險；但由於他是風險趨避者，故他仍可能購買部分保險，如 F 點所示（此時，甲的等 EU 曲線與 DE 線相切於 F 點，在圖中未表示出來），而此時保險公司在賣給甲的保單中，其預期利潤是正的。

進而言之，由於甲投保金額較乙少，故保險公司從甲得到的預期利潤，無法全部彌補從乙得到的虧損。因此，保險公司將進一步提高保費，才能達到損益平衡；如此，表示消費者將面對一條比 DE 線更為平坦的或有消費預算線。但保險公司的損益仍無法得到平衡，為什麼？因為此時甲的投保金額將更為減少；也就是說，最後保險公司將會把保費提高到如 BE 線所示的水準，此時表示祇有乙願意購買全額保險，而甲將沒有意願購買任何保險，保險公司能夠達到損益平衡。

經由上述例子的說明，了解到保險公司在沒有充分訊息的情況下，一方面，

圖 16–4

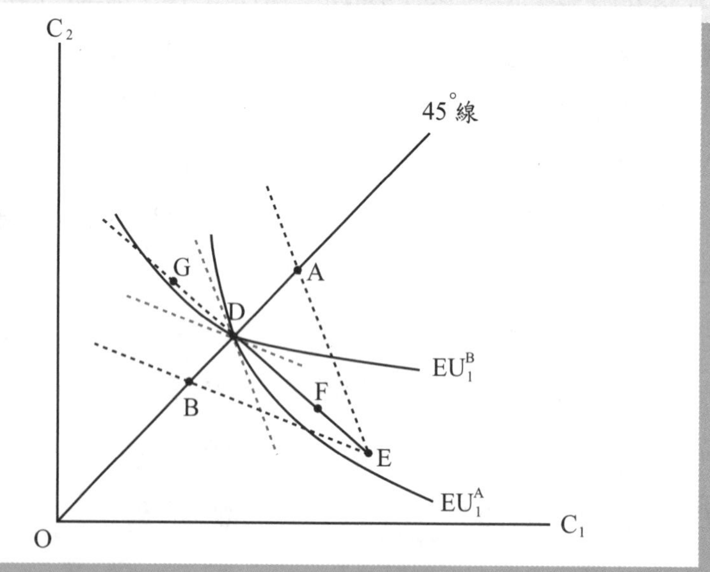

【在不對稱訊息下，甲、乙兩人及保險公司的互動情形】

1. 當保險公司以車子被偷的平均機率設計保單時，甲、乙兩人所面對的或有消費預算線為 DE 線。

2. EU_1^A 及 EU_1^B 曲線分別為甲、乙兩人經過 D 點的等預期效用曲線，前者較陡峭。

3. 乙仍然願意購買全額保險(如 D 點所示)或超額保險(如 G 點所示)，而甲祇願意購買部分保險 (如 F 點所示) 或不願意購買任何保險 (如 E 點所示)。

將使得保險公司最後祇能面對出事率或風險程度較高的，或所謂較不理想的顧客，好像選錯交易對象一樣的「逆」選擇；另一方面，就原本希望市場應具有的優勝劣汰功能而言，現在反而變成劣幣驅除良幣的反淘汰現象，即出事率較低（即品質較高）的消費者反而被排除於市場之外，無法實現交易利得。以上就是在隱藏特性的不對稱訊息下，所常見的一種現象，由於此一現象表示市場的運作效率有待改善，故一般稱為逆選擇或反淘汰問題。同理，在二手車的市場上，也會由於消費者無法確知車子品質的高低，祇願意以平均品質的價格來購買，而導致高品質的二手車被排除市場之外的逆選擇問題。

另外，在圖 16–4 中，亦知若保險公司能夠在 DE 線所示的保費之下，同意消費者乙購買超額保險的話，乙在考量保費相對便宜的情形下，他是願意購買超額保險的，如 G 點所示；此時，保險公司從賣給乙的保單中，得到的預期利潤仍為負，且虧損得比在 D 點時還多。這個情況是使得保險公司不願意出售超額保單的原因之一，而另一個原因是考量到會面臨道德風險問題（詳下一節的說明）。

接著，討論克服逆選擇問題的方法。就市場中具有較多訊息的一方而言，例如賣二手車的商家、借款者或謀職者等，為了促進交易的進行，通常是採取主動揭露訊息、提供保證或售後服務、通過政府或具公信力機關的認證等方式，來釐清另一方對於其商品品質、還款能力或工作能力等方面的疑慮。

就市場中擁有較少訊息的一方而言，例如放款者、求才的廠商、招生的學校、保險公司等，為了找到較理想的對象，通常會要求借款者提供財力證明、保證人或抵押品，要求應徵者提供學經歷證明、推薦信函、執照、證書或認證文件，要求被保險人提供身體檢查證明、清楚交代過去的重大疾病記錄等方式，來篩選適合的對象。

就政府在推動市場的健全運作上，可以從立法規定商品成份的標示、設立檢驗制度、成立認證機構、強制保險（如全民健保、汽機車意外險），以及配合司法的執行等方面來著手，以防止詐欺、不實廣告等行為，禁止生產或銷售有礙健康或影響安全的商品，及增強保險市場的風險分攤功能。

現在，以求才的廠商無法確定應徵者的工作能力為例，來說明其如何克服此一逆選擇的問題。首先，說明在此一情況下，何以會出現逆選擇問題。為簡化討論起見，假設工作能力的高低是天生的，與受教育年數無關；不過，工作能力的高低，卻可以利用其在所得（或財貨）與教育年數為兩軸的無異曲線 IC^H 及 IC^L 來加以呈現。在圖 16–5 中，A 及 B 點分別表示高及低能力，其在教育年數為零時，所能得到的所得或勞動收入，而 IC^H_0 及 IC^L_0 曲線分別表示兩者通過 A 及 B 點的無異曲線，為正斜率是表示接受教育是要投入一些資源（如時間、金錢、努力等）作為代價的，因此必然是在能夠獲得適度所得的提高下，才會願意接受教育。同時，對應在一定的教育年數之下，IC^L_0 的斜率均較 IC^H_0 高，是表示低能力者接受教育的成本增加幅度，均比高能力者來得大。

在圖中的 Y^H 及 Y^L 水平線，分別表示高及低能力者對於生產的貢獻或其勞動邊際產值。因此，在能夠清楚知道誰是高或低能力者時，廠商就可以按 Y^H 或 Y^L 來支付其工資，而高能力者將會選擇受教育年數在 t_2 以下（如 E 點所示），而低能力者將會選擇不接受任何教育；其中，高能力者的最適選擇亦為不接受任何教育（如 J 點所示）。

當廠商未能清楚知道誰的能力高低時，將採用平均的勞動邊際產值來支付工資。若廠商按 Y_1^e 來支付工資時，則高能力者接受教育的年數將降為在 t_3 以下（如 G 點所示），而低能力者仍將會選擇不接受任何教育；同理，高能力者的最

圖 16–5

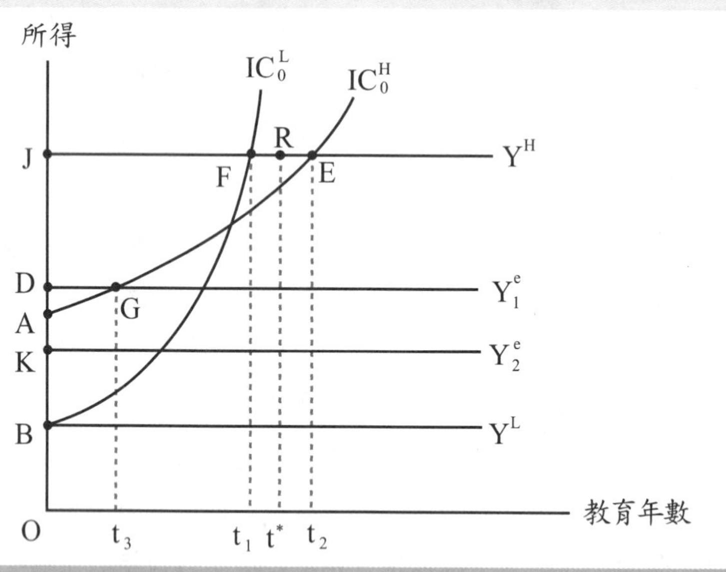

【在無法確知應徵者工作能力之下的逆選擇問題及其克服之道】

1. IC_0^H 及 IC_0^L 分別為高及低能力者的無異曲線，A 及 B 點分別為高及低能力者在其他地方工作的勞動所得。
2. Y^H 及 Y^L 分別為高及低能力者的勞動邊際產值，Y_1^e 及 Y_2^e 為兩種可能的平均工資支付水準。
3. 以教育年數作為信號，可以設計如下的自我篩選機制：當教育年數超過 t_1 時（如 t^*），支付 Y^H 的工資；否則，支付 Y^L 的工資。

適選擇亦為不接受任何教育（如 D 點所示）。

現在，若廠商是按 Y_2^e 來支付工資時，則由於 Y_2^e 低於 A 點所示的在其他地方工作的酬勞，故高能力者不會接受此份工作；換言之，當 Y^e 夠低時，該廠商就祇能僱用到低能力者，而此時若按 Y^e 來支付工資的話，對於廠商是不利的，可以預見的是，廠商將進一步降低 Y^e，一直到 Y^L 為止。也就是說，此時將出現逆選擇問題。反過來說，廠商可以適度提高 Y^e 到 A 點以上的水準，以吸引高能力者來工作，就能解決逆選擇問題；此種較高水準的工資，由於具有提升整體勞動生產效率之功能，一般稱為**效率性工資 (Efficiency Wages)**。

同時，根據上述，得知教育年數是一個可以揭露工作能力高低訊息的一種**訊號 (Signal)**；因此，廠商可以按教育年數為準，來設計一個讓應徵者進行自我**篩選的機制 (Self-selection Device)** 為：當教育年數超過 t_1 者，以 t^* 為例，支付 Y^H 的工資；否則，則支付 Y^L 的工資。如圖 16–5 所示，在面對此一付酬制度時，高能力者將會選擇 t^* 的教育年數，如 R 點所示；而低能力者將會選擇不接受任何教育，主要是因為其過 R 點的滿足程度比 IC_0^L 所示者還低。

上述例子說明，訊息擁有較少的一方，可以利用揭露訊息的信號或指標，來設計讓另一方進行自我篩選的機制，以克服逆選擇問題。在第九章介紹獨占廠商採用二級差別定價的情況下，獨占廠商也是設計一個公開的銷售價量對照表，讓消費者自行對號入座。同理，在開放甄試入學的管道上，學校也會設計一個審查程序，來篩選各校心目中的理想學生。

第三節　道德風險問題及其解決辦法

首先，以購買汽車的竊盜險為例，來說明道德風險的意義及其對於效率的影響。當車主未購買竊盜險時，是如何決定其最適的關心水準呢？第一，在圖 16–6 中，水平的 TB_0 線表示汽車在沒有被偷風險時，此一消費者所具有的所得水準或可以消費的財貨數量（令其價格為 1 元）；而 TB 曲線是由 TB_0 扣除 TD 曲線而得，表示汽車在有被偷風險下，此一消費者的所得水準（即其總收益）與其投入關心水準之間的正向關係；其中，TD 曲線是表示預期的總損失金額與關心水準之間是具負向關係，即當比較關心車子時，被偷的機率降低，則預期的總損失金額也較少。因而，根據 TB 曲線，可以進一步得出關心水準的邊際收益曲線 MB，如圖所示，為一具負斜率的曲線；其中，$MB \equiv \frac{\Delta TB}{\Delta t}$，$\Delta TB$ 及 Δt 分別表示 TB 及關心水準 (t) 的變動量。

同時，由圖 16–6 亦可以推知，當購買竊盜險之後，TB_0 線將向下水平移動，幅度為繳交的保費；TD 曲線在折抵保險公司的理賠之後，或在僅考慮消費者自我保險部份的損失時，將等比例往下移(例如當祇投保車子總價 80% 的保險時，將下移 80%)，因而使得其斜率絕對值等比例變小了；故知 TB 曲線將會上移，但其斜率亦等比例變小了，表示 MB 曲線亦等比例下移。

第二，如圖 16–7 所示，消費者投入關心水準的邊際成本，可以利用無異曲

圖 16–6

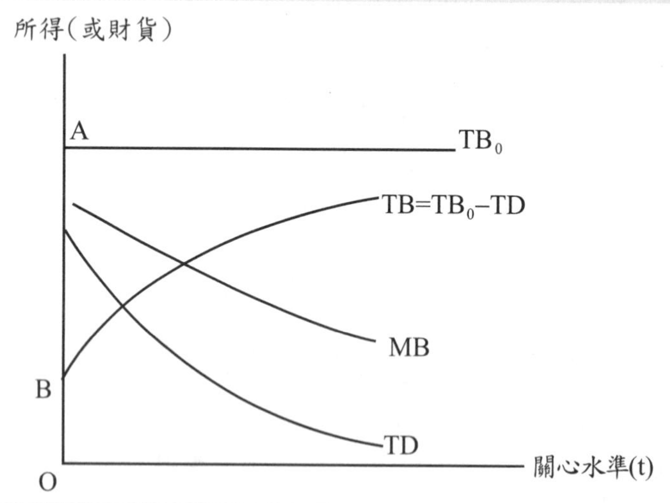

【消費者的所得（或財富）與對於汽車關心水準之間的關係】

1. TB_0 及 TB 曲線是表示汽車在沒有及具有被偷風險情況下，消費者的所得水準與關心水準之間的關係；其中，$TB = TB_0 - TD$，而 TD 為預期總損失金額與關心水準之間的關係。
2. MB 曲線為關心水準的邊際收益曲線，具負斜率性質。

線上的邊際替代率來加以核算。在圖中，IC_B 為經過 B 點的無異曲線，而 B 點是表示在關心水準為零之下的總收益或所得水準；IC_B 曲線為正斜率，表示多投入一單位的關心水準，是有代價的，故要有適量所得的增加，才能維持在相同的滿足水準上。換言之，可以利用此一 IC_B 曲線所呈現出來的關心水準與所得水準之間的邊際替代率（即 IC_B 線的斜率），來核算出多投入一單位關心水準所帶給此一消費者的邊際成本，如 MC 曲線所示，為一具正斜率性質的曲線。

第三，結合 MB 及 MC 曲線，就可以推知此一消費者的最適關心水準。在圖 16–8 中，MB_0、MB_1 及 MB_2 等三條曲線，分別表示汽車未投保竊盜險、投保車子總價 50% 及 75% 金額竊盜險之下的邊際收益曲線；同理，亦知若投保全額的竊盜險時，其邊際收益曲線將落在 X 軸上。從邊際收益曲線與邊際成本曲線 MC 的交點 E、F 及 G，得知在對應情況下的消費者最適關心水準，分別為 t_0、

圖 16–7

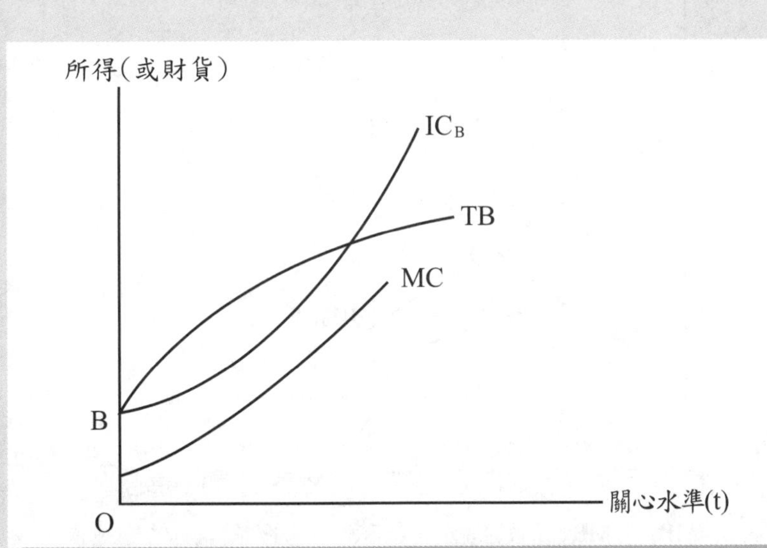

【消費者的無異曲線及其關心水準的邊際成本曲線】

1. IC_B 曲線為一經過 B 點的無異曲線；其中，B 點為關心水準為零之下的所得或總收益水準。
2. 利用 IC_B 曲線的邊際替代率概念，可以求出關心水準的邊際成本曲線 MC，為一正斜率性質的曲線。

t_1 及 t_2，且知 $t_2 < t_1 < t_0$，即關心水準在投保之後，變小了。此一結果，明顯的呈現出，在投保竊盜險之前及之後，消費者對於汽車的關心水準，已有所變化；通常將此投保或確定交易契約之後，導致一方出現對方所看不見的行為（即隱藏行動，在此為對於汽車的疏於照顧）的現象，稱為道德風險。

道德風險現象的出現，將帶給當事人無法充分實現交易利得的損失，而成為一個道德風險問題。現在，利用圖 16–8 來說明道德風險現象中的效率損失問題。在未投保竊盜險時，消費者係在 MB_0 與 MC 兩曲線的交點 E，來決定其最適關心水準 t_0；因此，消費者可以得到的交易利得（在此，為自行保險，為一種自己與自己的交易方式），其大小如 △DKE 面積所示。但在購買車子總價 75% 的竊盜險之後，其邊際收益曲線由 MB_0 往下移 75%，而變成 MB_2 曲線；

圖 16–8

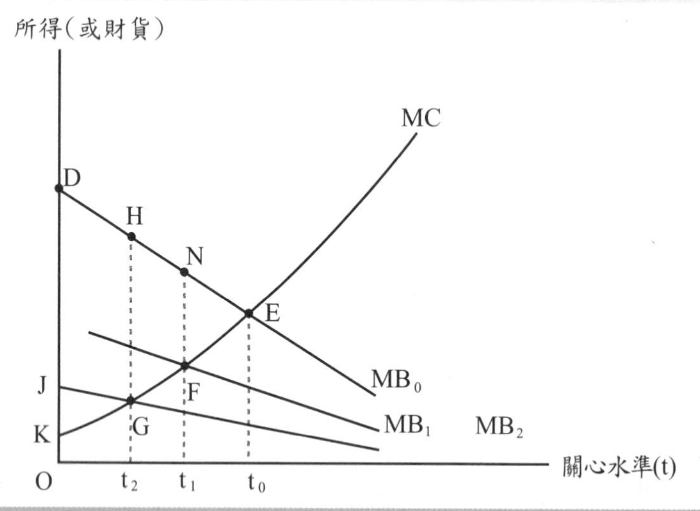

【汽車投保竊盜險之前及之後，消費者的最適關心水準】

1. MB_0、MB_1 及 MB_2 三曲線，分別表示汽車未投保、投保車子總價 50% 及 75% 金額之下的邊際收益曲線；由其分別與邊際成本曲線交於 E、F 及 G 點，得知消費者的最適關心水準分別為 t_0、t_1 及 t_2，且知 $t_2 < t_1 < t_0$。
2. 以 MB_2 為例，其所產生道德風險問題，對於效率的影響可以由無謂損失的大小來呈現，如△HGE 面積所示。

此時，由於 MB_2 曲線是代表消費者所感受的，或其私人認為的，增加一單位關心水準，其私人利益的增加額，故消費者將僅會利用 MB_2 曲線與 MC 曲線的交點 G，來決定其最適的關心水準 t_2。至於消費者對於汽車的關心，帶給社會的邊際利益曲線仍然是原來的 MB_0 曲線。

換言之，在購買車子總價 75% 的竊盜險之後，消費者在其最適關心水準 t_2 之下，得到的交易利得包括二部分，其中一部分與關心水準 t_2 有關，如 △JKG 面積所示；另一部分與關心水準無關，即車子總價 75% 的保單扣除保費之後的餘額。至於保險公司在消費者的最適關心水準 t_2 之下，其交易利得亦包括二部分，其中一部分亦與 t_2 有關，如 ▱DJGH 面積所示；另一部分亦與 t_2 無關，即保費收入扣除車子總價 75% 的理賠金額之後的餘額。就後一部分而言，祗是消費者與保險公司之間的所得分配而已，其淨額均為零。

進而言之，在 t_2 之下的消費者剩餘如 △JKG 所示，生產者（保險公司）剩餘如 ▱DJGH 所示，故總剩餘為 ▱DKGH 面積所示，與在 t_0 之下的總剩餘（此時祗有消費者剩餘而已）為 △DKE 面積所示，前者減少了 △HGE 面積所示的無謂損失。從反向來思考，當存在此一無效率狀況時，表示資源的配置仍有改善的空間。

就保險市場上，大致有下述幾種解決道德風險問題的方法。第一、採用共同保險 **(Co-insurance)** 的理念，減少投保金額或成數。共同保險是指風險仍由消費者與保險公司共同來承擔的意思，如前述祗同意按車子總價 75% 投保的契約，即為共同保險的例子之一。在圖 16–8 中，亦畫出投保車子總價 50% 的邊際收益曲線 MB_1，此時將可提高消費者的最適關心水準至 t_1，並使得無謂損失減少至如 △NFE 面積所示的大小，收到改善道德風險問題的效果。第二、利用扣除額 **(Deductibles)** 或自負額的概念，即損失在一定金額之下的事故，其風險仍由消費者自行承擔。例如，在一般的醫療險中，常有在一定金額以下的醫療費用，仍由消費者自行吸收的保單，此一設計是誘導消費者仍須平時多關心自己的健康，以克服道德風險問題。第三、應用誘因 **(Incentives)** 機制，提高消費者在降低道德風險方面的動機；例如，在意外險方面，若過去沒發生意外時，可以降低來年的保費；又如，在壽險方面，同意在契約每滿幾年時，就可以增加一定比例的保障額度。這些都是用來誘導消費者減少道德風險的例子。

同理，在信貸市場上，也有比照上述理念的一些作法，用來克服借款人在還款期間的道德風險現象；例如，擔保人、抵押品及放款金額成數、信用的記錄等方式，都有助於消費者降低其道德風險。

在財貨市場上，廠商為了在消費者心目中具有良好的形象或忠誠度，往往從確保其產品品質著手，來建立其品牌、商標等商譽，而此一**聲譽 (Reputation)** 反過來就相當於抵押品一樣，進一步誘導廠商能夠始終維持其產品的品質，免於出現生產爛貨的道德風險現象；同時，此一聲譽，又可以免除消費者對於其產品品質的疑慮，克服在隱藏特性下的逆選擇問題。

在勞動市場上，前述提及的效率性工資，由於勞動者擔心偷懶被解僱，且可能面臨找不到工作，或找到工作的待遇較低等風險，故亦具有克服勞動者偷懶的效果，也是解決道德風險問題的一種辦法。

最後，本節介紹當事人與代理人之間的問題，及為了克服此一問題的誘因機制。在此，以老闆與伙計為例，老闆是當事人，伙計是代理人。首先，說明伙計的偏好，如圖 16–9 的無異曲線 IC_0 所示，伙計的滿足程度來自於工作所得（或能夠享受到的財貨數量，並令財貨價格為 1 元）及偷懶（或工作中的休閒）時數；同時，IC_0 曲線所呈現的滿足程度是伙計最低能夠接受的水準，表示他在其他地方工作，也能夠得到的滿足水準。A 與 B 點均使伙計有相同的滿足程度，其對應的偷懶與所得組合為 $(0, \overline{m})$ 與 $(\bar{k}, \underline{m})$。其次，在圖 16–9 中的 π 曲線，為一條描繪廠商在未支付工資之前的利潤與伙計偷懶時數之間的關係，具有負斜率性質，且凹向原點。

假設老闆是追求利潤的最大化，同時他不但有 π 及 IC_0 曲線的訊息，也能夠精確觀察或掌握到伙計的偷懶時數；那麼，如圖 16–9 所示，老闆的最適決定是，會同意伙計偷懶 k_1 小時，並支付給他 m_1 的工資，如 F 點所示，如此他將得到最大的利潤 EF（為 $\pi - IC_0$ 的最大值，此時 π 與 IC_0 曲線在 E 與 F 點有相同的斜率）。

不過，當老闆仍然具有 π 及 IC_0 曲線的訊息，但卻無法掌握伙計的偷懶時

圖 16–9

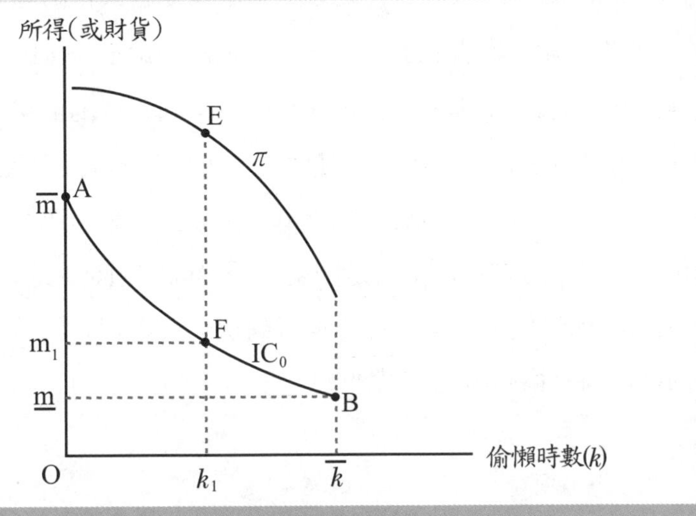

【老闆的最適決定】

1. IC_0 曲線為伙計最低能夠接受的無異曲線，π 曲線為未支付工資之前的利潤曲線。
2. 當老闆具有 π 及 IC_0 曲線的訊息，且能精確觀察伙計的偷懶時數時，其最適決定如 F 及 E 點所示。

數時，該老闆將面臨到標準的當事人與代理人之間的問題，該問題包括前述的兩個前提，即當事人與代理人的目標不一致，且當事人無法完全掌握代理人的行動。在面對此一問題時，當事人通常是設計一個誘因機制，以誘導代理人能夠盡量以當事人的目標作為其決策依據。

在伙計是風險中立者的前提下，老闆可以採取收固定租金的方式，將廠商全權委託由其伙計負責經營，使得伙計變成為**剩餘的索取者 (Residual Claimant)**；如此，將使得伙計偷懶引起利潤下降的問題內部化，並得到一個最適的偷懶時數決定，如圖 16–10 的 k_1 所示。在圖 16–10 中，當老闆收取固定租金 (R) 時，伙計所面對的 π_r 曲線 ($\pi_r = \pi - R$)，將會由原來的 π 曲線水平向下移動 R；而老闆的最適租金 R^*，將決定於 π_r^* 曲線與 IC_0 曲線的相切點 F 的地方。如前所述，E 及 F 點分別在 π 及 IC_0 曲線的斜率是一致的，故 π_r 曲線在 k_1 時的斜率也一直保持與 E 點相同，而最終會在 k_1 時與 IC_0 曲線相切於 F 點。就伙計而言，當其面對 π_r^* 曲線的限制條件時，其滿足程度最大化的地方，也是 IC_0 曲線與 π_r^* 曲線的相切點。也就是說，當老闆向伙計收取 $R^* = EF$ 的固定租金時，伙計的最適偷懶時數為 k_1，與在圖 16–9 情況下得到一樣的結果，表示此一誘因機制設計（即付酬方式）完全克服前述的當事人與代理人之間的問題。

就實際的情況來看，由於伙計並非風險中立者，故不願意接受上述的誘因機制或給付固定租金的方案；主要是因為在給付固定租金之下，企業的經營風險是完全由伙計承擔的。因而，一個能夠得到伙計與老闆共同接受的誘因機制，將可能是兩者共同分擔風險的方式。

圖 16–10

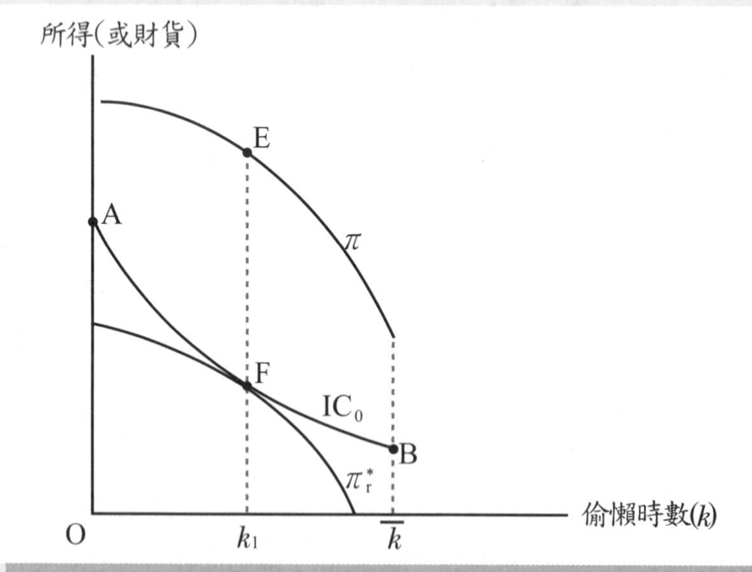

【當事人與代理人之間的問題與誘因機制設計】

1. π_r 曲線為 π 曲線水平下移 R 的曲線，即 $\pi_r \equiv \pi - R$；其中，π_r^* 曲線為對應 $R^* = EF$ 的曲線。
2. 當老闆把固定租金定為 R^* 時，伙計會選擇 k_1 作為其最適的偷懶時數，其結果與圖 16–9 的 k_1 一樣。

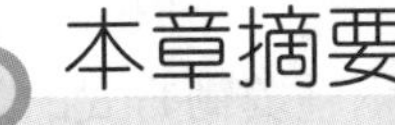

本章摘要

1. 訊息的重要性，除了促進交易，實現交易利得以外，也要關鍵了解交易雙方具不對稱訊息，所引發出來對於社會資源的配置效率問題。
2. 不對稱訊息分為隱藏特性與隱藏行動等兩種類型；其中，前者係指在訂定交易契約之前的訊息不對等情況，而後者係指在交易契約執行過程中的訊息不對等情況。
3. 在隱藏特性的不對稱訊息下，會出現逆選擇或反淘汰問題；在隱藏行動的不對稱訊息下，會導致道德風險問題。
4. 逆選擇或反淘汰係指品質較佳的交易對象或財貨，反而無法存活於市場中，即有被品質較差者淘汰出局的意思；如此，將導致社會資源配置上的缺乏效率，而稱之為逆選擇或反淘汰問題。
5. 逆選擇問題的克服之道，一者可以由具有較多訊息的一方，來主動揭露訊息；二者可以由較少訊息的一方，來要求另一方提供相關訊息。另外，政府也可以從立法與司法著手，來建立一個更為健全、透明的市場。
6. 道德風險係指在交易契約執行過程中，一方會出現一些行動的現象，而這些行動對於另一方將有不利的影響。道德風險的出現，將帶給當事人無法充分實現其交易利得，而出現無謂損失的情形，故成為一個資源配置缺乏效率的問題。
7. 在保險市場上，可以從採用共同保險、使用自負額及應用誘因機制等方式，來思考解決道德風險的問題。
8. 在財貨市場上的聲譽機制，以及在勞動僱用上實施效率性工資的作法，均有同時解決逆選擇與道德風險兩問題的效果。
9. 當事人與代理人之間的問題，為一更為廣義的道德風險問題，一般都從誘因機制的設計上，來思考此一問題的解決方案。

習　題

1. 試說明訊息的重要性。
2. 試以風險中立者為例，比照利用圖 16–2 的方式，來說明訊息是如何促進交易的。

3. 試說明不對稱訊息兩種類型的意義與異同點。
4. 何謂逆選擇問題?
5. 何謂道德風險問題?
6. 試以二手車市場為例，說明逆選擇問題的克服方式有哪些。
7. 試以保險市場為例，說明解決道德風險問題的方案。
8. 何謂當事人與代理人之間的問題? 試以父母誘導子女用功讀書為例，來比較下述兩種獎勵方式的效果，何者較佳。(1)按分數高低給予獎勵，(2)按名次高低給予獎勵。
9. 何謂效率性工資? 請說明為什麼企業實施效率性工資的作法，可以有效解決在勞動僱用上的逆選擇問題與道德風險問題。

參考書籍

1. Katz, M. L. and H. S. Rosen, *Microeconomics*, 3rd ed., McGraw-Hill Companies, Inc., 1998.
2. Nicholson, W., *Intermediate Microeconomics and Its Application*, 9th ed., Thomson Learning, Inc., 2004.
3. Pindyck, R. S. and D. L. Rubinfeld, *Microeconomics*, 5th ed., Prentice Hall International, Inc., 2001.
4. Varian, H. R., Intermediate *Microeconomics*, 6th ed., W. W. Norton & Company, 2003.
5. 邱俊榮、胡均立、吳世傑、陳宜亨合譯，《管理經濟學》(原著為：McGuigan, Moyer and Harris, *Managerial Economics*, Thomson Learning , Inc., 2002)，華泰文化事業股份有限公司，2003 年。
6. 黃金樹，《消費經濟學》，國立空中大學，2003 年。

中英文索引

一劃

二劃

三劃

四劃

五劃

六劃

七劃

八劃

九劃

十劃

十一劃

十二劃

十三劃

十四劃

十五劃

十六劃

十七劃

十八劃

十九劃

二十劃

二十二劃

二十三劃